O CONCEITO DE DIREITO

O CONCEITO DE DIREITO

H. L. A. Hart

Pós-escrito organizado por
PENELOPE A. BULLOCH E JOSEPH RAZ

Tradução de
ANTÔNIO DE OLIVEIRA SETTE-CÂMARA

Revisão de tradução
MARCELO BRANDÃO CIPOLLA

Revisão técnica
LUIZ VERGÍLIO DALLA-ROSA

Esta obra foi publicada originalmente em inglês com o título
CONCEPT OF LAW 2/E
por Oxford University Press
Copyright © Oxford University Press, 1961, 1994
"Conceito de Direito, 2.ª ed., com Novo Pós-escrito publicado originalmente em inglês em 1994.
Esta tradução esta sendo publicada por acordo com Oxford University Press."
Esta edição não pode ser vendida em Portugal
"Concept of Law 2/e With New Postscript was originally published in English in 1994.
This translation is published by arrangement with Oxford University Press."
This edition is not for sale in Portugal.
Copyright © 2009, Livraria Martins Fontes Editora Ltda.,
Copyright © 2015, Editora WMF Martins Fontes Ltda.,
São Paulo, para a presente edição.

1.ª edição 2009
6.ª tiragem 2024

Tradução
ANTÔNIO DE OLIVEIRA SETTE-CÂMARA
Revisão da tradução
Marcelo Brandão Cipolla
Revisão técnica
Luiz Vergílio Dalla-Rosa
Acompanhamento editorial
Luzia Aparecida dos Santos
Revisões
Ana Maria Alvares
Maria Regina Ribeiro Machado
Produção gráfica
Geraldo Alves
Paginação
Studio 3 Desenvolvimento Editorial
Capa
Katia Harumi Terasaka

Dados Internacionais de Catalogação na Publicação (CIP)
(Câmara Brasileira do Livro, SP, Brasil)

Hart, H. L. A., 1907-1992.
O conceito do direito / H. L. A. Hart ; pós-escrito organizado por Penelope A. Bulloch e Joseph Raz; tradução de Antônio de Oliveira Sette-Câmara ; revisão da tradução Marcelo Brandão Cipolla ; revisão técnica Luiz Vergílio Dalla-Rosa. – São Paulo : Editora WMF Martins Fontes, 2009. – (Biblioteca jurídica WMF)

Título original: The concept of law.
Bibliografia.
ISBN 978-85-7827-096-4

1. Direito – Filosofia 2. Jurisprudência – Metodologia I. Bulloch, Penelope A. II. Raz, Joseph. III. Título. IV. Série.

09-02555   CDU-340.1

Índices para catálogo sistemático:
1. Conceito de direito   340.1

Todos os direitos desta edição reservados à
Editora WMF Martins Fontes Ltda.
Rua Prof. Laerte Ramos de Carvalho, 133 01325.030 São Paulo SP Brasil
Tel. (11) 3293.8150 e-mail: info@wmfmartinsfontes.com.br
http://www.wmfmartinsfontes.com.br

ÍNDICE

Prefácio	IX
Nota dos organizadores	XIII

I. Questões persistentes 1
   1. Perplexidades da teoria do direito 1
   2. Três questões recorrentes 7
   3. Definição 17

II. Leis, comandos e ordens 23
   1. Variedades de imperativos 23
   2. O direito como ordens coercitivas 26

III. A diversidade das leis 35
   1. O conteúdo das leis 36
   2. O âmbito de aplicação 56
   3. Os modos de origem 59

IV. Soberano e súdito 67
   1. O hábito da obediência e a continuidade do direito 68
   2. A persistência do direito 81
   3. Limitações jurídicas ao poder legislativo 87
   4. O soberano por trás do poder legislativo ... 94

V. O direito como união de normas primárias e secundárias 103

    1. Um novo começo 103
    2. A ideia de obrigação 106
    3. Os elementos do direito 118

VI. Os fundamentos de um sistema jurídico 129
    1. A norma de reconhecimento e a validade jurídica 129
    2. Novas questões 142
    3. A patologia de um sistema jurídico 151

VII. O formalismo e o ceticismo em relação às normas 161
    1. A textura aberta do direito 161
    2. Tipos de ceticismo em relação às normas 176
    3. O caráter definitivo e a infalibilidade na decisão judicial 183
    4. A incerteza quanto à norma de reconhecimento 191

VIII. Justiça e moral 201
    1. Princípios da justiça 204
    2. A obrigação moral e a obrigação jurídica 217
    3. Os ideais morais e a crítica social 233

IX. O direito e a moral 239
    1. O Direito Natural e o Positivismo Jurídico 239
    2. O conteúdo mínimo do Direito Natural 250
    3. A validade jurídica e os valores morais 258

X. O direito internacional 275
    1. Fontes de dúvida 275
    2. Obrigações e sanções 279
    3. A obrigação e a soberania dos Estados 284
    4. O direito internacional e a moral 292
    5. Analogias de forma e conteúdo 299

Pós-escrito 307
    Introdução 307

1. A natureza da teoria do direito 309
2. A natureza do positivismo jurídico 316
   (i) O positivismo como teoria semântica 316
   (ii) O positivismo como teoria interpretativa 320
   (iii) O "positivismo brando" 323
3. A natureza das normas 329
   (i) A teoria prática das normas 329
   (ii) Normas e princípios 334
4. Os princípios e a norma de reconhecimento.... 340
   Pedigree e interpretação 340
5. O direito e a moral 346
   (i) Direitos e deveres 346
   (ii) A identificação do direito 347
6. A discricionariedade judicial 351

Notas 357
Índice remissivo 393

PREFÁCIO

Meu objetivo neste livro foi aprofundar a compreensão do Direito, da coerção e da moral como fenômenos sociais distintos mas relacionados entre si. Embora destinado primordialmente ao estudante da teoria do direito, espero que também possa ser útil àqueles cujos interesses são, em vez do direito, a filosofia moral ou política ou a sociologia. O jurista verá o livro como um ensaio sobre a teoria analítica do direito, já que seu objetivo é elucidar a estrutura geral do pensamento jurídico e não fazer uma crítica do direito ou das políticas legislativas. Além disso, pode-se dizer que levantei, em muitos passos, indagações que dizem respeito ao significado das palavras. Assim, ponderei como "ser obrigado" difere de "ter uma obrigação"; como a afirmação de que certa norma é uma norma válida do direito difere de uma previsão sobre o comportamento das autoridades judiciais; o que significa a afirmação de que um grupo social obedece a uma norma, e em que isso difere, ou não, da afirmação de que seus membros fazem habitualmente certas coisas. De fato, um dos temas centrais do livro é que nem o direito nem nenhuma outra forma de estrutura social podem ser compreendidos sem que se tenham em conta certas distinções cruciais entre dois tipos diferentes de enunciados, a que chamei "internos" e "externos", que podem ambos ser elaborados sempre que normas sociais sejam observadas.

Apesar de sua preocupação com a análise, o livro pode também ser encarado como um ensaio de sociologia descritiva, pois a ideia de que a investigação sobre os significados das palavras lança luz apenas sobre estas é falsa. Muitas distinções importantes entre tipos de situações ou relações sociais, que não são óbvias à primeira vista, podem ser elucidadas mediante um exame dos usos convencionais das expressões conexas e da maneira como estas dependem de um contexto social, que permanece ele próprio frequentemente implícito. Neste campo de estudo, é especialmente verdadeira a afirmação de que podemos utilizar, como disse o prof. J. L. Austin, "uma consciência mais aguda das palavras para aguçar nossa percepção dos fenômenos".

Minha dívida para com outros autores é substancial e evidente; na verdade, boa parte deste livro se ocupa das deficiências de um modelo simples de sistema jurídico construído de acordo com a teoria imperativa de Austin. Mas o leitor encontrará no texto bem poucas referências a outros autores, e pouquíssimas notas de rodapé. Em vez disso, achará no final do livro notas mais extensas, que devem ser lidas após a leitura de cada capítulo; nelas relaciono os pontos de vista que expressei no texto àqueles dos meus predecessores e contemporâneos, e formulo sugestões sobre como poderão prosseguir com a discussão em seus escritos. Em parte, segui esse caminho porque a argumentação do livro é contínua, e a comparação com outras teorias interromperia o desenvolvimento do assunto. Mas tive também um objetivo pedagógico: espero que esta apresentação do tema desencoraje a crença na ideia de que um livro sobre a teoria do direito é, antes de tudo, uma obra na qual se aprende sobre o conteúdo de outros livros. Enquanto os que escrevem forem dessa opinião, haverá pouco progresso nessa matéria; e, enquanto for essa a convicção dos que os leem, o valor educativo da disciplina permanecerá muito limitado.

Estou em dívida com muitos amigos há bastante tempo, e já não seria capaz de especificar todas as minhas obrigações para com eles. Mas devo reconhecer uma dívida especial para com A. M. Honoré, cujas críticas detalhadas evidenciaram muitas confusões do pensamento e imprecisões do estilo. Procurei eliminar esses defeitos, mas receio que reste ainda muita coisa que ele desaprovaria. Devo às conversas com G. A. Paul o que possa haver de valioso na filosofia política deste livro e em sua reinterpretação do direito natural, e quero lhe agradecer ter lido as provas. Agradeço ainda ao dr. Rupert Cross e a P. F. Strawson, que leram o texto, seus proveitosos conselhos e críticas.

H. L. A. Hart

NOTA DOS ORGANIZADORES

Após sua publicação, em poucos anos *O conceito de direito* transformou a maneira de compreender e estudar a teoria do direito no mundo anglófono e além dele. O enorme impacto do livro motivou um grande número de publicações que discutiam suas doutrinas, não apenas no contexto da teoria do direito, mas também no âmbito da filosofia política e moral. Por muitos anos, Hart quis acrescentar um capítulo a *O conceito de direito*. Não queria alterar o texto cuja influência havia sido tão grande, aqui publicado sem mudanças, conforme seu desejo, a não ser fazendo pequenas correções. Mas pretendia responder às muitas discussões provocadas pelo livro, defendendo sua posição contra os que o haviam compreendido mal, refutando críticas infundadas e – o que era, a seu ver, igualmente importante – reconhecendo a validade das críticas bem fundamentadas e sugerindo formas de adequar as doutrinas do livro para responder a essas objeções. O fato de que o novo capítulo, pensado primeiro como um prefácio e finalmente como um pós-escrito, estivesse inacabado quando de sua morte foi devido apenas parcialmente a seu perfeccionismo meticuloso. Deveu-se também às dúvidas persistentes sobre a pertinência do projeto e à incômoda sensação de que talvez não pudesse fazer justiça ao vigor e à profundidade das teses do livro como fora originalmente concebido. Entretanto, embora com muitas interrupções, ele seguiu trabalhando no pós-escrito e, à época de sua morte, a primeira das duas seções pretendidas estava praticamente terminada.

Quando Jennifer Hart nos pediu para examinar as minutas e decidir se continham alguma coisa publicável, pensávamos antes de tudo em não permitir a publicação de nenhum material com o qual Hart não estivesse plenamente satisfeito. Foi com grande satisfação, portanto, que constatamos que a primeira seção do texto se encontrava, em sua maior parte, em grau tão avançado de acabamento. Quanto à segunda seção, encontramos apenas notas escritas à mão, demasiado fragmentárias e incipientes para que pudéssemos considerá-las publicáveis. Por outro lado, havia várias versões da primeira seção, que fora datilografada, revisada, redatilografada e novamente revisada. Obviamente o autor não considerava nem mesmo a versão mais recente como final. Há numerosas alterações feitas a lápis e marcador de texto. Além disso, Hart não descartava as versões anteriores, mas parece ter continuado a trabalhar em todas as que tivesse à mão. Embora isso tenha tornado mais difícil a tarefa do organizador, as mudanças introduzidas nos dois últimos anos referiam-se principalmente a nuances estilísticas, o que por si só já indicava que ele estava essencialmente satisfeito com o texto tal como se encontrava.

Nosso trabalho era comparar as versões alternativas e, nos pontos em que estas não coincidiam, determinar se os segmentos de texto que apareciam em apenas uma delas faltavam nas outras versões porque ele os havia rejeitado ou porque nunca houvera uma versão única que incorporasse todas as emendas. O texto publicado inclui todas as emendas e correções não descartadas por Hart e que aparecem em versões do texto que ele seguia revisando. Às vezes o próprio texto era incoerente. Isso deve ter resultado frequentemente de equívocos na leitura do manuscrito pelo datilógrafo, cujos erros Hart nem sempre percebia. Em outros casos, sem dúvida devia-se à mutilação que normalmente algumas frases sofrem no processo de composição, sendo recompostas na redação final do texto, o que ele não teve tempo de fazer. Nesses casos, tentamos restaurar o texto original, ou recompor, com o mínimo de intervenção, o pensamento de Hart. A Seção 6 (sobre a discricionariedade) suscitou uma dificuldade especial. Encontramos duas versões de seu parágrafo de abertura: uma numa cópia que terminava naquele ponto; outra numa cópia que continha o restante da seção. Como a versão truncada pertencia a uma cópia que incorporava muitas das revisões mais recentes do autor e nunca havia sido rejeitada por ele, e como concordava com a discussão geral que consta do pós-escrito, decidimos permitir a publicação de ambas as versões. Aquela pertencente à cópia não acabada aparece numa nota no final.

Hart nunca mandou datilografar as notas, que consistiam principalmente em referências. Ele tinha uma versão manuscrita dessas notas, cujas chamadas puderam ser mais facilmente localizadas na primeira versão datilografada do texto principal. Ocasionalmente acrescentava referências sob forma de comentários à margem do texto, mas em sua maioria eram incompletas, às vezes indicando apenas a necessidade de localizar a respectiva referência. Timothy Endicott verificou todas as referências, localizou todas as que se achavam incompletas e acrescentou outras nos pontos em que Hart citava Dworkin, ou onde o parafraseava sem haver indicado uma fonte. Endicott corrigiu também o texto nos pontos em que havia citações incorretas. No decorrer desse trabalho, que exigiu extensa pesquisa e criatividade, sugeriu também diversas correções ao texto principal, de acordo com as normas editoriais expostas acima, que incorporamos e agradecemos.

Não temos dúvida de que, se tivesse oportunidade, Hart teria polido e aperfeiçoado ainda mais o texto antes de publicá-lo. Mas acreditamos que o pós-escrito aqui publicado contém sua resposta ponderada a muitos dos argumentos de Dworkin.

P.A.B.
J.R.

I. Questões persistentes

1. Perplexidades da teoria do direito

Poucas indagações sobre a sociedade humana têm sido formuladas com tanta persistência e respondidas por pensadores sérios de maneiras tão diversas, estranhas e até paradoxais quanto a pergunta: "O que é o direito?" Mesmo circunscrevendo nossa atenção à teoria do direito dos últimos 150 anos e deixando de lado as especulações clássicas e medievais sobre a "natureza" do direito, depararemos com uma situação que não tem paralelo com nenhum outro tema estudado sistematicamente como disciplina acadêmica independente. Não há uma vasta literatura dedicada a responder às perguntas "O que é a química?" ou "O que é a medicina?", como ocorre com a questão "O que é o direito?". Tudo o que se pede ao estudante dessas ciências é que leia algumas linhas na primeira página de um livro-texto elementar, e as respostas que ele obtém são muito diferentes das que são dadas ao estudante de direito. Nunca se considerou esclarecedor ou importante insistir em que a medicina é "aquilo que os médicos fazem diante da doença" ou "uma previsão do que os médicos farão", ou declarar que aquilo que é normalmente reconhecido como uma parte característica e essencial da química – o estudo dos ácidos, por exemplo – na verdade não faz parte da química. Entretanto, no caso do direito, coisas aparentemente tão estranhas quanto essas não são apenas ditas, mas frequentemente debatidas com eloquência e paixão, como se fossem revelações de grandes verdades sobre o direito, há muito obscurecidas por grosseiras contrafações de sua natureza essencial.

"O que as autoridades fazem a respeito dos litígios é... o próprio direito"[1]; "As previsões sobre o que os Tribunais farão... são o que entendo por direito"[2]; a legislação é "fonte do direito... e não o próprio direito"[3]; "o direito constitucional é mera moral positiva"[4]; "É proibido roubar; se alguém roubar, será punido. ... Caso exista de fato, a primeira norma está contida na segunda, que é a única norma genuína... O direito é a norma primária que estipula a sanção."[5]

Estas são apenas algumas das muitas afirmações e negações sobre a natureza do direito que podem parecer, pelo menos à primeira vista, estranhas e paradoxais. Algumas parecem conflitar com crenças profundamente arraigadas e ser facilmente refutáveis; somos então tentados a responder: "É evidente que a legislação *faz parte* do direito; é pelo menos um ramo do direito, mesmo que existam outros"; "É claro que o direito não pode ser apenas o que as autoridades fazem ou o que os tribunais vão decidir, uma vez que é o direito que cria uma autoridade ou um tribunal."

No entanto, essas afirmações aparentemente paradoxais não partiram de visionários ou de filósofos profissionalmente ocupados em duvidar das mais comezinhas afirmações do senso comum. São o fruto de profundas reflexões sobre o direito feitas por homens que eram antes de tudo juristas, dedicados por profissão a ensinar ou a praticar o direito, e em alguns casos a aplicá-lo como juízes. Além disso, o que disseram sobre o direito, em seu tempo e lugar,

---

1. Llewelyn, *The Bramble Bush* (2ª ed., 1951), p. 9.
2. O. W. Holmes, "The Path of the Law", em *Collected Papers* (1920), p. 173.
3. J. C. Gray, *The Nature and Sources of the Law* (1902), s. 276.
4. Austin, *The Province of Jurisprudence Determined* (1832), Lecture VI (ed. 1954, p. 259).
5. Kelsen, *General Theory of Law and State* (1949), p. 61.

efetivamente contribuiu para aumentar nossa compreensão do tema. Isso porque, vistas em seus contextos, essas declarações esclarecem e confundem *ao mesmo tempo*: mais parecem grandes exageros de algumas verdades indevidamente negligenciadas sobre o direito do que frias definições. Lançam uma luz que nos faz ver muito do que jazia oculto no direito; mas essa luz é tão brilhante que nos torna cegos para os outros aspectos, impedindo, assim, uma visão clara do todo.

Em estranha contraposição a essa interminável discussão teórica contida nos livros, percebemos que a maioria das pessoas, quando se lhes pede, consegue, com segurança e facilidade, citar exemplos do que venha a ser o direito. Poucos cidadãos ingleses ignoram a existência de uma lei que proíbe o assassinato, de outra que exige o pagamento do imposto sobre a renda ou daquela que especifica como redigir um testamento válido. Praticamente qualquer pessoa, exceto uma criança ou o estrangeiro que depara pela primeira vez a palavra inglesa *"law"*, poderia facilmente multiplicar esses exemplos, e a maioria poderia fazer mais do que isso. Poderia descrever, pelo menos de modo geral, como proceder para ter certeza de que algo faz parte do direito na Inglaterra; sabem que há especialistas que se podem consultar e tribunais com autoridade decisional sobre todas essas questões. Muito mais que isso é de conhecimento geral. A maioria das pessoas instruídas sabe que as leis na Inglaterra formam um tipo de sistema, e que a França, os Estados Unidos, a Rússia Soviética e, na verdade, quase todas as regiões do mundo que são consideradas "Estados" independentes dispõem de sistemas jurídicos estruturalmente semelhantes, apesar de haver certas diferenças substanciais. Na verdade, uma formação educacional que deixasse as pessoas na ignorância desses fatos seria seriamente deficiente, e não consideraríamos sinal de grande refinamento cultural se aqueles que sabem disso pudessem também dizer quais são as principais semelhanças entre os diferentes sistemas jurídicos. Espera-se que qualquer homem instruído seja capaz de identificar essas características marcantes de forma esquemática, como a seguir. Elas compreendem: (i) normas que proíbem ou coíbem certos tipos de comportamento sob pena de sanção; (ii) normas que requerem que se ofereça reparação, de algum modo, àqueles que sofreram certos tipos de dano; (iii) normas que especificam o que fazer para redigir testamentos, contratos ou outros instrumentos jurídicos que outorgam direitos ou criam obrigações; (iv) tribunais que determinam quais são as normas aplicáveis e quando foram infringidas, e estipulam a sanção a ser aplicada ou a indenização a ser paga; (v) um poder legislativo para criar novas normas e abolir as antigas.

Se tudo isso é do conhecimento geral, por que subsiste a pergunta "O que é o direito?", e por que tem ela recebido tantas respostas diferentes e tão extraordinárias? Será que isso se deve a que, além dos casos-padrão, constituídos pelos sistemas jurídicos dos Estados modernos, a respeito dos quais ninguém em seu juízo perfeito duvidaria de que são sistemas jurídicos, há também casos duvidosos, sobre cuja "juridicidade" não só os homens instruídos mas até os juristas se questionam? O direito primitivo e o direito internacional são os mais destacados entre esses casos duvidosos, e sabe-se que muitos pensam haver razões, embora em geral não sejam conclusivas, para se negar a exatidão do uso já convencional do termo "direito" nesses casos. Com efeito, a existência desses casos questionáveis ou passíveis de objeção deu origem a uma controvérsia prolongada e algo estéril, mas seguramente ela não basta para explicar as perplexidades sobre a natureza geral do direito expressas na pergunta persistente "O que é o direito?". Por duas razões, parece claro que esses casos não podem ser a raiz da dificuldade.

Em primeiro lugar, é óbvia a razão da hesitação nessas situações. O direito internacional não dispõe de um poder legislativo, os Estados não podem ser levados a juízo perante os tribunais internacionais sem seu consentimento prévio e não existe na esfera internacional um sistema de sanções eficiente, centralizado e organizado. Certos tipos de direito primitivo, inclusive aqueles a partir dos quais alguns sistemas jurídicos contemporâneos podem ter gradualmente evoluído, também são destituídos dessas características, e está perfeitamente claro para todos que é seu desvio em relação ao caso paradigmático nesses aspectos que faz com que sua classificação pareça questionável. Não há mistério nisso.

Em segundo lugar, o fato de sermos forçados a reconhecer a existência tanto de casos-padrão como de casos limítrofes questionáveis não é uma peculiaridade de termos complexos como "direito" e "sistema jurídico". Atualmente, é do conhecimento geral (embora não tenha sido suficientemente enfatizado no passado) que essa distinção deve ser feita no caso de praticamente toda palavra genérica usada para classificar os fenômenos da vida humana e do mundo em que vivemos. Às vezes, a diferença entre o caso claro ou paradigmático para o uso de uma expressão e os casos questionáveis é apenas uma questão de grau. Um homem que tem a cabeça lisa e brilhante é evidentemente calvo; outro, que exibe luxuriantes madeixas, obviamente não o é; mas a questão de saber se é calvo um terceiro homem, que tem alguns cabelos aqui e ali, poderia ser discutida indefinidamente se fosse considerada relevante ou se dela dependesse algum assunto de ordem prática.

Às vezes o desvio em relação ao caso-padrão não é mera questão de grau, mas surge quando aquele constitui de fato um complexo de elementos normalmente concomitantes mas distintos, um ou mais dos quais podem faltar nos casos questionáveis. Será um hidroavião um "navio"? O jogo pode ainda ser chamado de "xadrez" se for disputado sem a rainha? Essas perguntas podem ser instrutivas por nos forçarem a refletir sobre nossa concepção da composição do caso-padrão e a explicitá-la; mas é evidente que o que podemos chamar de aspecto limítrofe das coisas é demasiado corriqueiro para explicar a longa discussão sobre o direito. Além disso, apenas uma parte relativamente pequena e pouco importante das teorias mais famosas e controversas do direito trata da propriedade do uso das expressões "direito primitivo" ou "direito internacional" para designar os casos aos quais são convencionalmente aplicadas.

Quando refletimos sobre a capacidade relativamente generalizada das pessoas para reconhecer e citar exemplos de leis e sobre o quanto se sabe em geral a respeito do caso-padrão de um sistema jurídico, parece fácil pôr fim à pergunta persistente, "O que é o direito?", arrolando apenas uma série de lembranças do que já nos é familiar. Por que não repetir simplesmente a descrição esquemática das características principais de um sistema jurídico nacional, descrição essa que colocamos (na página 3), talvez por otimismo, na voz de um cidadão instruído? Podemos então dizer apenas: "Este é o caso paradigmático do que se quer dizer com as expressões 'direito' e 'sistema jurídico'; lembrem-se de que, além desses casos-padrão, vocês encontrarão também na vida social certos sistemas que carecem de alguns desses elementos, embora partilhem algumas daquelas características marcantes. Esses são casos controvertidos, em que não há argumento conclusivo contra ou a favor de sua inclusão no âmbito do direito."

Essa seria uma forma breve e agradável de abordar a questão, mas não há nada além disso que a recomende. Pois, em primeiro lugar, é evidente que aqueles que ficam mais confusos com a pergunta "O que é o direito?" não esqueceram, nem precisam que se lhes recordem, os fatos já conhecidos que essa resposta esquemática lhes oferece. A profunda perplexidade que tem emprestado relevância à pergunta não se deve à ignorância, ao esquecimento ou à incapacidade de reconhecer os fenômenos a que a palavra "direito" comumente se refere. Além disso, se considerarmos os termos de nossa descrição esquemática de um sistema jurídico, fica claro que ela pouco faz além de afirmar que, no caso-padrão normal, leis de vários tipos se aglutinam. A razão para isso é que tanto um tribunal quanto o poder legislativo, que aparecem nessa descrição resumida como elementos típicos de um sistema jurídico padrão, são eles próprios criaturas do direito. Só quando existem certos tipos de lei que concedem aos homens jurisdição litigiosa e poder para legislar é que se podem constituir um tribunal ou um poder legislativo.

Essa forma breve de responder à pergunta, que pouco faz além de lembrar as convenções existentes que governam o uso das palavras "direito" e "sistema jurídico", é portanto inútil. O melhor caminho será, evidentemente, postergar toda resposta à pergunta "O que é o direito?" até que possamos descobrir o que realmente vem confundindo aqueles que formularam a indagação ou procuraram respondê-la, mesmo se sua familiaridade com o direito e sua capacidade de reconhecer exemplos significativos esteja acima de qualquer dúvida. Que mais eles querem saber, e por quê? A *esta* pergunta, pode-se dar uma espécie de resposta geral. Pois há certos temas principais e recorrentes que têm sido um foco constante de argumentos e contra-argumentos sobre a natureza do direito e provocado afirmações exageradas e paradoxais a seu respeito, como as que já citamos. A reflexão sobre a natureza do direito tem uma história longa e complicada; em retrospectiva, entretanto, fica evidente que tem versado quase continuamente sobre uns poucos temas principais. Estes não foram escolhidos gratuitamente nem inventados pelo puro prazer da discussão acadêmica; dizem respeito a aspectos do direito que a todo tempo parecem naturalmente dar causa a equívocos, de tal modo que a confusão, e a subsequente necessidade de ulterior elucidação, podem coexistir mesmo nas mentes de homens ponderados que têm domínio seguro e sólido conhecimento do direito.

2. Três questões recorrentes

Examinaremos aqui três dos principais problemas recorrentes e mostraremos em seguida por que eles se articulam na forma da exigência de uma definição do direito ou uma resposta à pergunta "O que é o direito?", ou em perguntas formuladas em termos mais obscuros, como "Qual é a natureza (ou essência) do direito?".

Dois desses temas surgem como explicaremos a seguir. A mais marcante característica geral do direito em todos os tempos e lugares é que sua existência significa que certos tipos de comportamento humano já não são opcionais, mas, em *certo* sentido, obrigatórios. Porém, essa característica aparentemente simples do direito não é tão simples quanto parece, pois podemos distinguir diferentes formas na esfera do comportamento obrigatório não-opcional. O primeiro sentido em que o comportamento já não é opcional, e o mais simples, é o caso em que um homem é obrigado a fazer o que outro lhe diz, não por ser fisicamente compelido – no sentido de que seu corpo é empurrado ou arrastado –, mas porque o outro o ameaça com consequências desagradáveis caso recuse. O assaltante ordena à vítima que lhe entregue a bolsa e ameaça dar-lhe um tiro se ela recusar; se a vítima obedece, referimo-nos à maneira como foi forçada a obedecer dizendo que foi *obrigada* a fazê-lo. Parece claro para muitos que, nessa situação em que uma pessoa dá ordens a outra com o auxílio de ameaças e a compele a obedecer, neste sentido de "obrigar", temos a essência do direito, ou, pelo menos, "a chave para a ciência do direito"[6]. Este é o ponto de partida da análise de Austin, que influenciou uma parcela importante da ciência jurídica na Inglaterra.

Evidentemente, não há dúvida de que um sistema jurídico muitas vezes apresenta essa característica, entre outras. Uma lei penal que declara que determinada conduta constitui uma infração e especifica a pena à qual o infrator está sujeito pode parecer uma simples ampliação da situação do assaltante; a única diferença, relativamente secundária, é que, no caso da legislação, as ordens se dirigem de modo geral a um grupo que as obedece de forma habitual.

---

6. Austin, op. cit., Lecture I, p. 13. Ele acrescenta: "e da moral".

Mas, por mais atraente que pareça tal redução dos fenômenos complexos do direito a esse único elemento simples, descobre-se, ao examiná-la mais de perto, que ela é uma distorção e uma fonte de confusão mesmo no caso de uma lei penal, em que uma análise em termos simples como estes pareceria mais plausível. Em que sentido, então, podemos dizer que o direito e a obrigação jurídica diferem das ordens sustentadas por ameaças e como se relacionam com estas? Este problema crucial tem estado sempre latente na pergunta "O que é o direito?".

Um segundo problema deriva de um segundo modo pelo qual uma conduta pode não ser opcional, mas obrigatória. As normas morais impõem obrigações e subtraem certas áreas de conduta à livre opção do indivíduo de agir como desejar. Assim como um sistema jurídico obviamente contém elementos que se assemelham de perto aos casos simples de ordens apoiadas por ameaças, assim, de modo igualmente óbvio, contém também elementos estreitamente relacionados a certos aspectos da moral. Em ambos os casos é igualmente difícil identificar precisamente qual é a relação, e em ambos existe a tentação de ver na estreita semelhança uma identidade. Não só o direito e a moral compartilham um mesmo vocabulário, de modo que há obrigações, deveres e direitos tanto jurídicos como morais, mas também todos os sistemas jurídicos internos ou intranacionais reproduzem a substância de certas exigências morais fundamentais. O homicídio e o uso gratuito da violência são apenas os exemplos mais óbvios da coincidência entre as proibições do direito e da moral. Além disso, há uma ideia, a de justiça, que parece unir os dois campos: esta é ao mesmo tempo uma virtude especialmente apropriada ao direito e a mais jurídica das virtudes. Pensamos e falamos sobre a "justiça *de acordo com* a lei", e também falamos da justiça ou injustiça *das* leis.

Esses fatos sugerem a interpretação de que o direito deve ser compreendido como um "ramo" da moral ou da justiça, e que é a congruência com os princípios da moral ou da justiça, e não a incorporação de ordens e ameaças, que é seu elemento essencial. Esta é a doutrina que caracteriza não apenas as teorias escolásticas do direito natural, mas também uma parte da teoria do direito contemporânea que critica o "positivismo" jurídico herdado de Austin. Entretanto, também nesse caso, as teorias que promovem essa assimilação estreita do direito à moral parecem frequentemente confundir, no final, um tipo de conduta obrigatória com outro e deixar de lado as diferenças de espécie entre as normas jurídicas e morais, bem como as diferenças entre suas respectivas exigências. Essas diferenças são pelo menos tão importantes quanto as semelhanças e convergências que também podemos encontrar entre os dois tipos de normas. Assim, a afirmação de que "uma lei injusta não é uma lei"[7] soa tão exagerada e paradoxal, ou mesmo falsa, quanto a declaração de que "as leis criadas pelo legislativo não são leis", ou "o direito constitucional não é direito". É característico dessa oscilação entre extremos que perpassa toda a história da teoria do direito que aqueles que não viram na estreita assimilação entre o direito e a moral nada além de uma dedução equivocada, tirada do fato de que o direito e a moral compartilham um vocabulário comum de direitos e deveres, tenham protestado contra isso em termos igualmente exagerados e paradoxais: "As previsões sobre o que os tribunais farão de fato são o que entendo por direito, e nada mais ambicioso que isso."[8]

O terceiro dos temas principais a incitar perpetuamente a pergunta "O que é o direito?" é de caráter mais geral. À primeira vista, poderia parecer que a afirmativa de que um sistema jurídico é composto por *normas*, pelo menos em geral, dificilmente poderia ser posta em dúvida ou reputada como de difícil compreensão. Tanto os que encontraram a chave para a compreensão do direito na noção de ordens

---

7. "Non videtur esse lex quae justa non fuerit": Santo Agostinho I, *De Libero Arbitrio, 5*; São Tomás de Aquino, *Summa Theologica*, Qu. XCV, Arts. 2,4.
8. Holmes, loc. cit.

apoiadas por ameaças como aqueles que a encontraram em sua relação com a moral ou a justiça se referem ao direito como uma disciplina que contém – se é que não consiste principalmente em – normas. E, entretanto, a insatisfação, a confusão e a incerteza a respeito dessa noção aparentemente não problemática estão na base de boa parte da perplexidade sobre a natureza do direito. O que *são* as normas? Que significa dizer que uma norma *existe*? Os tribunais realmente aplicam as normas ou apenas simulam fazê-lo? Quando se questiona a noção de norma, como ocorreu especialmente na teoria do direito deste século, surgem diferenças importantes de opinião, que nos limitaremos a resumir brevemente.

Evidentemente, há muitos tipos diferentes de normas – não somente no sentido óbvio de que, além das normas jurídicas, existem as regras de etiqueta e as normas da língua, as regras de jogos e as normas de clubes, mas no sentido menos evidente de que, mesmo no interior de qualquer dessas esferas, o que chamamos "norma" pode ter origens diversas e relações muito diferentes com a conduta à qual a palavra se refere. Assim, no próprio direito, algumas normas resultam da legislação, enquanto outras não se originam de nenhuma ação deliberada desse tipo. O mais importante é que algumas normas são vinculantes, no sentido de que exigem que as pessoas se comportem de certa maneira: por exemplo, que se abstenham de cometer violência ou que paguem seus impostos, quer queiram, quer não; outras indicam o que as pessoas devem fazer para conferir validade a seus desejos, como as que estabelecem os procedimentos, formalidades e condições para a celebração de matrimônios e a redação de testamentos ou contratos. Observa-se o mesmo contraste entre esses dois tipos de norma também entre as regras de um jogo que proíbem certos tipos de conduta, sob pena de sanção (conduta antidesportiva ou insultos ao juiz), e aquelas que especificam o que deve ser feito para marcar pontos ou vencer o jogo. Mas, mesmo que ignoremos momentaneamente essa complexidade e consideremos apenas o primeiro tipo de norma (típico do direito penal), encontraremos, mesmo entre os autores contemporâneos, grande divergência de pontos de vista quanto ao significado da afirmação de que uma simples norma vinculante desse tipo *existe*. Alguns desses juristas, de fato, creem que essa noção é sumamente misteriosa.

Precisamos abandonar, assim, a descrição que somos a princípio tentados a fazer, talvez naturalmente, da ideia aparentemente simples de uma norma de caráter obrigatório. Segundo tal descrição, dizer que uma norma existe significa apenas que um grupo de indivíduos, ou a maioria deles, se comporta "normalmente", isto é, *geralmente*, de uma forma semelhante, específica, em certas circunstâncias. Assim, dizer que na Inglaterra há uma norma especificando que os homens não podem usar chapéu na igreja, ou que devemos nos levantar quando se toca "God save the Queen"*, significa que a maioria das pessoas geralmente faz essas coisas. É evidente que essa formulação não é suficiente, embora transmita parte do que se quer dizer. Pode existir uma convergência de comportamento entre os membros de um grupo social (pode ser que todos tomem chá regularmente no café-da-manhã ou frequentem semanalmente o cinema), mas, mesmo assim, pode ser que não exista nenhuma norma que o *exija*. A diferença entre essas duas situações sociais, a de uma mera convergência de comportamentos e a da existência de uma norma social, frequentemente se manifesta na língua. Ao descrever a segunda situação podemos, embora isso não seja necessário, utilizar certas palavras que dariam margem a equívoco se pretendêssemos fazer somente a primeira das duas afirmações. Essas palavras são "precisa", "deve" e "tem que", as quais, apesar das diferenças, compartilham certas funções comuns ao indicarem a presença de uma norma que exige determinada conduta. Não há norma na Inglaterra segundo a qual

---

* *God Save the Queen* é o hino nacional do Reino Unido e o hino do Commonwealth. (N. do R. T.)

todos precisem, devam ou estejam obrigados a ir ao cinema toda semana, e nem todos fazem isso; tudo o que se pode dizer a esse respeito é que muitos frequentam regularmente o cinema. Mas *existe* uma norma que estipula que os homens devem descobrir a cabeça na igreja.

Qual é, então, a diferença crucial entre a mera convergência de comportamentos habituais num grupo social e a existência de uma norma, frequentemente assinalada pelo uso das palavras "precisa", "deve" e "tem que"? Os teóricos do direito permanecem divididos sobre esse ponto, especialmente nos dias atuais, quando várias circunstâncias trazem esse tema para o primeiro plano. No caso das normas jurídicas, sustenta-se com frequência que sua diferença específica (o elemento traduzido por "deve" ou "precisa") consiste no fato de que os desvios em relação a certos tipos de comportamento provavelmente se defrontarão com reações hostis e, em se tratando de normas jurídicas, serão punidos pela autoridade. Quanto ao que podemos chamar meros hábitos coletivos, como o de ir semanalmente ao cinema, os desvios não sofrem punição ou mesmo reprovação; mas, onde quer que haja normas que exigem determinada conduta – mesmo normas não-jurídicas, como aquela que requer que os homens descubram a cabeça na igreja –, pode-se esperar que uma infração da regra resulte em algo dessa espécie. No caso das normas jurídicas, essa consequência previsível é organizada de forma definida e oficial, ao passo que, no caso das não-jurídicas, embora se possa esperar uma reação hostil diante do desvio, essa reação não é organizada nem definida.

É óbvio que a previsibilidade da punição é um aspecto importante das normas jurídicas; mas não é possível aceitar isso como uma descrição exaustiva do significado da afirmação de que uma norma social existe ou do elemento traduzido por "deve" ou "precisa" que está envolvido nas normas. Há muitas objeções a essa descrição preditiva; e uma objeção em particular, que caracteriza toda uma escola da teoria do direito na Escandinávia, merece consideração cuidadosa. É que, se observarmos de perto a atividade do juiz ou da autoridade que pune as infrações às normas jurídicas (ou daqueles cidadãos particulares que reprovam ou criticam os desvios em relação às normas não-jurídicas), veremos que as normas estão envolvidas nessa atividade de uma maneira totalmente inexplicada por aquele prognóstico. Pois, ao aplicar a punição, o juiz toma a norma como *guia*, e a infração àquela como sua *razão* e *justificativa* para punir o infrator. Não vê a norma como uma afirmação de que ele próprio e outros provavelmente punirão as infrações, embora um observador pudesse encará-la exatamente dessa maneira. O aspecto preditivo da norma (embora real) é irrelevante para os objetivos do juiz, enquanto a qualidade de guia e justificativa é essencial. Dá-se o mesmo com as repreensões informais aplicadas em virtude da violação de normas não-jurídicas. Essas censuras tampouco são meras reações previsíveis às infrações, mas algo que a existência da norma prescreve e que, segundo se acredita, justifica. Assim, dizemos que repreendemos ou punimos um homem *porque* infringiu a norma, e não apenas que era provável que ele sofreria repreensão ou punição.

No entanto, alguns dentre os críticos que fizeram essas objeções à descrição preditiva confessam existir aí algo obscuro, algo que resiste à análise em termos claros, definidos e concretos. O que *pode* haver em uma norma que a distinga de um simples hábito de um grupo, além da punição ou reprovação regulares e, portanto, previsíveis aplicadas àqueles que se afastam dos padrões usuais de conduta? Existe realmente algo acima e além desses fatos claramente verificáveis, algum elemento extra, que guia e justifica o juiz ou lhe dá uma razão para punir? A dificuldade em dizer em que consiste exatamente esse elemento levou esses críticos da teoria preditiva a insistir, a essa altura, em que toda a discussão sobre normas e o correspondente emprego de palavras como "tem que", "precisa" ou "deve" estão impregnados de uma confusão que talvez faça crescer sua importância aos olhos humanos, mas não tem fundamento racional. De acordo com esses críticos, nós *pensamos* haver alguma coisa na norma que nos obriga a fazer certas coisas e nos orienta ou justifica no ato de fazê-las; mas, segundo eles, esse pensamento é uma ilusão, ainda que útil. Tudo o que existe, além dos fatos claramente verificáveis do comportamento do grupo e da reação previsível ao desvio, são nossos próprios sentimentos fortes de compulsão no sentido de nos comportarmos de acordo com a norma e agirmos contra aqueles que não o fazem. Não reconhecemos esses sentimentos pelo que são, mas imaginamos existir algo externo, uma parte invisível da estrutura do universo, que nos guia e controla nessas atividades. Estamos aqui no domínio da ficção, com a qual se diz que o direito sempre esteve relacionado. É só pelo fato de adotarmos essa ficção que podemos falar solenemente de uma soberania "das leis, e não de homens". Esse tipo de crítica, quaisquer que sejam os méritos de suas formulações positivas, pelo menos exige que elucidemos melhor a diferença entre as normas sociais e os meros hábitos convergentes de comportamento. Essa distinção é crucial para a compreensão do direito, e boa parte dos capítulos iniciais deste livro se ocupa dela.

No entanto, o ceticismo a respeito do caráter das normas jurídicas nem sempre tomou a forma extremada de condenar, como confusa ou fictícia, a própria noção de norma vinculante. Em vez disso, a forma de ceticismo que predomina na Inglaterra e nos Estados Unidos nos convida a reconsiderar a ideia de que um sistema jurídico consiste *inteiramente*, ou mesmo *principalmente*, em normas. Não há dúvida de que os tribunais formulam suas decisões de modo a dar a impressão de que estas são a consequência necessária de normas predeterminadas cujo significado é fixo e claro. Em casos muito simples isso pode ser verdadeiro; mas, na vasta maioria dos casos que transtornam os tribunais, nem a legislação nem os precedentes nos quais as normas estão supostamente contidas permitem um resultado único. Na maioria dos casos importantes, há sempre uma escolha. O juiz precisa escolher entre significados alternativos a serem atribuídos às palavras da lei ou entre interpretações conflitantes sobre o que "significa" um precedente. O que oculta esse fato é tão-somente a tradição de que os juízes "encontram", e não "criam", o direito; e, sob essa ótica, as decisões deles são vistas como se fossem deduções feitas facilmente a partir de normas claras e preexistentes, sem a intromissão da escolha e do arbítrio do julgador. As normas jurídicas podem ter um núcleo central de significado incontestável, e em alguns casos pode ser difícil imaginar uma disputa quanto ao significado de uma norma. A seção 9.ª da Lei dos Testamentos, de 1837, que dispõe que um testamento requer duas testemunhas, pode não parecer passível de dar origem a problemas de interpretação. Entretanto, todas as normas têm uma penumbra de incerteza na qual o juiz precisa escolher entre alternativas. Mesmo o significado da cláusula aparentemente inocente da Lei dos Testamentos, que diz que o testador deve necessariamente *firmar* o testamento, pode mostrar-se duvidosa em certas circunstâncias. Que ocorreria se o testador usasse um pseudônimo? Ou se sua mão tivesse sido guiada pela de outra pessoa? Ou se grafassem apenas suas iniciais? Ou ainda se assinasse seu nome completo e correto, sem necessidade de ajuda, mas no alto da primeira página e não no fim da última? Seriam todos esses casos equivalentes a "assinar" ou "firmar", no sentido pretendido pela lei?

Se tanta incerteza pode surgir nas humildes esferas do direito privado, mais incerteza ainda poderemos encontrar nas expressões grandiloquentes de uma constituição, como a Quinta e a Décima Quarta Emendas à Constituição dos Estados Unidos, que estipulam que "ninguém será privado de sua vida, liberdade ou propriedade sem o devido processo legal". Sobre isso, um autor[9] observou que o verdadeiro significado dessa frase é bem claro. Significa que "nenhum w será x ou y sem z, onde w, x, y e z podem assumir quais-

---

9. J. D. March, "Sociological Jurisprudence Revisited", 8 *Stanford Law Review* (1956), p. 518.

quer valores dentro de um amplo intervalo". Para terminar, os céticos nos lembram não só que as normas são vagas e duvidosas, mas também que sua interpretação pelo tribunal pode ser não apenas válida, como também definitiva. Tendo em vista tudo isso, não seria um exagero grosseiro, ou mesmo um erro, conceber que o direito depende essencialmente das normas? Esses raciocínios levam à negativa paradoxal que já citamos: "A legislação é fonte do direito, e não parte do próprio direito"[10].

3. Definição

Eis, portanto, os três problemas recorrentes: em que o direito difere das ordens apoiadas por ameaças e como se relaciona com estas? Em que a obrigação jurídica difere do dever moral e como se relaciona com este? O que são as normas e até que ponto elas são os elementos essenciais do direito? O principal objetivo de grande parte das especulações sobre a "natureza" do direito tem sido o de dissipar as dúvidas e perplexidades que cercam essas três questões. Agora é possível perceber por que essa reflexão tem sido concebida geralmente como uma busca da definição de direito, e também por que pelo menos as formas familiares de definição contribuíram tão pouco para solucionar as dificuldades e dúvidas persistentes. Uma definição é, como a palavra sugere, principalmente uma questão de traçar linhas divisórias ou distinguir entre um e outro tipo de coisa, que a língua demarca pelo uso de palavras distintas. A necessidade de se traçarem essas linhas demarcatórias é sentida frequentemente mesmo por aqueles que estão perfeitamente à vontade com o uso cotidiano da palavra em questão, mas não conseguem explicitar ou explicar as distinções que, conforme seu sentir, separam um tipo do outro. Todos nos encontramos às vezes nessa situação difícil, que

---

10. Gray, loc. cit.

é fundamentalmente a do homem que diz: "Reconheço um elefante quando o vejo, mas não sou capaz de defini-lo." Nesse mesmo sentido, a célebre afirmação de Santo Agostinho[11] a propósito da noção de tempo: "O que é, então, o tempo? Se ninguém me interroga, eu sei; se quero explicá-lo a alguém que me pergunta, já não sei." Mesmo juristas experimentados sentiram que, embora estejam familiarizados com o direito, há muita coisa que não podem explicar e que não compreendem totalmente sobre ele e sobre suas relações com outras coisas. Como um homem que sabe como ir de um ponto a outro numa cidade que lhe é familiar mas não é capaz de explicar ou mostrar a outros como fazê-lo, aqueles que exigem uma definição precisam de um mapa que mostre claramente as relações que se sente vagamente existirem entre o direito que conhecem e outras coisas.

Nessas situações, a definição de uma palavra pode às vezes funcionar como um mapa desse tipo: pode ao mesmo tempo tornar explícito o princípio latente que orienta nosso uso do termo e tornar claras as relações entre o tipo de fenômeno ao qual aplicamos a palavra e outros fenômenos. Dizem às vezes que a definição é "meramente verbal" ou que "são só palavras", mas isso pode ser totalmente enganoso quando a expressão definida é de uso corrente. Mesmo a definição de um triângulo como uma "figura retilínea de três lados", ou a de um elefante como um "quadrúpede distinguível de outros quadrúpedes por possuir pele grossa, presas e uma tromba" nos instruem modestamente tanto sobre o uso convencional dessas palavras como sobre as coisas às quais estas se aplicam. Uma definição familiar como essas faz duas coisas simultaneamente: oferece um código ou fórmula que traduz a palavra em outros termos bem conhecidos e, ao mesmo tempo, nos assinala o tipo de coisa ao qual a palavra se refere, através da indicação das características que esta compartilha com uma família mais

---

11. *Confessiones*, xiv, 17.

ampla de coisas e daquelas que a distinguem das outras coisas da mesma família. Ao buscar e encontrar tais definições, "não estamos olhando apenas para as palavras [...] mas também para as realidades a respeito das quais falamos utilizando palavras. Estamos usando uma consciência mais aguçada das palavras para apurar nossa percepção dos fenômenos"[12].

Esse tipo de definição (*per genus et differentiam**), que podemos ver nos casos simples do triângulo ou do elefante, é o mais elementar, e para alguns o mais satisfatório, porque nos oferece uma estrutura de palavras que pode sempre substituir a palavra definida. Mas nem sempre é possível utilizá-lo, e ele nem sempre é elucidativo mesmo quando é acessível. Seu êxito depende de condições frequentemente não satisfeitas, entre as quais a principal é a existência de uma família mais ampla de coisas, ou *genus*, cuja natureza é clara para nós, dentro da qual a definição localiza aquilo que define; pois, evidentemente, uma definição que nos diz que algo pertence a determinada família não pode nos ajudar se tivermos apenas ideias vagas ou confusas sobre a natureza dessa família. É essa exigência que, no caso do direito, torna esse tipo de definição inútil, pois não há nesse caso nenhuma categoria geral, familiar e bem conhecida à qual essa ciência pertença. A candidata mais óbvia a ser utilizada desse modo numa definição do direito é a família geral das *normas de comportamento*; entretanto, o conceito de norma, como já vimos, é tão desconcertante quanto a própria noção de direito, de modo que as definições do direito que começam por identificar as leis como uma espécie de norma geralmente não fazem avançar muito nossa compreensão do próprio direito. Para isso se requer algo mais fundamental que uma forma de definição usada para loca-

---

12. J. L. Austin, "A Plea for Excuses", *Proceedings of the Aristotelian Society*, vol. 57 (1956-7), p. 8.

* Método aristotélico de investigação com base no *gênero próximo* e na *diferença específica*. (N. do R. T.)

lizar uma classe específica e subordinada no interior de um gênero familiar e bem conhecido.

Entretanto, existem ainda outros grandes obstáculos ao uso profícuo dessa forma simples de definição para o direito. A suposição de que uma expressão geral pode ser definida desse modo se baseia na presunção tácita de que todos os exemplares do que se define como triângulos e elefantes têm características comuns, cujo significado é dado pela expressão definida. É claro que, mesmo numa fase relativamente inicial, a existência de casos limítrofes chama nossa atenção, o que demonstra que a suposição de que os vários exemplos de um termo geral precisam ter as mesmas características pode ser dogmática. Muito frequentemente o uso ordinário de um termo, ou mesmo seu uso técnico, é bastante "aberto", no sentido de que não *proíbe* a extensão do termo a outros casos em que estão presentes apenas algumas das características normalmente coincidentes. Isso, como já dissemos, se verifica no direito internacional e em certas formas de direito primitivo, de modo que sempre é possível argumentar de forma plausível contra ou a favor de tal extensão de uso. O mais importante é que, excetuados esses casos limítrofes, as diversas manifestações particulares de um termo geral estão frequentemente ligadas entre si de maneiras totalmente diferentes daquela postulada pela forma simples de definição. Podem estar ligadas por analogia, como quando falamos do "pé" de um homem e do "pé" de uma montanha. Podem estar vinculadas a um elemento central mediante relações *diferentes*. Vê-se um princípio unificador desse tipo na aplicação da palavra "saudável" não só a um homem como também à sua aparência geral e a seus exercícios matinais, sendo a segunda um sinal e os últimos a causa da primeira característica, que é a noção central. Os diversos casos podem ainda ser componentes diferentes de uma atividade complexa – e aí temos talvez um princípio semelhante àquele que unifica os diversos tipos de normas que compõem um sistema jurídico. O uso do adjetivo "ferroviário" não só em relação a um trem mas também em relação aos trilhos, a uma estação, a um carregador de bagagens e a uma empresa é regido por esse tipo de princípio unificador.

É certo que existem muitos outros tipos de definição além da forma tradicional, muito simples, que examinamos; mas, ao recordarmos o caráter dos três principais problemas que identificamos como subjacentes à pergunta recorrente "O que é o direito?", parece claro que nenhum conceito suficientemente conciso para ser aceito como uma definição poderia oferecer-lhes uma resposta satisfatória. Os princípios subjacentes são muito diferentes uns dos outros e ao mesmo tempo demasiado fundamentais para permitir esse tipo de resolução. Isso já demonstra a história das tentativas de fornecer definições sucintas. Entretanto, o instinto que nos faz reunir essas três questões numa única pergunta ou exigência de definição não está mal orientado; pois, como mostraremos ao longo deste livro, é possível isolar e caracterizar um conjunto central de elementos que formam uma parte comum da resposta às três questões. O que são esses elementos e por que merecem o posto importante que lhes foi atribuído neste livro se tornará mais claro se considerarmos detalhadamente, em primeiro lugar, as deficiências da teoria que dominou grande parte da ciência jurídica inglesa desde que foi exposta por Austin. Trata-se da afirmação de que a chave para a compreensão do direito se encontra na noção simples de uma ordem apoiada por uma ameaça, que Austin chamou de "comando". A investigação das debilidades dessa teoria ocupa os três próximos capítulos. Ao criticá-la em primeiro lugar e postergar para capítulos posteriores deste livro a análise de sua principal antagonista, ignoramos deliberadamente a ordem histórica do desenvolvimento da ciência jurídica moderna; pois a pretensão rival, de que o direito deve ser compreendido através de sua ligação "necessária" com a moral, é uma doutrina mais antiga que Austin tomou como principal objeto de seu ataque, como Bentham havia feito antes dele. Nossa desculpa para essa abordagem não-histórica, se é que necessitamos de alguma, é que os erros da teoria imperativa simples são um melhor indicador da verdade que aqueles de suas rivais mais complexas.

Em vários pontos deste livro, o leitor encontrará discussões sobre os casos limítrofes nos quais os teóricos do direito se defrontaram com dúvidas sobre a aplicabilidade das expressões "direito" ou "sistema jurídico"; mas a solução sugerida para essas dúvidas, que o leitor também encontrará aqui, é apenas um objetivo secundário da obra. Pois a finalidade desta não é fornecer uma definição do direito, no sentido de uma norma através da qual se possa pôr à prova a correção do emprego da palavra; é fazer avançar a teoria do direito, oferecendo uma análise aperfeiçoada da estrutura característica dos sistemas jurídicos internos e uma melhor compreensão das semelhanças e diferenças entre o direito, a coerção e a moral como tipos de fenômenos sociais. O conjunto dos elementos identificados no decorrer da discussão crítica dos três próximos capítulos, e descritos detalhadamente nos Capítulos V e VI, serve a este fim, de maneiras que serão demonstradas no restante do livro. Esta é a razão por que são tratados como os elementos centrais do conceito de direito e de importância primordial na elucidação de sua natureza.

II. Leis, comandos e ordens

1. Variedades de imperativos

A tentativa mais clara e mais cabal de analisar o conceito de direito em função dos elementos aparentemente simples dos comandos e dos hábitos foi a empreendida por Austin em seu *Province of Jurisprudence Determined*. Neste capítulo e nos dois seguintes, enunciaremos e criticaremos um ponto de vista que coincide essencialmente com a doutrina de Austin, mas provavelmente diverge desta em determinados pontos. Isso porque nossa preocupação principal não é com Austin, mas com as credenciais de certo tipo de teoria que exerce uma atração permanente, quaisquer que sejam seus defeitos. Assim, não hesitamos em assumir uma postura clara e coerente mesmo quando o sentido do texto de Austin é duvidoso ou seus pontos de vista parecem inconsistentes. Além disso, quando Austin dá apenas pistas sobre como poderia responder às críticas a ele formuladas, desenvolvemos melhor essas respostas (em parte na direção seguida por teóricos mais recentes, como Kelsen) para assegurar que a doutrina que analisaremos e criticaremos seja expressa em sua forma mais sólida.

Em muitas situações da vida social pode-se expressar o desejo de que outra pessoa faça ou deixe de fazer alguma coisa. Quando esse desejo é expresso não apenas como uma informação interessante ou um ato deliberado de desabafo, mas com a intenção de que a pessoa obedeça, costuma-se usar, em inglês e em muitas outras línguas – embora isso não seja necessário –, uma forma linguística especial denominada *modo imperativo*: "Vá para casa!", "Venha cá!", "Pare!", "Não o mate!". As situações sociais nas quais precisamos nos dirigir a outras pessoas no modo imperativo são extremamente diversas; entretanto, incluem certos tipos principais de situações recorrentes, cuja importância é assinalada por certas classificações familiares. "Passe o sal, por favor" é geralmente um simples *pedido*, já que normalmente se dirige a alguém que pode prestar um serviço ao falante, e não tem nenhuma conotação de urgência ou insinuação do que pode ocorrer caso o interlocutor não obedeça. "Não me mate!" seria normalmente um *apelo* ou *súplica* formulados numa situação em que o falante está à mercê da pessoa a quem se dirige ou numa dificuldade da qual esta tem o poder de libertá-lo. Por outro lado, "Não se mova" pode ser um *aviso,* caso o falante saiba de algum perigo que ameaça a outra pessoa (p. ex., uma cobra na grama) e que sua vigilância ainda pode evitar.

As diversas situações sociais em que se utilizam caracteristicamente, ainda que não invariavelmente, as formas imperativas da língua não só são numerosas como também se mesclam e se sobrepõem umas às outras, e palavras como *"apelo"*, *"pedido"* ou *"aviso"* se limitam a estabelecer algumas diferenças gerais. A palavra "imperativo" parece especialmente apropriada à mais importante entre essas situações, cujo exemplo é o caso do assaltante armado que diz ao caixa do banco: "Entregue o dinheiro ou atiro." Sua característica distintiva, que nos autoriza a dizer que o assaltante *manda* e não apenas *pede*, e muito menos *apela* ao funcionário para que lhe passe o dinheiro, é que, para garantir a obediência a seu desejo expresso, o falante ameaça fazer algo que o homem normal consideraria nocivo ou desagradável, o que torna a tentativa de conservar o dinheiro uma linha de ação muito menos desejável e conveniente para o empregado do banco. Se o assaltante tiver sucesso, podemos dizer que ele coagiu o funcionário, e que este se encontrava, nesse sentido, sujeito ao poder dele. Podem se apresentar muitas questões linguísticas interessantes: poderíamos dizer propriamente que o assaltante *ordenou* ao caixa que lhe desse o dinheiro e que este obedeceu, mas seria um pouco enganoso dizer que o assaltante *deu uma ordem* ao funcionário para entregá-lo, já que essa frase tem forte ressonância militar e sugere a existência de algum direito ou autoridade para dar ordens, que não está presente nesse caso. Seria bem natural, entretanto, dizer que o assaltante deu uma ordem a seu comparsa para que vigiasse a porta do banco.

Não precisamos nos ocupar aqui dessas sutilezas. Embora as palavras "ordem" e "obediência" estejam associadas à ideia de autoridade e da deferência diante desta, usaremos as expressões "ordens apoiadas por ameaças" e "ordens coercitivas" para nos referirmos a ordens que, como aquela dada pelo assaltante, são apoiadas apenas por ameaças, e usaremos os termos "obediência" e "obedecer" para designar a aquiescência a essas ordens. Entretanto, pelo menos devido à grande influência que a definição de comando adotada por Austin exerceu sobre os juristas, é importante assinalar que a situação simples, na qual se usam apenas ameaças de danos e nada mais para forçar a obediência, *não é* uma conjuntura na qual falaríamos naturalmente de "comandos". Essa palavra, não muito comum fora do contexto militar, denota fortemente a existência de uma organização hierárquica relativamente estável de homens, como um exército ou grupo de discípulos, na qual o comandante ocupa posição preeminente. Tipicamente, é o general (e não o sargento) quem comanda e profere comandos, embora se usem esses termos para falar de outras formas de preeminência especial, como quando se diz, no Novo Testamento, que Cristo comanda seus discípulos. Um aspecto mais importante – por constituir uma distinção crucial entre diferentes formas do "imperativo" – é não ser necessário, quando se dá um comando, que exista a ameaça latente de dano na hipótese de desobediência. A posição de comando se caracteriza pelo exercício da autoridade sobre homens, e não pelo poder de infligir dano; e, embora possa se conjugar à ameaça de dano, o comando é, antes de tudo, não um recurso ao medo, mas uma chamada ao respeito pela autoridade.

É óbvio que a ideia de comando, por ser fortemente ligada à ideia de autoridade, está muito mais próxima da noção de direito que a ordem apoiada por ameaças usada pelo assaltante de nosso modelo, embora aquela ordem seja um exemplo do que Austin equivocadamente denomina comando, ignorando as distinções feitas no último parágrafo. Entretanto, o comando é demasiado semelhante ao direito para que possa servir a nosso objetivo; pois o elemento de autoridade envolvido no direito sempre foi um dos obstáculos para uma explicação fácil do que é essa ciência. Portanto, não podemos usar vantajosamente, para elucidar o conceito de direito, a noção de um comando, que também implica a autoridade. Na verdade, quaisquer que sejam os defeitos da análise de Austin, uma de suas virtudes é que os elementos da situação que envolve o assaltante não são obscuros nem necessitam de muita explicação, ao contrário da noção de autoridade; portanto, seguiremos os passos de Austin e tentaremos construir, a partir daquele exemplo, uma ideia do que é o direito. Não teremos, entretanto, expectativa de êxito, como aquele autor; esperamos apenas aprender com nosso fracasso.

2. O direito como ordens coercitivas

Mesmo numa sociedade vasta e complexa, como é a de um Estado moderno, há ocasiões em que uma autoridade, face a face com um indivíduo qualquer, lhe ordena que faça alguma coisa. Um policial ordena, por exemplo, a um determinado motorista que pare ou a um mendigo que se retire. Mas essas situações simples não são, nem poderiam ser, a forma-padrão como o direito opera, no mínimo porque nenhuma sociedade poderia dispor do número de funcionários necessário para assegurar que cada um de seus membros fosse informado oficial e individualmente de cada ato que dele se espera. Em vez disso, essas formas particularizadas de controle ou são excepcionais, ou constituem acompanhamentos ou reforços subsidiários de formas gerais de instruções que não designam indivíduos específicos nem se dirigem a estes, e não especificam um ato em particular a ser praticado. Por isso, até a forma-padrão de uma lei penal escrita (que, entre todas as variedades do direito, é a mais semelhante a uma ordem apoiada por ameaças) é geral em dois sentidos: indica um tipo geral de conduta e se aplica a uma classe geral de pessoas, das quais se espera que estejam conscientes de que se aplica a elas e que a obedeçam. As instruções oficiais individualizadas proferidas face a face têm um papel secundário neste caso: se as instruções gerais principais não forem obedecidas por determinado indivíduo, as autoridades podem chamar sua atenção para elas e exigir sua aquiescência, como faz um fiscal de impostos; ou a desobediência pode ser oficialmente identificada e registrada, impondo-se por um tribunal a pena que era objeto da ameaça.

Portanto, o controle jurídico consiste principalmente, embora não exclusivamente, no controle exercido por meio de instruções que são *gerais* nesse sentido duplo. Essa é a primeira característica que precisamos juntar ao modelo simples do assaltante para que este possa reproduzir os traços distintivos do direito. O círculo de pessoas afetadas e a maneira como este círculo é indicado podem variar em sistemas jurídicos diversos e mesmo em diferentes leis. Num Estado moderno compreende-se normalmente que, na ausência de indicações especiais que ampliem ou restrinjam a classe, suas leis gerais se estendem a todas as pessoas no interior de seus limites territoriais. No direito canônico há uma interpretação semelhante, estipulando que normalmente todos os membros da Igreja estão incluídos no âmbito de suas leis, exceto quando se indica uma classe mais restrita. Em todos os casos, o âmbito de aplicação de uma lei é uma questão de interpretação daquela lei em particular, aliada a essas considerações gerais. Cabe mencionar aqui que, embora alguns juristas, entre os quais Austin, às vezes mencionem leis *dirigidas*[1] (*addressed*) a certas classes de pessoas, isto é enganoso na medida em que sugere um paralelo com a situação da ordem dada face a face, paralelo esse que na verdade não existe e que não corresponde à intenção dos que utilizam essa expressão. Ordenar que as pessoas façam alguma coisa é uma forma de comunicação e requer que o ordenador "dirija-se" realmente a elas, isto é, atraia a atenção delas ou tome medidas para atraí-la; mas criar leis para as mesmas pessoas não exige isso. Assim, usando uma e a mesma elocução, "Entregue-me essas notas", o assaltante exprime seu desejo de que o caixa do banco faça alguma coisa e *se dirige* de fato a ele, isto é, faz o que normalmente é suficiente para chamar sua atenção para essa expressão. Se não fizesse isso, mas apenas pronunciasse as mesmas palavras numa sala vazia, não estaria se dirigindo ao caixa do banco nem lhe teria *ordenado* que fizesse alguma coisa: poderíamos descrever a situação como um caso em que o assaltante apenas houvesse pronunciado as palavras "Entregue-me essas notas". Sob esse aspecto, criar leis é diferente de ordenar a alguém que faça alguma coisa, e precisamos levar em conta essa diferença ao usar essa ideia simples como um modelo para o direito. Pode ser de fato desejável que se chame a atenção daqueles a quem as leis se aplicam para a existência destas, tão logo possível após sua criação. O objetivo do legislador ao criar leis seria frustrado se isso não fosse feito sistematicamente, e os sistemas jurídicos frequentemente estipulam que o seja, por meio de normas especiais que determinam os modos de promulgação e publicação. Mas as leis podem ser completas enquanto tais antes que isso seja feito, e mesmo que

---

1. "Dirigida à comunidade em geral", Austin, acima, p. 1, n. 4, p. 22.

não seja feito em absoluto. Não havendo normas específicas em contrário, as leis têm validade mesmo que aqueles por elas afetados tenham de descobrir por si mesmos quais leis foram criadas e quem é por elas afetado. Aqueles que falam de leis "dirigidas" a certas pessoas querem geralmente dizer que são essas as pessoas às quais a lei específica se aplica, isto é, aqueles de quem a lei exige que se comportem de certa maneira. Se utilizarmos aqui a palavra "dirigidas", poderemos deixar passar em branco uma diferença importante entre a criação de uma lei e o ato de proferir uma ordem face a face, confundindo assim duas questões distintas: "A quem se aplica a lei?" e "Para quem foi publicada?".

Para obter um modelo plausível da situação em que existe o direito, devemos, além de introduzir a característica de generalidade, fazer uma mudança mais fundamental no modelo do assaltante. É verdade que, em certo sentido, este último tem ascendência ou superioridade sobre o caixa do banco; tal superioridade reside em sua capacidade temporária de fazer uma ameaça, a qual bem pode ser suficiente para forçar o empregado do banco a executar a ação específica que lhe é ordenado que execute. Não há outra forma de relacionamento envolvendo superioridade e inferioridade entre os dois homens, exceto essa relação coercitiva de curta duração. Mas, para os objetivos do assaltante, isso pode ser suficiente, pois a ordem simples, face a face, "Entregue-me o dinheiro ou atiro", serve apenas à ocasião. O assaltante não dá ao empregado do banco *ordens permanentes* (embora possa dá-las à sua quadrilha), a serem seguidas ao longo do tempo por várias classes de pessoas. No entanto, as leis têm esse caráter preeminente de "permanência" ou persistência. Segue-se que, se formos usar a noção de ordens apoiadas por ameaças para explicar o que são as leis, devemos tentar reproduzir essa sua característica de permanência.

Devemos portanto supor que existe uma crença generalizada, por parte daqueles a quem as ordens gerais se aplicam, de que a desobediência provavelmente será seguida pela execução da ameaça, não apenas quando da promulgação da ordem, mas continuamente, até que a ordem seja revogada ou cancelada. Podemos dizer que essa crença persistente nas consequências da desobediência mantém as ordens originais vivas ou "vigentes", embora, como veremos mais adiante, haja dificuldades para entender a qualidade de persistência das leis em termos tão simples. É claro que a existência de uma crença geral na probabilidade continuada da execução da ameaça pode de fato exigir a convergência de muitos fatores que não poderiam ser reproduzidos na situação-modelo do assaltante: pode ser que o poder de executar as ameaças vinculadas a essas ordens permanentes que afetam grande número de pessoas só possa de fato existir, e só possa ser considerado existente, por se saber que uma parte ponderável da população estaria preparada tanto para obedecer ela própria voluntariamente, isto é, independentemente do medo da ameaça, quanto para cooperar na execução das ameaças em relação aos desobedientes*.

Seja qual for o fundamento dessa crença geral na probabilidade da execução das ameaças, devemos distingui-la de outra característica necessária que precisamos juntar ao modelo do assaltante para que este se aproxime da situação de estabilidade na qual o direito existe. Devemos supor que, qualquer que seja o motivo, a maioria das ordens são mais frequentemente obedecidas que transgredidas pela maior parte dos afetados. Neste livro, seguindo o exemplo de Austin, chamaremos isso de "um hábito geral de obediência", e observaremos, como ele, ser esta uma noção essencialmente vaga ou imprecisa, como muitos outros aspectos do direito. A questão de saber quantas pessoas devem obedecer a quantas dessas ordens de caráter geral, e por

---

* A necessidade, em situações limítrofes, de que o fenômeno jurídico tenha na mesma função o ofendido na relação jurídica e o garantidor dessa mesma relação chama-se *reciprocidade*. Hart demonstra plena consciência dessa realidade. A mesma realidade pode ser observada na estrutura própria da ação humana, naquilo que se chama de *responsabilidade*. (N. do R. T.)

quanto tempo, para que se caracterize a existência do direito, tem uma resposta tão pouco definida quanto a pergunta sobre quão pouco cabelo um homem precisa ter para ser considerado calvo. Entretanto, esse fato da obediência geral encerra uma distinção crucial entre as leis e aquele caso simples da ordem dada pelo assaltante. A simples ascendência temporária de uma pessoa sobre outra é considerada naturalmente como o oposto polar do direito, com seu caráter relativamente permanente e estável; e, de fato, na maioria dos sistemas jurídicos, o exercício de tal poder coercitivo de curto prazo, como o do assaltante, constituiria um delito penal. Resta saber se essa noção simples, embora reconhecidamente vaga, da obediência habitual generalizada a ordens de caráter geral apoiadas por ameaças é realmente suficiente para reproduzir a estabilidade e a continuidade que caracterizam os sistemas jurídicos.

O conceito de ordens de caráter geral apoiadas por ameaças, dadas por alguém que é geralmente obedecido – conceito esse que construímos por meio de acréscimos sucessivos à situação simples do caso do assaltante –, claramente se aproxima mais de uma lei penal sancionada pelo poder legislativo de um Estado moderno que de qualquer outra modalidade do direito. Pois alguns tipos de leis parecem, à primeira vista, muito diferentes dessas leis penais, e teremos que apreciar mais adiante a ideia de que essas outras modalidades do direito na verdade também seriam, apesar das aparências em contrário, apenas versões complicadas ou disfarçadas dessa mesma forma. Mas se quisermos reproduzir até mesmo as características de uma lei penal no modelo que construímos, de ordens gerais que são geralmente obedecidas, devemos dizer mais alguma coisa sobre a pessoa que dá as ordens. O sistema jurídico de um Estado moderno se caracteriza por uma espécie de *supremacia* em seu território e pela *independência* em relação a outros sistemas, características que ainda não reproduzimos em nosso modelo simples. Essas duas noções não são tão simples quanto parecem, mas podemos expressar como se segue o que lhes é essencial, segundo o senso comum (que pode não se mostrar adequado). O direito inglês, francês ou de qualquer outro Estado moderno regulamenta a conduta de populações que habitam territórios com limites geográficos razoavelmente bem definidos. Pode haver, no território de cada Estado, muitas pessoas ou grupos de pessoas diferentes que expedem ordens gerais apoiadas por ameaças e recebem a obediência habitual da população. Mas devemos distinguir algumas dessas pessoas ou grupos (por exemplo, os conselhos legislativos dos condados, ou um ministro no exercício do que chamamos poderes de legislação delegados) como legisladores *subordinados*, em contraposição à Coroa, cujo poder, ao legislar por meio do Parlamento*, é supremo. Podemos expressar essa relação, na terminologia simples dos hábitos, dizendo que, enquanto a Coroa não obedece a ninguém ao fazer as leis por meio do Parlamento, os legisladores subordinados se mantêm nos limites prescritos pela lei, podendo-se então afirmar que, ao fazerem as leis, são agentes da Coroa em sua função legislativa. Se não atuassem assim, não teríamos na Inglaterra um único sistema jurídico, mas uma pluralidade de sistemas; ao passo que, na verdade, pelo simples fato de a Coroa em sua função legislativa ser, nesse sentido, a autoridade suprema em relação a todos no interior do território e de os outros órgãos legislativos não o serem, temos neste país um único sistema, no qual podemos distinguir uma hierarquia de elementos supremos e subordinados.

A mesma caracterização negativa da Coroa legislando por meio do Parlamento, considerada como alguém que *não* obedece habitualmente às ordens de outros, define de maneira aproximada a noção de *independência*, que usamos ao falarmos dos sistemas jurídicos independentes de diversos países. A instância legislativa máxima da União Soviética não tem o hábito de obedecer ao poder da Coroa ex-

---

* Da expressão inglesa *Queen in Parliament*, referindo-se ao poder de legislar da Coroa por meio do Parlamento. (N. do R. T.)

presso pelo Parlamento inglês, e qualquer coisa que este último pudesse sancionar com respeito aos assuntos soviéticos, embora viesse a integrar o direito britânico, não integraria o direito da URSS. Isso só ocorreria se o poder da Coroa consubstanciado no Parlamento fosse obedecido habitualmente pelo legislativo da URSS.

Segundo essa descrição simples da questão, que teremos de examinar criticamente mais adiante, podemos dizer que, onde quer que exista um sistema jurídico, deve haver algumas pessoas ou um grupo de pessoas que proferem ordens de caráter geral, apoiadas por ameaças, que são geralmente obedecidas, e deve haver também a convicção geral de que essas ameaças podem ser efetivadas em caso de desobediência. Essa pessoa, ou órgão, deve ser suprema internamente e independente externamente. Se, conformando-nos à terminologia de Austin, denominarmos *soberano* a tal pessoa ou grupo de pessoas, supremos e independentes, as leis de qualquer país consistirão nas ordens gerais, apoiadas por ameaças, proferidas pelo soberano ou por seus subordinados em obediência a ele.

III. A diversidade das leis

Se compararmos os diferentes tipos de leis encontrados num sistema moderno, como o direito inglês, com o modelo simples das ordens coercitivas elaborado no capítulo anterior, muitas objeções nos virão à mente. Evidentemente, nem todas as leis ordenam que se façam ou se deixem de fazer determinadas coisas. Não seria enganoso classificar desse modo as leis que outorgam às pessoas naturais poderes para fazer testamentos, celebrar contratos ou casamentos, e também as que outorgam poderes às autoridades, como, por exemplo, a um juiz para decidir litígios, a um ministro para expedir decretos ou a uma câmara municipal para criar uma lei orgânica? É claro que nem todas as leis são promulgadas, nem constituem todas a expressão do desejo de alguém, como as ordens gerais de nosso modelo. Em particular, não parece ser esse o caso do costume, que tem um lugar genuíno, embora modesto, na maioria dos sistemas jurídicos. Certamente as leis não precisam ser apenas ordens dadas a *outros indivíduos,* mesmo quando se trata de leis promulgadas deliberadamente. Não acarretam as leis promulgadas pelo legislativo, muitas vezes, obrigações para os próprios legisladores? Finalmente, devem as leis promulgadas, para serem leis, expressar realmente a vontade, as intenções ou os desejos concretos do legislador? Não teria caráter de lei um estatuto devidamente aprovado se (como deve ocorrer com muitos artigos de uma lei como a lei orçamentária inglesa) aqueles que votaram a seu favor não soubessem o que ele significa?

Essas são algumas das objeções mais importantes, entre tantas possíveis. Evidentemente, será necessário modificar o modelo simples inicial para responder a essas objeções; e, quando tiverem sido todas esclarecidas, poderemos vir a concluir que a noção de ordens gerais apoiadas em ameaças se transformou a ponto de tornar-se irreconhecível.

As objeções que mencionamos se dividem em três grupos principais. Algumas dizem respeito ao *conteúdo* das leis, outras à sua *origem*, e outras ainda se referem a seu *âmbito de aplicação*. No mínimo, todos os sistemas jurídicos *parecem* incluir leis que se afastam, sob um ou mais desses aspectos, do modelo de ordens gerais que propusemos. Analisaremos separadamente esses três tipos de objeções no restante do presente capítulo, e deixaremos para o próximo capítulo uma crítica mais fundamental: a ideia de que, além dessas objeções concernentes ao conteúdo, modo de originação e âmbito de aplicação, a própria concepção geral de um soberano supremo, independente e habitualmente obedecido, na qual se baseia o modelo, é enganosa, já que não há quase nada num sistema jurídico real que lhe corresponda.

1. O conteúdo das leis

O direito penal é algo a que podemos obedecer ou desobedecer, e chamamos "dever" àquilo que suas normas exigem. Se desobedecermos, se dirá que "violamos a lei" e que o que fizemos é "antijurídico", uma "violação do dever" ou um "delito". A função social de uma lei penal é estabelecer e definir certos tipos de conduta como algo a ser evitado ou praticado por aqueles a quem se aplica, independentemente dos desejos destes. A pena ou "sanção" vinculada às infrações ou violações da lei penal se destina (quaisquer que sejam seus outros objetivos) a oferecer um motivo para que os indivíduos se abstenham dessas atividades. Sob todos esses aspectos, existe no mínimo uma grande analogia entre o direito penal e suas sanções, de um lado, e as ordens gerais apoiadas em ameaças de nosso modelo, de outro. Existe também alguma analogia (ao lado de muitas diferenças importantes) entre essas ordens gerais e as leis sobre a responsabilidade civil, cujo principal objetivo é oferecer reparação aos indivíduos afetados por prejuízos decorrentes da conduta de outros. Também neste caso se afirma que as normas que determinam quais tipos de conduta constituem infrações litigáveis impõem às pessoas, independentemente de seus desejos, o "dever" (ou, com menor frequência, a "obrigação") de se abster de tal conduta. Essa conduta é ela própria denominada uma "violação do dever", e a indenização ou outras reparações jurídicas são chamadas "sanções". Mas há ramos importantes do direito aos quais essa analogia com as ordens apoiadas em ameaças deixa de se aplicar, já que desempenham uma função social totalmente diferente. As normas jurídicas que definem as formas de se fazer ou celebrar contratos, testamentos ou matrimônios válidos não exigem que as pessoas ajam desta ou daquela maneira independentemente de sua vontade. Essas leis não impõem deveres ou obrigações. Em vez disso, oferecem aos indivíduos meios para realizar seus desejos, outorgando-lhes poderes jurídicos para criar estruturas de direitos e deveres na moldura coercitiva do direito através de certos procedimentos e sob determinadas condições.

O poder assim outorgado aos indivíduos para pactuar suas relações jurídicas uns com os outros através de contratos, testamentos, laços matrimoniais etc. é uma das grandes contribuições do direito à vida social; e essa característica é obscurecida ao representarmos o direito em sua totalidade como composto de ordens apoiadas por ameaças. A diferença radical entre as funções das leis que outorgam esses poderes e as da lei penal se reflete em muitas fórmulas que utilizamos normalmente para falar daquele tipo de leis. Ao redigirmos nosso testamento, podemos ou não "cumprir" com o disposto na seção 9.ª da Lei dos Testamentos, de 1837, quanto ao número de testemunhas. Se não cumprirmos essa cláusula, o documento que redigirmos não será um testamento "válido" que cria direitos e deveres; será "nulo", sem "força" ou "efeito" jurídicos. Mas, embora seja nulo, nosso não-cumprimento daquela disposição legal não constitui "infração" ou "violação" de nenhuma obrigação ou dever, nem tampouco uma "transgressão", e seria confuso entendê-lo nesses termos.

Se examinarmos as diversas normas jurídicas que outorgam poderes jurídicos aos indivíduos, perceberemos que também elas se enquadram em vários tipos distinguíveis uns dos outros. Assim, o poder de fazer testamentos ou celebrar contratos está sujeito a normas relativas à *capacidade*, ou seja, está condicionado por certas qualificações pessoais mínimas (como a condição de adulto ou a sanidade mental) que aqueles que desejam exercer aquele poder devem possuir. Outras normas detalham a forma como o poder deve ser exercido e estipulam se os testamentos e contratos podem ser feitos oralmente ou por escrito, e, nesse último caso, a forma de sua execução ou registro. Ainda outras normas delimitam a variedade, ou a duração máxima ou mínima, da estrutura de direitos e deveres que os indivíduos podem criar através desses atos jurídicos. São exemplos dessas normas as que limitam a liberdade contratual em nome do interesse público, ou as normas contra as acumulações em testamentos ou legados.

Analisaremos mais adiante as tentativas dos juristas de assimilar as leis que estipulam meios ou poderes (as que dizem "Se você quer fazer isto, esta é a forma de fazê-lo") às leis penais que, como as ordens apoiadas em ameaças, dizem "Faça isto, quer você queira, quer não". Nesse ponto, entretanto, examinaremos outra categoria de leis que também conferem poderes jurídicos, mas cujos poderes, ao contrário daqueles outorgados pelas que acabamos de discutir, são de natureza pública ou oficial, e não privada. Encontramos exemplos dessas últimas em cada um dos três departamentos nos quais costumeiramente dividimos, ainda que de modo vago, o governo, isto é, o judiciário, o legislativo e o executivo.

Consideremos em primeiro lugar as leis que estão por trás da operação de um tribunal. No caso de um tribunal, algumas normas especificam a matéria e o conteúdo da jurisdição – ou seja, a competência – do juiz ou, como se diz, lhe outorgam o "poder de julgar" certos tipos de causas. Outras normas especificam a forma de nomeação, as qualificações requeridas e o termo de mandato do cargo judicial. Ainda outras fixam parâmetros para o comportamento judicial correto e determinam o procedimento a ser seguido no tribunal. Podem-se encontrar exemplos desse tipo de normas, que formam como que um código judiciário, na Lei dos Tribunais Municipais de 1959, na Lei do Tribunal de Apelação Criminal de 1907, ou no Título 28 do United States Code. É interessante observar a variedade das disposições contidas nessas leis promulgadas pelo legislativo que regulam a constituição e a operação rotineira de um tribunal. Poucas dessas cláusulas parecem à primeira vista ordens dadas ao juiz para fazer ou deixar de fazer alguma coisa; pois, embora obviamente não haja razão para que a lei não possa também proibir um juiz, através de normas específicas e sob pena de sanção, de exceder sua competência ou de julgar uma causa na qual tenha interesse financeiro, as normas que impusessem esses deveres jurídicos viriam somente complementar aquelas que lhe outorgam poderes judiciais e definem sua competência. Isso porque o objetivo das normas que outorgam esses poderes não é dissuadir os juízes de cometer improbidades, mas definir as condições e limites dentro dos quais as decisões dos tribunais são válidas.

Será instrutivo examinar em detalhes uma cláusula típica que especifica a extensão da jurisdição, ou seja, a competência de um tribunal. Podemos tomar como um exemplo muito simples a seção da Lei dos Tribunais Municipais (1959), emendada, que confere aos tribunais municipais jurisdição para julgar ações que em que o autor pede o direito de alienar um terreno gravado de inalienabilidade*. Sua redação, muito diferente da linguagem das "ordens", é a seguinte:

> O tribunal municipal terá competência para apreciar e decidir qualquer ação que vise à alienação de terrenos gravados de inalienabilidade nos casos em que o valor líquido anual de avaliação dos terrenos não exceda cem libras.[1]

Se o juiz de um tribunal municipal exceder sua competência e apreciar uma causa que envolva a alienação de terrenos inalienáveis com valor anual superior a £100 e proferir uma decisão envolvendo esses terrenos, nem o juiz nem as partes envolvidas na ação estarão cometendo um *delito* ou *transgressão*. No entanto, essa situação não é idêntica à que se apresenta quando um indivíduo pratica um "ato jurídico nulo" devido à não-observância de uma condição essencial ao exercício válido de um poder jurídico. Se um testador deixa de assinar ou de obter duas testemunhas para seu testamento, o documento que ele redige não tem *status* legal nem efeito jurídico. Uma ordem ou decisão de um tribunal não é, entretanto, tratada dessa maneira, mesmo que exceda claramente a competência do tribunal que lhe dá origem. Obviamente, interessa à ordem pública que a decisão de um tribunal goze de autoridade jurídica até que um tribunal superior declare sua nulidade, mesmo que se trate de decisão que o tribunal, pelo direito, não deveria ter tomado. Por isso, até que seja afastada mediante recurso, como decisão exarada por órgão judicial incompetente, ela permanece juridicamente em vigor entre as partes e deverá ser cumprida. Padece, entretanto, de um vício jurídico: é *passível* de ser afastada ou "anulada" mediante recurso, devido à incompetência do órgão jurisdicional. Deve-se

---

* *Recovery*. Trata-se aqui, especificamente, da inalienabilidade com o fim precípuo de manter o bem como propriedade de uma linhagem familiar de sucessão. (N. do E.)

1. Seção 48 (1).

observar que há uma diferença importante entre o que é normalmente chamado de "reforma" de uma decisão de um tribunal inferior por um tribunal de instância superior e a "declaração da nulidade" de uma decisão por falta de competência. Se uma decisão é reformada, isso se deve a que se considera errado o que o tribunal inferior declarou sobre o direito aplicável ao caso, ou sobre os fatos. Mas uma decisão do tribunal inferior que é declarada nula por incompetência jurisdicional pode ser impecável sob ambos esses aspectos. O erro não reside *na substância* do que o juiz do tribunal de menor alçada disse ou ordenou, mas no simples fato de tê-lo dito ou ordenado. Ele pretendeu fazer algo para o qual não dispunha de mandato jurídico, embora outros tribunais possam dispor desse poder. Exceto pelo fator complicador de que, no interesse da ordem pública, uma decisão exarada por tribunal incompetente permanece válida até que tenha a sua nulidade declarada por um tribunal superior, a conformidade ou inconformidade com as normas de competência equivale à conformidade ou inconformidade com as normas que definem as condições requeridas para o exercício válido de poderes jurídicos por pessoas naturais. Os termos "obedecer" e "desobedecer" traduzem mal a relação entre a ação conforme à norma e a própria norma, e são mais adequados no caso do direito penal, em que as normas são análogas a ordens.

Uma lei do Parlamento que confere a uma autoridade legislativa subordinada o poder de legislar exemplifica igualmente um tipo de norma jurídica que não pode ser assimilado, sem distorção, a uma ordem geral. Também nesse caso, como no do exercício de poderes privados, a obediência às condições especificadas pelas normas que outorgam poderes legislativos é um passo que se assemelha a uma "jogada" num jogo como o xadrez; tem consequências que podem ser definidas segundo os termos das normas, consequências que o sistema permite que os indivíduos obtenham. O ato de legislar é um exercício de poderes jurídicos "operantes", ou eficazes, para a criação de direitos e deveres jurídicos. A desobediência às condições da norma que autoriza a ação torna sem efeito e, portanto, nulo, aquilo que se faz.

As normas subjacentes ao exercício do poder legislativo são ainda mais diversificadas que aquelas que fundamentam a jurisdição de um tribunal, já que precisam dispor acerca de muitos aspectos diferentes da legislação. Assim, algumas normas especificam as matérias sobre as quais pode ser exercido o poder de legislar; outras definem as qualificações ou a identidade dos membros do corpo legislativo; ainda outras estabelecem a forma das leis e o procedimento a ser seguido pelo órgão que as elabora. Esses são apenas alguns dos temas pertinentes; uma rápida consulta a qualquer lei como a Lei das Corporações Municipais, de 1882, que outorga e define os poderes de um poder legislativo de grau inferior ou corpo normativo de menor alçada, revelará muitos outros. As consequências da desobediência a essas normas podem não ser sempre as mesmas, mas sempre haverá normas cuja infração acarretará a nulidade absoluta ou – como no caso da decisão incompetente de um órgão jurisdicional inferior – a anulabilidade de um pretenso exercício do poder legislativo. Às vezes, certificando-se de que foram seguidos os procedimentos exigidos, pode-se obter a validação do procedimento interno, nos termos da lei; e, às vezes, uma pessoa desprovida de qualificação legal para a atuação em procedimentos legislativos pode estar sujeita a uma penalidade nos termos da legislação penal especial caso participe desses procedimentos. Mas, mesmo que parcialmente oculta por essas complicações, há uma diferença radical entre as normas que outorgam e definem a forma do exercício do poder legislativo e aquelas do direito penal, que pelo menos se assemelham a ordens apoiadas em ameaças.

Em alguns casos seria grotesco assimilar esses dois tipos amplos de normas. Quando um projeto submetido a um corpo legislativo obtém a maioria de votos exigida e é assim devidamente aprovado, não se pode dizer que aqueles que votaram a seu favor "obedeceram" à lei que exige uma decisão majoritária, nem que os que votaram contra lhe obedeceram ou desobedeceram, o que evidentemente é também verdadeiro se o projeto não obtiver a maioria exigida e nenhuma lei for aprovada. A diferença radical de funções entre esses tipos de normas impede que utilizemos aqui a terminologia apropriada à conduta em sua relação com as normas do direito penal.

Não conseguimos ainda elaborar uma taxonomia detalhada e completa das variedades de normas englobadas num sistema jurídico moderno, uma taxonomia emancipada do preconceito de que todas *devem ser necessariamente* redutíveis a um único tipo simples. Apenas começamos a tarefa de distinguir certas leis, sob o rótulo muito grosseiro de leis que outorgam poderes, daquelas que impõem deveres e são análogas a ordens apoiadas por ameaças. Mas talvez isso tenha sido suficiente para demonstrar que algumas das características mais notáveis de um sistema jurídico repousam nas providências que este toma, mediante normas desse tipo, para o exercício de poderes jurídicos tanto privados quanto públicos. Se não existissem normas desse tipo específico, careceríamos de alguns dos conceitos mais familiares da vida social, já que estes pressupõem logicamente a existência de tais normas. Do mesmo modo que não poderia haver crimes ou delitos e, portanto, assassinatos ou roubos, se não houvesse leis penais do tipo coercitivo, que realmente se parecem com as ordens apoiadas por ameaças, tampouco poderiam existir a compra e a venda, as doações, testamentos ou casamentos na ausência de normas que outorgam poderes; pois todos esses atos, como as ordens dos tribunais e as leis criadas pelos corpos legislativos, consistem apenas no exercício válido de poderes jurídicos.

Entretanto, existe na teoria do direito uma forte tentação no sentido da uniformidade, e, como isso nada tem de indecoroso, devemos examinar dois argumentos alternativos a seu favor defendidos por grandes juristas. Esses raciocínios pretendem demonstrar que a distinção que enfatizamos entre as diversas formas do direito é superficial, se não irreal, e que a noção de ordens apoiadas em ameaças é, "em última análise", tão adequada à análise das normas que outorgam poderes quanto à daquelas do direito penal. Há um elemento de verdade nessas alegações, como ocorre com a maior parte das teorias que persistiram por longo tempo na ciência do direito. Há de fato certos pontos de semelhança entre as normas jurídicas dos dois tipos que distinguimos. Em ambos os casos, podemos criticar certas ações ou considerá-las, por referência à norma, como juridicamente "certas" ou "erradas". Tanto as normas que outorgam poderes para a feitura de um testamento quanto a norma de direito penal que proíbe a agressão sob pena de sanção são *padrões* segundo os quais atos específicos podem ser avaliados criticamente. Isso talvez fique subentendido ao falarmos de ambos os tipos como "normas". Além disso, é importante compreender que as normas do tipo que outorgam poderes, embora sejam diferentes das que impõem deveres e que têm, portanto, alguma semelhança com as ordens apoiadas por ameaças, estão sempre relacionadas com essas últimas; pois os poderes por elas concedidos se destinam a criar normas gerais do segundo tipo ou a impor deveres a pessoas específicas, que de outra maneira não estariam submetidas a eles. Isso é ainda mais óbvio quando o poder outorgado é o que seria normalmente denominado um poder para legislar. Mas, como veremos, isso é também verdadeiro no caso de outros poderes jurídicos. Poder-se-ia dizer, embora com certa inexatidão, que, enquanto as normas como as do direito penal impõem deveres, as que outorgam poderes são receitas para a criação desses deveres.

A nulidade como sanção

A primeira linha de argumentação, que pretende demonstrar a identidade fundamental das duas espécies de norma e classificá-las ambas como ordens coercitivas, se liga à "nulidade" que resulta quando está ausente alguma condição essencial ao exercício do poder. Insiste-se em que isso é semelhante à previsão da sanção penal, um prejuízo ou uma sanção legalmente aplicada, fixada para o descumprimento da norma; embora se reconheça que, em certos casos, essa sanção pode equivaler apenas a um pequeno desconforto. É sob esse ponto de vista que somos convidados a examinar o caso de alguém que procura fazer cumprir mediante a lei, como sendo contratualmente vinculante, uma promessa que lhe tenha sido feita, e descobre, para sua frustração, que, não estando juramentada e autenticada e não tendo sido objeto de contraprestação, a promessa escrita é juridicamente nula. Segundo o mesmo ponto de vista, deveríamos considerar que a norma que estipula que um testamento que não tenha duas testemunhas será ineficaz tem a função de compelir o testador a obedecer à seção 9.ª da Lei dos Testamentos, exatamente como todos nós somos compelidos a obedecer à lei penal pela ideia da possibilidade do encarceramento.

Não se poderia negar que se fazem, em alguns casos, associações tais entre a nulidade e certos fatores psicológicos, como a frustração da esperança de que uma transação seja válida. No entanto, a extensão da ideia de sanção para incluir a nulidade é uma fonte (e também um sintoma) de confusão. Algumas das objeções menores a essa ideia são bem conhecidas. Assim, a nulidade pode, em muitos casos, não constituir um "mal" para a pessoa que deixou de satisfazer a alguma condição exigida para a validade jurídica. Um juiz, em regra, não tem nenhum interesse material em uma decisão judicial sua, e a validade desta pode ser-lhe indiferente; a parte que descobre que o contrato com base no qual é processada não a vincula, por ter sido menor de idade na ocasião do contrato ou por não ter firmado por escrito o documento como é exigido em determinados contratos, pode não reconhecer nisso a "ameaça de um mal" ou uma "sanção". Mas, à parte essas trivialidades, que poderiam ser conciliadas com alguma inventividade, a nulidade não pode, por razões mais importantes, ser assimilada a uma punição vinculada a uma norma, punição essa que serviria como instigação à abstenção das atividades que a norma proíbe. No caso de uma norma penal, podemos identificar e distinguir duas coisas: certo tipo de conduta que a norma proíbe e uma sanção cujo propósito é desencorajá-la. Mas como poderíamos considerar sob esse ponto de vista atividades sociais desejáveis, como homens que fazem promessas recíprocas que não satisfazem às exigências jurídicas formais? Essas atividades não são análogas à conduta desencorajada pelo direito penal, isto é, não são algo que as normas jurídicas que instituem formalidades legais para a feitura de contratos objetivem suprimir. As normas meramente negam reconhecimento jurídico a essas atividades. Ainda mais absurdo é encarar como sanção* o fato de um projeto legislativo que não obtenha a maioria exigida não alcançar o *status* de lei. Assimilar esse fato às sanções do direito penal seria análogo a entender as regras de pontuação de um jogo como se fossem destinadas a proibir todas as jogadas exceto as que efetivamente resultem em pontos. Se assim fosse, isso significaria o fim de todos os jogos; entretanto, é só se pensarmos que as normas que outorgam poderes são destinadas a fazer com que as pessoas se comportem de determinada maneira, e acrescentarmos a "nulidade" como motivação para a obediência, que poderemos assimilar essas normas a ordens apoiadas em ameaças.

A confusão inerente à ideia da nulidade como semelhante à ameaça de punição ou às sanções da lei penal pode ser exposta ainda de outra maneira. No caso das normas penais, é logicamente possível, e poderia ser desejável, que

---

* Note-se que a o termo "sanção" pode ser compreendido como a consequência jurídica do cumprimento ou descumprimento da previsão normativa (sanções premiais e sanções punitivas). Todavia, o uso corrente – que é também o utilizado por Hart – atribui ao termo "sanção" um significado exclusivamente punitivo, como sendo a "punição" para o descumprimento de uma relação jurídica. (N. do R. T.)

elas existissem mesmo sem a ameaça de punição ou de outro mal qualquer. Evidentemente, pode-se alegar que, no caso, não se trataria de normas *jurídicas*; não obstante, podemos distinguir claramente entre a norma que proíbe certo comportamento e a disposição que institui punições a serem impostas se a norma for infringida, e supor que a primeira pode existir sem a segunda. Podemos, num certo sentido, subtrair a sanção, deixando ainda um padrão inteligível de comportamento que esta se destinava a manter. Mas não podemos fazer, de acordo com a lógica, tal distinção entre a norma que estipula a obediência a certas condições, como a presença de testemunhas quando é assinado um testamento, e a suposta sanção de "nulidade". Nesse caso, se a desobediência a essa condição essencial não acarretasse a nulidade, não seria inteligível dizer que a própria norma existe sem as sanções, ainda que como norma não-jurídica. Essa cláusula de nulidade é *parte essencial* desse tipo de norma, o que não acontece com a punição vinculada a uma norma que impõe deveres. Se o fato de o jogador *não* acertar a bola entre as traves não implicasse a "nulidade" de não fazer o gol, não se poderia afirmar a existência das normas de pontuação.

    O argumento que acabamos de criticar é uma tentativa de demonstrar a identidade fundamental entre as normas que outorgam poderes e as ordens coercitivas, identificação essa que se realiza, no caso, por meio da *ampliação* do significado de sanção ou ameaça de punição, para incluir nesse conceito a nulidade de uma transação jurídica quando esta é viciada pela desobediência a tais normas. O segundo argumento que examinaremos segue uma linha diferente, aliás oposta. Em vez de tentar mostrar que essas normas constituem uma espécie de ordem coercitiva, recusa-lhes a condição de "leis". Para excluí-las, *restringe* o significado da palavra "lei". A forma geral desse raciocínio, que aparece de forma mais ou menos radical em diversos juristas, consiste em afirmar que aquilo que se chama vagamente, ou na linguagem popular, de normas jurídicas completas são na realidade fragmentos incompletos de normas coercitivas que constituem as únicas normas jurídicas "autênticas".

As normas que outorgam poderes como fragmentos de leis

Em sua forma mais radical, esse argumento recusaria a condição de leis autênticas até mesmo às normas do direito penal, nos termos em que são frequentemente redigidas. É sob essa forma que Kelsen adota o argumento: "O direito é a norma primária que estipula a sanção."[2] Não existe lei que proíba o homicídio: o que existe é apenas uma norma que instrui as autoridades a aplicarem certas sanções, em certas circunstâncias, àqueles que de fato o pratiquem. Segundo esse ponto de vista, aquilo que se considera normalmente como o conteúdo do direito, que se destina a orientar a conduta dos cidadãos comuns, é apenas a cláusula antecedente ou "cláusula condicional" de uma norma que não se dirige aos cidadãos em geral, mas às autoridades, e que lhes ordena que apliquem determinadas sanções caso sejam satisfeitas certas condições. Segundo essa ideia, todas as leis autênticas são ordens condicionais dadas às autoridades para aplicar sanções. Todas tomam a forma "Caso se faça ou se deixe de fazer algo de tipo X, aplique-se a sanção Y"*.

Por meio do aperfeiçoamento cada vez maior das cláusulas antecedentes ou cláusulas condicionais, pode-se reenunciar sob essa forma condicional normas jurídicas de todos os tipos, inclusive as que outorgam ou definem a forma de exercício de poderes privados ou públicos. Assim, as

---

2. *General Theory of Law and State*, p. 63. Ver acima, p. 2. [Trad. bras. *Teoria geral do direito e do Estado*, São Paulo, Martins Fontes, 5.ª ed., 2005.]

* Como na notação lógica "se A, logo B", onde A significa o ilícito e B a sanção jurídica. Note-se que a nota característica atribuída ao fenômeno jurídico a partir dessa notação é a do ilícito e da consequente punição (sanção). Escapam, nesta concepção, a anterioridade e a prevalência necessárias da bilateralidade da relação jurídica. (N. do R. T.)

cláusulas da Lei dos Testamentos que exigem duas testemunhas afigurar-se-iam como uma parte comum de muitas instruções diferentes para que os tribunais apliquem sanções a um testamenteiro que se recuse a pagar os legados, infringindo as cláusulas do testamento: "se, e somente se, houver um testamento devidamente testemunhado que contenha essas cláusulas e se [...] então lhe devem ser aplicadas sanções". De modo semelhante, uma norma que especifica a extensão da competência de um tribunal pareceria ser uma parte comum das condições a serem satisfeitas para que este possa aplicar quaisquer sanções. Assim, também as normas que outorgam poderes legislativos e definem a forma da atividade legislativa (incluindo-se entre essas normas os artigos constitucionais destinados a reger o órgão legislativo supremo) podem ser re-enunciadas para mostrar que especificam certas condições comuns, em cuja presença (entre outras exigências) os tribunais devem aplicar as sanções previstas em lei. Assim, a teoria nos convida a desembaraçar a substância das formas que a obscurecem; então perceberemos que as fórmulas constitucionais, como "a lei é o que a Coroa decreta por meio do Parlamento", ou as cláusulas da Constituição norte-americana sobre o poder legislativo do Congresso, especificam apenas as condições de ordem geral sob as quais os tribunais devem aplicar sanções. Essas fórmulas são essencialmente "cláusulas condicionais", e não normas completas: "*Se* o Parlamento assim houver decretado em nome da Coroa..." ou "se o Congresso assim houver promulgado dentro dos limites estabelecidos na Constituição..." são formas de condições comuns a um vasto número de instruções para que os tribunais apliquem sanções ou penalizem certos tipos de conduta.

Essa é uma teoria formidável e interessante, que se propõe revelar a natureza verdadeira e uniforme do direito, latente sob uma grande variedade de formas e expressões comuns que a obscurecem. Antes de examinar seus defeitos, devemos assinalar que, em sua forma mais radical, a teoria envolve uma mudança da ideia original de que o direito consiste em ordens apoiadas pela ameaça de sanções a ser aplicadas quando aquelas forem desobedecidas. Em vez disso, a concepção central é agora a de ordens dadas a autoridades para que apliquem sanções. Segundo essa interpretação, não é preciso fixar sanções para a *infração* de todas as leis; basta que toda lei "autêntica" ordene a aplicação de alguma sanção. Portanto, bem pode suceder que uma autoridade que negligencie essas instruções não seja punível; de fato, isso ocorre com frequência em muitos sistemas jurídicos.

Como dissemos, essa teoria geral pode assumir uma de duas formas, uma das quais é menos radical que a outra. Na forma menos radical, a concepção original do direito (que muitos acham intuitivamente mais aceitável) como um conjunto de ordens apoiadas por ameaças dirigidas aos cidadãos comuns, entre outros, é preservada, pelo menos no que se refere àquelas normas que, do ponto de vista do senso comum, se referem primariamente à conduta dos cidadãos comuns, e não apenas à das autoridades. Segundo este ponto de vista mais moderado, as normas do direito penal são leis tais como se apresentam, e não precisam ser reformuladas como fragmentos de outras normas completas, pois já configuram ordens apoiadas por ameaças. A reformulação é, entretanto, necessária em outras situações. As normas que outorgam poderes jurídicos a pessoas naturais são, tanto para esta teoria quanto para a mais radical, meros fragmentos das leis reais completas – as ordens apoiadas por ameaças. Estas últimas podem ser descobertas perguntando-se *a que indivíduos a lei ordena que façam algo, sujeitando-os a uma punição caso desobedeçam*. Conhecendo-se a resposta, é possível reinterpretar as disposições que dizem respeito às testemunhas, contidas em normas como a Lei dos Testamentos (1837) e em outras leis que outorgam poderes a indivíduos e definem as condições para o exercício válido desses poderes, considerando-se que especificam algumas das condições sob as quais, em última análise, esse dever jurídico surge. Essas disposições apare-

A DIVERSIDADE DAS LEIS

cerão então como partes da cláusula antecedente ou "condicional" das ordens apoiadas por ameaças, ou das normas que impõem deveres. "Se, e somente se, um testamento tiver sido assinado pelo testador e por duas testemunhas na forma especificada, e se [...] então o testamenteiro (ou outro representante legal) dará cumprimento às disposições do testamento." As normas relacionadas com a formalização de contratos aparecerão, igualmente, como simples fragmentos de normas que ordenam a certos indivíduos que cumpram o estipulado pelo contrato se determinadas coisas ocorrerem ou tiverem sido ditas ou feitas (se a parte é maior de idade, se firmou instrumento público ou recebeu a contraprestação).

Podem-se redefinir as normas que outorgam poderes legislativos (incluindo as disposições constitucionais referentes ao órgão legislativo supremo) de modo que as represente como fragmentos das normas "reais", de forma semelhante à explicada na página 36 no caso da versão mais radical dessa teoria. A única diferença é que, segundo a interpretação mais moderada, as normas que outorgam poderes são representadas pelas cláusulas antecedentes ou "cláusulas condicionais" das normas que ordenam aos cidadãos comuns, sob a ameaça de sanções, que façam determinadas coisas, e não apenas (como na teoria mais radical) como as cláusulas condicionais de instruções às autoridades para que apliquem sanções.

Ambas as versões dessa teoria tentam reduzir variedades de normas jurídicas aparentemente distintas entre si a uma única forma que, supostamente, comunica a quintessência do direito. De maneiras diferentes, ambas fazem da sanção um elemento de importância central, e ambas fracassarão caso se demonstre que o direito é perfeitamente concebível sem sanções. Essa objeção de caráter geral deve, entretanto, ser deixada para mais tarde. A crítica específica de ambas as formas da teoria, crítica essa que desenvolveremos neste livro, é que elas pagam um preço muito alto pela agradável uniformidade do padrão ao qual reduzem todas as leis: distorcem as diversas funções sociais desempenhadas por diferentes tipos de normas jurídicas. Isso é verdadeiro no que se refere a ambas as formas da teoria, mas é mais evidente na recaracterização do direito penal exigida pela teoria na sua versão mais radical.

A distorção como preço da uniformidade

A distorção efetuada por essa reformulação é digna de análise, pois ilumina muitos aspectos diferentes do direito. São muitas as técnicas através das quais se pode controlar a sociedade, mas a técnica característica do direito penal consiste em designar, por meio de normas, certos tipos de comportamentos como padrões para a orientação dos membros da sociedade como um todo, ou de classes específicas dentro dela: espera-se deles que, sem necessidade de ajuda ou intervenção das autoridades, compreendam as normas, se deem conta de que estas se aplicam a eles e lhes obedeçam. Só quando a lei é infringida, e esta função primeira da lei falha, é que as autoridades estão encarregadas de identificar o fato que configura a infração e impor as sanções previstas. A característica distintiva dessa técnica, se comparada com as ordens individuais face a face que uma autoridade, como um policial de trânsito, poderia dar a um motorista, é que os membros da sociedade devem descobrir por si mesmos as normas e adaptar seu comportamento a elas; nesse sentido, eles próprios "aplicam" as normas a si mesmos, embora a sanção agregada à norma lhes ofereça um motivo para a obediência. Evidentemente, se nos concentrarmos nas normas que exigem que os tribunais imponham sanções em caso de desobediência, ou se atribuírmos caráter primário a essas normas, estaremos obscurecendo a maneira característica como as normas penais efetivamente funcionam; pois as normas referentes aos tribunais só entram em ação após o colapso ou malogro do objetivo primário do sistema. Podem ser realmente indispensáveis, mas são subsidiárias.

A DIVERSIDADE DAS LEIS

Não podemos eliminar a ideia de que as normas substantivas da lei penal têm como função (e, num sentido amplo, como sentido) orientar não apenas as autoridades que administram um sistema de sanções, mas também os cidadãos comuns nas atividades da vida não-oficial; se o fizermos, alijaremos certas distinções cardeais e obscureceremos o caráter específico do direito como meio de controle social. Uma punição por um crime, como uma multa, não tem o mesmo significado de um tributo fixado sobre determinada conduta, embora ambos envolvam instruções dadas às autoridades para que inflijam a mesma perda pecuniária. O que distingue essas ideias é que a primeira envolve, ao contrário da segunda, um delito ou uma infração do dever, sob a forma da infração de uma norma erigida para orientar a conduta dos cidadãos comuns. É verdade que essa distinção normalmente clara pode ser obnubilada em certas circunstâncias. Podem-se criar impostos não com vistas à receita, mas com o objetivo de desestimular as atividades tributadas, embora a lei não dê indicações expressas de que essas atividades devam ser abandonadas, como faz quando as transforma em "tipos penais". Por outro lado, as multas a serem pagas por alguma infração penal podem tornar-se, devido à desvalorização da moeda, tão pequenas que são pagas despreocupadamente. Sente-se talvez que são "simples tributos", e as infrações são frequentes exatamente porque, nessas circunstâncias, perde-se a percepção de que a norma tenciona, como a maior parte do direito penal, ser levada a sério como padrão de comportamento.

Argumenta-se às vezes, em favor de teorias como a que ora examinamos, que, ao recaracterizar o direito como uma instrução para a aplicação de sanções, ela avança no sentido de uma clareza maior, já que essa nova forma põe em destaque tudo aquilo que interessa ao "homem mau"* sa-

---

* Note-se que o autor aponta para uma inversão total na compreensão do fenômeno jurídico, partindo-se não da relação jurídica, mas do descumprimento dessa relação. É evidente que o descumprimento está condicionado à relação jurídica regular e que, portanto, a teoria do direito deve explicar o fenômeno completo. (N. do R. T.)

ber sobre a lei. Isso pode ser verdadeiro, mas parece uma defesa inadequada para a teoria. Por que não deveria o direito se preocupar igualmente, se não mais, com o "homem confuso" ou "ignorante", que está disposto a fazer o que é exigido se pelo menos lhe disserem o que é? Ou com o "homem que quer organizar sua vida e seus negócios", se ao menos puderem lhe dizer como fazê-lo? Evidentemente, se queremos compreender o direito, é muito importante ver como os tribunais o administram no ato de aplicar suas sanções. Mas isso não deve nos levar a pensar que é suficiente compreender o que acontece nos tribunais. As principais funções do direito como meio de controle social não se explicitam nos litígios privados e nos processos penais, que representam precauções vitais, mas ainda assim subsidiárias, contra as falhas do sistema. Podem ser vistas, isso sim, nas diferentes maneiras com que o direito é utilizado para controlar, orientar e planejar a vida fora dos tribunais.

Podemos comparar a inversão dos aspectos subsidiário e principal feita por esta forma radical da teoria à seguinte sugestão para a recaracterização das regras de um jogo. Analisando as regras do críquete ou do beisebol, um teórico poderia afirmar ter descoberto uma uniformidade oculta por trás da terminologia das regras e da suposição convencional de que algumas delas se dirigem primordialmente aos jogadores, algumas principalmente às autoridades (juiz e marcador*) e outras a ambos."Todas as regras", diria o teórico,"são *na verdade* normas que instruem as autoridades a fazer certas coisas em determinadas condições." As regras que determinam que certos movimentos após se golpear a bola constituem um"ponto", ou que um jogador cuja bola foi apanhada no ar está"fora", são de fato apenas instruções complexas às autoridades; no primeiro caso se trata de uma instrução ao marcador para anotar"um ponto" em sua caderneta, e no outro caso ao juiz para que man-

---

* Chama-se marcador a figura que, no críquete e em outros jogos, é encarregada de marcar oficialmente a pontuação à medida que o jogo se desenrola. (N. do T.)

de um jogador "para fora do campo". É natural que se proteste que a uniformidade imposta às regras por essa transformação oculta o modo de operar das regras e a forma como os jogadores as utilizam para orientar atividades que têm um propósito determinado, obscurecendo assim a função das mesmas regras na atividade social cooperativa, embora competitiva, que é o jogo.

A forma menos radical da teoria deixaria intocadas a lei penal e todas as outras leis que impõem deveres, já que essas já se conformam ao modelo simples das ordens coercitivas. Mas também reduziria a este único formato todas as normas que outorgam poderes jurídicos e definem a forma de seu exercício. E, neste ponto, essa versão menos extrema se expõe à mesma crítica que a forma radical da teoria. Se examinarmos a totalidade do direito simplesmente do ponto de vista das pessoas a quem se impõem esses deveres e reduzirmos todos os seus outros aspectos ao *status* de condições mais ou menos elaboradas sob as quais os deveres recaem sobre elas, estaremos tratando como coisa meramente subordinada elementos que são pelo menos tão característicos do direito e tão valiosos para a sociedade quanto o dever. Para serem compreendidas, as normas que outorgam poderes privados devem ser observadas desde o ponto de vista daqueles que os exercem. Aparecem então como um elemento adicional introduzido pela lei na vida social, elemento esse que transcende o controle coercitivo. Isso ocorre porque a posse desses poderes jurídicos transforma o cidadão privado – que, na ausência dessas normas, seria apenas um portador de deveres – num legislador privado. Ele se torna competente para determinar o curso da lei dentro da esfera de seus contratos, fidúcias, testamentos e outras estruturas de direitos e deveres que é capaz de construir. Por que não deveriam as normas que são usadas dessa maneira especial, e outorgam uma facilidade tão significativa e especial, ser reconhecidas como distintas das normas que impõem deveres, cuja incidência é de fato determinada parcialmente pelo exercício desses poderes? Pensamos nessas normas que outorgam poderes, falamos delas e as usamos na vida social de modo diferente das normas que impõem deveres, e as valorizamos por motivos diferentes. Que outros critérios poderia haver para a diferença de natureza entre esses dois tipos de normas?

A redução das normas que outorgam e definem poderes legislativos e judiciais a enunciados sobre as condições nas quais surgem os deveres tem um efeito igualmente deletério e obscurecedor na esfera pública. Aqueles que exercem esses poderes de ditar decretos e ordens investidos de autoridade usam essas normas numa forma de atividade intencional totalmente diferente do desempenho do dever ou da sujeição a um controle coercitivo. Representar essas normas como meros aspectos ou fragmentos das normas relativas ao dever é, ainda mais que na esfera privada, obscurecer as características distintivas do direito e das atividades possíveis dentro de sua estrutura. Pois a introdução na sociedade de normas que capacitem os legisladores a mudar as normas do dever e ampliá-las, e permitam aos juízes determinar quando essas normas tenham sido violadas, é um progresso tão importante para a sociedade quanto a invenção da roda. Não apenas foi um passo importante como também pode – sustentaremos no Capítulo IV – ser com justiça considerado como a passagem do mundo pré-jurídico ao jurídico.

2. O âmbito de aplicação

É evidente que, de todos os tipos de leis, a lei penal é a que mais se aproxima do modelo simples de ordens coercitivas. Mas mesmo a lei penal tem certas características, examinadas nesta seção, que o modelo pode nos impedir de ver; e não poderemos compreendê-las sem nos afastarmos da influência de tal modelo. A ordem apoiada por ameaças é essencialmente a expressão de um desejo de que *outros* indivíduos façam ou se abstenham de fazer certas coisas.

A DIVERSIDADE DAS LEIS

Claro, é possível que a legislação adote essa forma essencialmente voltada para o outro. Um monarca absoluto que dispõe do poder de legislar sempre pode ser considerado, em alguns sistemas, fora do alcance das leis que elabora; e, mesmo num sistema democrático, podem-se criar leis que não se aplicam aos que as fizeram, mas apenas às classes específicas de indivíduos nelas indicadas. Porém, o âmbito de aplicação de uma lei sempre depende de uma interpretação desta. Pode-se concluir, a partir da interpretação, que a lei exclui ou não aqueles que a fizeram, e, evidentemente, muitas das leis hoje promulgadas impõem obrigações jurídicas a seus próprios criadores. Como conceito distinto de simplesmente ordenar a *outros* que façam coisas sob ameaça, a atividade legislativa pode perfeitamente ter essa força autovinculante*. Não há nela nada *essencialmente* voltado para o outro. Esse fenômeno jurídico só será perturbador enquanto, sob a influência daquele modelo, pensarmos nas leis como algo sempre outorgado por um ou mais homens acima da própria lei a outros homens a ela sujeitos.

Essa imagem vertical ou "de cima para baixo" da criação de leis, tão atraente em sua simplicidade, só pode ser reconciliada com a realidade através do recurso de se fazer uma distinção entre a pessoa do legislador em sua condição oficial, de autoridade, e em sua natureza de indivíduo privado. Atuando de acordo com sua primeira condição, ele cria leis que impõem obrigações a outras pessoas, inclusive a si mesmo em sua "condição privada". Não há nada de censurável nessas formas de expressão, mas a noção de capacidades diferentes, como veremos no Capítulo IV, só é inteligível em função das normas que outorgam poderes, normas essas que não podem ser reduzidas a ordens coercitivas. Enquanto isso, deve-se assinalar que esse recurso complicado é na verdade totalmente desnecessário; pode-

---

* Cf. as expressões "governo *per leges*", aquele que exerce o poder por meio das leis, e "governo *sub leges*", aquele em que o legislador, além de exercer o poder por meio de leis, submete-se a estas mesmas leis. (N. do R. T.)

mos explicar sem ele a qualidade autovinculante da promulgação de leis. Pois temos à mão, tanto em nossa vida diária quanto no direito, algo que nos permitirá compreendê-la muito melhor: é o modo de funcionamento da *promessa* ou compromisso, que é, sob muitos aspectos, um modelo muito melhor que aquele das ordens coercitivas para compreender muitas, embora não todas, das características do direito.

Fazer uma promessa ou assumir um compromisso é dizer algo que cria uma obrigação para o promitente: para que as palavras tenham um efeito desse tipo, deve haver normas que estipulem que, se empregadas por pessoas devidamente qualificadas e nas situações apropriadas (isto é, por pessoas mentalmente sãs, capazes de compreender sua situação e livres de diversos tipos de necessidade ou coação), aqueles que proferem essas palavras ficarão obrigados a fazer as coisas indicadas por elas. Assim, ao fazermos promessas ou assumirmos compromissos, fazemos uso de procedimentos especificados para mudar nossa própria situação moral, impondo a nós mesmos obrigações e outorgando direitos a outros; na linguagem dos juristas, exercemos um "poder" que nos é conferido para fazê-lo. Seria de fato possível, ainda que não seja proveitoso, distinguir duas pessoas "dentro" do promitente, uma que age na condição de criadora de obrigações e a outra na qualidade de pessoa obrigada, e pensar que uma delas ordena à outra que faça alguma coisa.

Podemos igualmente prescindir desse recurso para compreender o poder autovinculante da legislação. Pois a criação de uma lei pressupõe, como o ato de fazer uma promessa, a existência de certas normas que regem o processo: as palavras ditas ou escritas pelas pessoas qualificadas por essas normas, e segundo o procedimento especificado por elas, criam obrigações para todos os que se encontram no âmbito explícita ou implicitamente designado por aquelas palavras, podendo incluir aqueles que tomam parte no processo legislativo.

É evidente que, apesar dessa analogia, que explica a natureza autovinculante das leis, há muitas diferenças entre fazer promessas e promulgar leis. As normas que regem a criação destas últimas são muito mais complexas, e está também ausente o caráter bilateral de uma promessa. Geralmente, não há ninguém na posição especial do promissário, aquele *a quem* é feita a promessa e que pode exigir de forma especial, se não exclusiva, que ela seja cumprida. Sob esses aspectos, algumas outras formas de autoimposição de obrigações conhecidas no direito inglês, como aquela através da qual um indivíduo se proclama depositário da propriedade de outros, oferecem uma analogia mais estreita com o aspecto autovinculante da legislação. Em geral, entretanto, poderemos compreender melhor a criação do direito mediante a promulgação de leis se examinarmos essas formas privadas de criar obrigações jurídicas específicas.

O elemento mais necessário como corretivo para o modelo de ordens ou normas coercitivas é uma concepção nova da legislação como a introdução ou modificação de padrões gerais de comportamento a serem seguidos pela sociedade em geral. O legislador não é necessariamente análogo àquele que dá ordens a outro indivíduo, alguém que está, por definição, fora do alcance daquilo que exige. Como aquele que faz uma promessa, o legislador exerce poderes outorgados por normas e pode frequentemente, como é *necessariamente* o caso do promitente, estar circunscrito no âmbito destas.

3. Os modos de origem

Até agora, limitamos nossa discussão das modalidades de leis às leis positivadas que, apesar das diferenças que enfatizamos, têm um ponto evidente de analogia com as ordens coercitivas. A promulgação de uma lei, como a emissão de uma ordem, é um ato deliberado e datável. Aqueles que participam da atividade legislativa utilizam deliberadamente um procedimento para fazer a lei, e da mesma maneira o homem que dá uma ordem usa intencionalmente uma fórmula verbal para assegurar a compreensão de suas intenções e a obediência a estas. De modo semelhante, as teorias que utilizam o modelo das ordens coercitivas para a análise do direito asseguram que se pode considerar que todas as formas do direito têm, se lhes retirarmos os disfarces, um ponto de semelhança com o ato legislativo e devem sua condição jurídica a um ato deliberado de criação. O tipo de direito que conflita de forma mais evidente com essa afirmação é o costume (ou direito consuetudinário); mas a discussão que visa determinar se o costume constitui "realmente" uma fonte do direito tem sido muitas vezes obscurecida pelo fato de não se esclarecerem duas questões distintas. A primeira é se o "costume como tal" é ou não uma fonte do direito. O significado e o sentido da negativa de que o costume enquanto tal constitua direito se baseia no fato simples de que, em qualquer sociedade, existem muitos costumes que não fazem parte de seu arcabouço jurídico. Não tirar o chapéu para uma dama não viola nenhuma norma jurídica; não tem nenhuma natureza jurídica, exceto o de ser um ato permitido pela lei. Isso demonstra que o costume só faz parte do direito se pertence a uma classe de costumes "reconhecida" como direito por um sistema jurídico específico. O segundo problema diz respeito ao significado de "reconhecimento jurídico". O que significa o fato de um costume ser juridicamente reconhecido? Consistirá, como exige o modelo das ordens coercitivas, no fato de que alguém, talvez o "soberano" ou um agente seu, ordenou que o costume fosse obedecido, de modo que sua juridicidade se deva a algo que é, sob esse aspecto, semelhante ao ato de legislar?

O costume não tem grande importância como "fonte" do direito no mundo moderno. É geralmente uma fonte subordinada, na medida em que o poder legislativo pode privar uma norma consuetudinária do *status* jurídico de lei; e, em muitos sistemas, os critérios aplicados pelos tribunais para determinar se um costume se presta ao reconhecimento jurídico incorporam noções fluidas, como a da "razoabilidade", que conferem pelo menos algum fundamento à ideia de que, ao aceitar ou rejeitar um costume, os tribunais exercem um poder discricionário virtualmente absoluto. Mesmo assim, atribuir a juridicidade de um costume ao fato de um tribunal, o poder legislativo ou o soberano assim terem "ordenado" implica a adoção de uma teoria que só pode ser sustentada se atribuirmos à noção de "ordem" um significado tão amplo que a própria teoria ficaria privada de sentido.

Para apresentar essa doutrina do reconhecimento jurídico, precisamos recordar o papel desempenhado pelo soberano na concepção do direito como ordens coercitivas. De acordo com essa teoria, o direito é a ordem do soberano ou do subordinado designado para dar ordens em seu nome. No primeiro caso, o direito resulta da ordem proferida pelo soberano no sentido mais literal da palavra "ordem". No segundo exemplo, a ordem dada pelo subordinado só se tornará lei se, por sua vez, for dada em obediência a alguma ordem exarada pelo soberano. O subordinado precisa ter uma autoridade delegada pelo soberano para dar ordens em seu nome. Às vezes essa autoridade pode ser outorgada mediante a instrução expressa a um ministro para "emitir ordens" sobre determinado assunto. Se a teoria se detivesse nesse ponto, não poderia evidentemente explicar devidamente os fatos; é então ampliada para afirmar que o soberano pode, às vezes, expressar sua vontade de maneira menos direta. Suas ordens podem ser "tácitas"; sem dar uma ordem expressa, ele pode denotar a intenção de que seus súditos façam certas coisas. Isso acontece quando ele não interfere ao ver seus subordinados dar ordens a seus súditos ou puni-los pela desobediência.

Um exemplo tirado da vida militar pode tornar a ideia de uma "ordem tácita" tão clara quanto possível. Um sargento, habituado ele próprio a obedecer regularmente a seus superiores, ordena a seus homens que executem certas tarefas rotineiras, e os pune quando desobedecem. Ao saber disso, o general permite que a situação continue; entretanto, teria sido obedecido se tivesse ordenado ao sargento que não impusesse mais as tarefas. Nessas circunstâncias, pode-se considerar que o general expressou tacitamente seu desejo de que os homens desempenhassem as tarefas. Levando-se em conta que poderia ter intervindo, sua não-interferência é um substituto silencioso para as palavras que poderia ter usado para ordenar as tarefas.

É sob esse ponto de vista que somos convidados a entender as normas consuetudinárias que têm *status* de lei num sistema jurídico. Até serem aplicadas pelos tribunais em casos específicos, tais normas são *meros* costumes, não sendo leis em sentido nenhum. Quando os tribunais as utilizam e proferem, de acordo com elas, ordens que são executadas, essas normas são juridicamente reconhecidas pela primeira vez. O soberano que poderia ter interferido ordenou tacitamente a seus súditos que obedecessem às ordens do juiz, modeladas segundo o costume preexistente.

Essa descrição do *status* jurídico do costume é passível de duas críticas diferentes. Em primeiro lugar, não é *necessariamente* verdadeiro que as normas consuetudinárias não tenham o *status* de normas de direito até serem aplicadas em um litígio. A afirmação de que isso necessariamente ocorre é meramente dogmática, ou erra por não distinguir o necessário daquilo que é meramente possível em certos sistemas. Se as leis promulgadas pelo legislativo, criadas segundo um procedimento definido, se constituem em leis antes de serem aplicadas pelos tribunais a casos específicos, por que não deveriam também ser considerados como leis certos tipos definidos de costumes? Assim como os tribunais reconhecem como vinculante o princípio geral de que aquilo que o poder legislativo decreta constitui lei, por que não seria verdadeiro que também reconhecem como vinculante outro princípio geral, o de que certos tipos definidos de costumes constituem uma forma de direito? Que absurdo existe na afirmação de que, ao se apresentarem casos específicos, os tribunais aplicam o costume assim como aplicam as leis promulgadas pelo legislativo, como algo que já é lei e exatamente pelo fato de ser lei? É claro que é *possível* que um sistema jurídico estipule que nenhuma norma consuetudinária terá o *status* de lei até que os tribunais, com seu poder discricionário absoluto, declarem que devem tê-lo. Mas isso seria apenas *uma das* possibilidades, que não pode excluir aquela da existência de sistemas em que os tribunais não dispõem de tal arbítrio. Como pode esse argumento sustentar a alegação geral de que uma norma consuetudinária *não pode* aspirar à condição de norma de direito até que seja aplicada por um tribunal?

As respostas apresentadas a essas objeções às vezes se reduzem à reafirmação do dogma de que nada pode fazer parte do direito a menos que, e até que, alguém o tenha *ordenado*. O paralelo sugerido entre as relações entre os tribunais e a legislação, de um lado, e entre aqueles e o costume, de outro, é então rejeitado sob a alegação de que, antes de ser aplicada por um tribunal, uma lei promulgada pelo legislativo já foi "ordenada", ao contrário de um costume. Argumentos menos dogmáticos são inadequados por levarem demasiado em conta os arranjos particulares de sistemas específicos. Afirma-se às vezes que, no direito inglês, o fato de um costume poder ser rejeitado por não passar no teste da "razoabilidade" demonstra que o costume só se torna lei ao ser aplicado pelos tribunais. Mas isso poderia, no máximo, demonstrar algo sobre o papel do costume no direito inglês. Mesmo isso não pode ser tido como certo, a não ser que tenham razão os que afirmam não fazer sentido distinguir um sistema em que os tribunais sejam obrigados a aplicar certas normas consuetudinárias apenas se estas forem razoáveis de um outro, no qual os tribunais disponham de discricionariedade absoluta.

A segunda crítica à teoria de que o costume, quando é lei, deve seu *status* jurídico à ordem tácita do soberano tem caráter mais fundamental. Mesmo que se admita que o costume só passa a fazer parte do direito quando é imposto pelo tribunal num caso específico, seria possível tratar o fato de que o soberano não interfere como uma expressão tácita de seu desejo de que as normas sejam obedecidas? Mesmo no exemplo militar elementar da página 61, não se conclui necessariamente, do fato de não ter interferido nas ordens do sargento, que o general desejava que estas fossem obedecidas. Pode ter apenas querido contemporizar com um subordinado a quem valorizava, acreditando que os homens encontrariam uma maneira de evitar as tarefas. Sem dúvida poderíamos, em alguns casos, concluir que o general desejava que as faxinas fossem feitas, mas, nesse caso, o fato de que sabia que as ordens haviam sido dadas, tivera tempo para refletir sobre elas e havia decidido nada fazer constituiria uma parte substancial de nossa prova disto. A principal objeção ao uso da ideia das expressões tácitas da vontade do soberano para explicar o *status* jurídico do costume é que raramente é possível, num Estado moderno qualquer, atribuir ao "soberano" esse conhecimento das situações específicas, a possibilidade de reflexão e a consequente decisão de não interferir, quer identifiquemos o soberano com o poder legislativo supremo, quer com o eleitorado. Evidentemente, é verdade que na maior parte dos sistemas jurídicos o costume é uma fonte de direito subordinada à legislação. Isto é, o poder legislativo pode retirar-lhe seu *status* jurídico; mas o fato de não fazê-lo nem sempre é uma indicação da vontade do legislador. Só muito raramente a atenção do poder legislativo, e ainda mais raramente a do eleitorado, se volta para as normas consuetudinárias aplicadas pelos tribunais. A não-interferência deles não pode, assim, ser comparada à do general na atuação de seu sargento, mesmo que, nesse último caso, estejamos preparados para deduzir disso um desejo de que as ordens de seu subordinado sejam acatadas.

Em que consiste, então, o reconhecimento jurídico do costume? A que deve uma norma consuetudinária seu *status* jurídico, se não à decisão do tribunal que a aplicou a um caso específico ou à ordem tácita do poder legislativo supremo? Como pode ela, assim como a lei positivada, fazer parte do direito mesmo antes de ser aplicada por um tribunal? Essas perguntas só poderão ser completamente respondidas quando examinarmos detalhadamente, como faremos no próximo capítulo, a doutrina de que, onde quer que exista o direito, deve haver uma ou mais pessoas soberanas cujas ordens gerais, explícitas ou tácitas, e apenas essas ordens, constituam o direito. Enquanto isso, resumiremos as conclusões deste capítulo a seguir.

A teoria que equipara o direito a ordens coercitivas enfrenta, desde o início, a objeção de que existem, em todos os sistemas, variedades do direito que não se adequam a essa descrição, sob três aspectos principais. Em primeiro lugar, mesmo uma lei penal positivada, que é a que mais se aproxima da descrição, tem frequentemente um âmbito de aplicação diferente daquele das ordens dadas a outros indivíduos; pois uma lei como essa pode impor deveres tanto a outros quanto àqueles que a elaboram. Em segundo lugar, outras leis positivadas diferem das ordens na medida em que não exigem que as pessoas façam alguma coisa, mas conferem-lhes poderes para isso; não impõem deveres, mas oferecem dispositivos para a livre criação de direitos e deveres jurídicos dentro da estrutura coercitiva do direito. Em terceiro lugar, embora a promulgação de uma lei seja de certa forma análoga a uma ordem, algumas normas do direito têm origem no costume e não devem seu *status* jurídico a qualquer ato deliberado de criação do direito.

Diversos estratagemas têm sido adotados para defender a teoria contra essas objeções. A ideia originalmente simples da ameaça de imposição de um dano ou "sanção" foi ampliada para incluir dentro de tal conceito a nulidade de um ato jurídico; a noção de norma jurídica foi restringida para excluir as normas que outorgam poderes, por serem estas, supostamente, meros fragmentos de normas propriamente ditas; descobriram-se duas pessoas dentro da pessoa natural única do legislador, cujos decretos são autovinculantes; ampliou-se a noção de ordem, de uma manifestação verbal expressa para uma manifestação tácita da vontade, consistindo na não-interferência com as ordens dadas por subordinados. Não obstante a engenhosidade desses dispositivos, o modelo das ordens apoiadas em ameaças mais obscurece do que revela a natureza do direito; o esforço para reduzir a variedade das leis a essa única forma simples acaba por impor-lhes uma falsa uniformidade. Aqui, buscar a uniformidade pode ser de fato um erro, pois, como sustentaremos no Capítulo V, uma das características distintivas do direito, se não a mais proeminente, é a fusão de diferentes tipos de normas.

IV. Soberano e súdito

Ao criticarmos o modelo simples do direito entendido como ordens coercitivas, não abordamos ainda questões relativas à pessoa ou às pessoas "soberanas" cujas ordens gerais constituem, segundo tal concepção, o direito de uma sociedade qualquer. De fato, ao discutirmos a adequação da ideia de uma ordem apoiada por ameaças enquanto descrição das diferentes variedades do direito, supusemos provisoriamente que, em qualquer sociedade onde exista o direito, há de fato um soberano, caracterizado afirmativa e negativamente pelo hábito da obediência para consigo: uma pessoa, ou grupo, cujas ordens são obedecidas pela maioria da sociedade e que não obedece habitualmente a nenhuma outra pessoa ou pessoas.

Devemos agora examinar mais detalhadamente essa teoria geral sobre os fundamentos de todos os sistemas jurídicos; pois, apesar de sua extrema simplicidade, a doutrina da soberania não é nada menos que isso. Afirma que, em toda sociedade humana em que exista o direito, encontraremos em última instância, latente sob a variedade das formas políticas, tanto numa democracia como numa monarquia absoluta, essa relação simples entre súditos, que prestam obediência habitual, e um soberano, que não obedece habitualmente a ninguém. Essa estrutura vertical composta de soberano e súditos é, segundo a teoria, uma parte tão essencial de uma sociedade onde haja o direito quanto a espinha dorsal de um homem. Onde quer que ela esteja presente, podemos dizer que a sociedade, em conjunto com seu soberano, é um Estado único e independente, e podemos dizer que ela tem um direito *seu*; onde não esteja presente, não podemos empregar nenhuma dessas expressões, pois a relação entre soberano e súdito é, de acordo com essa teoria, parte essencial do próprio significado delas.

Dois aspectos dessa doutrina têm importância especial, e vamos enfatizá-los aqui em termos gerais para indicar as estratégias críticas seguidas detalhadamente no restante do capítulo. O primeiro aspecto diz respeito à ideia de um *hábito* de obediência, que é tudo o que se exige daqueles a quem as leis do soberano se destinam. Indagaremos aqui se um hábito como esse é suficiente para explicar duas características proeminentes da maioria dos sistemas jurídicos: a *continuidade* da autoridade de legislar possuída por uma sucessão de diferentes legisladores, e a *persistência* das leis por longo tempo após terem desaparecido quem as elaborou e os que lhe obedeciam habitualmente. Nosso segundo ponto diz respeito à posição ocupada pelo soberano, acima da lei: ele cria leis para os outros e assim lhes impõe deveres ou "limitações" jurídicas, enquanto a ele se atribui um poder juridicamente ilimitado e ilimitável. Com respeito a isso, investigaremos se esse *status* juridicamente ilimitável do legislador supremo é necessário à existência do direito e se a presença ou ausência de limites jurídicos ao poder legislativo pode ser compreendida de modo simples, em função do hábito e da obediência segundo os quais esta teoria analisa essas noções.

1. O hábito da obediência e a continuidade do direito

A ideia de obediência, como muitas outras ideias aparentemente simples usadas sem um exame mais minucioso, não está livre de complexidades. Ignoraremos a complexidade já observada[1] de que a palavra "obediência" muitas vezes sugere deferência à autoridade, e não apenas a observância de ordens apoiadas por ameaças. Apesar disso, não é fácil afirmar, mesmo no caso de uma única ordem dada face a face a um homem por outro, qual é exatamente o vínculo que deve existir entre a emissão da ordem e a execução da ação especificada para que esta caracterize obediência. Qual é, por exemplo, a pertinência do fato – quando ele existe – de que a pessoa que recebe a ordem teria certamente agido exatamente da mesma forma se não houvesse nenhuma ordem? Essas dificuldades são especialmente severas no caso das leis, algumas das quais proíbem que se façam coisas que a maioria das pessoas jamais pensaria em fazer. Até que se resolvam essas dificuldades, toda ideia de um "hábito geral de obediência" às leis de um país permanecerá um tanto obscura. Entretanto, podemos imaginar, para nossos objetivos presentes, um caso muito simples ao qual talvez se pudesse admitir que as palavras "hábito" e "obediência" se aplicam de forma mais ou menos óbvia.

Vamos supor uma população vivendo num território no qual um monarca absoluto (Rex) reina por um longo período: ele controla seu povo através de ordens gerais apoiadas por ameaças, que exigem que eles façam várias coisas que não fariam de outro modo e que se abstenham de fazer aquilo que de outro modo fariam. Embora tenha havido alguns problemas nos anos iniciais do reino, há muito tempo as coisas se equilibraram e, em geral, pode-se confiar em que o povo lhe obedecerá. Como as exigências de Rex são frequentemente difíceis de cumprir, e a tentação da desobediência e o risco de punição são consideráveis, é difícil supor que a obediência, embora geralmente ocorra, constitua um "hábito" ou seja "habitual" no sentido pleno ou mais comum do termo. Os homens podem, de fato, adquirir literalmente o hábito de obedecer a certas leis: dirigir do lado esquerdo da via é certamente, para os ingleses, um para-

---

1. Ver pp. 24-5.

digma de um hábito adquirido. Mas, nos casos em que a lei contraria inclinações fortes, como, por exemplo, as leis que exigem o pagamento de impostos, nossa obediência eventual a elas, mesmo que seja regular, não tem o caráter irreflexivo, tranquilo e enraizado de um hábito. No entanto, embora a obediência prestada a Rex frequentemente careça desse elemento de hábito, ela tem outros aspectos importantes. Dizer que alguém tem o hábito de ler o jornal no café-da-manhã, por exemplo, significa que essa pessoa tem feito isso por bastante tempo e provavelmente vai continuar repetindo esse comportamento. Assim, será então verdadeiro afirmar que, após o período inicial de problemas, a maioria das pessoas de nossa comunidade imaginária terá obedecido de modo geral às ordens de Rex e provavelmente continuará a fazê-lo.

Deve-se destacar que, nessa descrição da situação social sob o regime de Rex, o hábito da obediência constitui uma relação pessoal entre cada súdito e Rex: cada um deles faz regularmente, assim como os outros indivíduos, o que aquele lhe ordena. Se dissermos que a *população* "tem esse hábito", isso apenas significará, como a afirmação de que as pessoas frequentam habitualmente o bar nas noites de sábado, que os hábitos da maioria das pessoas são convergentes: cada uma delas obedece habitualmente a Rex, assim como cada uma poderia frequentar habitualmente o bar nas noites de sábado.

Note-se que, nessa situação muito simples, tudo o que se requer da comunidade para constituir Rex como soberano são os atos pessoais de obediência por parte da população. Cada pessoa só precisa, de sua parte, obedecer; e, enquanto a obediência se der regularmente, nenhum membro da comunidade precisará ter ou expressar opiniões sobre a adequação ou correção de sua própria obediência a Rex ou da aquiescência dos outros a este, ou se perguntar se essa submissão é apropriada ou legitimamente exigida. Evidentemente, a sociedade que descrevemos, para exemplificar o mais literalmente possível a noção de um hábito de obediência, é muito simples. É provavelmente demasiado simples para jamais ter existido em qualquer lugar, e não é certamente primitiva; pois a sociedade primitiva nada sabe sobre soberanos absolutos como Rex e seus membros não se ocupam meramente em obedecer, mas têm pontos de vista definidos quanto à adequação da obediência por parte de todos os envolvidos. No entanto, a comunidade governada por Rex tem certamente alguns dos traços importantes de uma sociedade regida pelo direito, pelo menos durante o decurso da vida de Rex. Possui até mesmo certa unidade, de modo que poderia ser chamada de "Estado". Essa unidade deriva do fato de que todos obedecem à mesma pessoa, mesmo que não manifestem opiniões quanto a isso ser apropriado ou não.

Suponhamos agora que, após um reinado bem-sucedido, Rex morra deixando um filho, Rex II, que começa então a dar ordens gerais. O mero fato de ter havido um hábito generalizado de obediência a Rex I durante sua vida não torna sequer provável a obediência habitual a Rex II. Assim, se não tivermos nada além do fato da obediência a Rex I e da probabilidade de que *ele* continuaria a ser obedecido, não poderemos afirmar sobre a primeira ordem de Rex II, como poderíamos ter dito da última ordem de Rex I, que ela será dada por alguém que é soberano e constituirá, portanto, direito. Não existe ainda um hábito estabelecido de obediência a Rex II. Será preciso esperar para ver se essa obediência será tributada a Rex II como era a seu pai, antes que possamos dizer, de acordo com a teoria, que este é agora o soberano e suas ordens constituem o direito. Não há nada que o torne soberano desde o início. É só depois de sabermos que suas ordens foram obedecidas por certo tempo que poderemos dizer que foi estabelecido um hábito de obediência. Só então, mas não antes, poderemos dizer, a respeito de qualquer nova ordem, que esta já constitui direito tão logo seja proferida, antes mesmo de ser obedecida. Até que se atinja esse estágio, haverá um interregno no qual nenhum direito poderá ser criado.

É claro que uma situação assim é possível e tem se manifestado ocasionalmente em tempos perturbados. Mas os perigos da descontinuidade são óbvios e, por isso mesmo, poucos são os que a cortejam. Em vez disso, é característico de um sistema jurídico, mesmo numa monarquia absoluta, assegurar a continuidade ininterrupta do poder de criar o direito, por meio de normas que promovem a transição entre um legislador e outro; essas normas regulam a sucessão *antecipadamente*, nomeando ou especificando em termos gerais as qualificações do legislador e a forma de defini-lo. Numa democracia moderna, as qualificações são muito complexas e se relacionam à composição de um poder legislativo cujos membros mudam frequentemente, mas a essência das normas exigidas para a continuidade pode ser vista nas formas mais simples da nossa monarquia imaginária. Se a norma prevê a sucessão pelo filho mais velho, Rex II tem o *direito* de suceder a seu pai. Ele terá o *direito* de fazer a lei quando da morte de seu pai, e, quando der suas primeiras ordens, teremos boas razões para dizer que elas já serão lei, antes que tenha havido tempo para se estabelecer qualquer relação pessoal de obediência habitual entre ele e seus súditos. Na verdade, pode acontecer de uma relação assim não se estabelecer nunca, o que não impede que sua palavra constitua a lei: pois o próprio Rex II poderia morrer imediatamente após dar suas primeiras ordens e, embora não tenha vivido para receber obediência, pode ter tido o *direito* de fazer a lei e suas ordens podem constituir lei.

Ao se explicar a continuidade do poder de fazer leis por meio de uma sucessão mutável de legisladores individuais, é natural que se usem as expressões "norma de sucessão", "título", "direito de sucessão" e "direito de criar o direito ou fazer leis". Entretanto, está claro que introduzimos, com essas expressões, um novo conjunto de elementos que não podem ser descritos em termos do hábito de obediência a ordens gerais, a partir do qual, seguindo a receita da teoria da soberania, construímos o universo jurídico simples de Rex I. Pois naquele mundo não havia normas, e assim tampouco havia direitos ou títulos, e, portanto, *a fortiori*, nenhum direito ou título à sucessão; havia apenas o fato de que Rex I dava ordens e de que suas ordens eram habitualmente obedecidas. Para constituir Rex como soberano durante sua vida e fazer de suas ordens lei, nada mais era necessário; mas isso não é suficiente para explicar os *direitos* de seu sucessor. Na verdade, a ideia da obediência habitual fracassa, de duas maneiras diferentes mas relacionadas, na tentativa de explicar a continuidade observada em todos os sistemas jurídicos normais, quando um legislador sucede a outro. Em primeiro lugar, o mero hábito de obediência às ordens dadas por um legislador não pode outorgar ao novo legislador o *direito* de suceder o antigo e dar ordens em seu lugar. Em segundo lugar, a obediência habitual ao antigo legislador não pode, por si só, tornar provável ou fundamentar nenhuma presunção de que as ordens do novo legislador serão obedecidas. Para que esse direito e essa suposição existam no momento da sucessão, deve ter havido na sociedade, durante o reinado do legislador anterior, uma prática social geral mais complexa que qualquer outra que possa ser descrita em termos do hábito da obediência: deve ter havido a aceitação da norma segundo a qual o novo legislador tem o direito à sucessão.

Qual é essa prática mais complexa? Em que consiste a aceitação de uma norma? A essa altura, precisamos recomeçar a investigação já esboçada no Capítulo I. Para responder à pergunta precisamos afastar-nos, por enquanto, do caso especial das normas jurídicas. Em que um hábito difere de uma norma? Qual a diferença entre dizer que um grupo tem, por exemplo, o hábito de ir ao cinema nas noites de sábado e dizer que existe nesse grupo uma norma estipulando que os homens descubram a cabeça ao entrar na igreja? Já mencionamos, no Capítulo I, alguns dos elementos que devem ser incluídos na análise desse tipo de norma e devemos agora avançar nessa análise.

Existe indubitavelmente um ponto de semelhança entre as normas e os hábitos sociais: em ambos os casos, o comportamento em questão (por exemplo, descobrir a cabeça na igreja) precisa ser geral, embora não necessariamente invariável; isso significa que é repetido pela maior parte do grupo quando a ocasião se apresenta – isso é o que está implícito, como já mencionamos, na frase "*Em regra* eles fazem isso". Mas, apesar dessa semelhança, há três diferenças importantes.

Em primeiro lugar, para que o grupo tenha um *hábito*, basta que haja de fato convergência em seu comportamento. O afastamento da conduta usual não precisa ser alvo de nenhum tipo de crítica. Mas essa convergência geral ou mesmo identidade de comportamento não é suficiente para caracterizar a existência de uma norma exigindo aquele comportamento: quando existe tal norma, os desvios são normalmente vistos como lapsos ou erros sujeitos à crítica, e as ameaças de desvio sofrem pressão no sentido da obediência, embora as formas de crítica e de pressão variem com os diversos tipos de norma.

Em segundo lugar, onde existem essas normas, não apenas essa crítica é feita como também o desvio em relação ao padrão é aceito, em geral, como *uma boa razão* para que seja feita. A censura aos desvios é, nesse sentido, encarada como legítima ou justificada, assim como as exigências de obediência ao padrão quando há ameaça de desvio. Além disso, à exceção de uma minoria de infratores empedernidos, essa crítica e essas exigências são encaradas como legítimas ou justificadas tanto pelos que as fazem como por aqueles a quem se dirigem. Não se sabe exatamente quantos membros do grupo precisam usar o comportamento habitual, da maneira que citamos, como padrão para suas críticas, nem com que frequência e por quanto tempo precisam fazê-lo para justificar a afirmativa de que o grupo possui uma norma; esses temas não devem nos preocupar mais do que aquela pergunta sobre quantos fios de cabelo um homem pode ter para que ainda seja considerado calvo. Basta recordar que a afirmativa de que um grupo possui determinada norma é compatível com a existência de uma minoria que não apenas infringe essa norma mas também se recusa a encará-la como o padrão, seja para si, seja para os outros.

A terceira característica que distingue as normas sociais dos hábitos está implícita no que já dissemos, mas é tão importante, e tão frequentemente ignorada e mal interpretada na teoria do direito, que vamos analisá-la de forma mais pormenorizada aqui. Trata-se de uma característica que chamaremos, ao longo deste livro, de *aspecto interno* das normas. Quando um hábito é generalizado num grupo social, essa generalidade é apenas uma constatação de fato sobre o comportamento observável da maior parte do grupo. Para que tal hábito exista, não é preciso que nenhum membro do grupo pense no comportamento geral, ou mesmo que saiba que o comportamento em questão é geral, e ainda menos que se esforce para ensiná-lo ou pretenda conservá-lo. É suficiente que cada um se comporte, de sua parte, da mesma forma como os outros de fato fazem. Por outro lado, para que exista uma norma social, é preciso que pelo menos algumas pessoas encarem o comportamento em questão como um padrão geral a ser seguido pelo grupo como um todo. Uma norma social tem um aspecto "interno", além do aspecto externo que compartilha com um hábito social e que consiste no comportamento costumeiro e uniforme que um observador poderia registrar.

Esse aspecto interno das normas pode ser ilustrado de maneira simples pela comparação com as regras de um jogo qualquer. Os jogadores de xadrez têm o hábito de mover a rainha da mesma maneira, hábito que um observador externo poderia registrar, sem nada saber sobre a atitude deles diante dos movimentos que fazem. Mas, além disso, esses jogadores têm uma atitude crítica e reflexiva diante desse padrão de comportamento: encaram-no como um padrão para todos os jogadores de xadrez. Cada um deles não apenas move ele próprio a rainha de certa maneira como tem também "um ponto de vista" sobre o quanto é correto e adequado que todos movimentem a rainha daquela maneira. Esses pontos de vista se manifestam em críticas e exigências de submissão à regra quando ocorre um desvio ou ameaça de desvio e no reconhecimento da legitimidade dessas críticas e exigências por parte dos outros. Utiliza-se, na expressão dessas críticas e exigências e desse reconhecimento, uma linguagem "normativa" abrangente. "Eu (ou você) não poderia ter movimentado a rainha dessa forma", "Eu devo (ou você deve) fazer isso", "Isso é correto", "Aquilo é errado" etc.

O aspecto interno das normas é muitas vezes mal interpretado como mera questão de "sentimentos", em contraposição ao comportamento físico observável do exterior. Não há dúvida de que, quando as normas são geralmente aceitas por um grupo social e têm o apoio geral da censura social e da pressão no sentido da obediência, alguns indivíduos podem frequentemente ter experiências psicológicas análogas à contenção ou à compulsão. Quando dizem que "se sentem obrigados" a agir de determinadas maneiras, podem estar de fato se referindo a essas experiências. Mas esses sentimentos não são nem necessários nem suficientes para caracterizar a existência de normas "vinculantes". Não há contradição em dizer que as pessoas aceitam certas normas sem experimentar esses sentimentos de compulsão. O que é necessário é que haja uma atitude crítico-reflexiva diante de certos padrões de comportamento aceitos como um modelo comum, e que essa atitude se manifeste sob a forma de críticas (inclusive de autocrítica) e exigências de obediência à norma e também no reconhecimento de que tais críticas e exigências se justificam. Tudo isso encontra sua expressão característica na terminologia normativa do "deve", "tem de", "certo" e "errado".

Essas são as características cruciais que distinguem as normas sociais dos meros hábitos de um grupo; tendo-as em mente, podemos voltar à questão do direito. Podemos supor que o grupo social de nosso exemplo não só possui normas que transformam certo tipo de comportamento em padrão, como aquela que manda descobrir a cabeça na igreja, mas também uma norma que estipula que certos padrões de comportamento sejam identificados de forma menos direta, mediante referência às palavras, faladas ou escritas, de determinada pessoa. Em sua forma mais simples, essa norma dirá que todas as ações especificadas por Rex (provavelmente usando certas formalidades) deverão ser executadas. Isso transforma a situação que havíamos descrito anteriormente como um conjunto de simples hábitos de obediência a Rex, pois, onde essa norma é aceita, Rex não apenas especificará de fato o que se deve fazer, mas terá o *direito* de especificá-lo; e não haverá então apenas a obediência geral a suas ordens, mas todos aceitarão de modo geral que é *correto* obedecer a ele. Rex será de fato um legislador dotado de *autoridade* para legislar, isto é, para introduzir na vida do grupo novos padrões de comportamento, e não há motivo para que não esteja obrigado por suas próprias leis, já que nos ocupamos agora de padrões e não de "ordens".

As práticas sociais subjacentes a essa autoridade legislativa serão, em tudo o que é essencial, as mesmas que estão implícitas nas simples normas diretas de conduta, como a que requer que se descubra a cabeça na igreja (e que podemos distinguir agora como mera norma consuetudinária), e diferirão igualmente dos hábitos gerais. A simples *palavra* de Rex constituirá agora um padrão de comportamento, de modo que os desvios em relação à conduta por ele designada estarão expostos a críticas; sua palavra será agora geralmente citada como referência e aceita como justificativa para a crítica e as exigências de obediência.

Para ver como essas normas explicam a continuidade da autoridade legislativa, basta observar que em alguns casos, antes mesmo que um novo legislador tenha começado a fazer leis, pode ser evidente que existe uma norma firmemente estabelecida que lhe outorga, como membro de uma *classe* ou linhagem de pessoas, o direito de fazê-lo por sua vez. Assim, podemos descobrir que o grupo aceita de modo geral, durante a vida de Rex I, a ideia de que a pessoa cuja palavra deve ser obedecida não é somente o indivíduo Rex, mas a pessoa qualificada em determinado momento segundo certo critério, como, por exemplo, ser o descendente vivo mais velho, em linha direta, de determinado ancestral. Rex I é tão-somente a pessoa específica assim qualificada em um momento determinado. Tal norma, ao contrário do hábito de obediência a Rex I, contempla o futuro, pois se refere a possíveis legisladores futuros tanto quanto ao atual legislador de fato.

A aceitação, e portanto a existência, dessa norma se manifestará durante a vida de Rex I em parte na obediência a este, mas também no reconhecimento de que a obediência é algo a que ele tem direito em virtude de sua qualificação dada pela norma geral. Exatamente pelo fato de o âmbito de aplicação de uma norma aceita por um grupo em determinado momento poder abranger assim, em termos gerais, os sucessores no cargo de legislador, sua aceitação autoriza tanto o *enunciado jurídico* (*statement of law*) de que o sucessor tem direito a legislar, antes mesmo que comece a fazê-lo, quanto o *enunciado factual* (*statement of fact*) de que ele provavelmente gozará da mesma obediência que seu antecessor.

É claro que a aceitação de uma norma por uma sociedade num dado momento não *assegura* a continuidade de sua existência. Pode haver uma revolução: a sociedade pode deixar de acatar a norma. Isso pode acontecer seja durante a vida de um legislador, Rex I, seja na transição para outro, Rex II; e, caso ocorra de fato, Rex I perderá, ou Rex II não adquirirá, o direito de legislar. A situação factual pode ser obscura: pode haver estágios intermediários confusos, quando não está claro se estamos diante de uma mera insurreição, da interrupção temporária da velha ordem ou do abandono total e efetivo desta. Mas, em princípio, a questão é clara. A afirmação de que um novo legislador tem o direito de legislar pressupõe a existência, no grupo social, da norma segundo a qual ele possui esse direito. Se está claro que a norma que agora o qualifica para tal era aceita durante a vida de seu antecessor, a quem ela também habilitava, deve-se supor, não havendo provas em contrário, que ela não foi abandonada e ainda existe. Observa-se continuidade semelhante num jogo, quando o marcador de pontos, não havendo provas de que as regras do jogo tenham mudado desde a última jogada, credita ao novo rebatedor os pontos feitos por ele, computados da maneira usual.

A análise dos universos jurídicos simples de Rex I e Rex II talvez seja suficiente para demonstrar que a continuidade da autoridade legislativa que caracteriza a maioria dos sistemas jurídicos depende daquela forma de prática social que consiste na aceitação de uma norma, e difere, das maneiras que já apontamos, dos fatos mais simples da mera obediência habitual. Podemos resumir a argumentação como se segue. Mesmo se admitirmos que alguém como Rex, cujas ordens gerais são habitualmente obedecidas, possa ser denominado legislador e suas ordens chamadas de leis, os hábitos de obediência a cada membro de uma série de legisladores como ele não são suficientes para explicar o *direito* de um sucessor à sucessão e a consequente continuidade do poder legislativo. Isso se deve, em primeiro lugar, a que os hábitos não são "normativos"; não podem outorgar direitos nem conferir autoridade a ninguém. Em segundo lugar, os hábitos de obediência a um indivíduo não podem se referir ao mesmo tempo a uma classe ou linhagem de legisladores futuros sucessivos e ao legislador atual, nem tornar provável a obediência àqueles – embora as normas aceitas possam. Portanto, o fato da obediência habitual a um legislador não justifica nem a afirmação de que seu sucessor tem o direito de fazer a lei nem o enunciado factual de que é provável que ele seja obedecido.

A esta altura, entretanto, devemos mencionar um aspecto importante, que desenvolveremos de modo mais completo num capítulo posterior e que constitui um dos pontos fortes da teoria de Austin. Para revelar as diferenças essenciais entre as normas aceitas e os hábitos, tomamos como exemplo uma forma muito simples de sociedade. Antes de deixarmos de lado esse aspecto da soberania, devemos investigar até onde nossa descrição da aceitação de uma norma que outorga autoridade para fazer leis poderia aplicar-se ao funcionamento de um Estado moderno. Ao nos referirmos à nossa sociedade simples, tratamos o assunto como se a maioria das pessoas comuns não apenas obedecesse à lei, mas também compreendesse e aceitasse a norma que qualifica uma sucessão de legisladores para criar leis. Isso poderia acontecer numa sociedade simples, mas num Estado moderno seria absurdo pensar que a maioria da população, por mais que seja obediente à lei, tenha compreensão clara das normas que especificam as qualificações de uma classe de pessoas, em contínua mudança, autorizadas a legislar. Falar da "aceitação" dessas normas pela população da mesma forma como os membros de uma pequena tribo poderiam aceitar a norma que outorga autoridade a seus chefes sucessivos significaria atribuir aos cidadãos comuns uma compreensão dos temas constitucionais que eles podem não possuir. Só exigiríamos tal compreensão das autoridades ou dos especialistas do sistema, ou seja, os tribunais, que têm a responsabilidade de determinar o que é o direito, e os advogados e juristas, que o cidadão comum consulta quando quer se informar.

Essas diferenças entre uma sociedade tribal simples e um Estado moderno são dignas de nota. Em que sentido, então, devemos pensar que a continuidade da autoridade legislativa da Coroa por meio do Parlamento* – autoridade esta que se conserva ao longo das mudanças dos sucessivos legisladores – está baseada em alguma norma fundamental ou em normas geralmente aceitas? É evidente que a aceitação geral é nesse caso um fenômeno complexo, compartilhado, de certo modo, pelas autoridades e pelos cidadãos comuns, que contribuem de maneiras diferentes para essa aceitação e, portanto, para a *existência* de um sistema

---

* *Queen in Parliament,* no original. (N. do R. T.)

jurídico. Podemos dizer que as autoridades do sistema aceitam explicitamente essas normas fundamentais que conferem autoridade legislativa: os legisladores o fazem quando criam leis de acordo com as normas que lhes outorgam poderes para isso; os tribunais, quando identificam, como leis a serem por eles aplicadas, as leis feitas por aqueles qualificados para isso; e os peritos e especialistas, quando orientam os cidadãos comuns tendo como referência as leis assim criadas. O cidadão comum manifesta sua aceitação em grande parte por meio da aquiescência aos resultados dessas ações oficiais. Ele obedece à lei assim criada e identificada, expondo também as pretensões e exercendo os poderes outorgados por ela. Mas pode saber pouquíssima coisa sobre a origem do direito ou sobre aqueles que o criaram: certas pessoas podem não saber nada sobre as leis além do fato de que são "a lei". Elas proíbem coisas que os cidadãos comuns querem fazer, e estes sabem que podem ser detidos por um policial e condenados à prisão por um juiz caso desobedeçam. O ponto forte da doutrina, que insiste em que a obediência habitual a ordens apoiadas por ameaças é a base de um sistema jurídico, é o fato de que nos força a pensar de modo realista sobre esse aspecto relativamente passivo do fenômeno complexo que denominamos a existência de um sistema jurídico. Seu ponto fraco é que obscurece ou distorce o aspecto relativamente ativo, que se manifesta principalmente, embora não exclusivamente, nas operações de criação, identificação e aplicação das leis por parte das autoridades ou especialistas do sistema. Ambos os aspectos devem ser levados em conta para que possamos ver esse fenômeno social complexo como realmente é.

2. A persistência do direito

Em 1944, uma mulher foi condenada na Inglaterra por ler a sorte das pessoas, infringindo a Lei contra a Feitiçaria, de 1735[2]. Este é apenas um exemplo pitoresco de um fenômeno jurídico muito familiar: uma lei promulgada há séculos pelo legislativo pode ainda ser lei nos dias de hoje. Embora familiar, essa forma de persistência das leis não pode ser entendida no quadro do modelo simples que concebe as leis como ordens dadas por uma pessoa habitualmente obedecida. Aqui temos, de fato, o inverso do problema da continuidade da autoridade legislativa que acabamos de examinar. Naquele caso, a questão era como se pode afirmar, com base no modelo simples do hábito de obediência, que a primeira lei sancionada por um sucessor na função legislativa já é *lei* antes que este tenha recebido pessoalmente a obediência habitual do povo. Aqui a questão é: como pode a lei feita por um legislador anterior, falecido há muito, ainda ser lei para uma sociedade da qual não se pode dizer que lhe obedece habitualmente? Como no primeiro caso, não haverá dificuldades para o modelo simples se limitarmos nosso exame ao tempo da vida do legislador. De fato, o modelo parece explicar admiravelmente por que a Lei contra a Feitiçaria era lei na Inglaterra mas não teria sido na França, ainda que suas cláusulas se estendessem aos cidadãos franceses que estivessem lendo a sorte na França, embora, evidentemente, pudesse ter sido aplicada aos franceses que tivessem a infelicidade de ser levados aos tribunais ingleses. A explicação simples seria que havia na Inglaterra um hábito de obediência àqueles que haviam sancionado essa lei, enquanto na França esse hábito não existia. Assim, a Lei contra a Feitiçaria era lei no primeiro país mas não no segundo.

    Entretanto, não podemos restringir nossa visão das leis à duração da vida de seus criadores, pois a característica que temos que explicar é exatamente sua capacidade obstinada de sobreviver a seus criadores e àqueles que obedeciam habitualmente a estes. Por que a Lei Contra a Feitiçaria ainda é lei para nós, embora não o fosse para seus con-

---

2. R. *vs.* Duncan [1944] 1 KB 713.

temporâneos franceses? É evidente que nenhuma interpretação forçada da linguagem poderá tornar verdadeira a afirmação de que nós, ingleses do século XX, obedecemos habitualmente a Jorge II e seu Parlamento. Nisso os ingleses de hoje e os franceses daquela época são semelhantes: nenhum deles obedece ou obedecia habitualmente ao criador dessa lei. Mesmo que fosse a única lei sobrevivente desse reinado, a Lei contra a Feitiçaria ainda seria lei na Inglaterra atual. A resposta a esta pergunta, "Por que isso ainda é lei?", é, em princípio, a mesma que demos ao nosso primeiro problema, "Por que isso já é lei?", e envolve a substituição da noção demasiado simples do hábito de obediência a um indivíduo soberano por aquela de normas fundamentais aceitas no presente que especificam uma classe ou linhagem de pessoas cuja palavra deve ser considerada padrão de comportamento para a sociedade, ou seja, que têm o *direito* de legislar. Tal norma, embora deva necessariamente existir agora, pode num certo sentido ser atemporal nas referências que estabelece: pode não só olhar para diante, referindo-se à ação legislativa de um legislador futuro, mas também mirar retrospectivamente e referir-se às ações de um legislador passado.

    Apresentada sob o esquema simples da dinastia Rex, a situação é a seguinte. Todos os membros de uma linhagem de legisladores, como Rex I, II e III, podem ser qualificados pela mesma norma geral que outorga ao descendente vivo mais velho em linha direta o direito de legislar. Quando o mandatário individual morre, sua obra legislativa continua, pois repousa sobre uma norma geral que as sucessivas gerações da sociedade continuam a respeitar no tocante a cada legislador, quando quer que tenha vivido. No exemplo simples, Rex I, II e III têm cada qual o direito, segundo a mesma norma geral, de introduzir padrões de comportamento na sociedade sob a forma de leis. Na maioria dos sistemas jurídicos as questões não são tão simples, pois a norma que agora mesmo aceitamos, segundo a qual a legislação passada é reconhecida como lei, pode ser diferente da norma relativa à legislação atual. Mas, dada a aceitação atual da norma subjacente, a persistência das leis não é mais misteriosa que o fato de a decisão do juiz, na primeira rodada de um torneio entre equipes cujos membros mudaram, ter a mesma pertinência para o resultado final que as do juiz que assumiu seu lugar na terceira rodada. No entanto, embora não seja misteriosa, a noção de uma norma aceita que confere autoridade às ordens de legisladores passados e futuros, bem como às dos atuais, é seguramente mais complexa e sofisticada que a ideia do hábito de obediência a um legislador presente. Será possível prescindir dessa complexidade e demonstrar, por meio de uma extensão hábil da concepção simples de ordens apoiadas por ameaças, que a persistência do direito repousa, afinal, sobre o fato mais simples da obediência habitual ao atual soberano?

Numa tentativa engenhosa de demonstrar isso, Hobbes, secundado por Bentham e Austin, disse que "o legislador não é aquele por cuja autoridade as leis foram feitas a princípio, mas aquele por cuja autoridade elas continuam atualmente sendo leis"[3]. Se descartamos a noção de norma e adotamos a ideia mais simples do hábito, não fica imediatamente claro o que é a "autoridade" de um legislador, entendida como algo distinto de seu "poder". Mas o argumento geral expresso pela citação é claro. Trata-se de que, embora em termos históricos a fonte ou origem de uma lei como a Lei contra a Feitiçaria tenha sido a ação legislativa de um soberano passado, seu *status* atual de lei na Inglaterra do século XX se deve ao fato de ser reconhecida como lei pelo soberano atual. Esse reconhecimento não assume a forma de uma ordem *explícita*, como no caso das leis positivadas pelos legisladores vivos atuais, mas a de uma expressão *tácita* da vontade do soberano. Essa expressão tácita consiste no fato de que, embora pudesse agir, ele nada faz quando seus agentes (os tribunais e, possivelmente, o executivo) impõem a lei criada há muito tempo.

---

3. *O Leviatã*, cap. XXVI.

Essa é, evidentemente, a mesma teoria das ordens tácitas já por nós abordada, por meio da qual havíamos tentado explicar o *status* jurídico de certas normas consuetudinárias que pareciam não ter sido objeto de uma ordem dada por qualquer pessoa em tempo algum. As críticas que fizemos a essa teoria no Capítulo III se aplicam de maneira ainda mais evidente quando ela é usada para explicar o reconhecimento permanente da legislação passada como direito válido. Pois, embora seja parcialmente admissível a interpretação de que, até que os tribunais apliquem de fato uma norma consuetudinária a uma causa específica, tal norma não terá o *status* de lei – devido à ampla discricionariedade concedida aos tribunais para rejeitar normas consuetudinárias desarrazoadas –, é muito pouco plausível o ponto de vista de que uma lei criada por um soberano passado não é lei até ser realmente aplicada pelos tribunais a um caso específico e imposta com a aquiescência do soberano atual. Se essa teoria está correta, conclui-se que os tribunais não estão impondo uma lei pré-existente; mas seria absurdo fazer essa inferência a partir do fato de que o legislador atual não revogou os decretos anteriores, embora pudesse fazê-lo. Pois as leis editadas no período vitoriano e aquelas aprovadas atualmente pela Coroa por meio do Parlamento têm sem dúvida o mesmo *status* jurídico na Inglaterra de hoje. Ambas constituem lei antes mesmo que as causas às quais se aplicam sejam levadas aos tribunais, e, quando isso acontece de fato, os tribunais aplicam tanto as leis vitorianas quanto as modernas, porque todas são igualmente leis. Em nenhum dos casos elas só constituem lei depois de aplicadas pelos tribunais, e em ambos os casos igualmente seu *status* jurídico se deve ao fato de terem sido criadas por pessoas cujos decretos têm autoridade de acordo com as normas aceitas no presente, quer essas pessoas estejam vivas, quer estejam mortas.

A incoerência da teoria de que as leis antigas devem seu presente *status* jurídico à aquiescência do poder legislativo atual à sua aplicação pelos tribunais torna-se mais evidente quando constatamos que ela é incapaz de explicar por que os tribunais atuais devem distinguir entre uma lei vitoriana que não tenha sido revogada e uma lei análoga revogada no reinado de Eduardo VII. Evidentemente, ao fazer tais distinções, os tribunais (e, como eles, qualquer jurista ou cidadão comum que compreenda o sistema) usam como critério uma ou mais normas fundamentais que estipulam o que será considerado lei e englobam tanto a ação legislativa passada como a presente; não baseiam sua distinção no conhecimento de que o atual soberano ordenou tacitamente (isto é, permitiu que fosse imposta) uma das leis mas não a outra.

Parece, uma vez mais, que a única virtude da teoria que rejeitamos é a de ser uma versão indistinta de uma advertência realista. Nesse caso, trata-se da advertência de que, a menos que as autoridades do sistema e, acima de tudo, os tribunais, aceitem a norma que estabelece que certas ações legislativas, *passadas ou presentes*, são vinculantes, estará faltando algo essencial à juridicidade dessas normas. Mas um realismo enfadonho como esse não pode ser equiparado à teoria comumente denominada Realismo Jurídico, cujas principais características são discutidas detalhadamente mais adiante[4], e que, em algumas de suas versões, afirma que *nenhuma* lei faz parte do direito até que seja de fato aplicada por um tribunal. É crucial para a compreensão do direito a diferença que existe entre, por um lado, o fato verdadeiro de que, para que uma lei seja realmente direito, os tribunais devem aceitar a norma de que certas ações legislativas criam a lei; e, por outro lado, a teoria enganosa de que nenhuma lei é lei antes que seja aplicada a uma causa específica por um tribunal. Algumas versões do Realismo Jurídico vão, evidentemente, muito além daquela falsa explicação da persistência das leis, que já criticamos; pois chegam ao ponto de negar que qualquer lei, promulgada por um soberano passado ou *presente*, possa ter o *status* de lei

---

4. Ver pp. 176-91, adiante.

antes que os tribunais a tenham aplicado na prática. Entretanto, uma explicação da persistência das leis que não vá tão longe quanto a teoria realista em sua versão integral, mas reconheça que as leis sancionadas pelo atual soberano, diferentemente daquelas criadas por soberanos passados, são leis antes de serem aplicadas pelos tribunais – tal teoria representa o pior de ambos os mundos, e é de fato completamente absurda. Essa posição intermediária é insustentável, pois nada há nela que distinga o *status* jurídico de uma lei decretada pelo soberano atual e uma lei sancionada por um soberano anterior e ainda não revogada. Ou as duas são leis (como qualquer jurista reconheceria) ou nenhuma delas é lei antes de serem aplicadas pelos tribunais de hoje a um caso específico, como quer a versão integral da teoria realista.

3. Limitações jurídicas ao poder legislativo

Na doutrina da soberania, o hábito geral de obediência do súdito encontra seu complemento na ausência de qualquer hábito desse tipo por parte do soberano. Ele faz a lei para seus súditos, e a faz estando fora do alcance de qualquer lei. Não há, nem pode haver, limites jurídicos a seu poder de legislar. É importante compreender que o poder juridicamente ilimitado do soberano lhe pertence por definição: a teoria simplesmente assegura que só poderia haver limites jurídicos a seu poder de legislar se ele estivesse sujeito às ordens de outro legislador a quem obedecesse habitualmente; e, nesse caso, não seria mais soberano. Sendo soberano, não obedece a nenhum outro legislador e, logo, não pode haver limites jurídicos a seu poder de legislar. A importância da teoria não reside, evidentemente, nessas definições e em suas consequências necessárias, que não nos dizem nada acerca dos fatos. Está na afirmação de que, em toda sociedade onde existe o direito, há um soberano dotado desses atributos. Talvez tenhamos de procurá-lo por trás das formas jurídicas ou políticas que sugerem que todos os poderes jurídicos são limitados e que nenhuma pessoa ou pessoas ocupam a posição acima da lei atribuída ao soberano; mas, em tese, se perseverarmos em nossa busca, encontraremos aquela realidade que, como afirma a teoria, existe por trás das formas.

Não devemos interpretar erroneamente a teoria, desconsiderando as asserções que ela efetivamente faz ou atribuindo-lhe outras que ela não faz. A teoria não afirma apenas que há algumas sociedades nas quais se pode encontrar um soberano não sujeito a nenhum limite jurídico, mas que a existência do direito implica em toda parte a existência de tal soberano. Por outro lado, a teoria não insiste na inexistência de limites ao poder do soberano, mas apenas afirma que não há limites *jurídicos* a ele. Portanto, ao exercer o poder legislativo, o soberano pode de fato fazer concessões à opinião pública, seja devido ao medo das consequências que poderiam advir de ignorá-la, seja porque se considera moralmente obrigado a respeitá-la. Uma grande variedade de fatores diferentes podem influenciá-lo, e, se o medo de uma revolta popular ou a convicção moral o impelem a não legislar desta ou daquela maneira, ele pode de fato conceber esses fatores como "limites" a seu poder. Mas não são limites jurídicos. O soberano não está sujeito a nenhum dever legal que limite seu poder de legislar, e os tribunais, ao decidirem se têm diante de si uma lei do soberano, não considerariam válido o argumento de que a divergência da lei em relação às exigências da opinião pública ou da moral impedem que seja considerada lei – a menos, é claro, que houvesse uma ordem do soberano nesse sentido.

Os atrativos dessa teoria como uma descrição geral do direito são evidentes. Ela parece nos oferecer, sob uma forma satisfatoriamente simples, a resposta a duas perguntas importantes. Quando encontramos o soberano que recebe a obediência habitual mas não presta obediência a ninguém, podemos fazer duas coisas. Primeiro, podemos identificar em suas ordens gerais o direito de uma dada sociedade e distingui-lo de muitas outras normas, princípios ou padrões, morais ou meramente consuetudinários, que governam a vida de seus membros. Segundo, já dentro do campo do direito, podemos determinar se estamos diante de um sistema jurídico independente ou apenas de uma parte subordinada de algum sistema mais amplo.

Afirma-se em geral que o Parlamento investido de poderes pela Coroa, e considerado como entidade legislativa permanente, satisfaz às exigências dessa teoria e que sua soberania consiste no fato de que o faz. Qualquer que seja a exatidão dessa opinião (alguns aspectos da qual examinaremos mais adiante, no Capítulo VI), é certo que podemos reproduzir com bastante coerência, no mundo imaginário de Rex I, aquilo que a teoria exige. Será instrutivo fazer isso antes de analisar o caso mais complexo de um Estado moderno, já que esse é o melhor jeito de ressaltar todas as implicações da teoria. Para incorporar as críticas feitas na Seção 1 à noção de hábitos de obediência, podemos entender a situação em função das normas e não dos hábitos. Assim, imaginaremos uma sociedade na qual existe uma norma aceita pelos tribunais, autoridades e cidadãos, que estabelece que, quando Rex ordena que se faça qualquer coisa, sua palavra constitui um padrão de comportamento para o grupo. Pode bem ser que, para distinguir aquelas expressões de desejos "pessoais", às quais Rex não quer atribuir *status* "oficial", das expressões de sua vontade que ele de fato quer que tenham esse *status*, serão também adotadas normas subsidiárias que indiquem um rito específico que o monarca usará para legislar "em sua condição de monarca", mas não para dar ordens em caráter privado a sua esposa ou governanta, por exemplo. Para atingir seus objetivos, tais normas relativas à forma de legislar devem ser levadas a sério e podem às vezes representar uma inconveniência para Rex. Não obstante, embora bem possamos considerá-las normas jurídicas, não precisamos interpretá-las como "limites" a seu poder de legislar, pois, se ele efetivamente observar a forma exigida, não existe tema sobre o qual não possa legislar de modo que implemente sua vontade. O "conteúdo", se não a "forma", de seu poder de legislar é juridicamente ilimitado.

A objeção à essa teoria enquanto teoria geral do direito é que a existência, nessa sociedade hipotética, de um soberano como Rex, não sujeito a limitações jurídicas, não é condição necessária nem pressuposto para a existência do direito. Para demonstrar isso, não precisamos invocar modalidades discutíveis ou questionáveis de direito. Nosso argumento não deriva, portanto, dos sistemas de direito consuetudinário ou internacional, aos quais há quem pretenda negar o caráter de direito apenas por carecerem de um poder legislativo. É desnecessário apelar para esses casos, pois a concepção de um soberano não limitado juridicamente deturpa a representação da natureza do direito em muitos Estados modernos onde ninguém duvidaria de sua existência. Há poderes legislativos nesses Estados, mas às vezes o poder legislativo supremo dentro do sistema está longe de ser ilimitado. Uma constituição escrita pode restringir a competência desse poder, não apenas especificando a forma e a maneira de legislar (que reconhecemos não serem limitações), mas excluindo totalmente certas matérias do âmbito de sua competência legislativa e impondo, assim, limitações de conteúdo.

Mais uma vez, antes de examinar o caso complexo de um Estado moderno, será útil verificar, no mundo simples onde Rex é o legislador supremo, qual seria o verdadeiro sentido da expressão "limitações jurídicas a seu poder de legislar" e por que essa noção é perfeitamente coerente.

Na sociedade simples de Rex, pode haver uma norma aceita (inclusa ou não numa constituição escrita) segundo a qual nenhuma lei de Rex terá validade se excluir do território os habitantes nativos ou permitir sua prisão sem direito a julgamento, e que determine que qualquer disposição contrária a essas condições será nula e assim será tratada por todos. Nesse caso, os poderes de Rex como legislador estariam sujeitos a limitações indubitavelmente jurídicas, mesmo que não queiramos chamar de "*lei*" uma norma constitucional tão fundamental. A desconsideração dessas restrições específicas tornaria nula a atividade legislativa de Rex, o que não ocorreria se ele desconsiderasse a opinião pública ou convicções morais populares muitas vezes acatadas por ele mesmo contra suas inclinações. Portanto, os tribunais dariam às primeiras limitações um tratamento muito diferente do que dedicariam aos outros limites ao poder legislativo de Rex, os quais seriam, estes últimos, meras limitações morais ou limitações *de facto*. Entretanto, não obstante existirem aquelas limitações jurídicas, é indubitável que, dentro de seu âmbito, os atos editados por Rex constituem direito e que existe um sistema jurídico independente em sua sociedade.

Para averiguar precisamente o que são os limites jurídicos desse tipo, é importante que nos detenhamos um pouco mais nesse caso hipotético simples. Poderíamos definir a posição de Rex dizendo que ele *não pode* criar leis que permitam a prisão de um indivíduo sem julgamento prévio; é esclarecedor contrastar esse sentido da expressão *não pode* com aquele que significa que a pessoa tem a obrigação ou dever jurídico de não fazer algo. *"Não pode"* é usado neste último sentido quando dizemos "Você não pode andar de bicicleta no passeio". Uma constituição que restringe de fato os poderes do órgão legislativo supremo no interior do sistema não o faz impondo (ou, de qualquer modo, a imposição não é necessária) ao poder legislativo o dever de não tentar legislar desta ou daquela maneira; determina, em vez disso, que qualquer legislação nesse sentido será nula. Não impõe deveres jurídicos, mas uma inabilitação jurídica (*legal disability*). Nesse caso a palavra "limites" não implica a presença de um *dever*, mas a ausência de um poder jurídico.

Tais restrições ao poder legislativo de Rex bem podem ser chamadas de "constitucionais": mas não são meras convenções ou temas morais que os tribunais não devem levar em consideração. Integram a norma que confere autoridade para legislar e têm interesse crucial para os tribunais, pois estes usam essa norma como critério para julgar a validade dos pretensos atos legislativos que lhes são submetidos. Entretanto, apesar de essas restrições serem jurídicas e não apenas morais ou convencionais, a presença ou ausência delas não se reduz à presença ou ausência de um hábito de obediência a outras pessoas por parte de Rex. Este pode estar sujeito a essas restrições e nunca tentar subtrair-se a elas; ao mesmo tempo, pode não haver ninguém a quem ele obedeça habitualmente. Ele simplesmente preenche as condições para criar leis juridicamente válidas. Por outro lado, ele pode tentar burlar as restrições dando ordens que as contradigam; contudo, se o fizer, não terá desobedecido a ninguém; não terá infringido nenhuma lei emanada de alguma instância legislativa superior ou violado alguma obrigação jurídica. Mas terá certamente deixado de criar uma lei válida, embora não viole nenhuma. Inversamente, se na norma constitucional que habilita Rex a legislar não existirem restrições a sua autoridade para tal, o fato de ele obedecer habitualmente às ordens de Tyrannus, rei do território vizinho, nem retirará dos atos de Rex seu *status* de lei nem evidenciará que são partes subordinadas de um único sistema no qual Tyrannus detenha a autoridade suprema.

As considerações acima, bastante óbvias, esclarecem vários aspectos que, embora obscurecidos pela doutrina simples da soberania, são vitais para a compreensão dos fundamentos de um sistema jurídico. Podem ser resumidos da seguinte forma: em primeiro lugar, as limitações jurídicas à autoridade legislativa não consistem em deveres impostos ao legislador para que ele obedeça a um legislador superior, mas sim em inabilitações jurídicas contidas nas normas que o qualificam para legislar.

Em segundo lugar, para que um ato legislativo seja reconhecido como lei, não é necessário que tenha sido editado, expressa ou tacitamente, por um legislador "soberano" ou "ilimitado", quer no sentido de que a competência deste para legislar não tem limites jurídicos, quer no de que ele não obedece habitualmente a ninguém. Em vez disso, devemos demonstrar que a lei foi editada por um legislador qualificado para legislar de acordo com uma norma existente, e que ou a norma não contém restrições, ou as restrições não se aplicam àquela lei específica.

Em terceiro lugar, para demonstrar que nos defrontamos com um sistema jurídico independente, não precisamos provar que seu legislador supremo não está sujeito a restrições ou que não obedece habitualmente a nenhuma outra pessoa. Precisamos tão-somente demonstrar que as normas que qualificam o legislador não conferem autoridade superior aos que também detêm autoridade sobre outro território. Inversamente, o fato de ele não estar sujeito a essa autoridade estrangeira não significa que goze de autoridade irrestrita dentro de seu próprio território.

Em quarto lugar, devemos distinguir entre uma autoridade legislativa não sujeita a limites jurídicos e outra que, embora limitada, é suprema no interior do sistema. Rex bem pode ser a mais alta autoridade legislativa reconhecida pelo direito do país, no sentido de que qualquer outra legislação pode ser revogada por sua vontade, conquanto esta vontade seja limitada por uma constituição.

Em quinto e último lugar, embora seja crucial a existência ou inexistência de normas que limitem a competência do legislador para legislar, os hábitos de obediência daquele têm no máximo uma importância comprobatória indireta. Se for fato que o legislador não obedece habitualmente a outras pessoas, a única importância desse fato é que ela pode às vezes ser um sinal, nem um pouco conclusivo, de que sua autoridade para legislar não se acha subordinada, constitucional ou juridicamente, à de outros. Da mesma forma, a única importância do fato de o legislador efetivamente obedecer a outra pessoa é que isso é um vago sinal de que sua autoridade para legislar se subordina juridicamente à de outros.

4. O soberano por trás do poder legislativo

No mundo moderno há muitos sistemas jurídicos cujo órgão legislativo supremo está sujeito a restrições jurídicas ao exercício de seu poder de legislar; entretanto, como concordariam tanto os profissionais quanto os teóricos do direito, os atos desse poder legislativo constituem claramente leis dentro do âmbito de seus poderes limitados. Nesses casos, para poder sustentar a teoria de que, onde quer que exista o direito, existe um soberano imune a limitações jurídicas, teremos de buscar esse soberano por trás do poder legislativo juridicamente limitado. Se ele pode ser aí encontrado, ou não, é a questão que precisamos agora examinar.

No momento, podemos desconsiderar as prescrições relativas à qualificação dos legisladores e aos "procedimentos e formas" da atividade legislativa, prescrições essas que, de um modo ou de outro, todo sistema jurídico precisa estabelecer, embora não necessariamente sob a forma de uma constituição escrita. Essas prescrições podem ser vistas não como limitações jurídicas ao poder de legislar, mas como especificações sobre a identidade do corpo legislativo e sobre o que este deve fazer para legislar de modo válido, embora, de fato, como demonstraram os acontecimentos na África do Sul[5], seja difícil estabelecer critérios gerais para distinguir satisfatoriamente as limitações "substantivas" das meras prescrições formais sobre a atividade legislativa ou das definições do corpo legislativo.

Encontram-se, entretanto, exemplos claros de limitações substantivas em constituições federais como as dos Estados Unidos ou da Austrália, onde a divisão de poderes entre o governo central e os estados-membros, e também certos direitos individuais, não podem ser alterados pelos processos legislativos habituais. Nesses casos, a edição de uma lei, tanto do poder legislativo federal quanto do local, que vise alterar ou seja incompatível com a divisão federal

---

5. Ver Harris *vs.* Dönges [1952] I TLR 1245.

de poderes ou com os direitos individuais protegidos dessa forma, está sujeita a ser tratada como *ultra vires* e a ser declarada juridicamente nula pelos tribunais na mesma medida em que for contrária às disposições constitucionais. A mais famosa dessas limitações jurídicas ao poder de legislar é a Quinta Emenda à Constituição dos Estados Unidos. Esta prevê, entre outras coisas, que ninguém será privado "da vida, liberdade ou propriedade sem o devido processo legal"; e leis editadas pelo Congresso foram declaradas nulas pelos tribunais quando conflitaram com essas ou outras restrições impostas pela Constituição ao poder de legislar.

Evidentemente, há muitos outros dispositivos destinados a proteger as determinações de uma constituição contra os atos do poder legislativo. Em alguns casos, como na Suíça, certas disposições relativas aos direitos dos estados-membros da federação e aos direitos do indivíduo, embora compulsórias na forma, são tratadas como "meramente políticas" ou programáticas. Nesses casos, os tribunais não têm competência para "controlar a constitucionalidade" da lei e para declará-la nula, embora ela possa estar em claro conflito com as disposições da constituição no que diz respeito ao âmbito apropriado da atuação do poder legislativo[6]. Já se afirmou que certas disposições da Constituição norte-americana suscitam "questões políticas", e, quando um caso se enquadra nessa categoria, os tribunais não levam em consideração se uma lei viola a Constituição ou não.

Quando uma constituição impõe limites jurídicos à atuação regular do poder legislativo supremo, esses limites podem ou não estar imunes a certas formas de modificação legal. Isso depende das disposições constantes da Constituição para sua própria emenda ou revisão. A maioria das constituições prevê um amplo poder de propor emendas, a ser exercido por um corpo legislativo diferente do poder legislativo ordinário, ou por membros deste poder legislativo ordinário adotando um procedimento especial. A cláusula

---

6. Ver art. 113 da Constituição da Suíça.

constante do Artigo V da Constituição dos Estados Unidos a respeito da ratificação das emendas pelas instâncias legislativas de três quartos dos estados, ou por convenções realizadas em três quartos deles, é um exemplo do primeiro tipo de poder para efetuar emendas; e a disposição relativa a emendas contida na Lei da África do Sul de 1909, Seção 152, é um exemplo do segundo. Mas nem todas as constituições dispõem sobre o poder de instituir emendas; e às vezes, mesmo quando tal poder existe, certas disposições da Constituição que impõem limites ao poder legislativo se encontram fora do poder de legislar daquele*; nesse caso, o próprio poder de criar emendas é limitado. Pode-se observar isso (embora algumas limitações já tenham perdido sua importância prática) na própria Constituição dos Estados Unidos, cujo Artigo V determina que "nenhuma emenda feita antes do ano de 1808 afetará de nenhuma forma a primeira e a quarta Cláusulas da Nona Seção do Artigo primeiro", e que "nenhum estado será, sem seu consentimento, privado de seu voto em condições de igualdade no Senado".

Quando o poder legislativo está sujeito a limitações que, como na África do Sul, podem ser removidas pelos membros desse mesmo poder por meio de um procedimento especial, é plausível afirmar que esse poder legislativo se iguala ao soberano que não está sujeito a limitações jurídicas, como exige a teoria. Apresentam dificuldades para a teoria os casos em que as restrições ao poder de legislar podem, como nos Estados Unidos, ser removidas apenas por meio do exercício de um poder concedido a um corpo especial com o objetivo de criar emendas, ou os casos em que as restrições se situam totalmente fora do âmbito de qualquer poder de criar emendas.

Ao examinarmos a alegação de que essa teoria pode explicar coerentemente tais casos, devemos recordar – já que isso tem sido frequentemente desconsiderado – que o pró-

---

* São as "cláusulas de barreira" da teoria constitucional, muitas vezes equivocadamente chamadas de "cláusulas pétreas". (N. do R. T.)

prio Austin, ao elaborar a teoria, *não* identificou o soberano ao poder legislativo, nem mesmo na Inglaterra; e isso apesar de que, segundo a doutrina geralmente aceita, o Parlamento, como representante da Coroa, não sofre nenhuma limitação jurídica a seu poder legislativo, a tal ponto que a situação da Inglaterra é frequentemente citada como paradigma do que se costuma chamar "poder legislativo soberano", em contraposição ao Congresso norte-americano ou a outros poderes legislativos limitados por uma constituição "rígida". Entretanto, Austin considerava que, em qualquer democracia, são os eleitores que constituem o corpo soberano e dele participam, não os representantes eleitos. Portanto, na Inglaterra, "para falar com precisão, os membros da Câmara dos Comuns são apenas depositários da vontade da corporação (*body*) pela qual são eleitos ou indicados; e, consequentemente, a soberania reside sempre nos Pares do Reino e no colégio eleitoral dos comuns"[7]. De forma semelhante, Austin sustentava que, nos Estados Unidos, a soberania de cada um dos estados e "também do Estado maior constituído pela União Federal residia nos governos dos primeiros como membros de um corpo coletivo, entendendo-se por governo de um estado não seu poder legislativo ordinário, mas o conjunto dos cidadãos que elegem esse poder"[8].

Considerada sob essa perspectiva, a diferença entre um sistema jurídico cujo poder legislativo ordinário está isento de limitações jurídicas e outro, cujo poder legislativo sofre restrições, parece residir apenas na forma como o eleitorado soberano decide exercer seus poderes. De acordo com essa teoria, na Inglaterra o eleitorado só exerce diretamente sua parcela de soberania ao eleger seus representantes no Parlamento e delegar-lhes seu poder soberano. Em certo sentido essa delegação é absoluta, pois, embora o povo confie em que não farão uso abusivo do poder a eles dele-

---

7. Austin, *Province of Jurisprudence Determined*, Conferência VI, pp. 230-1.
8. Ibid., p. 251.

gado, essa confiança, em tais casos, está sujeita apenas a sanções morais, e os tribunais não se ocupam dela como se ocupariam das limitações jurídicas ao poder legislativo. Nos Estados Unidos, ao contrário, como em todas as democracias cujo poder legislativo ordinário é limitado juridicamente, o exercício do poder do eleitorado não se limitou à eleição de representantes, mas sujeitou-os também a restrições jurídicas. Nesse caso o eleitorado pode ser considerado um "poder legislativo ulterior e extraordinário", superior ao legislativo ordinário, que fica juridicamente "obrigado" a sujeitar-se às restrições constitucionais, sendo que, em caso de conflito, os tribunais podem declarar nulos os atos do poder legislativo ordinário. Encontra-se portanto aí, no eleitorado, o soberano livre de todas as limitações jurídicas que a teoria exige.

É claro que, nesses estágios avançados da teoria, a concepção inicial, simples, de um soberano adquiriu certa sofisticação, se é que não sofreu uma transformação radical. A descrição do soberano como "a pessoa ou pessoas a quem a maior parcela da população tem o hábito de obedecer", como mostramos na Seção 1 deste capítulo, aplicava-se quase literalmente à forma mais simples de sociedade na qual Rex era um soberano absoluto e não havia nenhum mecanismo para indicar quem o sucederia como legislador. Onde esse dispositivo veio a existir, a consequente continuidade da autoridade legislativa, que é traço tão marcante do sistema jurídico moderno, já não pode ser reduzida aos termos simples do hábito de obediência, mas reclama a noção de uma norma aceita segundo a qual o sucessor tem *o direito* de legislar antes que de fato o faça e seja obedecido. Porém, nesse contexto, a identificação do soberano com o eleitorado de um estado democrático não é plausível de forma alguma, a menos que atribuamos às palavras-chave "hábito de obediência" e "pessoa ou pessoas" um sentido bastante diferente do que lhes foi atribuído ao serem aplicadas ao caso simples. E esse sentido só pode se tornar claro se introduzirmos sub-repticiamente a noção de uma norma geralmente aceita. O modelo simples, composto de hábitos de obediência e ordens, não é suficiente para tal.

Isso pode ser demonstrado de muitas formas diferentes, e ficará o mais claro possível se considerarmos a hipótese de uma democracia na qual sejam excluídos do eleitorado apenas os menores de idade e os portadores de deficiência mental, de modo que tal eleitorado constitua "a massa" da população; ou se imaginarmos um grupo social simples, composto de adultos mentalmente sãos, todos os quais têm o direito de votar. Em tais casos, se tentarmos considerar o eleitorado como o soberano e aplicarmos a ele as definições simples da teoria original, estaremos afirmando que "a massa" da sociedade obedece habitualmente a si mesma. Assim, a imagem inicial, clara, de uma sociedade dividida em dois segmentos – o soberano, isento de limitações jurídicas, que dá ordens, e os súditos, que obedecem habitualmente –, dá lugar à imagem indistinta de uma sociedade na qual a maioria obedece às ordens dadas pela própria maioria ou por todos. Evidentemente, não temos aqui nem "ordens" no sentido original (expressão de uma intenção de que "*os outros*" ajam de certa forma), nem "obediência".

Para responder a essa crítica, pode-se estabelecer uma distinção entre os membros da sociedade em sua condição de indivíduos particulares e as mesmas pessoas em sua condição oficial de eleitores ou legisladores. Essa distinção é perfeitamente inteligível; na verdade, muitos fenômenos jurídicos e políticos são apresentados nesses termos com total naturalidade. Mas isso não basta para salvar a teoria da soberania, mesmo que estejamos preparados para dar o passo seguinte e dizer que os indivíduos em sua condição oficial constituem *outra pessoa,* que é habitualmente obedecida. Pois, se perguntamos o que significa dizer de um grupo de pessoas que, ao eleger um representante ou dar uma ordem, não agiram como "indivíduos" mas "em caráter oficial", só poderemos responder que elas estavam qualificadas para atuar de acordo com certas normas e em conformidade com outras normas, as quais definem o que devem fazer para criar uma lei ou realizar uma eleição válida. Somente mediante referência a essas normas podemos identificar uma eleição ou uma lei criada por esse grupo de pessoas. Essas coisas devem ser atribuídas ao corpo que as "faz", mas não mediante o mesmo critério natural que usamos ao atribuir a um indivíduo as ordens por ele escritas ou pronunciadas.

Que significa, então, a existência dessas normas? Como se trata de normas que definem o que os membros de uma sociedade devem fazer para atuar como um eleitorado (e portanto, segundo os critérios dessa teoria, como um soberano), não podem ter elas próprias a condição de ordens proferidas pelo soberano, pois nada pode ser considerado como tal a menos que as normas já existam e tenham sido seguidas.

Podemos então dizer que essas normas são apenas parte da descrição dos *hábitos* de obediência da população? Num caso simples em que o soberano seja uma única pessoa a quem a maioria da sociedade obedece se, e apenas se, ele der suas ordens de certa forma, por exemplo mediante documento escrito, assinado e com testemunhas, poderíamos dizer (considerando-se as objeções feitas na Seção 1 ao uso aqui adotado da noção de hábito) que a norma de que ele deve legislar dessa forma é apenas uma parte da descrição do hábito de obediência da sociedade: ele é habitualmente obedecido *quando* dá suas ordens daquela maneira. Mas, quando o soberano não pode ser identificado independentemente das normas, não podemos representá-las dessa forma, afirmando que constituem apenas os termos ou condições sob os quais a sociedade habitualmente obedece ao soberano. As normas são *constitutivas* do soberano, e não simplesmente coisas que deveríamos mencionar em uma descrição dos hábitos de obediência a este. Assim, não podemos dizer que no caso presente as normas que especificam o procedimento a ser seguido pelo eleitorado representam as condições nas quais a sociedade, constituída por certo número de indivíduos, obedece a si própria como eleitorado. Pois a expressão "a si própria como eleitorado" não se refere a uma pessoa identificável independentemente das normas. É uma referência condensada ao fato de que os eleitores cumpriram normas ao eleger seus representantes. Poderíamos, no máximo, dizer (observadas as objeções constantes da Seção 1) que as normas estabelecem as condições sob as quais as *pessoas eleitas* são habitualmente obedecidas; mas isso nos levaria de volta a uma forma da teoria segundo a qual o poder legislativo, e não o eleitorado, é soberano, e todas as dificuldades resultantes do fato de que tal poder legislativo poderia estar sujeito a limitações jurídicas permaneceriam sem solução.

Esses argumentos contra a teoria, como os da seção inicial deste capítulo, são fundamentais na medida em que se sintetizam na asserção de que a teoria não está apenas equivocada em uns poucos detalhes, mas que a ideia simples de ordens, hábitos e obediência não pode ser apropriada à análise do direito. Em vez disso, é necessária a noção de uma norma que outorga poderes (que podem ser limitados ou ilimitados) a pessoas dotadas de determinadas qualificações para legislar, desde que observem determinados procedimentos.

Independentemente do que se poderia chamar de inadequação conceitual geral da teoria, há muitas objeções subsidiárias à tentativa de acomodar a ela o fato de que aquilo que seria comumente considerado o poder legislativo supremo pode ser limitado juridicamente. Se nesses casos o soberano deve ser identificado com o eleitorado, poderíamos perguntar, mesmo quando este último dispõe do poder ilimitado de promulgar emendas capazes de eliminar todas as restrições ao poder legislativo ordinário, se é verdade que essas restrições são de natureza jurídica pelo fato de o eleitorado ter dado ordens às quais o poder legislativo obedece habitualmente. Poderíamos descartar nossa objeção de que as limitações jurídicas ao poder legislativo são erroneamente apresentadas como ordens, e, portanto, como *deveres* a ele impostos. Acaso podemos, ainda assim, supor que essas restrições são deveres que o eleitorado ordenou, embora *tacitamente,* ao poder legislativo que cumprisse? Todas as objeções levantadas nos capítulos iniciais contra a ideia das ordens tácitas se aplicam com força ainda maior a seu uso nesse caso. A renúncia ao exercício de um poder de promulgar emendas tão complexo na forma de seu exercício como aquele inscrito na Constituição dos Estados Unidos pode ser um indício precário dos desejos do eleitorado, mas constitui geralmente uma prova segura de sua ignorância ou indiferença. Estamos realmente muito distantes daquele general sobre o qual poderíamos, com certa plausibilidade, pensar que ordenou tacitamente a seus homens que cumprissem as ordens que ele sabia terem sido proferidas pelo sargento.

Mais uma vez, o que podemos dizer, nos termos da teoria, quando existem restrições ao poder legislativo que estão totalmente fora do âmbito do poder de emenda constitucional confiado ao eleitorado? Isso não só é concebível como é fato real em alguns casos. Nesse caso, o eleitorado está sujeito a limitações jurídicas; embora possa ser considerado um poder legislativo extraordinário, não está livre de restrições jurídicas e, portanto, não é soberano. Devemos então dizer que a sociedade como um todo é soberana e que essas limitações jurídicas foram *por ela* ordenadas tacitamente, já que ela própria não se rebelou contra elas? Para rejeitar essa hipótese, talvez baste considerar que isso tornaria insustentável a distinção entre revolução e legislação.

Finalmente, a teoria que trata o eleitorado como soberano explica apenas, na melhor das hipóteses, o caso de um poder legislativo limitado numa democracia onde existe um eleitorado. Contudo, não há nada de absurdo na ideia de que um monarca hereditário como Rex goze de poderes legislativos sujeitos a restrições, poderes esses que são simultaneamente limitados e supremos dentro do sistema.

V. O direito como união de normas primárias e secundárias

1. Um novo começo

Nos últimos três capítulos, constatamos que o modelo simples do direito como um conjunto de ordens coercitivas do soberano não reproduz, em vários aspectos fundamentais, algumas das principais características dos sistemas jurídicos. Para demonstrá-lo, não julgamos necessário invocar (como fizeram críticos anteriores) o direito internacional ou o direito primitivo, que alguns podem encarar como exemplos questionáveis ou limítrofes do direito; em vez disso, assinalamos certas características familiares do direito interno num Estado moderno e mostramos que estas ou eram distorcidas, ou simplesmente não faziam parte dessa teoria demasiado simples.

Os fracassos principais da teoria são suficientemente instrutivos para justificar um segundo resumo. Primeiro, ficou claro que, conquanto a lei penal – que proíbe ou impõe determinados atos sob ameaça de punição – dentre todas as formas do direito seja a que mais se pareça com as ordens apoiadas por ameaças dadas por uma pessoa a outras, ela difere dessas ordens sob o aspecto importante de que normalmente se aplica também àqueles que a editam, e não apenas a terceiros. Em segundo lugar, há outros tipos de lei ou modalidades do direito, especialmente as que outorgam poderes jurídicos para exarar decisões ou legislar (poderes públicos), ou para criar ou modificar relações jurídicas (poderes particulares) – modalidades essas que não podem, por absurdo, ser assimiladas às ordens apoiadas em ameaças. Em terceiro lugar, algumas normas jurídicas diferem das ordens quanto à sua origem, pois não foi por prescrição explícita, nem por nenhum modo análogo, que vieram a existir. Finalmente, a análise do direito em termos de um soberano habitualmente obedecido e necessariamente isento de qualquer limitação jurídica não pôde explicar a continuidade da autoridade legislativa, continuidade essa que é característica dos sistemas jurídicos modernos; e a pessoa ou pessoas soberanas não puderam ser identificadas nem com o eleitorado, nem com o poder legislativo de um Estado moderno.

Recorde-se que, ao criticar assim a concepção do direito como constituído pelas ordens coercitivas do soberano, consideramos ainda diversos dispositivos acessórios, introduzidos ao custo de corromper a simplicidade original da teoria, para salvá-la das dificuldades. Mas esses dispositivos também fracassaram. Um desses artifícios, a noção de uma ordem *tácita*, parece não ser aplicável às realidades complexas de um moderno sistema jurídico, mas apenas a situações muito mais simples, como a de um general que evita deliberadamente interferir nas ordens emitidas por seus subordinados. Outros recursos, como o de tratar as normas que outorgam poderes como meros fragmentos das que impõem deveres, ou tratar todas as normas como se se dirigissem apenas às autoridades, distorcem as formas como falamos e pensamos nessas normas e as utilizamos de fato na vida social. Essa ideia não merece mais aquiescência que a teoria de que todas as regras de um jogo são "na verdade" instruções ao juiz e ao marcador de pontos. O recurso criado para conciliar o caráter autovinculante da legislação com a teoria de que a lei é uma ordem dirigida a *outros* consistia em considerar os legisladores, agindo em caráter oficial, como *uma* pessoa que dava ordens a *outras*, que incluem eles próprios como cidadãos particulares. Esse recurso, em si mesmo impecável, exigia que se complementasse a teoria com algo que esta não contém: a noção de uma norma que define o que deve ser feito para legislar; pois é só em conformidade com essa norma que os legisladores têm uma natureza oficial e uma personalidade autônoma que se contrapõem a eles mesmos enquanto indivíduos.

Os últimos três capítulos são, portanto, o registro de um fracasso, e está claro que um novo começo é necessário. Mas trata-se de um fracasso teórico instrutivo, digno da análise detalhada que lhe dedicamos, pois em cada ponto em que a teoria se choca com os fatos foi possível ver, pelo menos em linhas gerais, por que ela estava destinada a fracassar e o que é necessário para uma explicação melhor. A causa fundamental do fracasso é que os elementos a partir dos quais a teoria foi construída – a saber, as ideias de ordens, obediência, hábitos e ameaças – não incluem, e combinados não podem produzir, a ideia de uma *norma*, sem a qual não teremos a esperança de elucidar nem sequer as formas mais elementares do direito. É verdade que a ideia de norma não é absolutamente uma ideia simples: já vimos, no Capítulo III, a necessidade de discriminar, se quisermos fazer justiça à complexidade de um sistema jurídico, entre dois tipos diferentes de normas, embora relacionados. As normas de um tipo, que pode ser considerado o tipo básico ou primário, exigem que os seres humanos pratiquem ou se abstenham de praticar certos atos, quer queiram, quer não. As normas do outro tipo são, num certo sentido, parasitárias ou secundárias em relação às primeiras, pois estipulam que os seres humanos podem, ao fazer ou dizer certas coisas, introduzir novas normas do tipo principal, extinguir ou modificar normas antigas ou determinar de várias formas sua incidência, ou ainda controlar sua aplicação. As normas do primeiro tipo impõem deveres; as do segundo tipo outorgam poderes, sejam estes públicos ou privados. As do primeiro tipo dizem respeito a atos que envolvem movimento físico ou mudanças físicas; as do segundo dispõem sobre operações que conduzem não apenas a movimentos ou mudanças físicas, mas também à criação ou modificação de deveres ou obrigações.

Já apresentamos uma análise preliminar do que está implícito na afirmação de que esses dois tipos de normas existem no interior de um dado grupo social. Neste capítulo, não apenas vamos estender um pouco essa análise como também faremos a asserção geral de que, na combinação desses dois tipos de normas, reside o que Austin pensou ter encontrado na noção de ordens coercitivas, a saber, "a chave para a ciência do direito". Não pretendemos realmente que essa combinação de normas primárias e secundárias seja encontrada onde quer que a palavra "direito" seja usada "corretamente", pois é evidente que a diversificada gama de casos nos quais o termo "direito" é utilizado não está alinhavada por uma uniformidade simples desse tipo, mas por um conjunto de relações menos diretas – frequentemente de analogia, formal ou de conteúdo – com um caso central. O que tentaremos demonstrar, neste capítulo e nos seguintes, é que a maioria das características do direito que mais causaram perplexidade e provocaram e elidiram, ao mesmo tempo, a busca de uma definição, pode ser apresentada de maneira mais clara se esses dois tipos de normas e as relações entre elas forem bem compreendidas. Atribuímos a esse conjunto de elementos um lugar central devido a seu poder de explicar e elucidar os conceitos que constituem a estrutura do pensamento jurídico. A justificativa para o uso da palavra "direito" para designar um leque de casos aparentemente heterogêneos é uma questão secundária, que pode ser tratada quando os elementos centrais tiverem sido compreendidos.

2. A ideia de obrigação

Devemos lembrar que, não obstante seus erros, a teoria de que o direito consiste em ordens coercitivas partiu da percepção perfeitamente correta de que, onde existe o direito, a conduta humana se torna, num certo sentido, obrigatória ou não-opcional. Aquela teoria foi feliz ao escolher esse ponto de partida, e partiremos também da mesma ideia para construir uma nova descrição do direito em função da inter-relação entre as normas primárias e as secundárias. É aqui, entretanto, neste primeiro passo crucial, que mais temos a aprender com os erros da teoria já analisada.

Relembremos a situação do assaltante. A ordena a B que lhe entregue seu dinheiro e ameaça atirar nele se não for obedecido. De acordo com a teoria das ordens coercitivas, essa situação ilustra a noção de obrigação ou dever em geral. A obrigação jurídica é coisa idêntica, apenas em maior escala. A é o soberano obedecido habitualmente, e as ordens devem ser gerais, prescrevendo linhas de conduta e não ações isoladas. A plausibilidade da afirmação de que o caso do assaltante exemplifica o significado de obrigação reside no fato de que se trata de um caso em que poderíamos dizer que, se B obedecesse, teria sido "obrigado" a entregar seu dinheiro. Entretanto, é igualmente certo que estaríamos descrevendo mal a situação se disséssemos, sobre esses fatos, que B tinha a "obrigação" ou o "dever" de entregar o dinheiro. Assim, desde o início fica claro que precisamos de algo mais para compreender a ideia de obrigação. Há uma diferença, ainda por ser explicada, entre as afirmações de que alguém *foi obrigado* a fazer alguma coisa e de que *tinha a obrigação* de fazê-lo. A primeira é frequentemente um enunciado sobre as convicções e os motivos envolvidos em determinado ato: "B foi obrigado a entregar seu dinheiro" pode significar simplesmente, como no caso do assaltante, que ele acreditava que algum mal ou outras consequências desagradáveis poderiam lhe advir se não o fizesse, e ele o entregou para evitar essas consequências. Nesses casos, a perspectiva do que poderia suceder ao agente caso desobedecesse torna menos vantajoso fazer algo que ele de outra maneira preferiria ter feito (conservar o dinheiro).

Dois outros elementos complicam ainda mais a elucidação da noção de "ser obrigado a fazer alguma coisa". Parece claro que não devemos pensar que *B* estaria obrigado a entregar o dinheiro se o dano ameaçado fosse, segundo o juízo comum, trivial ou mínimo em comparação com a desvantagem ou com as sérias consequências, para *B* ou para outros, de obedecer às ordens – como seria, por exemplo, se *A* meramente ameaçasse beliscar *B*. Nem poderíamos talvez dizer que *B* foi obrigado se não havia fundamento razoável para pensar que *A* dispunha dos meios para concretizar sua ameaça de lhe infligir um dano relativamente sério ou que iria utilizá-los. No entanto, embora essas referências a avaliações comuns sobre o dano relativo e a estimativas razoáveis estejam implícitas nessa noção, a afirmativa de que uma pessoa foi obrigada a obedecer a alguém é, no essencial, uma afirmação psicológica referente às convicções e aos motivos nos quais um ato se baseou. Mas a afirmação de que alguém *tinha a obrigação* de fazer algo se enquadra em um tipo muito diferente, e há muitas evidências dessa diferença. Assim, não só é verdade que os fatos acerca da ação de *B* e suas convicções e motivos no caso do assaltante, embora bastem para justificar a afirmação de que *B* foi obrigado a entregar sua carteira, *não são suficientes* para justificar a afirmação de que ele tinha a obrigação de fazer isso; também é verdade que fatos desse tipo, ou seja, que envolvem convicções e motivações, não são *necessários* para tornar verdadeira a afirmação de que alguém tinha a obrigação de fazer algo. Assim, a afirmação de que alguém tinha, por exemplo, a obrigação de dizer a verdade ou de apresentar-se para o serviço militar, permanece verdadeira mesmo que tal pessoa acreditasse (com ou sem razão) que jamais seria descoberta e nada tinha a temer pela desobediência. Além disso, enquanto a declaração de que ela tinha essa obrigação independe totalmente de se saber se ela de fato se apresentou, a afirmação de que alguém foi obrigado a fazer alguma coisa geralmente implica que realmente o fez.

Alguns teóricos, entre eles Austin, percebendo talvez a falta de relação das convicções, medos e motivações de uma

O DIREITO COMO UNIÃO DE NORMAS

pessoa com a questão de saber se esta tinha a obrigação de agir de certa maneira, definiram essa noção não em razão desses fatos subjetivos, mas em razão da *probabilidade* de que aquele que tem a obrigação sofra uma punição ou algum "mal" de outrem em caso de desobediência. Isso, de fato, trata os enunciados de obrigação não como declarações psicológicas, mas como previsões ou estimativas das possibilidades de vir a sofrer uma punição ou um "mal". Para muitos teóricos posteriores, isso afigurou-se uma revelação, que tornava mais concreta uma noção fugidia e difícil de compreender e a reformulava em termos claros, "concretos" e empíricos como os usados pela ciência. Essa noção tem às vezes, de fato, sido aceita como a única alternativa às concepções metafísicas da obrigação ou do dever como objetos invisíveis que pairam misteriosamente "acima" ou "além" do mundo dos fatos comuns e observáveis. Mas há muitas razões para rejeitar essa interpretação dos enunciados de obrigação como previsões de um mal provável, e esta não é, de fato, a única alternativa à obscuridade da metafísica.

A objeção fundamental é que a interpretação preditiva obscurece o fato de que, onde existem normas, as infrações não são apenas motivos para prever-se que reações hostis se seguirão, ou que um tribunal aplicará penas ou sanções àqueles que violem as normas, mas também uma razão ou justificativa para aquelas reações e para a aplicação dessas sanções. Já chamamos a atenção, no Capítulo IV, para essa falta de atenção ao aspecto interno das normas, e examinaremos isso em detalhes mais adiante no presente capítulo.

Há, entretanto, uma segunda objeção, mais simples, à interpretação preditiva da obrigação. Se a afirmação de que uma pessoa tem uma obrigação significasse realmente que *essa pessoa* provavelmente sofreria algum mal em caso de desobediência, seria contraditório dizer que essa pessoa tinha a obrigação, por exemplo, de se apresentar para o serviço militar mas que, devido ao fato de ter fugido do país, ou por ter subornado a polícia ou o tribunal, não havia a mais remota chance de que fosse apanhado ou viesse a sofrer sanção. De fato, não há contradição em dizer isso, e essas afirmações são feitas e compreendidas com muita frequência.

Evidentemente, é verdade que, num sistema jurídico normal, onde se aplicam sanções a uma grande proporção dos infratores, um infrator geralmente corre o risco de ser punido; assim, em geral, a afirmação de que alguém tem uma obrigação e a de que provavelmente sofrerá punição em caso de desobediência serão ambas verdadeiras ao mesmo tempo. Aliás, o vínculo entre essas duas afirmações é até um pouco mais forte: pelo menos num sistema jurídico interno, bem pode acontecer que, a menos que a aplicação de sanções aos infratores seja *de modo geral* provável, haverá pouco ou nenhum motivo para se fazerem afirmações específicas sobre as obrigações de uma pessoa. Nesse sentido, pode-se dizer que essas afirmações pressupõem a confiança na operação normal e continuada do sistema de sanções, assim como no críquete a declaração "ele está fora" pressupõe, grosso modo, ainda que não afirme, que os jogadores, o juiz e o anotador de pontos provavelmente agirão da forma costumeira. No entanto, a percepção de que pode haver, em casos individuais, divergência entre a afirmação de que uma pessoa tem uma obrigação de acordo com certa norma e a previsão de que pode vir a sofrer sanções em decorrência da infração é crucial para a compreensão da ideia de obrigação.

Está claro que a obrigação não se faz presente na situação do assaltante, embora a noção mais simples de ser obrigado a fazer algo possa ser definida em termos dos elementos ali presentes. Para compreender a ideia geral de obrigação como uma preliminar necessária à sua compreensão em sua forma jurídica, devemos nos voltar para uma situação social diferente, que, à diferença do exemplo do assaltante, inclui a existência de normas sociais; pois essa situação contribui de duas maneiras para o significado da afirmação de que uma pessoa tem uma obrigação. Em primeiro lugar, a existência dessas normas, que fazem de certos tipos de comportamento um padrão, constitui o pano de fundo ou contexto próprio normal, ainda que não declarado, para tal afirmação; e, em segundo lugar, a função distintiva de tal afirmação é aplicar uma norma geral desse tipo a uma pessoa específica, chamando a atenção para o fato de que o caso desta se enquadra naquela. Já vimos, no Capítulo IV, que a existência de normas sociais envolve uma combinação de condutas costumeiras com uma atitude característica em relação a essas condutas tomadas como um padrão. Vimos também as principais maneiras pelas quais as normas sociais diferem dos meros hábitos sociais e como o variado léxico normativo ("deve", "é obrigado" etc.) é usado para chamar a atenção para o padrão e para as infrações a ele, e para formular exigências, críticas e reconhecimentos que podem basear-se nele. Os termos "obrigação" e "dever" formam uma subclasse importante desse grupo de expressões normativas, carreando certas implicações geralmente ausentes nas outras palavras desse vocabulário. Assim, embora o domínio dos elementos que geralmente diferenciam as normas sociais dos meros hábitos seja certamente indispensável à compreensão da noção de obrigação ou dever, não é por si mesmo suficiente.

A afirmação de que alguém tem uma obrigação ou a ela está sujeito implica realmente a existência de uma norma; entretanto, nem sempre ocorre que, onde existem normas, o padrão de comportamento por elas exigido seja compreendido em termos da ideia de obrigação. "Ele devia ter feito..." e "Ele tinha a obrigação de..." não são sempre expressões intercambiáveis, embora sejam semelhantes por fazerem referência implícita a padrões existentes de conduta ou por serem usadas para se tirar conclusões em casos particulares a partir de uma norma geral. Normas de etiqueta ou relativas à correção da fala são certamente normas. São mais do que hábitos convergentes ou regularidades de comportamento; são ensinadas, e envidam-se esforços para mantê-las; são usadas para criticar nosso próprio comportamento e o de outras pessoas na linguagem normativa característica: "Você deve tirar o chapéu", ou "É errado dizer '*vocês era*'". Mas utilizar as palavras "obrigação" e "dever" para designar normas desse tipo seria não apenas estilisticamente estranho como também enganoso. Equivaleria a descrever uma situação social de modo inadequado; pois, embora a separação entre as normas de obrigação e outras normas seja vaga em alguns pontos, as principais razões para a distinção entre elas são bastante claras.

As normas são concebidas como preceitos que impõem obrigações, e assim são tratadas no discurso, quando a exigência geral de obediência é insistente e a pressão social sobre os que as infringem ou ameaçam fazê-lo é grande. Essas normas podem ser totalmente consuetudinárias em sua origem: pode não haver um sistema centralmente organizado de punições pela infração às normas, e a pressão social pode tomar apenas a forma de uma reação crítica ou hostil, geral e difusa, não chegando às sanções físicas. É possível que se limite a expressões verbais de desaprovação ou apelos ao indivíduo para que respeite a norma infringida; pode ser que dependa essencialmente da ação de sentimentos de vergonha, remorso e culpa. Quando a pressão é deste último tipo, talvez prefiramos classificar as normas como elementos do sistema moral do grupo social, e a obrigação por elas estipulada como uma obrigação moral. Por outro lado, quando as sanções físicas são proeminentes ou costumeiras entre as formas de pressão aplicadas, mesmo que não sejam precisamente definidas nem impostas pelas autoridades, mas deixadas à responsabilidade da comunidade como um todo, tenderemos talvez a classificar as normas como uma forma primitiva ou rudimentar de direito. Podemos, evidentemente, encontrar ambos os tipos de pressão social por trás da mesma norma de conduta; isso às vezes ocorre sem que haja nenhum indício de que uma das formas de pressão é primária e a outra é secundária, e então podemos não saber se estamos diante de uma norma moral ou de um tipo de direito rudimentar. Mas não devemos, por enquanto, nos deter na possibilidade de definir a fronteira entre o direito e a moral. O importante é que a insistência na importância ou *seriedade* da pressão social em apoio às normas é o principal fator que determina se elas são vistas como criadoras de obrigações.

Duas outras propriedades da obrigação acompanham naturalmente essa característica primária. As normas apoiadas por essa pressão mais forte são consideradas importantes porque se acredita serem necessárias à manutenção da vida social ou de alguma de suas características mais valorizadas. Normas tão obviamente essenciais como as que restringem o uso gratuito da violência são tipicamente concebidas em termos de obrigação. As normas que exigem honestidade ou veracidade e as que requerem o cumprimento de promessas ou compromissos, além das que especificam como devem agir aqueles que desempenham papéis ou funções de destaque no grupo social, são também vistas em termos de "obrigação" ou, talvez mais frequentemente, de "dever". Em segundo lugar, reconhece-se em geral que a conduta exigida por essas normas, embora beneficie aos outros, às vezes conflita com aquilo que a pessoa vinculada por aquele dever deseja fazer. Assim, considera-se que as obrigações e os deveres envolvem caracteristicamente o sacrifício ou a renúncia, e a possibilidade permanente de conflito entre a obrigação ou o dever e o interesse pessoal está, em todas as sociedades, entre as obviedades conhecidas tanto do jurista quanto do moralista.

A imagem de um *vínculo* que ata a pessoa que é compelida, contida na palavra "obrigação", e a noção similar de uma dívida, latente na palavra "dever", podem ser explicadas em termos desses três fatores, que distinguem as normas de obrigação ou dever das de outros tipos. Nessa imagem, que atormenta boa parte do pensamento jurídico, a pressão social aparece como uma corrente que amarra aqueles que têm obrigações, de modo que não são livres para fazer o que quiserem. A outra ponta da corrente é às vezes controlada pelo grupo ou por seus representantes oficiais, que insistem no comportamento exigido ou impõem as penas, e é às vezes confiada a um único indivíduo, a quem cabe decidir se exigirá ou não aquele comportamento ou um valor a ele equivalente. A primeira situação exemplifica os deveres ou obrigações do direito penal, e a segunda as do direito civil, que considera as pessoas naturais como detentoras de direitos correlativos às obrigações.

Embora essas figuras ou metáforas sejam naturais e possivelmente elucidativas, não devemos permitir que nos aprisionem numa concepção enganosa da obrigação como algo que consiste essencialmente numa pressão ou compulsão sentida por aqueles que a ela estão sujeitos. O fato de que as normas de obrigação são geralmente apoiadas por uma pressão social intensa não acarreta que a existência de uma obrigação legal implique a experiência de sensações de compulsão ou pressão. Assim, não há contradição em dizer que um caloteiro contumaz e empedernido tinha a obrigação de pagar o aluguel, mas não sentiu nenhuma pressão para pagar quando foi embora sem o fazer. Sentir-se obrigado e ter uma obrigação são coisas diferentes, embora frequentemente concomitantes. Identificá-las seria uma forma de interpretar erroneamente, em termos de sensações psicológicas, o importante aspecto interno das normas que destacamos no Capítulo III.

Devemos de fato abordar mais uma vez o aspecto interno das normas antes que possamos, finalmente, descartar as alegações da teoria preditiva. Pois um defensor desta poderia perguntar por que, se a pressão social é característica tão importante das normas de obrigação, estamos ainda tão ocupados em destacar as imperfeições da teoria preditiva; pois esta última concede à mesma característica (a pressão social) um lugar central, ao definir a obrigação em razão da probabilidade de que a sanção ou reação hostil se siga à infração de certas condutas prescritas. Pode parecer pequena a diferença entre, de um lado, a análise de um enunciado de obrigação como uma previsão ou avaliação das possibilidades de reação hostil ao desvio e, de outro, nossa própria afirmação de que, embora essa declaração pressuponha um plano de fundo em que os desvios da norma geralmente enfrentam reações hostis, seu uso característico não consiste em predizer isso, mas em afirmar que o caso de uma pessoa se enquadra na descrição normativa. Entretanto, na verdade essa diferença não é nada pequena. De fato, até que apreendamos sua importância, não poderemos compreender apropriadamente o estilo peculiar de pensamento, discurso e ação que a existência de normas envolve e que constitui a estrutura normativa da sociedade.

O seguinte contraste, opondo novamente os aspectos "interno" e "externo" das normas, pode servir para sublinhar o que confere a essa distinção sua grande importância para a compreensão não apenas do direito, mas da estrutura de qualquer sociedade. Quando um grupo social dispõe de certas normas de conduta, isso dá azo a muitos tipos de afirmação, estreitamente relacionados embora diferentes: pois é possível que um indivíduo se relacione com as normas como um mero observador, que não as aceita ele próprio, ou como membro do grupo que as aceita e as utiliza como orientação para sua conduta. Podemos chamar essas atitudes, respectivamente, de "ponto de vista externo" e "ponto de vista interno". As afirmações feitas a partir do ponto de vista externo podem ser, elas próprias, de diversos tipos. Pois o observador pode, sem aceitar ele próprio as normas, afirmar que o grupo as aceita e, assim, se referir do exterior à forma como *o grupo* se relaciona com elas a partir do ponto de vista interno. Mas, quaisquer que sejam as normas – sejam elas as regras dos jogos, como o xadrez ou o críquete, sejam normas morais ou jurídicas –, podemos, se quisermos, ocupar a posição de um observador que sequer se refere desta maneira ao ponto de vista interno do grupo. Tal observador se contenta em registrar as regularidades do comportamento observável nas quais consiste parcialmente a obediência às normas, e as outras reações regulares – reações hostis, recriminações ou punições – aos desvios ou infrações das normas. Após algum tempo, o observador externo poderá, com base nas regularidades observadas, associar a infração à reação hostil e será capaz de prever, com boa perspectiva de êxito, e avaliar as probabilidades de que um desvio em relação ao comportamento normal do grupo provoque uma reação hostil ou uma punição. Esse conhecimento pode não só revelar muita coisa sobre o grupo, mas poderia capacitar o observador a viver entre eles evitando as consequências desagradáveis que acometeriam alguém que tentasse fazê-lo sem a mesma compreensão.

Entretanto, se o observador perseverar rigidamente nesse ponto de vista radicalmente externo, não levando absolutamente em conta a forma como os membros do grupo que aceitam as normas veem seu próprio comportamento usual, a descrição que ele fizer da vida destes não poderá de modo algum fazer apelo à noção de norma e, logo, às noções de obrigação ou dever derivadas da norma. Em vez disso, a descrição consistirá em regularidades observáveis do comportamento do grupo e em previsões, probabilidades ou sinais. Para um observador assim, as infrações da conduta normal cometidas por um membro do grupo constituirão um *sinal* de que provavelmente se seguirá uma reação hostil, e nada mais. Seu ponto de vista será como aquele de alguém que, tendo observado durante algum tempo o funcionamento de um semáforo numa rua movimentada, se limita a dizer que, quando a luz vermelha se acende, há grande probabilidade de que os veículos parem. Ele trata a luz apenas como um *sinal* natural *de que* as pessoas se comportarão de certa maneira, assim como as nuvens são um *sinal de que* choverá. Agindo assim, ele omitirá toda uma dimensão da vida social daqueles a quem observa, já que, para estes, a luz vermelha não é apenas um sinal de que os outros irão parar: eles a veem como um *sinal para que* eles próprios parem e, portanto, como uma razão para parar, conformando-se assim às normas que tornam a parada quando o farol está vermelho um padrão de comportamento e uma obrigação. Mencionar isso equivale a incluir na descrição a maneira como o grupo encara seu próprio comportamento, e significa referir-se ao aspecto interno das normas, visto do ponto de vista interno.

O ponto de vista externo pode reproduzir aproximadamente a maneira como as normas funcionam na vida de determinados membros do grupo, ou seja, aqueles que rejeitam as normas e só se preocupam com elas quando, e porque, acreditam que sua violação provavelmente trará consequências desagradáveis. Precisarão expressar seu ponto de vista dizendo: "Fui obrigado a fazê-lo", "Provavelmente terei problemas se...", "Você provavelmente terá problemas se...", "Farão isto com você se...". Mas não precisarão de formas de expressão como "Eu tinha a obrigação", ou "Você tem a obrigação", pois estas são necessárias apenas para aqueles que veem sua própria conduta e a de outros a partir do ponto de vista interno. O que o ponto de vista externo (que se restringe às regularidades observáveis do comportamento) não pode reproduzir é a maneira como as normas funcionam na vida daqueles que constituem normalmente a maioria da sociedade. São as autoridades, juristas ou indivíduos particulares que as utilizam, numa situação após a outra, como orientação para a vida em sociedade, como base para suas pretensões, exigências, consentimentos, críticas ou punições, isto é, em todas as transações costumeiras da vida "segundo a norma". Para eles, a infração a uma norma não constitui apenas uma base para prever que haverá uma reação hostil, mas uma *razão* para a hostilidade.

Em qualquer momento, a vida de qualquer sociedade que respeita as normas, jurídicas ou não, consistirá provavelmente numa tensão entre aqueles que, por um lado, aceitam as normas e cooperam voluntariamente para mantê-las, avaliando assim em termos das normas seu próprio comportamento e o das outras pessoas, e aqueles que, por sua vez, rejeitam as normas e as contemplam apenas do ponto de vista externo, como augúrio de uma possível punição. Uma das dificuldades enfrentadas por qualquer teoria do direito que queira fazer justiça à complexidade dos fatos é que ela precisa levar em conta a presença de ambos os pontos de vista, tratando de não eliminar a existência de nenhum deles em sua definição. Talvez todas as nossas críticas à teoria preditiva da obrigação se resumam na acusação de que é isso o que ela faz com o aspecto interno das normas cogentes.

3. Os elementos do direito

É possível, evidentemente, imaginar uma sociedade desprovida de poder legislativo, tribunais ou autoridades de qualquer espécie. De fato, muitos estudos sobre comunidades primitivas não apenas afirmam que essa possibilidade se realiza, mas retratam detalhadamente a vida de uma sociedade na qual o único meio de controle social é aquela atitude geral do grupo diante de suas próprias modalidades convencionais de comportamento, sob cujos traços já caracterizamos as normas de obrigação. Uma estrutura social desse tipo é muitas vezes denominada uma sociedade tradicional; entretanto, não empregaremos esse termo, já que frequentemente implica que as normas consuetudinárias são muito antigas e se apoiam numa pressão social menor que as outras normas. Para evitar essas conotações, nos referiremos a uma estrutura social dessa espécie como uma sociedade que comporta normas primárias de obrigação. Se levarmos em conta alguns dos truísmos mais óbvios sobre a natureza humana e o mundo em que vivemos, certas condições precisam claramente ser satisfeitas para que uma sociedade viva seguindo apenas tais normas primárias. A primeira dessas condições é que as normas contenham algum tipo de restrição ao uso gratuito da violência, ao roubo e à trapaça, aos quais os seres humanos são tentados mas que precisam, em geral, reprimir se quiserem coexistir próximos uns dos outros. De fato, tais normas são sempre encontradas nas sociedades primitivas das quais temos conhecimento, juntamente com várias outras, que impõem aos indivíduos diversos deveres positivos no sentido de prestar serviços ou contribuir para a vida comunal. Em segundo lugar, embora numa sociedade assim possa existir a tensão que já descrevemos entre os que aceitam as normas e os que as rejeitam, exceto quando o temor à pressão social os induz à obediência, é evidente que os últimos não poderão ser mais que uma minoria para que uma sociedade tão frouxamente organizada, composta de pessoas que mais ou menos se equivalem em termos de força física, possa perdurar; pois, de outro modo, os que rejeitam as normas teriam muito pouca pressão social a recear. Esse fato também é confirmado por nosso conhecimento das sociedades primitivas, nas quais, embora existam dissidentes e malfeitores, a maioria vive de acordo com as normas encaradas do ponto de vista interno.

A ponderação que se segue é a mais importante para nosso objetivo presente. É evidente que apenas uma pequena comunidade, estreitamente unida por laços de parentesco, sentimentos e convicções comuns, localizada num ambiente estável, poderia conseguir viver sob tal regime de normas não-oficiais. Sob quaisquer outras condições, essa forma simples de controle social se mostraria deficiente e exigiria vários tipos de suplementação. Em primeiro lugar, as normas que orientam a vida do grupo não formam um sistema, mas consistem simplesmente num conjunto de padrões isolados, sem nenhuma característica identificadora comum, exceto, é claro, pelo fato de constituírem as normas aceitas por um grupo específico de seres humanos. Sob esse aspecto, lembram nossas normas de etiqueta social. Assim, em caso de dúvida sobre a essência das normas ou sobre o âmbito preciso de aplicação de qualquer uma delas, não existe um procedimento instituído para dirimir essa incerteza, por meio da referência quer a um texto autorizado, quer a uma autoridade cujas declarações sejam vinculantes a esse respeito. Pois, evidentemente, tal procedimento e o reconhecimento de algum texto ou pessoa autorizados supõem a existência de normas de um tipo diferente das normas de obrigação ou dever, que são, por hipótese, tudo o que o grupo possui. Podemos chamar *incerteza* a esse defeito da estrutura social simples que só tem as normas primárias.

Um segundo defeito é o caráter *estático* dessas normas. As únicas formas de modificação nas normas desse tipo de sociedade serão o lento processo de crescimento, por meio do qual condutas antes tidas como opcionais se tornam primeiro habituais ou costumeiras e a seguir obrigatórias, e o processo inverso de decadência, quando infrações antes punidas com severidade começam a ser toleradas e, mais tarde, passam despercebidas. Numa sociedade como essa, não haverá meios para adaptar deliberadamente as normas à mudança das circunstâncias, seja pela eliminação de normas antigas, seja pela introdução de novas normas; pois, como já dissemos, a possibilidade de fazê-lo pressupõe a existência de normas de um tipo diferente das normas primárias de obrigação, que são, por suposição, as únicas segundo as quais o grupo vive. Num caso extremo, as normas podem ser estáticas num sentido mais drástico da palavra. Esse fato, embora talvez nunca tenha se concretizado em nenhuma comunidade real, é digno de análise, porque a solução desse problema é uma característica marcante do direito. Nesse caso extremo, não só não haveria um modo de mudar deliberadamente as normas gerais, mas as obrigações particulares e concretas decorrentes das normas não poderiam variar nem ser modificadas por meio da escolha intencional de qualquer pessoa. Cada indivíduo teria simplesmente obrigações ou deveres fixos de fazer ou abster-se de fazer certas coisas. De fato, poderia acontecer frequentemente que outros indivíduos se beneficiassem do cumprimento dessas obrigações; entretanto, se existem apenas normas primárias de obrigação, não existiria o poder de desobrigar de seu cumprimento aqueles que estivessem por elas vinculados ou de transferir a outros os benefícios advindos desse cumprimento. Pois essas operações de dispensa ou transferência criam mudanças nas posições iniciais dos indivíduos de acordo com aquelas normas primárias de obrigação; e, para que tais operações sejam possíveis, devem existir normas diferentes das primárias.

O terceiro defeito dessa forma simples de vida social é a *ineficiência* da pressão social difusa pela qual as normas são mantidas. Sempre haverá disputas para saber se uma norma aceita foi ou não violada, disputas que continuarão interminavelmente, exceto nas menores sociedades, se não houver uma instância especialmente encarregada de estabelecer, em termos conclusivos e peremptórios, o fato da violação da norma. Deve-se distinguir a ausência dessas determinações finais e autorizadas de outra deficiência a ela relacionada. Trata-se do fato de que as punições pela infração das normas e outras formas de pressão social que envolvem o desforço físico ou o uso da força não são administradas por uma instância especial, mas deixadas a cargo dos indivíduos afetados ou delegadas ao grupo como um todo. É óbvio que o dispêndio de tempo envolvido nos esforços desorganizados do grupo para capturar e punir os infratores e as vinganças reprimidas que podem resultar da ação em causa própria, na ausência de um monopólio oficial das "sanções", podem ser graves. A história do direito sugere enfaticamente, no entanto, que a ausência de instâncias oficiais capacitadas a determinar de forma autorizada o fato da violação das normas é um defeito muito mais grave, pois muitas sociedades encontram soluções para esse problema muito antes que para o outro.

A solução para cada um desses três defeitos principais dessa forma mais simples de estrutura social consiste em suplementar as normas *primárias* de obrigação com normas *secundárias,* que pertencem a uma espécie diferente. A introdução da correção para cada um dos defeitos mencionados poderia ser considerada, em si mesma, uma etapa da transição do mundo pré-jurídico ao jurídico, pois cada recurso corretivo traz consigo muitos dos elementos que permeiam o direito: certamente, combinados, os três recursos bastam para converter o regime de normas primárias em algo que é indiscutivelmente um sistema jurídico. Examinaremos as três soluções, uma de cada vez, e demonstraremos por que motivo o direito pode ser caracterizado como uma combinação de normas primárias de obrigação com normas secundárias. Antes de fazê-lo, entretanto, devemos chamar a atenção para os aspectos gerais que se seguem. Embora os recursos corretivos consistam na introdução de normas que são certamente diferentes entre si, e que diferem também das normas primárias de obrigação que visam suplementar, eles têm aspectos comuns importantes e se inter-relacionam de várias maneiras. Assim, pode-se dizer que todas as normas secundárias se situam num nível diferente daquele das normas primárias, pois versam todas *sobre* essas normas; isto é, enquanto as normas primárias dizem respeito a atos que os indivíduos devem ou não devem praticar, todas as normas secundárias se referem às próprias normas primárias. Especificam como as normas primárias podem ser determinadas, introduzidas, eliminadas e alteradas de forma conclusiva, e como estabelecer conclusivamente o fato de terem sido transgredidas.

A forma mais simples de solução para a *incerteza* própria do regime de normas primárias é a introdução de algo que chamaremos "norma de reconhecimento". Essa norma especifica as características que, se estiverem presentes numa determinada norma, serão consideradas como indicação conclusiva de que se trata de uma norma do grupo, a ser apoiada pela pressão social que este exerce. A existência dessa norma de reconhecimento pode assumir qualquer uma dentre uma imensa variedade de formas, simples ou complexas. Como nos estágios primitivos do direito de muitas sociedades, pode não passar de uma lista ou texto investido de autoridade que conste de um documento escrito ou esteja gravado em algum monumento público. Do ponto de vista histórico, esse passo do pré-jurídico ao jurídico pode, sem dúvida, ser efetivado em etapas distintas entre si, a primeira das quais é a simples transcrição escrita de normas até então conservadas apenas sob forma oral. Esse não é, em si mesmo, o passo decisivo, embora seja muito importante: o que é crucial é o reconhecimento de que se deve considerar a norma escrita ou inscrição como a *fonte da autoridade*, isto é, como a *maneira correta* de esclarecer dúvidas sobre a existência da norma. Quando tal reconhecimento existe, verifica-se a existência de uma forma muito simples de norma secundária: uma norma destinada à identificação conclusiva das normas primárias de obrigação.

Em um sistema jurídico evoluído, as normas de reconhecimento são evidentemente mais complexas; em vez de identificarem as normas exclusivamente pela consulta a um texto ou lista, o fazem por meio da referência a algumas características gerais das normas primárias. Pode ser, por exemplo, o fato de terem sido aprovadas por um órgão específico, ou sua longa prática consuetudinária, ou ainda por sua relação com as decisões judiciais. Além disso, quando mais de uma dessas características gerais são tratadas como critérios de identificação, deve-se admitir a hipótese de um eventual conflito, o que leva as normas a serem classificadas por ordem de primazia, como no caso da habitual subordinação do costume ou do precedente à lei positivada, constituindo esta última uma "fonte hierarquicamente superior" do direito. Essa complexidade pode fazer com que as normas de reconhecimento de um sistema jurídico moderno pareçam muito diferentes da simples aceitação de um texto vinculante. Entretanto, mesmo sob essa forma extremamente simples, a norma de reconhecimento contém muitos elementos característicos do direito. Pelo fato de apor às outras normas o selo da autoridade, ela introduz, embora de modo embrionário, a ideia de um sistema jurídico; pois as normas já não constituem um conjunto de elementos isolados e desconexos, mas se acham unificadas de uma forma simples. Além disso, já temos, no mero ato de identificar certa norma como uma dentre uma série autorizada de normas, o embrião da ideia de validade jurídica.

A solução para o caráter *estático* do regime de normas primárias consiste na introdução do que denominaremos "normas de modificação". A forma mais elementar de uma norma desse tipo é a que autoriza algum indivíduo ou grupo de pessoas a introduzir novas normas primárias para orientar a vida do grupo, ou de uma classe dentro dele, e a eliminar normas antigas. Como já sustentamos no Capítulo IV, é em função dessa norma, e não segundo o conceito de ordens apoiadas por ameaças, que se podem entender as ideias de promulgação e revogação de leis. Essas normas de modificação podem ser muito simples ou muito complexas; os poderes por elas outorgados podem ser irrestritos ou limitados de várias formas; e as normas, além de indicar as pessoas encarregadas de legislar, podem definir em termos mais ou menos rígidos os procedimentos a serem observados na atividade legislativa. Haverá, evidentemente, uma ligação muito estreita entre as normas de modificação e as normas de reconhecimento, pois, quando existirem as primeiras, as últimas deverão necessariamente incorporar uma referência à atividade legislativa como um traço identificador das normas, embora seja desnecessária a referência a todos os detalhes processuais envolvidos nessa atividade. Algum certificado ou cópia oficial que esteja de acordo com as normas de reconhecimento será geralmente considerado prova suficiente do devido processo legislativo. Evidentemente, se existir uma estrutura social tão simples que a única "fonte do direito" seja a legislação, a norma de reconhecimento simplesmente especificará a promulgação como a marca específica de identificação ou critério de validade das normas. Seria esse o caso, por exemplo, do reino imaginário de Rex I, descrito no Capítulo IV: sua norma de reconhecimento diria simplesmente que tudo o que fosse promulgado por Rex I constituiria lei.

Já descrevemos em certo detalhe as normas que outorgam aos indivíduos o poder de alterar suas posições jurídicas iniciais sob a vigência das normas primárias. Sem a existência de normas específicas que outorguem esses poderes, a sociedade ficaria privada de algumas das principais facilidades que o direito lhe oferece. Pois essas normas possibilitam a elaboração de testamentos, contratos, transferências de propriedade e muitas outras estruturas de direitos e deveres criados voluntariamente que caracterizam a vida num regime de direito, embora, evidentemente, uma forma elementar de norma que confere certo poder também esteja subentendida na instituição moral de uma promessa ou compromisso. A afinidade entre essas normas e as normas de modificação implicadas na noção de legislação é evidente e, como mostra (entre outras) a teoria recente de Kelsen, muitas das características que nos intrigam nos institutos do contrato ou da propriedade ficam esclarecidas se consideramos os atos de pactuação ou de transferência de propriedade como o exercício, por parte de indivíduos, de poderes legislativos limitados.

O terceiro suplemento ao regime simples de normas primárias, que visa remediar a *ineficiência* de sua pressão social difusa, consiste em normas secundárias que capacitem alguns indivíduos a solucionar de forma autorizada o problema de saber se, numa ocasião específica, foi violada uma norma primária. A forma mínima de julgamento consiste nessas determinações, de modo que denominaremos "normas de julgamento" as normas secundárias que outorgam o poder de formulá-las. Além de identificar os indivíduos que deverão julgar, essas normas também definem os procedimentos a serem seguidos. Como as outras normas secundárias, estas se situam em nível diferente do das normas primárias: embora possam ser reforçadas por normas adicionais que imponham aos juízes o dever de julgar, elas não impõem deveres, mas conferem poderes judiciais e um *status* especial às declarações judiciais sobre o não-cumprimento de obrigações. Mais uma vez, como as outras normas secundárias, essas normas definem um grupo de conceitos jurídicos importantes: nesse caso, os conceitos de juiz ou tribunal, jurisdição e julgamento. Além dessas semelhanças com as demais normas secundárias, as normas de julgamento têm com elas outras ligações importantes. Na verdade, um sistema que dispõe de normas de julgamento está também inevitavelmente comprometido com uma norma de reconhecimento de caráter elementar e imperfeito. Isso porque, se os tribunais tiverem o poder de determinar peremptoriamente que uma norma foi desrespeitada, seus pronunciamentos não poderão deixar de ser considerados determinações autorizadas sobre a natureza das próprias normas. Assim, a norma que conferir jurisdição será também uma norma de reconhecimento, que identificará as normas primárias por meio dos julgamentos dos tribunais, e esses julgamentos se tornarão "fonte" do direito. É verdade que essa espécie de norma de reconhecimento, inseparável da forma mínima de jurisdição, será muito imperfeita. Ao contrário de um texto vinculante ou de uma lei promulgada, as decisões de julgamentos não podem ser vazadas em termos genéricos, e seu uso como orientações vinculantes sobre as normas depende de uma inferência um tanto precária a partir de certas decisões, cuja confiabilidade oscila tanto em função da habilidade do intérprete quanto da coerência dos juízes.

É desnecessário dizer que são poucos os sistemas jurídicos em que os poderes judiciais se restringem a determinações autorizadas sobre a ocorrência de transgressões de normas primárias. A maioria dos sistemas reconheceu, mesmo com algum atraso, as vantagens da maior centralização da pressão social, proibindo parcialmente o uso dos castigos físicos e da violência praticada por indivíduos particulares como meio de fazer justiça pelas próprias mãos*. Em vez disso, suplementaram as normas primárias de obrigação com normas secundárias adicionais que especificam ou, no mínimo, limitam as penas impostas aos transgressores; e, uma vez reconhecido o fato da transgressão, outorgaram aos juízes o poder exclusivo de orientar a aplicação de san-

---

* Ver, a esse respeito, os estudos de René Girard e a teoria do "bode expiatório". (N. do R. T.)

ções por outras autoridades. Essas normas secundárias proveem as "sanções" oficiais centralizadas do sistema.

Se fizermos uma pausa para examinar a estrutura resultante da combinação de normas primárias de obrigação com as normas secundárias de reconhecimento, modificação e julgamento, tornar-se-á claro que temos aqui não apenas o cerne de um sistema jurídico, mas também um poderosíssimo instrumento para a análise de muitos problemas que têm intrigado tanto os juristas quanto os teóricos da política.

Não apenas se elucidam melhor, nos termos dessa combinação de elementos, conceitos especificamente jurídicos de interesse profissional para o jurista e o profissional do direito, como os de obrigações e direitos, validade e fontes do direito, legislação, jurisdição e sanção; também os conceitos (que abrangem tanto o direito quanto a teoria política) de Estado, de autoridade e de um detentor de autoridade pública exigem uma análise semelhante para nos permitir dissipar a obscuridade que porventura ainda remanesça neles. Não é difícil encontrar a razão do poder explicativo de uma análise feita nos termos das normas primárias e secundárias. A maior parte das obscuridades e das distorções sobre os conceitos jurídicos e políticos resulta do fato de que estes se referem essencialmente ao que chamamos de ponto de vista interno: não a visão daqueles que apenas registram e predizem o comportamento de acordo com as normas, mas a daqueles que *utilizam* as normas como padrão para a avaliação da conduta alheia e da sua própria. Isso exige que se dê uma atenção mais detalhada que a habitual à análise dos conceitos jurídicos e políticos. Sob o regime simples das normas primárias, o ponto de vista interno se manifesta em sua forma mais elementar: por meio do uso daquelas normas como base para a crítica e como justificativa para as exigências de obediência, a pressão social e as punições. Para a análise dos conceitos básicos de obrigação e dever, exige-se a referência a essa manifestação mais elementar do ponto de vista interno. Com o acréscimo de normas secundárias ao sistema, amplia-se e diversifica-se consideravelmente o alcance do que se diz e se faz a partir do ponto de vista interno. Essa ampliação acarreta todo um conjunto de conceitos novos, cuja análise também exige a consulta ao mesmo ponto de vista. Incluem-se entre esses conceitos as noções de legislação, jurisdição, validade, e, num aspecto geral, de poderes jurídicos, tanto privados quanto públicos. É muito forte a tendência no sentido de analisá-los de acordo com um discurso comum ou "científico", factual ou preditivo. Mas isso só pode reproduzir seu aspecto externo: para fazer justiça a seu aspecto interno característico, precisamos ver as diferentes formas sob as quais os atos do legislador destinados à criação de leis, as decisões de um tribunal, o exercício de poderes privados ou públicos e outros "atos jurídicos" em sentido estrito se relacionam com as normas secundárias.

No próximo capítulo, mostraremos de que modo essas ideias sobre a validade do direito e das fontes do direito e as verdades ocultas entre os erros das doutrinas sobre a soberania podem ser reformuladas e elucidadas nos termos das normas de reconhecimento. Mas concluiremos este capítulo com uma advertência: embora a combinação de normas primárias e secundárias mereça o lugar central que ora lhe é concedido, por explicar muitos aspectos do direito, ela não pode, por si só, esclarecer todos os problemas. A junção das normas primárias e secundárias se situa no centro de um sistema jurídico; mas não constitui o todo, e, à medida que nos afastarmos do centro, teremos de conciliar, das formas descritas em capítulos posteriores, elementos de natureza diferente.

VI. Os fundamentos de um sistema jurídico

1. A norma de reconhecimento e a validade jurídica

Segundo a teoria criticada no Capítulo IV, os fundamentos de um sistema jurídico consistem numa situação em que a maioria dos integrantes de um grupo social obedece habitualmente às ordens, apoiadas por ameaças, da pessoa ou pessoas soberanas, que, por sua vez, não obedecem habitualmente a ninguém. Tal situação social constitui, segundo aquela teoria, condição ao mesmo tempo necessária e suficiente para a existência do direito. Já demonstramos de forma mais ou menos detalhada a incapacidade dessa teoria para explicar algumas das características proeminentes de um sistema jurídico moderno: não obstante, como sugere seu domínio sobre as mentes de muitos pensadores, a teoria realmente contém, embora de forma indistinta e equivocada, algumas verdades sobre certos aspectos importantes do direito. Contudo, só podemos apresentar claramente essas verdades e avaliar corretamente sua importância se supusermos um contexto social mais complexo no qual, para a identificação de normas primárias de obrigação, seja aceita e utilizada uma norma secundária de reconhecimento. Se algo merece ser denominado fundamento de um sistema jurídico, trata-se dessa situação. Neste capítulo, discutiremos vários elementos dessa conjuntura social que receberam expressão apenas parcial, ou enganosa, na teoria da soberania e em outras.

Onde quer que essa norma de reconhecimento seja aceita, tanto os indivíduos quanto as autoridades públicas dispõem de critérios válidos para a identificação das normas primárias de obrigação. Os critérios assim disponibilizados podem, como vimos, assumir qualquer uma, ou mais de uma, dentre diversas formas; incluem-se entre estas a referência a um texto autorizado; a um ato legislativo; à prática consuetudinária; a declarações gerais de pessoas específicas; ou, em casos particulares, a decisões judiciais anteriores sobre casos específicos. Num sistema muito simples, como o mundo de Rex I, descrito no Capítulo IV, no qual apenas o que ele decreta constitui direito e não há limites jurídicos a seu poder de legislar, sejam estes impostos por uma norma consuetudinária ou por um documento constitucional, o único critério para identificar o direito será a simples verificação do fato de ter sido declarado por Rex I. A existência dessa forma simples de norma de reconhecimento estará patente na prática geral, por parte de indivíduos ou autoridades públicas, de usarem esse critério para identificar as normas. Num sistema jurídico moderno, no qual existem várias "fontes" do direito, a norma de reconhecimento é correspondentemente mais complexa: os critérios para identificar a norma jurídica são múltiplos e geralmente incluem uma constituição escrita, a promulgação pelo legislativo e precedentes judiciais. Na maior parte dos casos, há mecanismos destinados a solucionar possíveis conflitos, hierarquizando-se esses critérios segundo uma ordem de subordinação e primazia relativas. É assim que, no sistema inglês, o *common law* se subordina à lei positivada (*statute*).

É importante distinguir essa *subordinação* relativa de um critério a outro da *derivação*, pois a confusão entre ambas gerou certo apoio espúrio à ideia de que a totalidade do direito resulta essencialmente, ou "de fato" (ainda que apenas de modo tácito), da legislação. No sistema inglês, costume e precedente se subordinam à legislação, pois as normas consuetudinárias ou as do *common law* podem perder sua condição de direito por força de uma lei promulgada pelo Parlamento. Contudo, elas devem sua condição de direito, por mais precária que esta seja, não a um exercício "tácito" do poder legislativo, mas à aceitação de uma norma de reconhecimento que lhes confere esse posto independente, embora subordinado. Mais uma vez, como no caso simples, a existência dessa norma complexa de reconhecimento, aliada à ordenação hierárquica de critérios distintos, se manifesta na prática geral de se identificarem as normas por meio desses critérios.

No cotidiano de um sistema jurídico, é muito raro que sua norma de reconhecimento seja expressamente formulada como norma. Na Inglaterra, os tribunais podem ocasionalmente declarar em termos gerais a posição relativa de um critério jurídico diante de outro, como quando afirmam a supremacia das leis aprovadas pelo Parlamento sobre outras fontes ou supostas fontes do direito. Em geral, a norma de reconhecimento não é explicitamente declarada, mas sua existência fica *demonstrada* pela forma como se identificam normas específicas, seja pelos tribunais ou outras autoridades, seja por indivíduos particulares ou seus advogados e assessores jurídicos. Evidentemente, há uma diferença entre o uso feito pelos tribunais dos critérios oferecidos pela norma e o uso que os outros fazem desses mesmos critérios; pois, quando os tribunais chegam a uma conclusão específica, com base no fato de que certa norma foi corretamente identificada como norma jurídica, aquilo que declaram tem um caráter especial de autoridade imperativa, que lhe é conferido por outras normas. Sob esse aspecto, como sob muitos outros, a norma de reconhecimento de um sistema jurídico é semelhante à regra para a contagem de pontos em um jogo. Durante o jogo, raramente se enuncia a regra geral que define as atividades que marcam pontos (corridas no críquete, gols no futebol etc.); em vez disso, a regra é *usada* pelos juízes e jogadores para identificar as fases específicas que conduzem à vitória no jogo. As declarações dos juízes (árbitro ou marcador) têm um caráter especial de autoridade que lhes é conferido por outras normas. Além disso, há em ambos os casos a possibilidade de conflito entre essas aplicações vinculantes da regra e a interpretação geral daquilo que esta evidentemente exige em seus próprios termos. Como veremos mais adiante, qualquer descrição do que significa a existência de um sistema de normas desse tipo precisa contornar essa dificuldade.

O emprego de normas implícitas de reconhecimento pelos tribunais e outras instâncias para identificar normas específicas do sistema é característico do ponto de vista interno. Aqueles que as usam desse modo manifestam, ao fazê-lo, sua própria aceitação das normas como diretrizes, e essa atitude é acompanhada de um vocabulário característico, diferente das expressões típicas do ponto de vista externo. Talvez a mais simples dessas expressões seja "A lei diz que...", que podemos encontrar não apenas na boca dos juízes, mas também na de homens comuns que vivem sob um sistema jurídico, ao identificarem uma norma do sistema. Esta, como as expressões "Fora!" ou "Gol!", é a linguagem usada para avaliar uma situação em relação a um padrão de regras ou normas que o falante, juntamente com outros, reconhece como apropriadas a esse fim. Essa atitude de aceitação compartilhada de normas deve ser contrastada com a de um observador que registra, *ab extra*, o fato de que um grupo social aceita tais normas, sem que ele próprio as aceite. A expressão natural desse ponto de vista não é "A lei diz que...", mas "Na Inglaterra, reconhece-se como lei [...] tudo o que o Parlamento promulga por delegação da Coroa...". Chamaremos à primeira dessas formas de expressão *enunciado interno*, porque manifesta o ponto de vista interno e é naturalmente usado por alguém que, aceitando a norma de reconhecimento e sem explicitar o fato de que é aceita, aplica a norma para reconhecer como válida alguma outra norma específica do sistema. Denominaremos *enunciado externo* a segunda forma de expressão, por ser a linguagem típica de um observador externo ao sistema, que, sem aceitar ele próprio sua norma de reconhecimento, enuncia o fato de que outros a aceitam.

Muitos pontos obscuros referentes à noção de "validade" jurídica serão elucidados se compreendermos esse emprego de uma norma de reconhecimento aceita para fazer enunciados internos e o distinguirmos cuidadosamente de um enunciado externo sobre o fato de que a norma de reconhecimento é aceita. Pois o adjetivo "válida" é mais frequentemente, embora nem sempre, usado precisamente nesses enunciados internos, quando se aplica a uma norma específica de um sistema jurídico uma norma de reconhecimento não explicitada mas aceita. Dizer que determinada norma é válida equivale a reconhecer que esta satisfaz a todos os critérios propostos pela norma de reconhecimento e é, portanto, uma norma do sistema. Na verdade, pode-se simplesmente dizer que a afirmação de que certa norma é válida significa que tal norma satisfaz a todos os critérios oferecidos pela norma de reconhecimento. Isso só é incorreto na medida em que possa obscurecer o caráter interno de tais declarações; pois, como a palavra "Fora!" no críquete, essas declarações de validade normalmente aplicam a um caso particular uma norma de reconhecimento aceita pelo falante e por outros, não declarando expressamente que a norma foi seguida.

Costuma-se dizer que alguns dos enigmas relacionados com a ideia de validade jurídica dizem respeito à relação entre a validade e a "eficácia" da lei. Se por "eficácia" devemos entender que uma norma do direito que exige certo comportamento é mais frequentemente obedecida que infringida, fica claro que não existe ligação necessária entre a validade de alguma norma particular e *sua* eficácia, a menos que a norma de reconhecimento do sistema inclua, entre seus critérios (como ocorre com algumas), a condição (às vezes denominada norma de dessuetude) de que nenhuma norma seja considerada como pertencente ao sistema se houver deixado de ser eficaz há muito tempo.

Devemos distinguir a ineficácia de uma norma dada, que pode ou não afetar sua validade, de uma desconsideração generalizada pelas normas do sistema. Tal desconsideração pode ser tão total e tão prolongada que nos autorize a dizer, no caso de um sistema novo, que ele nunca chegou a se firmar como o sistema jurídico de determinado grupo; e, no caso de um sistema estabelecido há longo tempo, que ele deixou de ser o sistema jurídico do grupo. Em ambos os casos, está ausente o contexto normal ou o plano de fundo para que se possa fazer qualquer enunciado interno em termos das normas do sistema. Em tais casos, em geral *não haveria sentido* em avaliar os direitos e deveres de pessoas específicas tendo como referência as normas primárias do sistema, ou avaliar a validade de qualquer das normas deste em relação a suas normas de reconhecimento. Insistir em aplicar um sistema de normas que nunca foi realmente eficaz ou foi descartado seria, exceto nas circunstâncias especiais mencionadas abaixo, tão infrutífero quanto avaliar o desenrolar de um jogo por meio da referência a uma regra que nunca foi aceita ou que foi abandonada.

Pode-se dizer que alguém que emite um enunciado interno sobre a validade de uma norma especial de um sistema *pressupõe* que seja verdadeiro o enunciado factual externo de que, de modo geral, o sistema é eficaz. Pois o emprego normal de enunciados internos ocorre nesse contexto de eficácia geral. Contudo, seria incorreto dizer que os enunciados de validade "significam" que o sistema é, de modo geral, eficaz. Pois, embora seja normalmente inútil ou despropositado falar da validade de uma norma de um sistema que nunca se firmou ou que foi abandonado, isso, entretanto, pode ter sentido e nem sempre é inútil. Uma forma interessante de ensinar o direito romano é falar *como se* o sistema ainda fosse eficaz ou estivesse em vigor, discutindo a validade de determinadas normas e resolvendo problemas de acordo com elas; e uma forma de alimentar esperanças de restaurar uma velha ordem social destruída por uma revolução, rejeitando a nova ordem, é agarrar-se aos critérios de validade jurídica do antigo regime. Os Russos Brancos agem implicitamente dessa forma quando ainda reivindicam seu patrimônio, invocando alguma norma de sucessão hereditária que constituía norma válida na Rússia czarista.

A compreensão da relação contextual normal entre o enunciado interno de que determinada norma de um sistema é válida e o enunciado factual externo de que o sistema é geralmente eficaz pode contribuir para que se aprecie sob a ótica correta a teoria comum que supõe que afirmar a validade de uma norma implica prever que ela será imposta pelos tribunais ou que, por causa dela, alguma outra providência oficial será tomada. Essa teoria se assemelha, em muitos aspectos, à análise preditiva da obrigação, que discutimos e rejeitamos no último capítulo. Em ambos os casos, a razão para propor essa teoria preditiva é igualmente a convicção de que só assim se podem evitar interpretações metafísicas; ou seja, ou a declaração de que uma norma é válida atribui à norma uma propriedade misteriosa, impossível de detectar de modo empírico, ou constitui somente uma previsão a respeito do comportamento futuro das autoridades. Em ambos os casos, a plausibilidade da teoria se deve ao mesmo fato importante: quem quer que aceite as normas e faça um enunciado interno de obrigação ou validade normalmente pressupõe a verdade do enunciado externo, que um observador poderia registrar, de que o sistema é de modo geral eficaz e provavelmente continuará a sê-lo. É certo que os dois enunciados estão intimamente ligados. Finalmente, em ambos os casos, o erro da teoria é o mesmo: consiste em ignorar o caráter especial do enunciado interno e em tratá-lo como um enunciado externo a respeito da atuação das autoridades.

Esse erro se torna imediatamente óbvio quando examinamos como funciona, numa decisão judicial, a própria declaração do juiz que afirma a validade de determinada norma; pois embora aqui também, ao fazer tal declaração, o juiz pressuponha mas não afirme a eficácia geral do sistema, ele não pretende, evidentemente, predizer sua própria atuação oficial ou a de outrem. Sua declaração de que a norma é válida é um enunciado interno, reconhecendo que a norma satisfaz os critérios para identificar o que constitui o direito em seu tribunal, e não constitui uma profecia sobre sua decisão, mas parte da *razão* para ela. Há mais motivos para dizer que a declaração de que uma norma é válida constitui uma previsão quando ela é feita por um indivíduo privado, pois, em caso de conflito entre uma declaração não-oficial de validade ou invalidade e a declaração de um tribunal ao julgar uma causa, é muitas vezes razoável dizer que a primeira deve ser rejeitada. Contudo, mesmo aí, como veremos no Capítulo VII ao investigarmos o significado desses conflitos entre as declarações oficiais e as exigências claras das normas, pode ser dogmático presumir que aquela deva ser rejeitada por constituir agora uma declaração comprovadamente *incorreta*, visto ter errado em suas *previsões* sobre o pronunciamento do tribunal. Pois há outras razões para se rejeitarem declarações além do fato de serem incorretas, e também há outras maneiras de se cometerem erros.

A norma de reconhecimento que estabelece os critérios para avaliar a validade de outras normas do sistema é, num sentido importante, que procuraremos esclarecer, uma norma *última* (*ultimate rule*); e quando, como geralmente ocorre, houver diversos critérios hierarquizados por ordem de subordinação e primazia relativa, um deles será considerado *supremo* (*supreme*). Essas ideias sobre o caráter último da norma de reconhecimento e a supremacia de um de seus critérios merecem atenção. É importante desembaraçá-las da teoria, que rejeitamos, de que em algum ponto de todo sistema jurídico deve haver, ainda que oculto por detrás das formas jurídicas, um poder legislativo soberano juridicamente ilimitado.

Dessas duas ideias, o critério supremo e a norma última, a primeira é a mais fácil de definir. Podemos afirmar que um critério de validade jurídica ou fonte do direito é supremo se as normas identificadas mediante referência a ele são ainda reconhecidas como normas do sistema mesmo que conflitem com outras normas identificadas mediante referência aos outros critérios; enquanto estas últimas não são reconhecidas caso conflitem com as primeiras, identificadas mediante referência ao critério supremo. Podemos dar uma explicação semelhante, em termos comparativos, para as noções de critérios "superiores" e "subordinados" que já utilizamos. É evidente que as noções de um critério superior e de um critério supremo se referem apenas a uma posição *relativa* numa escala e não implicam de modo algum a noção de um poder legislativo juridicamente *ilimitado*. No entanto, "supremo" e "ilimitado" são facilmente confundidos, pelo menos na teoria do direito. Uma razão é que, nas formas mais simples de sistema jurídico, as ideias de norma última de reconhecimento, critério supremo e poder legislativo juridicamente ilimitado parecem convergir. Pois, onde quer que exista um poder legislativo não sujeito a limitações constitucionais e que seja competente para privar de *juridicidade* a todas as outras normas de direito que emanem de outras fontes, a norma de reconhecimento daquele sistema dita que a atuação desse poder constitui o critério supremo de validade. Esta é, de acordo com a teoria constitucional, a situação do Reino Unido. Mas mesmo sistemas como o dos Estados Unidos, no qual não existe esse poder legislativo juridicamente ilimitado, podem perfeitamente conter uma norma última de reconhecimento que fornece um conjunto de critérios de validade, um dos quais é supremo. Isso acontecerá onde a competência legislativa do poder legislativo ordinário seja limitada por uma constituição que não prevê o poder de emenda ou que subtrai algumas cláusulas ao alcance desse poder. Nesse caso, não há um poder legislativo juridicamente ilimitado, mesmo na interpretação mais lata da expressão "poder legislativo"; mas, evidentemente, o sistema contém uma norma última de reconhecimento e inclui, nas cláusulas de sua constituição, um critério supremo de validade.

Para bem compreender em que sentido a norma de reconhecimento constitui a norma *última* de um sistema, podemos seguir uma linha de raciocínio jurídico muito familiar. Caso se indague sobre a validade jurídica de uma norma qualquer, devemos, para responder à pergunta, utilizar um critério de validade oferecido por outra norma. Será válida tal norma local promulgada pelo Conselho do Condado de Oxfordshire? Sim, pois foi elaborada no exercício dos poderes para isso outorgados num decreto expedido pelo Ministério da Saúde e de acordo com o procedimento aí especificado. Nessa primeira etapa, o decreto fornece os critérios em cujos termos se pode avaliar a validade da norma local. Pode não haver razão de ordem prática para ir além disso, mas existe a possibilidade de fazê-lo. Podemos questionar a validade do decreto e avaliá-la em termos da legislação que confere poderes ao ministro para emitir esse tipo de ato normativo. Finalmente, quando já se tenha questionado a validade de tal legislação e esta tenha sido avaliada por referência à norma que estipula que uma atuação legislativa do Parlamento atuando como representante da Coroa constitui lei, devemos cessar as indagações concernentes à validade, pois atingimos uma norma que, como o decreto e a legislação intermediária, oferece critérios para a avaliação da validade de outras normas, mas difere delas pelo fato de que não existe outra norma que forneça critérios para a avaliação de sua própria validade jurídica.

Evidentemente, podem-se fazer muitas indagações acerca dessa norma última. Podemos perguntar se os tribunais, corpos legislativos, autoridades ou cidadãos comuns costumam realmente utilizá-la na Inglaterra como uma norma última de reconhecimento. Ou teria nosso processo de raciocínio jurídico sido um jogo inconsequente em torno dos critérios de validade de um sistema já rejeitado? É lícito indagar se é satisfatória a forma do sistema jurídico que tem essa norma como raiz. Produzirá o sistema mais mal do que bem? Há razões de prudência para apoiá-lo? Existe a obrigação moral de fazê-lo? Essas são, evidentemente, perguntas muito relevantes; mas é também claro que, quando as propomos em relação à norma de reconhecimento, não estamos mais tentando responder ao mesmo tipo de pergunta sobre esta última, como àquelas que respondemos, com seu auxílio, sobre outras normas. Quando deixamos de afirmar que uma atuação legislativa específica é válida por satisfazer a norma que diz que o que o Parlamento decreta em nome da Coroa constitui lei, e passamos a afirmar que na Inglaterra esta última norma é utilizada por tribunais, autoridades e indivíduos particulares como a norma última de reconhecimento, passamos *ipso facto* de um enunciado jurídico interno sobre a validade de uma norma do sistema a um enunciado factual externo que poderia ser feito por um simples observador do sistema, ainda que não o aceitasse. Assim também, ao passarmos da afirmação de que uma atuação legislativa específica é válida à de que a norma de reconhecimento do sistema é excelente e que o sistema nela baseado merece nossa adesão, teremos passado de uma declaração de validade jurídica a um enunciado valorativo.

Alguns autores que enfatizaram o caráter jurídico último da norma de reconhecimento expressaram essa ideia afirmando que, enquanto a validade jurídica de outras normas do sistema pode ser demonstrada fazendo-se referência a ela, sua própria validade não pode ser demonstrada, mas é "presumida" ou "postulada", ou constitui uma "hipótese". Isso pode, entretanto, induzir a grave erro. Os enunciados de validade jurídica feitos por juízes, juristas ou cidadãos comuns a respeito de normas específicas no cotidiano de um sistema jurídico realmente implicam certos pressupostos. São enunciados jurídicos internos que expressam o ponto de vista daqueles que aceitam a norma de reconhecimento do sistema e, assim, deixam implícitas muitas coisas que poderiam ser expressas em enunciados factuais externos sobre o sistema. O que fica assim subentendido forma o plano de fundo ou contexto normal das declarações de validade jurídica, e se diz então que é "pressuposto" por elas. Mas é importante ver precisamente em que consistem esses pressupostos, sem obscurecer sua natureza. Eles consistem em duas coisas. Em primeiro lugar, uma pessoa que afirma com segurança a validade de uma dada norma jurídica – uma determinada lei, por exemplo – utiliza, ela própria, uma norma de reconhecimento que aceita como apropriada para identificar aquela lei. Em segundo lugar, ocorre que essa norma de reconhecimento, em termos da qual a pessoa avalia a validade de uma lei específica, não é aceita apenas por aquela pessoa, mas constitui a norma de reconhecimento aceita e empregada de fato no funcionamento geral do sistema. Se a veracidade desse pressuposto estivesse em dúvida, poderia ser comprovada mediante referência à prática efetiva, isto é, à maneira como os tribunais identificam o direito, e à aceitação geral dessas identificações ou obediência a elas.

Nenhum desses dois pressupostos poderia ser descrito com precisão se disséssemos que consistem na "suposição" de uma "validade" que não se pode demonstrar. Só necessitamos da palavra "validade", e em geral só a usamos, para responder às perguntas que surgem *dentro* de um sistema de normas no qual o *status* de uma norma como elemento do sistema depende de que satisfaça certos critérios estabelecidos pela norma de reconhecimento. Não pode surgir uma pergunta desse tipo sobre a validade da própria norma de reconhecimento que provê os critérios; esta não pode ser nem válida nem inválida, mas seu uso para esse fim é simplesmente aceito como apropriado. Expressar esse fato simples dizendo sombriamente que sua validade "é suposta mas não pode ser demonstrada" é como dizer que supomos, mas nunca poderemos provar, que a barra-padrão do metro conservada em Paris, que é o critério último da correção de todas as medidas em metros, tem ela própria as dimensões corretas.

Há uma objeção mais grave: a ideia da validade "suposta" da norma última de reconhecimento oculta o caráter essencialmente factual do segundo pressuposto, que subjaz às declarações de validade dos juristas. Não há dúvida de que a prática dos juízes, autoridades e outros, na qual consiste a existência real de uma norma de reconhecimento, é um tema complexo. Como veremos mais adiante, existem certamente situações nas quais as perguntas sobre o teor e a exata abrangência desse tipo de norma, e até mesmo sobre sua existência, podem não admitir uma resposta clara ou determinada. Entretanto, é importante distinguir entre "supor a validade" e "pressupor a existência" de tal norma, pelo menos porque não fazê-lo obscureceria o que se quer dizer com a afirmação de que tal norma *existe*.

No sistema simples de normas primárias de obrigação, delineado no último capítulo, a afirmação de que determinada norma existia poderia ser apenas um enunciado factual externo: ou seja, um enunciado que um observador que não aceitasse as normas poderia fazer e confirmar, observando se determinado tipo de comportamento era de fato geralmente aceito como padrão e se fazia acompanhar das características que, como já vimos, distinguem uma norma social dos meros hábitos convergentes. É também assim que devemos agora interpretar e confirmar a afirmação de que existe na Inglaterra uma norma – embora não seja uma norma jurídica – que estipula que devemos descobrir a cabeça ao entrar numa igreja. Se descobrirmos que normas como essa existem na vida real de um grupo social, não será o caso de discutir separadamente a questão de sua validade, embora evidentemente se possa questionar seu valor ou se são desejáveis. Uma vez que sua existência tenha sido estabelecida como um fato, apenas confundiríamos as coisas se afirmássemos ou negássemos sua validade, ou disséssemos que "presumimos" sua validade mas não podemos demonstrá-la. Por outro lado, num sistema jurídico amadurecido, onde há um sistema de normas que inclui uma norma de reconhecimento (de tal modo que o *status* de uma norma qualquer como elemento do sistema depende agora de saber se ela atende a certos critérios oferecidos pela norma de reconhecimento), isso traz consigo uma nova acepção da palavra "existir". A afirmação de que uma norma existe pode agora não ser mais o que era no exemplo simples das normas consuetudinárias – um enunciado externo do *fato* de que certo tipo de comportamento é geralmente aceito como um comportamento-padrão. Pode constituir agora um enunciado interno, que aplica uma norma de reconhecimento aceita mas não explícita, e que não significa (*grosso modo*) nada além de "válida segundo os critérios de validade do sistema". Nesse aspecto, entretanto, como em outros, a norma de reconhecimento é diferente das outras normas do sistema. A afirmação de que existe só pode ser um enunciado factual externo. Pois, enquanto uma norma subordinada de um sistema pode ser válida e, nesse sentido, existir, mesmo que seja geralmente desrespeitada, a norma de reconhecimento só existe como uma prática complexa, embora normalmente harmoniosa e convergente, que envolve a identificação do direito pelos tribunais, autoridades e indivíduos privados por meio da referência a determinados critérios. Sua existência é uma questão de fato.

2. Novas questões

Uma vez deixada de lado a opinião de que as bases de um sistema jurídico consistem no hábito de obediência a um soberano juridicamente ilimitado e substituída pela noção de uma norma última de reconhecimento que confere a um sistema normativo seus critérios de validade, nos confrontamos com várias indagações fascinantes e importantes. São questões relativamente novas, pois permaneciam veladas enquanto a ciência do direito e a teoria política estavam apegadas às velhas maneiras de pensar. São também indagações difíceis que pedem uma resposta completa, exigindo, de um lado, o domínio de alguns aspectos fundamentais do direito constitucional e, de outro, a compreensão da maneira característica pela qual as formas jurídicas podem transformar-se e mudar silenciosamente. Investigaremos, portanto, essas questões apenas na medida em que podem corroborar ou refutar a afirmação que fizemos:

a de que se deve reservar um lugar central para a união das normas primárias e secundárias na elucidação do conceito de direito.

A primeira dificuldade é a classificação; pois a norma que é usada, em última instância, para identificar o direito foge às categorias convencionais usadas para descrever um sistema jurídico, embora essas sejam frequentemente consideradas exaustivas. Assim, os constitucionalistas ingleses posteriores a Dicey costumam repetir a afirmação de que os dispositivos constitucionais do Reino Unido consistem, em parte, em leis propriamente ditas (leis aprovadas pelo Parlamento, decretos reais [*orders in council*] e as normas consubstanciadas nos precedentes judiciais) e, em parte, em convenções que são simples usos, acordos informais ou costumes. Entre estes últimos incluem-se normas importantes, como a que determina que a Coroa não pode recusar sua aprovação a uma lei devidamente sancionada pelas câmaras dos Lordes e dos Comuns. A Coroa não tem, entretanto, a obrigação jurídica de dar sua aprovação; essas normas são denominadas convenções, pois os tribunais não as reconhecem como impositivas de obrigação jurídica. Evidentemente, a norma que diz que toda promulgação do Parlamento em nome da Coroa é lei não se enquadra em nenhuma dessas duas categorias. Não é uma convenção, pois os tribunais têm com ela um vínculo extremamente íntimo e a usam para identificar leis; e não é uma norma do mesmo nível das "leis propriamente ditas", que é utilizada para identificar. Ainda que fosse promulgada pelo legislativo na forma de lei, isso não a reduziria ao mesmo nível desta, pois a juridicidade dessa promulgação dependeria necessariamente do fato de a norma já ter uma existência anterior e independente. Além disso, como mostramos na última seção, sua existência, ao contrário daquela de uma lei comum, consiste necessariamente numa prática efetiva.

Esse aspecto das coisas leva algumas pessoas ao desespero: como demonstrar que as cláusulas fundamentais de uma constituição, que têm o caráter indubitável de normas jurídicas, são realmente normas jurídicas? Outros respondem a isso insistindo que, na base dos sistemas jurídicos, há algo que "não é lei", que é "pré-jurídico", "metajurídico" ou simples "fato político". Esse mal-estar é um sinal claríssimo de que as categorias utilizadas para descrever essa característica sumamente importante de qualquer sistema jurídico são demasiado rudimentares. O principal argumento a favor de se denominar "direito" à norma de reconhecimento é que podemos conceber a norma que fornece critérios para a identificação de outras normas do sistema como uma característica que define todo o sistema jurídico, de tal modo que seja, portanto, digna de ser ela própria chamada "direito"; o argumento em favor de chamá-la "fato" é que afirmar que a norma existe equivale, na realidade, a emitir um enunciado externo sobre um fato real a respeito da forma como são identificadas as normas de um sistema "eficaz". Ambos os aspectos merecem atenção, mas não podemos fazer justiça a ambos escolhendo um dos rótulos, "direito" ou "fato". Em vez disso, devemos nos lembrar que a norma última de reconhecimento pode ser encarada de dois pontos de vista: um é expresso no enunciado factual externo de que a norma existe na prática real do sistema; o outro pode ser visto nos enunciados internos de validade feitos por aqueles que a usam para identificar o direito.

Um segundo grupo de indagações emerge da complexidade oculta e do caráter vago da afirmação de que um sistema jurídico *existe* num dado país ou em determinado grupo social. Ao fazermos essa afirmação, estamos na verdade nos referindo, de forma condensada e convencional, a diversos fatos sociais heterogêneos, geralmente concomitantes. A terminologia-padrão da teoria do direito e da teoria política, desenvolvida à sombra de uma tese enganosa, pode simplificar excessivamente os fatos e, assim, obscurecê-los. No entanto, quando retiramos as lentes que essa terminologia representa e olhamos os fatos, evidencia-se que um sistema jurídico pode, como um ser humano, passar por um estágio em que ainda não nasceu; num segundo momento, pode não ser ainda completamente independente da mãe; pode, depois, usufruir uma existência independente e saudável; mais tarde, pode envelhecer e, finalmente, morrer. Esses estágios intermediários entre o nascimento e a existência normal independente e, depois, entre esta e a degenerescência, desconjuntam as formas familiares que utilizamos para descrever os fenômenos jurídicos. São dignos de nosso exame porque, embora desconcertantes, põem em relevo toda a complexidade daquilo que consideramos simples ao fazermos, no caso normal, a afirmação convicta e verdadeira de que em determinado país existe um sistema jurídico.

Uma maneira de constatar essa complexidade é perceber sob qual aspecto a fórmula austiniana simples – que postula um hábito geral de obediência às ordens do soberano – é incapaz de reproduzir, ou distorce, os fatos complexos que constituem as condições mínimas que uma sociedade precisa satisfazer para possuir um sistema jurídico. Temos de admitir que essa fórmula de fato designa uma condição necessária: lá onde as leis impõem obrigações ou deveres, estes devem ser geralmente obedecidos, ou, pelo menos, não devem ser geralmente transgredidos. Mas, embora seja essencial, isso descreve apenas o que podemos chamar o "produto final" do sistema jurídico, onde ele atinge o cidadão em sua condição de particular; ao passo que a existência cotidiana do sistema consiste também na criação oficial e na identificação, uso e aplicação oficial e pública das normas jurídicas. O relacionamento com o direito que se expressa nesses atos só poderá ser chamado "obediência" se o significado dessa palavra for estendido tão além de seu emprego normal que deixe de caracterizar informativamente essas operações. Os legisladores não "obedecem" (no sentido comum do termo) às normas quando, ao promulgar leis, seguem as normas que lhes outorgam poderes legislativos – exceto, é claro, quando as normas que conferem esses poderes são reforçadas por outras que impõem o dever de segui-las. Tampouco "desobedecem" a uma lei, embora possam deixar de criar uma, quando deixam de se conformar a tais normas. A palavra "obedecer" tampouco descreve bem o que os juízes fazem quando aplicam a norma de reconhecimento do sistema, reconhecem uma lei como válida e a usam para resolver uma controvérsia. Diante desses fatos, é claro que podemos, se preferirmos, preservar a terminologia simples da "obediência" por meio de vários dispositivos. Um desses recursos – em se tratando, por exemplo, do uso que os juízes fazem de determinado critério geral de validade para reconhecer uma lei como tal – consiste em caracterizar esse uso como um caso de obediência a ordens dadas pelos "Fundadores da Constituição", ou (não havendo "Fundadores") como a obediência a um "comando *despsicologizado*", isto é, um comando sem comandante. Mas este último caso talvez não deva merecer mais atenção de nossa parte que a noção de um sobrinho desprovido de um tio. Como alternativa, podemos deixar de lado todo o aspecto oficial do direito e abandonar a descrição do uso das normas nas atividades legislativa e judicial e, em vez disso, conceber o mundo oficial em sua totalidade como uma pessoa ("o soberano") que, através de vários órgãos ou porta-vozes, dá ordens às quais o cidadão obedece de forma habitual. Mas isso não passa ou de uma alegoria conveniente para descrever fatos complexos que ainda aguardam uma descrição, ou de um relato mitológico desastrosamente confuso.

É natural que, diante do fracasso das tentativas de descrever a existência de um sistema jurídico nos termos agradavelmente simples da obediência habitual – que é realmente característica (embora nem sempre seja uma descrição exaustiva) da relação entre o cidadão comum e o direito –, nos sintamos propensos a cometer o erro oposto. Este consiste em tomar o que é característico (mais uma vez, de modo não exaustivo) das atividades oficiais, especialmente da atitude judicial perante o direito, e tratar isso como uma descrição suficiente do que deve necessariamente existir num grupo social para que ele tenha um sistema jurídico. Isso equivale a substituir a concepção simples de que a maioria da sociedade obedece habitualmente ao direito pela ideia de que esta maioria deve necessariamente partilhar, aceitar ou encarar como vinculante a norma última de reconhecimento que especifica os critérios segundo os quais, em última instância, a validade das leis é determinada. É claro que podemos imaginar, como fizemos no Capítulo III, uma sociedade simples onde o conhecimento e a compreensão das fontes do direito são amplamente difundidos. Ali a "constituição" era tão simples que não seria ficção atribuir também ao cidadão comum, e não só às autoridades e aos estudiosos do direito, seu conhecimento e aceitação consciente. No universo simples de Rex I, bem poderíamos dizer que havia mais que a simples obediência habitual à sua palavra por parte da maioria da população. Ali bem poderia acontecer que tanto a população quanto as autoridades do sistema "aceitavam", de forma igualmente explícita e consciente, uma norma de reconhecimento que especificava a palavra de Rex como o critério definidor das leis válidas para toda a sociedade, embora súditos e autoridades tivessem diferentes papéis a desempenhar e diferentes relacionamentos com as normas jurídicas identificadas por meio desse critério. Insistir que esse estado de coisas, imaginável numa sociedade simples, existe sempre ou em geral num Estado moderno complexo seria insistir numa ficção. Aqui é evidente que a realidade da situação é que uma grande parcela dos cidadãos comuns – talvez a maioria – não tem uma concepção geral da estrutura jurídica ou de seus critérios de validade. A lei à qual o cidadão obedece é algo que conhece apenas como "a lei". Pode obedecer a ela por diversas razões diferentes, entre as quais às vezes figura, embora nem sempre, a consciência de que fazê-lo será o melhor para ele. Sabe das prováveis consequências gerais da desobediência: sabe que existem autoridades que podem prendê-lo e outras que irão julgá-lo e enviá-lo para a prisão por violar a lei. Enquanto as leis válidas segundo os critérios de validade do sistema são obedecidas pela maior parte da população, não precisamos de mais provas de que um dado sistema jurídico existe.

Mas, exatamente pelo fato de um sistema jurídico ser uma união complexa de normas primárias e secundárias, essas provas não são suficientes para descrever as diferentes relações entre a pessoa e o direito envolvidas na existência desse sistema. Precisam ser suplementadas por uma descrição da relação entre as autoridades do sistema e as normas secundárias que lhes dizem respeito como tais. O fundamental é que haja uma aceitação oficial, unificada e comum, da norma de reconhecimento que contém os critérios de validade do sistema. Mas é exatamente nesse ponto que a noção simples de obediência geral, que era apropriada para caracterizar o mínimo indispensável no caso dos cidadãos comuns, se mostra insuficiente. Não se trata, ou não apenas, da questão "linguística" de que o termo "obediência" não é usado naturalmente para se referir à forma como essas normas secundárias são respeitadas como normas pelos tribunais e por outras autoridades. Poderíamos encontrar, se necessário, alguma expressão de sentido mais amplo, como "seguir", "consentir" ou "conformar-se a", que caracterizaria tanto o que os cidadãos comuns fazem em relação à lei ao se apresentar para o serviço militar, por exemplo, quanto o que os juízes fazem ao identificar uma lei elaborada pelo legislativo como lei em seus tribunais, com base no fato de que o que o Parlamento promulga por delegação da Coroa é lei. Mas esses termos gerais apenas mascarariam certas diferenças essenciais que devem ser compreendidas para que possamos entender as condições mínimas envolvidas na existência do fenômeno social complexo que denominamos sistema jurídico.

O que torna a palavra "obediência" uma descrição enganosa do que os legisladores fazem ao seguir as normas que lhes outorgam poderes e do que os tribunais fazem ao aplicar uma norma última de reconhecimento é que a obediência a uma norma (ou a uma ordem) *não necessariamen-*

te envolve a reflexão por parte da pessoa que obedece, no sentido de que aquilo que está fazendo é a coisa certa a fazer, tanto para si mesma quanto para os outros; a pessoa não precisa ver o que faz como o cumprimento de um padrão de comportamento para outros membros do grupo social. Nem precisa considerar seu comportamento conforme à lei como "certo", "correto" ou "obrigatório". Em outras palavras, sua atitude não precisa ter aquele caráter crítico que está envolvido sempre que certas normas sociais são aceitas e determinados tipos de conduta são tratados como padrões gerais. Essa pessoa não precisa, embora possa, compartilhar o ponto de vista interno que aceita as normas como um padrão para todos aqueles a quem se aplicam. Em vez disso, pode considerar a norma apenas como algo que exige uma ação *sua*, sob pena de sofrer sanções; pode obedecer àquela por medo das consequências, ou por inércia, sem conceber a si mesma ou aos outros como pessoas que têm a obrigação de assim proceder, e sem estar inclinada a criticar a si própria ou aos outros pelas eventuais infrações. Mas essa preocupação meramente pessoal com as normas, que é tudo que é *necessário* que os cidadãos comuns tenham quando obedecem àquelas, não pode caracterizar a atitude dos tribunais diante das normas mediante as quais operam como tribunais. Isso é especialmente evidente no caso da norma última de reconhecimento, cujos termos permitem estimar a validade de outras normas. Para existir, essa norma deve ser encarada segundo o ponto de vista interno, como um padrão público e comum para a decisão judicial correta, e não como algo a que cada juiz obedece em caráter meramente pessoal. Embora possa desviar-se ocasionalmente dessas normas, cada tribunal do sistema deve encarar, em geral, esses desvios como lapsos críticos em relação aos padrões, que são essencialmente comuns ou públicos. Isso não envolve apenas a questão da eficiência ou da "saúde" do sistema jurídico, mas é uma condição logicamente necessária para que possamos falar da existência de um sistema jurídico único. Se apenas alguns juízes, em caráter pessoal e "por sua própria conta", trabalhassem baseados no fato de que aquilo que o Parlamento promulga em nome da Coroa é lei, e não criticassem aqueles que não respeitassem essa norma de reconhecimento, a unidade e a continuidade que caracterizam um sistema jurídico teriam desaparecido. Pois estas dependem da aceitação, nesse aspecto crucial, de padrões comuns de validade jurídica. No intervalo entre essas excentricidades do comportamento judicial e o caos que fatalmente sobreviria quando o homem comum se confrontasse com decisões judiciais opostas, estaríamos impossibilitados de descrever a situação. Estaríamos diante de um *lusus naturae* que só valeria a pena examinar porque aguça nossa percepção daquilo que é, frequentemente, demasiado óbvio para ser percebido.

Exigem-se, portanto, duas condições mínimas, necessárias e suficientes, para a existência de um sistema jurídico. Por um lado, as normas de comportamento válidas de acordo com os critérios últimos de validade do sistema devem ser geralmente obedecidas; por outro lado, as normas de reconhecimento que especificam os critérios de validade jurídica e as normas de modificação e julgamento devem ser efetivamente aceitas como padrões públicos comuns de comportamento oficial por parte das autoridades do sistema. A primeira condição é a única que os cidadãos privados *precisam* satisfazer; eles podem obedecer cada qual "por sua própria conta", ou por qualquer outro motivo. Apesar disso, numa sociedade saudável, muitas vezes de fato aceitarão essas normas como padrões comuns de comportamento e reconhecerão sua obrigação de obedecer-lhes, ou até derivarão essa obrigação de uma outra, mais geral, de respeitar a constituição. A segunda condição deve também ser satisfeita pelas autoridades do sistema. As autoridades devem encarar as normas como padrões comuns de comportamento oficial e avaliar criticamente suas próprias infrações e as dos outros, encarando-as como deslizes. É claro que também existem, além dessas, muitas normas primárias que se aplicam às autoridades em caráter meramente pessoal e às quais estas precisam simplesmente obedecer.

A afirmação de que um sistema jurídico existe é, assim, uma declaração bifronte como Jano, que contempla tanto a obediência por parte dos cidadãos comuns quanto a aceitação das normas secundárias pelas autoridades, que encaram tais normas como padrões críticos comuns para o comportamento oficial. Essa dualidade não deve nos surpreender, pois é apenas o reflexo da natureza complexa de um sistema jurídico, se o comparamos a uma forma de estrutura social mais simples, descentralizada e pré-jurídica, que possui apenas normas primárias. Na estrutura mais simples, como não há autoridades, as normas precisam ser amplamente aceitas como instituidoras de padrões críticos para o comportamento do grupo. Se o ponto de vista interno não estiver amplamente disseminado naquela estrutura social, não poderá, logicamente, haver norma alguma. Mas, onde exista a união de normas primárias e secundárias – que é, como sustentamos, a maneira mais frutífera de conceber um sistema jurídico –, a aceitação das normas como padrões comuns para o grupo pode ser separada da questão relativamente passiva do consentimento individual às normas por meio da obediência em caráter exclusivamente pessoal. Num caso extremo, o ponto de vista interno, com seu uso caracteristicamente normativo da linguagem jurídica ("Esta é uma norma válida"), poderia ficar limitado ao mundo oficial. Num tal sistema complexo, só as autoridades aceitariam e utilizariam os critérios de validade jurídica do sistema. Uma sociedade assim poderia ser deploravelmente subserviente e acarneirada, e os carneiros poderiam acabar no matadouro; mas não há motivos para pensarmos que não poderia existir ou para negar-lhe a qualificação de sistema jurídico.

3. A patologia de um sistema jurídico

As provas da existência de um sistema jurídico precisam, portanto, ser extraídas de dois setores diferentes da vida social. O caso normal, não problemático, em que podemos dizer com segurança que existe um sistema jurídico, é simplesmente aquele em que está claro que os dois setores são congruentes em suas respectivas relações típicas com o direito. *Grosso modo*, o fato é que as normas reconhecidas como oficialmente válidas são geralmente obedecidas. Às vezes, entretanto, o setor oficial pode se afastar do setor privado, no sentido de que não há mais obediência geral às normas consideradas válidas segundo os critérios de validade em uso nos tribunais. A variedade das formas pela quais isso pode ocorrer se insere na patologia dos sistemas jurídicos, pois representa uma interrupção na complexa prática congruente à qual nos referimos quando emitimos o enunciado factual externo de que um sistema jurídico existe. Dá-se aqui um colapso parcial do que se pressupõe quando fazemos enunciados jurídicos internos a partir de dentro do sistema específico. Essa interrupção pode resultar de diferentes fatores de perturbação. A "revolução", quando reivindicações rivais ao direito de governar são feitas dentro do grupo, é apenas um desses casos e, embora sempre envolva a infração de algumas leis do sistema vigente, pode acarretar apenas a substituição juridicamente não-autorizada das autoridades por um novo grupo de indivíduos, e não a criação de uma nova constituição ou de um novo sistema jurídico. A ocupação pelo inimigo, quando uma reivindicação rival ao governo se origina do exterior, é um caso diferente; o simples colapso do controle jurídico ordenado diante de uma situação de anarquia ou banditismo, sem pretensões políticas ao governo, é ainda outro caso.

Em cada um desses casos, pode haver estágios intermediários durante os quais os tribunais continuam a funcionar, seja no próprio território, seja no exílio, e seguem utilizando os critérios de validade jurídica do antigo sistema, antes firmemente estabelecido, embora suas ordens sejam destituídas de efeito no território. O estágio no qual é correto afirmar, em tais casos, que o sistema jurídico finalmente deixou de existir não pode ser determinado com exatidão. Evidentemente, se existe uma possibilidade ponderável de restauração, ou se a perturbação do sistema estabelecido constitui um incidente numa guerra geral cujo resultado é ainda incerto, não podemos afirmar de modo absoluto que o sistema deixou de existir. Isso se deve exatamente ao fato de que a afirmação de que um sistema jurídico existe é suficientemente ampla e geral para admitir interrupções; não pode ser comprovada ou refutada pelo que ocorre num curto período de tempo.

É claro que podem surgir perguntas difíceis depois que essas interrupções tenham dado lugar à volta das relações normais entre os tribunais e a população. Um governo retorna do exílio após a expulsão das forças de ocupação ou a derrota de um governo rebelde; em consequência, surgem indagações sobre o que era ou não "direito" naquele território durante o período de interrupção. Aqui o mais importante é compreender que esta pode *não* ser uma questão de fato. Se o fosse, teria de ser resolvida perguntando-se se a interrupção foi tão prolongada e completa que a situação deva ser descrita como um caso em que o sistema original havia deixado de existir e outro, semelhante ao antigo, foi instituído quando do retorno do exílio. Em vez disso, a questão pode ser abordada como um problema de direito internacional, ou pode ainda, de forma algo paradoxal, surgir como uma questão jurídica dentro do próprio sistema jurídico existente desde a restauração. Neste último caso, poderia ocorrer que o sistema restaurado incluísse uma lei retroativa declarando sua contínua permanência em vigor (ou, de forma mais fiel à realidade, sua permanência "ficta") como o direito naquele território. Isso poderia ser feito mesmo que a interrupção tivesse sido tão longa que fizesse a declaração parecer totalmente discrepante da conclusão que resultaria se o problema tivesse sido tratado como uma questão factual. Em tal caso, não há motivo para que a declaração não possa tornar-se uma norma do sistema restaurado, especificando as leis que seus tribunais deverão aplicar aos incidentes e transações ocorridos durante o período de interrupção.

Isso parecerá um paradoxo apenas se considerarmos que os enunciados jurídicos de um sistema jurídico a respeito das fases de sua própria existência – passada, presente ou futura – são conflitantes com a enunciação factual de sua existência feita a partir de um ponto de vista externo. Exceto pelo enigma aparente da autorreferência, a juridicidade de uma disposição de um sistema existente, relativa ao período durante o qual deve-se considerar que tal sistema existiu, em nada difere de uma lei pertencente a um sistema que declara que determinado outro sistema ainda existe em outro país, embora esta última não tenha provavelmente muitas consequências práticas. Parece-nos totalmente claro que o sistema jurídico vigente no território da União Soviética não é de fato aquele do regime czarista. Mas se uma lei promulgada pelo Parlamento britânico declarasse que o direito da Rússia czarista constituía ainda o direito vigente no território russo, isso realmente teria significado e efeito jurídicos como parte do direito inglês referente à URSS, embora não afetasse a veracidade do enunciado factual mencionada em nossa última frase. A força e o sentido da lei residiriam apenas em determinar qual o direito a ser aplicado aos casos que envolvessem um fator russo nos tribunais ingleses e, portanto, na Inglaterra.

Podemos ver o contrário da situação que acabamos de descrever nos fascinantes momentos de transição em que, do seio de um velho sistema jurídico, emerge um novo – às vezes só após uma operação cesariana. A história recente da Comunidade Britânica oferece um campo admirável para o estudo desse aspecto da embriologia dos sistemas jurídicos. Segue-se um esboço esquemático e simplificado desse desenvolvimento. No início do período temos uma colônia com um poder legislativo, um judiciário e um executivo locais. Essa estrutura constitucional foi estabelecida por uma lei promulgada pelo Parlamento do Reino Unido, que conserva plena competência jurídica para legislar em favor da colônia; isso inclui o poder de emendar ou revogar tanto as leis locais quanto quaisquer de suas próprias leis, inclusive as referentes à constituição da colônia. Nessa etapa, o sistema jurídico da colônia é claramente parte subordinada de um sistema mais amplo, caracterizado pela norma última de reconhecimento segundo a qual o que o Parlamento promulga por delegação da Coroa constitui lei para (*inter alia*) a colônia. Ao fim dessa etapa de desenvolvimento, descobrimos que a norma última de reconhecimento mudou, pois a competência jurídica do Parlamento de Westminster para legislar em favor da antiga colônia já não é reconhecida nos tribunais desta. Continua sendo verdadeiro que grande parte da estrutura constitucional da ex-colônia seja encontrada na lei original promulgada pelo Parlamento de Westminster, mas isso não passa agora de um fato histórico, pois já não deve seu presente *status* jurídico no território à autoridade do Parlamento de Westminster. O sistema jurídico na ex-colônia tem agora uma "raiz local", já que a norma de reconhecimento que especifica os critérios últimos de validade jurídica já não se refere às promulgações de um poder legislativo situado em outro território. A nova norma repousa simplesmente no fato de que é aceita e usada como tal nas operações judiciais e outras, de caráter oficial e público, de um sistema local cujas normas são geralmente obedecidas. Consequentemente, embora a composição, forma de promulgação e estrutura do poder legislativo local possam ainda ser as determinadas na constituição original, seus decretos já não são válidos por representarem o exercício de poderes concedidos por uma lei válida promulgada pelo Parlamento de Westminster, mas sim porque, segundo a norma de reconhecimento localmente aceita, a aprovação pelo poder legislativo local constitui um critério último de validade.

Essa evolução pode ocorrer de muitas formas diferentes. Após um período durante o qual o poder legislativo metropolitano nunca exerce de fato sua autoridade legislativa formal sobre a colônia sem o consentimento desta, ele pode finalmente sair de cena, renunciando a seu poder de legislar para a ex-colônia. Deve-se observar aqui que existem dúvidas de caráter teórico quanto a se os tribunais do Reino Unido reconheceriam a competência legal do Parlamento de Westminster para reduzir irrevogavelmente seus poderes dessa forma. Numa outra hipótese, o rompimento pode ser alcançado por meios violentos. Mas, em qualquer dos dois casos, temos, ao fim dessa evolução, dois sistemas jurídicos independentes. Esse é um enunciado factual, e não menos factual por dizer respeito à existência de sistemas jurídicos. A maior prova disso é que a norma última de reconhecimento agora aceita e usada na ex-colônia já não inclui, entre seus critérios de validade, nenhuma referência às atuações dos poderes legislativos de outros territórios.

Novamente, entretanto – e a história da Comunidade Britânica oferece exemplos instigantes disso –, é possível que, embora o sistema jurídico da colônia seja agora realmente independente da metrópole, o sistema metropolitano não reconheça esse fato. Talvez ainda faça parte do direito inglês a norma segundo a qual o Parlamento de Westminster conserva, ou pode juridicamente recobrar, o poder de legislar para a colônia; e os tribunais ingleses podem, se conhecerem causas que envolvam um conflito entre uma lei promulgada por Westminster e outra aprovada pelo poder legislativo da ex-colônia, agir de acordo com essa maneira de ver a questão. Nesse caso, as proposições do direito inglês parecem entrar em conflito com os fatos. O direito da colônia *não* é reconhecido nos tribunais ingleses como aquilo que realmente é: um sistema jurídico independente, com sua própria norma última de reconhecimento local. Na verdade, haverá dois sistemas jurídicos, embora o direito inglês insista que existe apenas um. Entretanto, precisamente porque uma afirmação é um enunciado de fato e a outra consiste numa proposição do direito (inglês), não há entre ambas um conflito lógico. Para esclarecer a situação, podemos, se quisermos, dizer que o enunciado de fato é verdadeiro e a proposição da lei inglesa é "correta perante o direito inglês". Ao considerar a relação entre o direito internacional público e o direito interno, precisamos ter em mente diferenças semelhantes entre a afirmação (ou negação) factual de que existem dois sistemas jurídicos independentes e as proposições de direito que postulam a existência de um único sistema jurídico. Algumas teorias muito exóticas devem sua plausibilidade unicamente à desconsideração dessa diferença.

Para completar esta revisão sumária da patologia e embriologia dos sistemas jurídicos, precisamos observar outras formas de malogro parcial das condições normais (condições cuja congruência se consubstancia na afirmação de que um sistema jurídico existe, sem ressalva alguma). A harmonia entre as autoridades, cuja existência é normalmente pressuposta quando se fazem enunciados jurídicos internos dentro do sistema, pode entrar em colapso parcial. Pode ser que, a respeito de certas questões constitucionais, e delas apenas, haja uma divisão no interior do mundo oficial que acabe levando a uma cisão no judiciário. O início de uma cisão desse tipo (sobre os critérios últimos a serem usados para a identificação do direito) ocorreu por ocasião das crises constitucionais na África do Sul, em 1954, levadas a juízo no caso *Harris vs. Dönges*[1]. Naquele caso, o poder legislativo adotou uma opinião diferente da adotada pelos tribunais a respeito de sua competência e seus poderes e decretou medidas que os tribunais declararam nulas. O legislativo reagiu, criando um "tribunal" especial de recursos para julgar apelações contra decisões dos tribunais comuns que anulavam os decretos do poder legislativo. No devido tempo, esse tribunal julgou tais apelações e reverteu as decisões dos tribunais comuns; estes últimos, por sua vez, declararam inválido o poder legislativo que criou os tribunais especiais, e juridicamente nulas suas decisões. Se esse processo não tivesse sido detido (porque o governo julgou desaconselhável essa forma de impor sua vontade), teríamos tido uma oscilação interminável entre duas interpretações

---

1. [1952] 1 TLR 1245.

sobre a competência do poder legislativo e, portanto, sobre os critérios de validade do direito. As condições normais de harmonia oficial, e especialmente judicial, em presença das quais é possível identificar a norma de reconhecimento do sistema, teriam sido suspensas. Contudo, a grande maioria das operações jurídicas não relacionadas com essa questão constitucional continuaria como antes. Até que a população ficasse dividida e a "lei e a ordem" entrassem em colapso, seria equivocado dizer que o sistema jurídico original cessara de existir: pois a expressão "o mesmo sistema jurídico" é ampla e elástica o suficiente para que não seja preciso postular que um consenso oficial unificado a respeito de *todos* os critérios originais de validade jurídica é condição necessária para que o sistema jurídico permaneça "o mesmo". Podemos, na verdade, apenas descrever a situação da forma como fizemos e considerá-la um caso anormal, abaixo dos padrões, contendo em si mesmo a ameaça de dissolução do sistema jurídico.

Esse último caso nos leva às fronteiras de um tópico mais abrangente, que discutiremos no próximo capítulo, tanto em relação à elevada questão constitucional dos critérios últimos de validade de um sistema jurídico quanto em relação às suas leis "ordinárias". Todas as normas envolvem o reconhecimento ou classificação de casos particulares como exemplos de termos gerais e, no que diz respeito a tudo que nos dispomos a chamar de norma, é possível distinguir casos claros, nucleares, aos quais ela certamente se aplica, de outros, onde há razões tanto para se afirmar quanto para se negar que a mesma seja aplicável. Nada pode eliminar essa dualidade entre um núcleo de certeza e uma penumbra de dúvida quando procuramos acomodar situações particulares ao âmbito de normas gerais. Isso confere a todas as normas uma margem de vagueza ou "textura aberta", o que pode afetar tanto a norma de reconhecimento que especifica os critérios últimos usados para a identificação do direito quanto uma lei específica. Sustenta-se frequentemente que esse aspecto do direito demonstra que qualquer elucidação do conceito de direito em razão das normas será fatalmente equivocada. A insistência na tese das normas, em face das realidades da situação, é frequentemente estigmatizada como uma forma de "conceptualismo" ou "formalismo", e é à análise dessa acusação que passaremos a seguir.

VII. O formalismo e o ceticismo em relação às normas

1. A textura aberta do direito

Em qualquer grupo numeroso, as normas gerais, os padrões de conduta e os princípios – não orientações específicas transmitidas separadamente a cada indivíduo – constituem necessariamente o principal instrumento de controle social. Se não fosse possível transmitir, sem nenhuma orientação adicional, padrões gerais de conduta compreensíveis para multidões de indivíduos – padrões que exigem deles certos comportamentos em determinadas circunstâncias –, não existiria nada do que hoje entendemos por direito. Em consequência, o direito deve referir-se preferencialmente, embora não exclusivamente, a *classes* de pessoas e a *classes* de condutas, coisas e circunstâncias; e o êxito de sua atuação sobre vastas áreas da vida social depende de uma capacidade amplamente difusa de reconhecer certos atos, coisas e circunstâncias como manifestações das classificações gerais feitas pelas leis.

Duas estratégias principais, à primeira vista muito diferentes entre si, vêm sendo usadas para a comunicação desses padrões gerais de conduta antes que ocorram as sucessivas ocasiões em que devem ser aplicados. Uma dessas estratégias faz uma aplicação máxima, e a outra, mínima, dos termos classificatórios gerais. Típica da primeira é aquilo que chamamos de legislação, e, da segunda, o precedente. Podem-se ver os traços distintivos das duas estratégias nos seguintes casos simples e não-jurídicos. Antes de ir à igreja, um pai diz ao filho: "Ao entrarem na igreja, todos os homens e meninos devem tirar o chapéu." Outro pai, descobrindo a cabeça ao entrar na igreja, diz "Esta é a maneira certa de se comportar em ocasiões como esta".

A transmissão ou ensino de padrões de conduta por meio do exemplo pode assumir formas diferentes, muito mais sofisticadas que o nosso exemplo simples. Nosso caso se aproximaria mais do uso jurídico do precedente se, em vez de recomendar à criança que, naquela ocasião específica, considerasse o comportamento demonstrado ao entrar na igreja como exemplo da conduta apropriada, o pai simplesmente presumisse que o filho acataria sua autoridade quanto ao comportamento adequado e o observaria para aprender como se comportar. Para chegarmos ainda mais perto do uso jurídico do precedente, suponhamos que o próprio pai, e também as outras pessoas, considerem que ele segue os padrões tradicionais de comportamento, sem introduzir novos padrões.

A transmissão por meio do exemplo, em todas as suas formas, mesmo quando acompanhada por orientações verbais de caráter geral, como "Faça como eu", pode deixar em aberto um amplo leque de possibilidades, e portanto de dúvidas, sobre o que se pretende, e mesmo sobre questões que a própria pessoa que transmite o ensinamento já tenha examinado com clareza. Até que ponto o comportamento deve ser imitado? Fará diferença se, para tirar o chapéu, eu usar a mão esquerda em vez da direita? Que a ação seja executada lentamente ou com rapidez? Que o chapéu seja colocado debaixo do assento? Que, dentro da igreja, não seja recolocado na cabeça? Todas essas são variações de perguntas genéricas que a criança poderia fazer a si mesma: "De que formas minha conduta deve assemelhar-se à dele para que seja correta?"; "O que, exatamente, na conduta dele, deve servir-me de orientação?". Ao compreender o exemplo, a criança detém-se em alguns de seus aspectos em vez de outros. Ao fazê-lo, é orientada pelo bom senso e pelo conhecimento dos tipos gerais de coisas e objetivos considerados importantes pelos adultos, e por sua apreensão do caráter geral da ocasião (ida à igreja) e do tipo de comportamento adequado a ela.

Diante do caráter impreciso dos exemplos, a transmissão de padrões gerais de conduta por meio de fórmulas gerais linguísticas explícitas ("Todos os homens devem tirar o chapéu ao entrar na igreja") parece clara, confiável e segura. Os aspectos que devem ser entendidos como orientações gerais de comportamento são então identificados por meio de palavras; são distinguidos e separados verbalmente, e não deixados mesclados com outros num exemplo concreto. Para saber como agir em outras ocasiões, a criança já não precisa imaginar o que se pretende ou o que merecerá aprovação; não tem que especular de que forma sua conduta deve assemelhar-se ao exemplo para ser correta. Em vez disso, dispõe de uma descrição verbal que pode usar para detectar o que deve fazer no futuro e quando deve fazê-lo. Tem apenas que reconhecer exemplos concretos de enunciados verbais claros para "incluir" os fatos particulares dentro dos títulos classificatórios gerais e chegar a uma conclusão silogística simples. Não é confrontada com a alternativa de arriscar uma escolha ou de procurar outra orientação autorizada. Dispõe de uma norma que ela mesma, a criança, pode aplicar à sua própria pessoa.

Boa parte da teoria do direito do século XX consistiu na gradativa compreensão (e algumas vezes no exagero) do fato importante de que a diferença entre as incertezas da comunicação feita por exemplos dotados de autoridade (precedente), de um lado, e as certezas da transmissão feita por uma linguagem geral vinculante (legislação), por outro, é muito menos sólida do que sugere essa contraposição ingênua. Mesmo quando se utilizam normas gerais formuladas verbalmente, podem surgir, em casos concretos específicos, incertezas quanto ao tipo de comportamento por elas exigido. As situações de fato, particulares, não esperam por nós já diferenciadas entre si e rotuladas como exemplos da norma geral cuja aplicação está em pauta; nem a norma geral pode se adiantar para demarcar seus próprios exemplos. Não apenas no terreno das normas, mas em todos os campos da existência, há um limite, inerente à natureza da linguagem, para a orientação que a linguagem geral pode oferecer. É certo que existem casos claros, que reaparecem constantemente em contextos semelhantes, aos quais as fórmulas gerais são nitidamente aplicáveis ("Se algo é um veículo, um automóvel o é"), mas haverá também casos aos quais não está claro se elas se aplicam ou não ("A palavra aqui usada, 'veículo', incluirá bicicletas, aviões, patins?"). Estas últimas são situações de fato, continuamente criadas pela natureza ou pela inventividade humana, que possuem apenas alguns dos traços presentes nos casos simples, enquanto outros estão ausentes. Os cânones de "interpretação" não podem eliminar essas incertezas, embora possam minorá-las; pois esses cânones constituem, eles próprios, normas gerais para o uso da linguagem e empregam termos gerais que exigem eles próprios interpretação. Não podem, mais que as outras normas, fornecer sua própria interpretação. Os casos simples, nos quais os termos gerais não parecem carecer de interpretação e o reconhecimento de exemplos parece pouco problemático ou "automático", são apenas os familiares, que reaparecem continuamente em contextos semelhantes, a respeito dos quais existe um juízo consensual quanto à aplicabilidade dos termos classificatórios.

Os termos gerais seriam inúteis como meio de comunicação se não houvesse esses casos familiares, geralmente incontroversos. Mas as variações também precisam ser classificadas de acordo com os termos gerais que, em qualquer momento dado, fazem parte de nossos recursos linguísticos. Apresenta-se aqui algo como uma crise na comunicação: há razões tanto a favor quanto contra nosso emprego de um termo geral, e nenhuma convenção firme ou concordância geral determina seu uso, ou, por outro lado, sua rejeição pela pessoa que deve fazer a classificação. Em tais casos, para esclarecer as dúvidas, quem quer que vá dirimi-las deve operar como que uma escolha entre alternativas abertas.

A essa altura, a linguagem geral em que a norma se expressa não pode fornecer senão uma orientação incerta, como faria um exemplo igualmente dotado de autoridade. Nesse ponto, cai por terra a sensação de que a linguagem da norma nos habilitará a simplesmente identificar exemplos facilmente reconhecíveis. A inclusão de um caso particular dentro de uma norma e a inferência de uma conclusão silogística já não caracterizam a essência do raciocínio envolvido em decidir qual é o procedimento correto. Em vez disso, a linguagem da norma agora parece apenas assinalar um exemplo vinculante, isto é, aquele constituído pelo caso evidente. Este pode ser usado mais ou menos da mesma forma que um precedente, embora a linguagem da norma limite os traços que exigem atenção, e o faça de maneira simultaneamente mais permanente e mais rigorosa que o precedente. Indagada se a norma que proíbe o uso de veículos no parque é aplicável a algum conjunto de circunstâncias no qual tal aplicação parece incerta, a pessoa encarregada de responder não tem outra alternativa senão a de examinar (como quando se utiliza um precedente) se o caso presente se assemelha "suficientemente" ao caso simples sob os aspectos "pertinentes". Assim, a discricionariedade que a linguagem lhe confere desse modo pode ser muito ampla, de tal forma que, se a pessoa aplicar a norma, a conclusão, embora possa não ser arbitrária ou irracional, será de fato resultado de uma escolha. A pessoa decide acrescentar um caso novo a uma sucessão de outros, devido a semelhanças que podem ser razoavelmente consideradas pertinentes do ponto de vista jurídico e suficientemente próximas do ponto de vista factual. No caso das normas jurídicas, os critérios de pertinência e a proximidade por semelhança dependem de muitos fatores complexos, integrados no sistema jurídico, e dos objetivos ou do propósito que podem ser atribuídos à norma. Caracterizá-los equivaleria a caracterizar o que quer que exista de específico ou singular no raciocínio jurídico.

Qualquer que seja a estratégia escolhida para a transmissão de padrões de comportamento, seja o precedente ou a legislação, esses padrões, por muito facilmente que funcionem na grande massa de casos comuns, se mostrarão imprecisos em algum ponto, quando sua aplicação for posta em dúvida; terão o que se tem chamado de *textura aberta*. Até aqui temos apresentado isso, no caso da legislação, como uma característica geral da linguagem humana; a incerteza nas zonas limítrofes é o preço a pagar pelo uso de termos classificatórios gerais em qualquer forma de comunicação referente a questões factuais. Usadas dessa forma, as línguas naturais, como o inglês, têm uma textura irredutivelmente aberta. É, entretanto, importante considerar por que razão, excluída essa dependência da linguagem tal como realmente existe, com sua típica textura aberta, não devemos acalentar, nem mesmo como um ideal, a concepção de uma norma tão detalhada que a pergunta se ela se aplica ou não a um caso particular já tenha sempre sido respondida antecipadamente, sem nunca envolver, no momento de sua aplicação real, uma nova escolha entre alternativas abertas. Em resumo, a necessidade dessa escolha nos é imposta porque somos homens, e não deuses. É típico da condição humana (e também, portanto, da legislação) que labutemos com duas desvantagens interligadas sempre que procuramos regulamentar, antecipadamente e sem ambiguidade, alguma esfera de comportamento por meio de um padrão geral que possa ser usado sem orientação oficial posterior em ocasiões específicas. A primeira desvantagem é nossa relativa ignorância dos fatos; a segunda é a relativa imprecisão de nosso objetivo. Se o mundo no qual vivemos tivesse apenas um número finito de características, e estas, juntamente com todas as formas sob as quais podem se combinar, fossem conhecidas por nós, poderíamos então prever de antemão todas as possibilidades. Poderíamos criar normas cuja aplicação a casos particulares nunca exigiria uma escolha adicional. Poder-se-ia tudo saber e, como tudo seria conhecido, algo poderia ser feito em relação a todas as coisas e especificado antecipadamente por uma norma. Esse seria um mundo adequado a uma jurisprudência "mecânica".

Esse não é, evidentemente, o nosso mundo; os legisladores humanos não podem ter o conhecimento de todas as combinações possíveis de circunstâncias que o futuro pode trazer. Essa imprevisibilidade traz consigo uma relativa imprecisão dos objetivos. Quando nos atrevemos a formular alguma norma geral de conduta (por exemplo, a norma segundo a qual nenhum veículo pode entrar no parque), a linguagem usada nesse contexto fixa condições necessárias a que qualquer coisa deve atender para estar incluída na norma, e certos exemplos claros daquilo que certamente atende a essa condição podem estar presentes em nossas mentes. Trata-se de casos claros, paradigmáticos (o automóvel, o ônibus, a motocicleta), e nosso objetivo ao legislar é, até esse ponto, preciso, pois fizemos determinada escolha. Decidimos inicialmente que a paz e a tranquilidade devem ser mantidas no parque ao custo, pelo menos, da exclusão daquelas coisas. Por outro lado, até que tenhamos tido a ocasião de justapor o objetivo geral de tranquilidade no parque e aqueles casos que não previmos, ou talvez não pudéssemos inicialmente prever (por exemplo, um carrinho elétrico de brinquedo), nosso objetivo será, nessa mesma medida, indeterminado. Não resolvemos, porque não o previmos, o problema – que será suscitado por um caso não previsto, quando este venha a ocorrer – de decidir se parte da tranquilidade do parque deve ser sacrificada, ou se deve ser defendida contra as crianças cujo interesse ou prazer seja usar esses brinquedos. Quando o caso imprevisto vier efetivamente a ocorrer, confrontaremos o problema em pauta e então poderemos resolvê-lo escolhendo entre os interesses conflitantes da forma que melhor nos satisfizer. Ao fazê-lo, teremos tornado nosso objetivo inicial mais preciso; e teremos ainda, incidentalmente, solucionado uma questão relativa ao sentido de um termo genérico para os efeitos dessa norma.

Sistemas jurídicos diferentes, ou o mesmo sistema em épocas diferentes, podem ignorar ou reconhecer de forma mais ou menos explícita essa necessidade do exercício posterior de uma escolha na aplicação de normas gerais a casos específicos. O vício conhecido na teoria do direito como formalismo ou conceptualismo consiste numa atitude perante as normas formuladas verbalmente que busca, após a edição da norma geral, simultaneamente disfarçar e minimizar a necessidade de tal escolha. Uma forma de agir assim é congelar o sentido da norma de tal maneira que seus termos gerais devam ter o mesmo sentido em todos os casos em que esteja em pauta sua aplicação. Para garantir isso, podemos nos aferrar a certas características presentes no caso mais evidente e insistir em que elas são ao mesmo tempo necessárias e suficientes para situar dentro da norma qualquer coisa que possua tais características, independentemente de quaisquer outras, e independentemente das consequências sociais desse modo de aplicação da norma. Isso assegura alguma certeza ou previsibilidade, ainda que à custa de prejulgar cegamente o que fazer numa gama de casos futuros cuja natureza ignoramos. Assim realmente conseguimos resolver antecipadamente, mas no escuro, problemas que só podem ser solucionados de modo razoável quando surgem e são identificados. Essa técnica nos forçará a incluir na norma casos que gostaríamos de excluir a fim de alcançar objetivos sociais racionais que os termos de nossa linguagem, dotados de textura aberta, nos teriam permitido excluir se os tivéssemos definido de modo menos rígido. A rigidez de nossas classificações contrariará, assim, os objetivos que visamos ao ter ou conservar a norma.

A consumação desse processo é o "paraíso dos conceitos" do jurista e seria alcançada quando se pudesse atribuir a um termo geral o mesmo sentido, não apenas em todas as aplicações de uma única norma, mas também todas as vezes que o termo surgisse em qualquer norma do sistema jurídico. Nenhum esforço seria então exigido, ou feito, para interpretar o termo à luz das diferentes questões em jogo, em suas várias recorrências.

Na verdade, todos os sistemas conciliam, de modos diferentes, duas necessidades sociais: a necessidade de certas normas que os indivíduos particulares possam aplicar a si próprios, em grandes áreas do comportamento, sem nova orientação oficial e sem considerar questões sociais; e a de deixar em aberto, para serem posteriormente resolvidos por meio de uma escolha oficial e bem informada, problemas que só podem ser adequadamente avaliados e solucionados quando ocorrem em um caso concreto. Em certas épocas e sistemas jurídicos, pode ser que se sacrifique um número excessivo de coisas por amor à segurança, e que a interpretação jurídica das leis ou dos precedentes seja demasiado formal, deixando assim de se adequar às semelhanças e às diferenças entre os casos que só são visíveis quando estes são avaliados à luz dos objetivos sociais. Em outros sistemas ou outras épocas, talvez se deixe em aberto um número excessivo de coisas, a serem tratadas pelos tribunais como permanentemente passíveis de revisão em função dos precedentes, e que se respeitem muito pouco os limites que a linguagem legislativa, apesar de sua textura aberta, em última análise oferece. A história da teoria do direito é, sob esse aspecto, curiosa, pois costuma ou ignorar ou exagerar a indeterminação das normas jurídicas. Para evitar essa oscilação entre extremos, devemos nos lembrar que a incapacidade humana de prever o futuro, a qual está na raiz dessa imprecisão, tem graus variáveis em diferentes campos do comportamento; e que os sistemas jurídicos suprem essa incapacidade com uma correspondente variedade de técnicas.

Às vezes se reconhece desde o início que, na esfera a ser controlada juridicamente, as características dos casos individuais variarão tanto, em aspectos imprevisíveis mas socialmente relevantes, que o poder legislativo não pode criar antecipadamente e de modo útil normas uniformes a serem aplicadas caso a caso, sem orientação oficial posterior. Consequentemente, aquele poder estabelece, para regulamentar essa esfera, padrões muito gerais, e delega então a um órgão normativo, conhecedor dos vários tipos de casos, a tarefa de formular normas adaptadas a suas necessidades específicas. Assim, o poder legislativo pode exigir que as empresas atuantes em determinado setor da economia respeitem certos padrões – por exemplo, que cobrem apenas *tarifas razoáveis* ou ofereçam *condições seguras de trabalho*. Em vez de permitir que as diferentes empresas apliquem a si próprias esses padrões vagos, correndo o risco de descobrir posteriormente, *ex post facto,* terem sido estes violados, pode-se preferir adiar a aplicação de sanções por infrações à norma até que a entidade administrativa tenha especificado, por meio de regulamentação, aquilo que, para um determinado setor, será considerado "tarifa razoável" ou "condição segura de trabalho". Esse poder normativo só pode ser exercido após algo semelhante a uma averiguação judicial dos fatos relativos àquele setor da economia, após terem sido ouvidos os argumentos pró e contra determinada forma de regulamentação.

Evidentemente, mesmo que os padrões sejam muito gerais, haverá exemplos claros, indiscutíveis, daquilo que os satisfaz ou não. Alguns casos extremos do que é, ou não é, uma "tarifa razoável" ou uma "condição segura de trabalho" serão sempre identificáveis *ab initio.* Assim, em uma extremidade da gama infinitamente variada de casos, haverá uma tarifa tão alta que deixaria o público refém de um serviço indispensável, proporcionando ao mesmo tempo lucros exorbitantes aos empresários; na outra extremidade, haverá uma tarifa tão baixa que não incentive a operação de uma empresa. Ambos os extremos frustrariam, de modos diferentes, todos os nossos possíveis objetivos ao regulamentar as tarifas. Mas estes são apenas os extremos de um leque de fatores diferentes e talvez não sejam encontrados na prática; os casos difíceis, que exigem atenção, ficam entre os dois extremos. São poucas as combinações previsíveis de fatores pertinentes, e isso acarreta uma relativa imprecisão em nosso objetivo inicial de fixar tarifas justas ou condições seguras de trabalho e implica a necessidade de uma decisão oficial posterior. Nesses casos, a autoridade encarregada de estabelecer as normas deve evidentemente exercer sua discricionariedade, e não há possibilidade de tratar a questão levantada pelos vários casos como se pudesse ser resolvida por uma única solução correta *a priori*, e não por uma solução que represente um equilíbrio razoável entre diversos interesses conflitantes.

Usa-se uma segunda técnica semelhante quando a natureza da esfera a ser controlada impossibilita a identificação de uma classe de atos específicos a serem evitados ou praticados uniformemente e a inclusão de tais atos numa norma simples; entretanto, o âmbito das circunstâncias, embora muito variado, inclui características familiares que são de conhecimento comum. Nesse ponto, a lei pode lançar mão de juízos comuns sobre o que é "razoável". Essa técnica delega aos indivíduos, sem prejuízo da ação corretiva por parte do tribunal, a tarefa de apreciar as exigências sociais que surgem de formas imprevisíveis e de encontrar um equilíbrio razoável entre elas. Nesse caso, exige-se que obedeçam a um padrão variável *antes* que ele tenha sido oficialmente definido, e pode ocorrer que só *ex post facto* o tribunal os informe de que violaram um padrão cujo cumprimento lhes era exigido em matéria de atos ou abstenções específicos. Quando as decisões do tribunal são consideradas precedentes, sua especificação do padrão variável se assemelha muito ao exercício do poder de fixar normas outorgado a um órgão administrativo, embora haja também diferenças óbvias.

No direito anglo-americano, o exemplo mais famoso dessa técnica é o uso do padrão da devida precaução (*due care*) em casos de negligência. Sanções civis, e, com menos frequência, criminais, podem ser aplicadas aos que deixam de tomar precauções razoáveis para evitar infligir danos físicos a outras pessoas. Mas como definir a precaução razoável, devida ou adequada numa situação concreta? Podemos, evidentemente, citar exemplos típicos de precaução devida: praticar atos como "parar, olhar e escutar" em lugares onde se espera que haja tráfego. Mas todos sabemos que as situações que exigem precaução são enormemente variadas, e que muitos outros atos são agora necessários além de, ou em vez de, "parar, olhar e escutar"; na verdade, essas precauções podem não bastar e podem ser totalmente inúteis se o ato de olhar não ajudar a eliminar o perigo. Nossos objetivos na aplicação de padrões de devida precaução consistem em garantir que: (1) sejam tomadas precauções que evitem prejuízos substanciais, mas (2) que isso se faça de forma que o peso da precaução adequada não envolva o sacrifício excessivo de outros interesses a serem respeitados. Não se sacrifica grande coisa ao parar, olhar e escutar, a menos, evidentemente, que um homem que esteja correndo o risco de uma hemorragia fatal tenha de ser levado para o hospital. Mas, devido à imensa variedade dos casos possíveis que exigem precaução, não poderemos, se quisermos nos precaver contra prejuízos, prever *ab initio* as combinações de circunstâncias possíveis nem adivinhar quais interesses terão de ser sacrificados, ou até que ponto o serão. Assim, é impossível avaliar, antes que se verifiquem os casos particulares, exatamente que sacrifícios ou soluções de meio-termo entre interesses ou valores conflitantes estaremos dispostos a fazer para reduzir o risco de infligir danos. Mais uma vez, nosso objetivo de proteger as pessoas contra todo dano permanece impreciso até ser articulado com as possibilidades que só a experiência nos trará, ou até ser posto à prova em função destas; quando isso ocorrer, teremos de enfrentar uma decisão que, uma vez tomada, tornará, *pro tanto,* determinado o nosso objetivo.

A reflexão sobre essas duas técnicas realça, por contraste, as características daquelas amplas áreas de comportamento que se podem controlar com êxito, *ab initio,* por meio de normas que exigem ações específicas e têm apenas uma pequena margem de textura aberta, em vez de um padrão variável. Caracterizam-se elas pelo fato de que certas ações, acontecimentos ou situações notáveis têm tamanha importância prática para nós, como coisas a serem promovidas ou evitadas, que pouquíssimas circunstâncias concomitantes nos predispõem a considerá-las de forma diferente. O exemplo mais evidente disso é a morte de um ser humano. Temos condições de formular uma norma contra o ato de matar em vez de estabelecer um padrão variável ("respeito adequado pela vida humana"), embora sejam muito variadas as circunstâncias em que os seres humanos matam uns aos outros; isso porque são pouquíssimos os fatores que nos parecem superar a importância de proteger a vida ou nos fazem reconsiderar nosso julgamento a respeito disso. Quase sempre, o ato de matar, por assim dizer, *domina* os outros fatores que possam acompanhá-lo, de modo que, quando o proibimos antecipadamente como "homicídio", não estamos prejulgando cegamente questões que devem ser examinadas em contraposição umas às outras. Há naturalmente exceções, fatores que sobrepujam este princípio, geralmente dominante. Existem a legítima defesa e outras formas de homicídio justificável. Mas estas são poucas e identificáveis em termos relativamente simples; são admitidas apenas como exceções à norma geral.

É importante observar que o *status* dominante de algum ato, acontecimento ou situação facilmente identificáveis pode ser, em certo sentido, convencional ou artificial, e não devido à sua importância "natural" ou "intrínseca" para nós, seres humanos. Não importa qual lado da estrada deve ser usado em razão das leis do tráfego, nem (dentro de certos limites) quais as formalidades prescritas para uma transferência de propriedade; mas é de fato muito importante que exista um procedimento uniforme e facilmente identificável, e, consequentemente, um procedimento correto e outro errado em tais questões. Quando esse procedimento tiver sido prescrito pela lei, a importância de observá-lo será, com poucas exceções, suprema; pois há relativamente poucas circunstâncias que possam sobrepujá-la, e as que existem poderão ser facilmente identificáveis como exceções e reduzidas à norma. A lei inglesa que dispõe sobre a propriedade imobiliária ilustra muito claramente esse aspecto das normas.

Como já vimos, a transmissão de normas gerais por meio de exemplos autorizados traz em si indeterminações de um tipo mais complexo. O reconhecimento do precedente como critério de validade jurídica tem significados diferentes em sistemas diversos e até no interior do mesmo sistema em épocas diferentes. As descrições da "teoria" inglesa do precedente são ainda, em certos pontos, altamente discutíveis: na verdade, até as palavras-chave usadas na teoria, *"ratio decidendi"*, "fatos materiais", "interpretação" e outras, têm sua própria zona obscura de incerteza. Não faremos uma nova descrição geral, mas tentaremos apenas caracterizar sucintamente, como já fizemos no caso da legislação, a área de textura aberta e, dentro dela, a atividade judicial criadora.

Qualquer descrição fiel do uso do precedente no direito inglês deve reservar um lugar para os seguintes pares de fatos contrastantes. *Primeiro,* não existe um método único para se determinar a norma derivada de certo precedente autorizado. Não obstante, na vasta maioria das causas levadas a juízo, existe muito pouca dúvida a esse respeito. Geralmente, o resumo do caso é bastante correto. *Em segundo lugar,* não se pode extrair dos casos decididos nenhuma formulação vinculante ou exclusivamente correta de qualquer norma. Por outro lado, muitas vezes existe certo consenso quanto à adequação de uma dada formulação, quando está em causa a pertinência de um precedente para um caso posterior. *Em terceiro lugar,* qualquer que seja a autoridade da norma derivada de um precedente, ela é compatível com o exercício dos dois seguintes tipos de atividade, criadora ou legislativa, por parte dos tribunais sujeitos a essa norma. Por um lado, os tribunais que julguem uma causa posterior podem chegar a uma decisão oposta à contida no precedente; para tanto, restringem a norma extraída do precedente, admitindo exceções não consideradas anteriormente ou, no caso de terem sido consideradas, deixadas em aberto. Esse processo de "distinguir" o caso anterior envolve a descoberta de alguma diferença juridicamente pertinente entre o caso passado e o atual, sem que a natureza dessas diferenças jamais possa ser determinada exaustivamente. Por outro lado, ao seguir um precedente, os tribunais podem desconsiderar uma restrição encontrada na norma tal como foi formulada a partir do caso anterior, com a justificativa de que não é exigida por nenhuma norma estabelecida mediante lei positivada ou precedente judicial. Isso equivale a ampliar o alcance da norma. Apesar dessas duas formas de atividade normativa, deixadas em aberto pela força obrigatória do precedente, o sistema inglês de precedentes acabou por produzir, com o uso, um conjunto de normas das quais um vasto número, tanto de grande quanto de menor importância, é tão preciso quanto qualquer norma legislada. Essas normas só podem, a partir de então, ser alteradas através de legislação nova, como declaram frequentemente os próprios tribunais em casos cujo "mérito" parece apontar em sentido contrário às exigências dos precedentes estabelecidos.

 A textura aberta do direito significa que existem, de fato, áreas do comportamento nas quais muita coisa deve ser decidida por autoridades administrativas ou judiciais que busquem obter, em função das circunstâncias, um equilíbrio entre interesses conflitantes, cujo peso varia de caso para caso. Entretanto, a vida do direito consiste em grande parte em orientar tanto as autoridades quanto os indivíduos particulares através de normas precisas, que, diversamente das aplicações de padrões variáveis, *não* lhes exijam uma nova decisão a cada caso. Esse fato evidente da vida social permanece verdadeiro mesmo que possam surgir dúvidas quanto à aplicabilidade de qualquer norma (escrita ou transmitida por precedente) a um caso concreto. Nisso, à margem das normas e nos espaços deixados em aberto pela teoria dos precedentes, os tribunais desempenham uma função normativa que os órgãos administrativos também desempenham nuclearmente, ao elaborar padrões variáveis. Em um sistema no qual o princípio do *stare decisis* seja firmemente reconhecido, essa função dos tribunais se assemelha muito ao exercício, por parte de um órgão administrativo, de poderes normativos delegados. Na Inglaterra, esse fato é muitas vezes obscurecido pelo formalismo verbal, pois os tribunais frequentemente desmentem essa função criadora e insistem em que a função adequada da interpretação jurídica e do uso do precedente são, respectivamente, buscar a "intenção do legislador" e fazer referência ao direito já existente.

2. Tipos de ceticismo em relação às normas

Já discutimos em certo detalhe a textura aberta do direito, pois é importante analisar essa característica sob uma perspectiva apropriada. Não fazer justiça a esse aspecto sempre provoca exageros que obscurecem outros traços do direito. Todo sistema jurídico deixa em aberto um campo vasto e de grande importância para que os tribunais e outras autoridades possam usar sua discricionariedade no sentido de tornar mais precisos os padrões inicialmente vagos, dirimir as incertezas contidas nas leis ou, ainda, ampliar ou restringir a aplicação de normas transmitidas de modo vago pelos precedentes autorizados. Contudo, essas atividades, por importantes e imperfeitamente estudadas que sejam, não devem disfarçar o fato de que tanto o contexto em que se inserem quanto seu principal produto final são as normas gerais. Trata-se de normas cuja aplicação os indivíduos podem perceber eles próprios caso após caso, sem necessidade de recurso ulterior à orientação ou discricionariedade oficial.

Pode parecer estranho que alguma vez se tenha duvidado seriamente da afirmação de que as normas ocupam um lugar central em qualquer sistema jurídico. No entanto, o "ceticismo em relação às normas", ou a tese de que o discurso sobre estas é um mito, ocultando a verdade de que o direito consiste apenas nas decisões dos tribunais e nas previsões a respeito dessas decisões, pode ser muito atraente para os juristas de mentalidade mais concreta. Expresso de forma geral e sem qualificação alguma, para abranger tanto as normas secundárias quanto as primárias, o argumento é completamente incoerente: pois a afirmação de que existem decisões tomadas por tribunais não pode ser coerentemente associada à negação da existência de quaisquer normas. Isso se deve a que, como vimos, a própria existência de um tribunal envolve a existência de normas secundárias que outorgam jurisdição a uma sucessão variável de indivíduos, tornando assim suas decisões vinculantes. Em uma comunidade de pessoas que tenham assimilado as noções de decisão e da previsibilidade de uma decisão, mas não a ideia de norma, estaria faltando a ideia de uma decisão *autorizada* e, com isso, a ideia de tribunal. Nada haveria para distinguir a decisão de um indivíduo daquela de um tribunal. Poderíamos tentar suprir, com a noção de "obediência habitual", as deficiências da previsibilidade das decisões como fundamento para a jurisdição dotada de autoridade que caracteriza um tribunal. Mas, se o fizermos, descobriremos que, usada com esse objetivo, a noção de hábito sofre de todas as insuficiências que foram postas em evidência quando, no Capítulo IV, a consideramos como substituto para uma norma que outorgasse poderes legislativos.

Algumas versões mais moderadas da teoria podem admitir que, se há tribunais, deve haver normas jurídicas que os instituem, e, portanto, essas normas não podem ser, elas próprias, simples previsões sobre as decisões dos tribunais. Entretanto, pouco se pode avançar com essa concessão apenas. Pois a afirmação de que as leis não são direito, mas apenas fontes do direito, até que sejam aplicadas por um tribunal, é típica desse tipo de teoria, e isso é incoerente com a afirmação de que as únicas normas existentes são aquelas necessárias para instituir tribunais. Deve haver também normas secundárias que outorguem poderes legislativos a uma sucessão mutável de indivíduos. Pois a teoria não nega a existência das leis. Na verdade, ela as cita como meras "fontes" do direito e apenas lhes recusa o caráter de direito até que sejam aplicadas pelos tribunais.

Essas objeções, embora importantes e oportunas para nos acautelar contra uma forma desavisada da teoria, não se aplicam a esta de todas as formas. Pode bem ser que o ceticismo em relação às normas nunca tenha pretendido negar a existência de normas secundárias que outorgam poder judicial ou legislativo, e nunca tenha pretendido demonstrar que essas normas não passam de decisões judiciais ou de previsões sobre essas decisões. Os exemplos em que esse tipo de teoria tem se apoiado na maioria das vezes falam de normas que impõem deveres ou outorgam direitos ou poderes a indivíduos comuns. Entretanto, mesmo que admitamos tal limitação à noção de que as normas não existem e à afirmação de que o que chamamos de normas são meras previsões sobre as decisões dos tribunais, há pelo menos um sentido no qual toda essa tese é evidentemente falsa. Pois não há dúvida de que, pelo menos em relação a algumas esferas de comportamento, as pessoas realmente manifestam, num Estado moderno, toda uma gama de condutas e atitudes que denominamos ponto de vista interno. As leis atuam em suas vidas não apenas como hábitos ou como instrumentos para que elas possam prever as decisões dos tribunais ou os atos de outras autoridades, mas como padrões jurídicos aceitos de conduta. Isto é, as pessoas não apenas agem com razoável regularidade da forma exigida pelo direito, mas o consideram um padrão jurídico de comportamento, referindo-se a ele ao criticar outras pessoas, justificar suas exigências ou aceitar críticas e exigências feitas por outros. Ao usarem as normas jurídicas dessa maneira normativa, as pessoas indubitavelmente presumem que os tribunais e outras autoridades continuarão a proferir decisões e a atuar de forma regular e, portanto, previsível, conforme as normas do sistema; mas é certamente um fato observável da vida social que as pessoas não se limitam ao ponto de vista externo, registrando e prevendo as decisões dos tribunais ou a incidência provável de sanções. Em lugar disso, expressam continuamente, em linguagem normativa, sua aceitação compartilhada do direito como uma orientação para o comportamento. Discutimos extensamente, no Capítulo III, a suposição de que termos normativos como "obrigação" nada significam além de uma previsão do comportamento oficial. Se essa suposição for falsa, como sustentamos, as normas jurídicas atuarão como tais na vida social: são *usadas* como normas, não como descrições de hábitos ou previsões. São indubitavelmente normas de textura aberta; e, nos pontos em que a textura efetivamente é aberta, os indivíduos podem apenas fazer previsões sobre a conduta dos tribunais e ajustar seu comportamento de acordo com isso.

O ceticismo em relação às normas merece realmente nossa atenção, mas apenas como uma teoria sobre a função das normas na decisão judicial. Assim, mesmo que admitamos todas as objeções para as quais chamamos a atenção, a teoria se reduz à tese de que, no que diz respeito aos tribunais, nada existe que limite a área da textura aberta, de modo que é falso, senão insensato, considerar que os próprios juízes são sujeitos a normas ou "obrigados" a decidir as causas como o fazem. Eles podem até atuar com uniformidade e regularidade suficientemente previsíveis, para permitir que os outros vivam, durante longos períodos, de acordo com as decisões dos tribunais, considerando-as como normas. Podem até sentir certa compulsão para tomar as decisões que tomam, e esses sentimentos também podem ser previsíveis; mas, fora isso, nada existe passível de ser caracterizado como uma norma que devam seguir. Não há nada que os tribunais tratem como padrões de procedimento judicial correto, e, portanto, nada há nesse comportamento que manifeste o ponto de vista interno típico da aceitação de normas.

Sob essa forma, a teoria se apoia em diversas considerações de importância muito variada. O indivíduo cético a respeito das normas é às vezes um absolutista frustrado: descobriu que as normas não são tudo o que seriam no paraíso de um formalista, ou num mundo onde os homens se assemelhassem a deuses e pudessem prever todas as combinações possíveis de fatos, de modo que a textura aberta não fosse uma característica necessária das normas. A concepção do cético a respeito da existência de uma norma pode ser assim um ideal inatingível; e, ao descobrir que este não é alcançado por aquilo que chamamos de normas, ele expressa sua decepção negando que haja, ou que possa haver, quaisquer normas. Assim, o fato de que as normas, que os juízes dizem limitá-los quando julgam uma causa, tenham uma textura aberta, ou que permitam exceções impossíveis de especificar antecipada e exaustivamente – além do fato de que a violação das normas não acarretará sanção física contra o juiz –, é invocado com frequência para justificar a postura do cético. Chama-se a atenção para esses fatos para ilustrar a tese de que "as normas só são importantes na medida em que possam ajudar a prever o que os juízes farão. Essa é toda a sua importância; fora isso, não passam de brinquedos bonitinhos"[1].

Argumentar dessa forma é ignorar o que as normas realmente são, em qualquer esfera da vida real. Essa tese dá a entender que estamos diante do seguinte dilema: "Ou as normas são o que seriam no paraíso do formalista, e acorrentam como grilhões, ou não há normas, apenas decisões ou padrões de comportamento previsíveis." Entretanto, trata-se sem dúvida de um falso dilema. Prometemos visitar um amigo no dia seguinte. Acontece que, quando chega a hora, para cumprir promessa teríamos de deixar sozinha uma pessoa gravemente doente. O fato de que isso seja aceito como razão adequada para descumprirmos a promessa certamente não significa que não existam normas esti-

---

1. Llewellyn, *The Bramble Bush* (2.ª ed.), p. 9.

pulando o cumprimento de promessas e que tudo o que se verifica é uma certa regularidade em cumpri-las. O fato de que tais normas admitem exceções impossíveis de serem exaustivamente previstas não significa que possamos fazer o que quisermos e que não estejamos obrigados a cumprir as promessas. Uma norma que termine com as palavras "a não ser que..." continua sendo uma norma.

Um dos motivos pelo qual às vezes se nega a existência de normas vinculantes para os tribunais é que a questão de uma pessoa manifestar, ao agir de certa maneira, sua aceitação de uma norma é confundida com certas questões psicológicas referentes aos processos de pensamento experimentados pela pessoa antes de agir ou enquanto age. Quando alguém aceita uma norma como vinculante e como algo que nem ele nem ninguém pode alterar a seu grado, frequentemente é capaz de perceber de forma totalmente intuitiva o que a norma exige em dada situação e de agir dessa forma sem pensar primeiro na norma e naquilo que ela exige. Quando movemos uma peça de xadrez de acordo com as regras ou paramos diante do sinal vermelho, nosso comportamento obediente à norma é frequentemente uma reação direta diante da situação, não mediada por reflexões sobre as normas. A prova de que tais atos são aplicações autênticas de normas é sua ocorrência em determinadas circunstâncias. Algumas delas precedem a ação específica, outras a seguem e algumas só podem ser formuladas em termos gerais e hipotéticos. O mais importante desses fatores que demonstram que, ao agir, aplicamos uma norma, é que, *se* nosso comportamento for criticado, tenderemos a justificá-lo por meio de uma referência à norma; e a autenticidade de nossa aceitação da norma pode manifestar-se não apenas em nosso reconhecimento geral, anterior e subsequente da norma, e em nossa obediência a ela, mas também em nossas críticas quando nós mesmos, ou os outros, a infringimos. Com base nessas provas e em outras semelhantes, podemos realmente concluir que, se antes de nossa obediência "irrefletida" à norma, tivessem nos perguntado qual a maneira correta de agir e por quê, teríamos, se fôssemos sinceros, respondido citando a norma. É o fato de nosso comportamento se enquadrar em tais circunstâncias, e não o fato de ser acompanhado por uma lembrança explícita da norma, que é necessário para distinguir um ato de autêntica obediência à norma de outro que, por acaso, apenas coincide com ela. Assim, distinguiríamos, como exemplo de obediência a uma regra, o movimento de um jogador adulto de xadrez do ato de um bebê que apenas empurrasse uma peça até o lugar certo.

Isso não significa que não existam simulações ou aparências enganosas, ou mesmo que não tenham êxito algumas vezes. Como todos os testes empíricos, aqueles destinados a verificar se uma pessoa apenas simulou, *ex post facto*, ter agido de acordo com a norma são intrinsecamente falíveis, embora não o sejam necessariamente. É possível que, numa dada sociedade, os juízes sempre cheguem inicialmente a suas decisões de forma intuitiva ou "por palpite" e só depois escolham, num catálogo de normas jurídicas, uma que eles finjam se adequar ao caso em julgamento; poderiam então alegar ser esta a norma que determinou sua decisão, embora nada mais, em suas palavras ou atos, indicasse que a consideravam como vinculante para eles próprios. Algumas decisões judiciais podem ser tomadas desse jeito, mas é evidente que a maior parte das decisões, como os lances do jogador de xadrez, são alcançadas por meio de um autêntico esforço de obedecer a normas aceitas conscientemente como padrões; ou, se tomadas intuitivamente, são justificadas por normas que o juiz se dispunha previamente a obedecer e cuja aplicabilidade ao caso em pauta seria geralmente reconhecida.

A última forma de ceticismo em relação às normas, embora seja a mais interessante, não se apoia nem na natureza aberta das normas jurídicas nem no caráter intuitivo de muitas decisões, mas no fato de que a decisão de um tribunal goza de uma posição singular como algo dotado de autoridade, e, no caso dos supremos tribunais, como decisão definitiva. Essa forma da teoria, à qual dedicaremos a próxima seção, está implícita na famosa frase do bispo Hoadly, tantas vezes ecoada por Gray em *The Nature and Sources of Law:* "Ora, quem quer que possua autoridade absoluta para interpretar quaisquer leis, escritas ou orais, é este, para todos os efeitos, o legislador, e não a pessoa que as escreveu ou formulou verbalmente pela primeira vez."

3. O caráter definitivo e a infalibilidade na decisão judicial

Um supremo tribunal tem a última palavra ao dizer o que é o direito, e, uma vez que o tenha declarado, a afirmação de que o tribunal "errou" não tem consequências dentro do sistema: o fato não altera os direitos ou os deveres de ninguém. A decisão pode, naturalmente, ser privada de efeito jurídico por meio da legislação, mas o simples fato de que é necessário recorrer a isso demonstra o caráter inócuo, do ponto de vista jurídico, da afirmação de que a decisão do tribunal foi errada. No caso da decisão de um supremo tribunal, o exame desses fatos faz parecer pedante a distinção entre o caráter definitivo e a infalibilidade da decisão. Isso conduz a outra forma de se negar que os tribunais sejam limitados por normas em suas decisões: "A lei (ou a constituição) é aquilo que os tribunais declaram que é."

O traço mais interessante e instrutivo desta forma da teoria é o fato de ela explorar a ambiguidade de afirmações como "a lei (ou a constituição) é aquilo que os tribunais declaram que é", e a explicação que, para ser coerente, a teoria deve dar sobre a relação entre enunciados jurídicos não-oficiais e as declarações oficiais de um tribunal. Para compreender essa ambiguidade, vamos agora considerar a situação análoga, no caso de um jogo. Muitos jogos competitivos são disputados sem que haja alguém oficialmente encarregado de marcar os pontos; apesar de seus interesses conflitantes, os jogadores conseguem aplicar razoavelmente bem a regra de pontuação aos casos particulares; geralmente concordam em seus julgamentos, e podem ser poucos os conflitos não solucionados. Antes que se institua um marcador oficial, a contagem dos pontos feita por um jogador representa, se ele for honesto, um esforço para estimar o progresso do jogo tomando como referência a regra específica aceita para a contagem de pontos. Essas enunciações da contagem são enunciados internos que aplicam a norma de contagem de pontos e que, embora pressuponham que os jogadores geralmente respeitarão as regras e protestarão contra a infração a elas, não constituem declarações ou previsões a respeito desses fatos.

Como as mudanças de um regime consuetudinário para um sistema jurídico maduro, a criação de regras secundárias que dispõem sobre a instituição de um marcador cujas decisões sejam definitivas introduz no sistema um novo tipo de enunciado interno; pois, diversamente das declarações dos jogadores a respeito da contagem de pontos, as decisões do marcador recebem, em razão das normas secundárias, um *status* que as torna irrecorríveis. *Nesse* sentido, é verdade que, para os objetivos do jogo, "o placar é aquele que o marcador declara ser". Mas é importante notar que a *regra* de contagem permanece a mesma, e é obrigação do marcador aplicá-la o melhor possível. A frase "A contagem ou placar é aquilo que o marcador declara ser" seria falsa se significasse não haver regra para a contagem de pontos exceto aquela que o marcador decidisse acatar a seu arbítrio. Na verdade, um jogo poderia ser disputado segundo uma regra desse tipo, e seria até certo ponto divertido jogá-lo se o marcador exercesse sua discricionariedade de forma mais ou menos regular; mas seria um jogo diferente. Poderíamos chamar esse tipo de jogo de "jogo ao arbítrio do marcador".

É claro que as vantagens de uma solução rápida e definitiva dos conflitos, que um marcador torna possível, têm seu preço. A criação de um marcador pode confrontar os jogadores com uma situação difícil: o desejo de que o jogo seja regido, como antes, pela regra de contagem de pontos e o anseio por decisões vinculantes finais quanto à sua aplicação podem, em caso de dúvida, ser objetivos conflitantes. O marcador está sujeito a cometer erros de boa-fé, pode estar bêbado ou pode faltar injustificadamente com seu dever de aplicar a regra de contagem de pontos o melhor que lhe for possível. Por qualquer dessas razões, ele pode marcar um ponto sem que o batedor tenha sequer se movido. Pode-se prover um modo de corrigir sua decisão apelando a uma autoridade superior; mas tal processo terá de terminar numa decisão final, vinculante, também proferida por seres humanos falíveis e, portanto, sujeita ao mesmo risco de erros por boa-fé, abuso ou infração. É impossível criar uma regra capaz de corrigir a infração de todas as regras.

O risco inerente à criação de uma autoridade capacitada a aplicar normas de forma final e peremptória pode se manifestar em todas as esferas. Vale examinar o que pode acontecer na modesta esfera de um jogo, pois isso demonstra, com especial clareza, que algumas inferências daqueles que se mostram céticos em relação às normas desconsideram certas distinções necessárias à compreensão dessa forma de autoridade, onde quer que exista. Quando se institui um marcador oficial e suas decisões sobre o placar são definitivas, os enunciados sobre a contagem de pontos feitos pelos jogadores ou outras pessoas que não são autoridades não têm lugar no jogo; são irrelevantes para o resultado. Se coincidirem com o que declara o marcador, tanto melhor; se conflitarem com isso, deverão ser desconsiderados no cômputo final. Mas esses fatos bastante óbvios seriam distorcidos se os enunciados dos jogadores fossem categorizados como prognósticos das decisões do marcador, e seria absurdo explicar a rejeição daqueles enunciados, quando conflitassem com essas decisões, afirmando serem eles previsões que na verdade se mostraram falsas. Após a nomeação de um marcador oficial, o jogador, ao formular seu próprio juízo sobre a contagem de pontos, estará fazendo o que fazia antes, isto é, avaliando a evolução do jogo da melhor forma que pode, tomando como referência a regra de contagem de pontos. Isso é o que o próprio marcador também estará fazendo, desde que cumpra os deveres de sua função. A diferença entre eles não é que um esteja predizendo o que o outro vai dizer, mas que as declarações dos jogadores constituem aplicações não-oficiais da regra e, portanto, não têm relevância para o cômputo do resultado, ao passo que as declarações do marcador são vinculantes e irrecorríveis. É importante observar que, se o jogo fosse disputado "ao arbítrio do marcador", a relação entre as declarações oficiais e não-oficiais seria necessariamente diferente: as declarações dos jogadores não apenas *seriam* uma previsão da decisão do marcador, mas não *poderiam* também ser outra coisa. Pois, nesse caso, "o placar é aquele que o marcador diz que é" seria a própria *regra* de pontuação; não haveria possibilidade de as declarações dos jogadores constituírem simples versões não-oficiais da atuação oficial do marcador. As decisões deste seriam então ao mesmo tempo finais e infalíveis – ou melhor, a pergunta se elas seriam falíveis ou infalíveis não teria sentido, pois não haveria nada em que o marcador pudesse "acertar" ou "errar". Mas, num jogo comum, "o placar é o que o marcador diz que é" não constitui a regra de pontuação: é uma regra que dispõe sobre a autoridade e o caráter definitivo de sua aplicação da regra de pontuação a casos particulares.

A segunda lição decorrente desse exemplo da decisão dotada de autoridade toca algumas questões mais fundamentais. Conseguimos distinguir um jogo normal de outro "ao arbítrio do marcador" simplesmente porque embora a regra de contagem, como todas as outras normas, possua sua área de textura aberta, na qual o marcador tem de exercer uma escolha, ela tem, afinal de contas, um núcleo de sentido estabelecido. É deste último que o marcador não tem a liberdade de se desviar, e é ele que, até onde se aplica, constitui o padrão para a contagem correta ou incorreta de pontos, tanto para o jogador, quando expressa seu juízo não-oficial sobre a contagem, quanto para o marcador, ao dar suas decisões oficiais. É isso que torna correto afirmar que as decisões do marcador, embora finais, não são infalíveis. O mesmo ocorre no direito.

Até certo ponto, o fato de algumas decisões tomadas por um marcador de pontos estarem claramente erradas não impede o prosseguimento do jogo; elas têm o mesmo valor que as decisões obviamente corretas. Mas o grau em que a tolerância para com decisões erradas é compatível com a existência prolongada do mesmo jogo tem um limite, e encerra-se aí uma importante analogia com o direito. O fato de que aberrações oficiais isoladas ou excepcionais sejam toleradas não significa que o jogo de críquete ou beisebol não esteja mais sendo jogado. Por outro lado, se essas aberrações forem frequentes, ou se o marcador repudiar a regra de pontuação, haverá um momento em que ou os jogadores não mais aceitarão as decisões anômalas, ou, se o fizerem, o jogo terá mudado. Já não será críquete ou beisebol, mas um "jogo ao arbítrio do marcador"; pois é um traço característico desses outros jogos que, em geral, seus resultados sejam apurados da forma exigida pelo sentido mais evidente da regra, por maior liberdade que a textura aberta possa conceder ao marcador de pontos. Podemos imaginar uma situação em que diríamos que, na verdade, o jogo que estava sendo disputado era o "jogo ao arbítrio do marcador"; mas o fato de que em todos os jogos a decisão deste último seja definitiva não significa que todos os jogos sejam assim.

Ao analisarmos a forma de ceticismo quanto às normas baseada no *status* singular da decisão de um tribunal como declaração final e autorizada do que constitui direito em um caso específico, devemos ter em mente essas diferenças. A textura aberta do direito outorga aos tribunais um poder de criar o direito muito mais amplo e muito mais importante do que aquele concedido aos marcadores de pontos, cujas decisões não são usadas como precedentes criadores de direito. Qualquer que seja a decisão de um tribunal, tanto sobre questões situadas naquela parte da norma que parece clara para todos quanto sobre aquelas situadas em sua fronteira sujeita a contestação, a decisão permanece de pé até que seja alterada pela legislação; sobre a interpretação desta, os tribunais terão mais uma vez a palavra final autorizada. Não obstante, persiste ainda uma diferença entre uma constituição que, após criar um sistema de tribunais, dispõe que o direito será tudo o que o supremo tribunal julgue adequado e a verdadeira Constituição dos Estados Unidos – ou, a propósito, a de qualquer país moderno. Se interpretada como algo que negue essa diferença, a frase "A constituição (ou o direito) é aquilo que os juízes dizem que é" será falsa. A qualquer momento os juízes, mesmo os de um supremo tribunal, fazem parte de um sistema cujas normas são, em seu cerne, suficientemente precisas para oferecer padrões de decisão judicial correta. Esses padrões são encarados pelos tribunais como algo que eles não têm a liberdade de ignorar no exercício da autoridade de que dispõem para tomar decisões incontestáveis dentro do sistema. Ao assumir suas funções, qualquer juiz individual encontra, tal como o marcador ao assumir as suas, uma norma, semelhante àquela segundo a qual os atos legislativos promulgados pelo Parlamento por delegação da Coroa constituem direito, estabelecida como tradição e aceita como o padrão para o desempenho de sua função. Isso limita, tanto quanto possibilita, a atividade criadora de seus ocupantes. Esses padrões não poderiam de fato continuar a existir a menos que a maior parte dos juízes os aceitasse, pois, em qualquer tempo, a existência dos padrões consiste simplesmente em sua aceitação e uso como referências para decisões corretas. Mas isso não torna o juiz que os usa o autor desses padrões, ou, na linguagem de Hoadly, um "legislador" competente para sentenciar como lhe aprouver. O assentimento do juiz é necessário para manter os padrões, mas o juiz não os cria.

Naturalmente, é possível que, escudando-se nas normas que tornam as decisões judiciais finais e definitivas, os juízes concordassem em rejeitar as normas existentes e deixassem de considerar que mesmo os Atos do Parlamento mais eloquentes constituem limites a suas decisões. Se a maioria de suas decisões fosse desse tipo e fosse aceita, isso equivaleria a uma mudança do sistema, equivalente à transformação de um jogo de críquete em "jogo ao arbítrio do marcador". Mas a permanente possibilidade dessas transformações não prova que o sistema seja agora o que seria se a transformação ocorresse. Nenhuma norma oferece garantias contra seu descumprimento ou repúdio, pois os seres humanos sempre têm a possibilidade psicológica ou física de repudiá-las ou descumpri-las; e, se um número suficiente de pessoas o fizer durante um certo tempo, as normas deixarão de existir. Mas a existência das normas jamais exige essas garantias impossíveis contra sua destruição. Dizer que num determinado momento existe uma norma exigindo que os juízes aceitem como direito as leis feitas pelo Parlamento ou pelo Congresso requer, em primeiro lugar, que haja uma obediência geral a essa exigência e que sejam raras a infração ou o repúdio por parte de juízes individuais; segundo, que, se e quando isso ocorrer, será ou seria tratado por uma maioria preponderante como uma atitude sujeita a graves críticas e como algo errado, mesmo que as consequências da decisão resultante em um caso particular não possam, devido à lei relativa ao caráter final das decisões, ser anuladas a não ser por uma legislação que garanta sua validade, mas não sua correção. É logicamente possível que os seres humanos descumpram todas as suas promessas; a princípio, talvez, com a consciência de que isso é errado e, depois, sem tal consciência. Nesse caso, a norma que torna obrigatório o cumprimento de promessas deixaria de existir; isso, entretanto, constituiria uma base precária para o argumento de que atualmente essa norma não existe e de que as promessas não são vinculantes. O argumento paralelo, no caso dos juízes, baseado na possibilidade de eles tramarem a destruição do sistema atual, é tão fraco quanto esse.

Antes de deixarmos o tópico do ceticismo quanto às normas, devemos dizer uma última palavra sobre sua tese positiva de que as normas constituem prognósticos das decisões dadas pelos tribunais. É claro, e tem sido muitas vezes assinalado, que qualquer verdade que porventura exista nessa afirmativa pode, na melhor das hipóteses, aplicar-se aos enunciados de direito feitos por indivíduos particulares ou seus consultores jurídicos. Não se pode aplicar às declarações dos próprios tribunais que envolvem uma norma jurídica. Tais pronunciamentos, conforme argumentavam os "realistas" mais radicais, podem ser um disfarce verbal para o exercício de uma discricionariedade irrestrita; mas podem, por outro lado, constituir a formulação de normas genuinamente consideradas pelos tribunais, do ponto de vista interno, como um padrão para decisões corretas. É certo que as previsões a respeito das decisões judiciais ocupam um lugar importante no direito. Quando se atinge a área de textura aberta, muitas vezes tudo o que podemos oferecer como resposta à pergunta "Qual é o direito existente sobre esse assunto?" é uma previsão cautelosa sobre a atuação futura dos tribunais. Além do mais, mesmo quando as exigências das normas jurídicas são claras para todos, uma afirmação a esse respeito pode frequentemente assumir a forma de uma previsão sobre a decisão dos tribunais. Mas é importante observar que, principalmente no último caso, e, em grau variável, no primeiro, o fundamento de tal previsão é o conhecimento de que os tribunais consideram as normas jurídicas não como previsões, mas como padrões que devem ser seguidos nas decisões – e como padrões suficientemente precisos, apesar de sua textura aberta, para limitar, embora não para excluir, a discricionariedade do tribunal. Consequentemente, em muitos casos, as previsões a respeito do que o tribunal fará são semelhantes à que fazemos quando "prevemos" que os jogadores de xadrez vão movimentar o bispo em diagonal: apoiam-se, em última análise, numa avaliação do aspecto não preditivo das normas e no ponto de vista interno, segundo o qual as normas são padrões aceitos por aqueles a quem as previsões se referem. Isso é apenas mais um aspecto do fato, já ressaltado no Capítulo V, de que, embora a existência das normas em qualquer grupo social possibilite previsões frequentemente confiáveis, normas e previsões não podem ser confundidas.

4. A incerteza quanto à norma de reconhecimento

O formalismo e o ceticismo em relação às normas são a Cila e a Caribde da teoria do direito; são grandes exageros, saudáveis quando um corrige o outro, e a verdade está em algum ponto entre eles. Na verdade, embora não possamos tentá-lo aqui, muita coisa precisa ser feita para caracterizar com detalhes esclarecedores esse caminho intermediário, e assim demonstrar os vários tipos de raciocínio tipicamente usados pelos tribunais para exercer a atividade criadora que lhes é concedida pela textura aberta do direito sob a forma de lei positivada ou precedente. Mas já dissemos, neste capítulo, o suficiente para nos permitir retomar proveitosamente o tópico cujo exame havíamos adiado no fim do Capítulo VI. Este dizia respeito à incerteza, não de normas jurídicas específicas, mas da norma de reconhecimento e, assim, dos critérios últimos utilizados pelos tribunais ao identificar normas jurídicas válidas. Em si mesma, a distinção entre a incerteza de uma determinada norma e a incerteza quanto ao critério usado para identificá-la como uma norma do sistema não é clara em todos os casos. Mas é mais clara quando essas normas são leis positivadas, com um texto investido de autoridade. As palavras de uma lei e aquilo que ela exige num caso particular podem ser perfeitamente claros; entretanto, pode haver dúvidas quanto ao poder dos legisladores de legislar dessa forma. Às vezes o esclarecimento dessas dúvidas exige apenas a interpretação de outra norma jurídica responsável por outorgar o poder legislativo, cuja validade pode não estar em questão. Será esse o caso, por exemplo, quando a validade de um decreto emanado de uma autoridade subordinada estiver em questão devido ao surgimento de dúvidas quanto ao significado da lei parlamentar original que definiu os poderes legislativos da autoridade subordinada. Isso constitui apenas um caso da incerteza ou textura aberta de uma lei específica, e não suscita questões fundamentais.

Essas questões comuns devem ser distinguidas das que dizem respeito à competência jurídica do próprio poder legislativo supremo. Essas se referem aos critérios últimos de validade jurídica. E podem surgir mesmo num sistema jurídico como o inglês, no qual não existe uma constituição escrita que especifique a competência do poder legislativo supremo. Na esmagadora maioria dos casos, a fórmula "O que quer que o Parlamento decrete por delegação da Coroa é lei" expressa adequadamente a norma relativa à competência do Parlamento, e é aceita como critério último para a identificação do direito, por muito abertas que possam ser, em sua periferia, as normas assim identificadas. Mas podem surgir dúvidas quanto a seu âmbito de aplicação ou seu sentido; podemos perguntar o que quer dizer "decretado pelo Parlamento", e, quando surgirem dúvidas, elas podem ser dirimidas pelos tribunais. O que se deve deduzir, quanto à posição dos tribunais dentro de um sistema jurídico, do fato de que a norma última de tal sistema possa ser assim posta em dúvida e de que os tribunais possam esclarecer a dúvida? Isso implica alguma restrição à tese de que a base de um sistema jurídico é uma norma de reconhecimento aceita que especifica os critérios de validade jurídica?

Para responder a essas perguntas, examinaremos aqui alguns aspectos da doutrina inglesa da soberania do Parlamento, embora, evidentemente, dúvidas semelhantes possam surgir em relação ao critério último de validade jurídica em qualquer sistema. Sob a influência da doutrina austiniana de que o direito é essencialmente o produto de uma vontade juridicamente irrestrita, os constitucionalistas do passado pressupuseram a necessidade lógica de um poder legislativo soberano, ou seja, de um poder que, em qualquer momento de sua existência como entidade contínua, não somente não sofre limitações jurídicas impostas *ab extra* como também não é limitado nem pela sua própria legislação anterior. Pode-se agora considerar como fato estabelecido que o Parlamento é soberano nesse sentido, e o princípio de que nenhum Parlamento anterior pode impedir seus "sucessores" de revogar sua legislação constitui parte da norma última de reconhecimento usada pelos tribunais para identificar normas válidas do direito. Entretanto, é importante observar que nenhuma necessidade lógica, e menos ainda natural, exige que haja um Parlamento desse tipo; esse é apenas um arranjo entre outros, igualmente concebíveis, que veio a ser aceito entre nós como o critério de validade jurídica. Entre esses outros arranjos, há um outro princípio que poderia merecer igualmente bem, talvez até melhor, o nome de "soberania". Trata-se do princípio de que o Parlamento *não* deve ser incapaz de limitar irrevogavelmente a competência legislativa de seus sucessores, mas, pelo contrário, deve gozar desse poder autolimitador mais amplo. O Parlamento seria então capaz, ao menos uma vez em sua história, de exercer uma competência legislativa em esfera ainda mais ampla que aquela que a doutrina estabelecida e aceita lhe faculta. A exigência de que o Parlamento deva estar, a cada momento de sua existência, isento de limitações jurídicas, inclusive aquelas impostas por ele próprio, constitui, afinal de contas, apenas uma interpretação da ideia ambígua da onipotência jurídica. Opera-se, na verdade, uma escolha entre uma onipotência *persistente,* em todos os assuntos que não afetam a competência legislativa dos parlamentos sucessivos, e uma onipotência irrestrita e *auto-abrangente,* cujo exercício só pode ser usufruído uma vez. Essas duas concepções de onipotência encontram seu paralelo em duas concepções de um Deus onipotente: por um lado, um Deus que, em cada momento de sua existência, goza dos mesmos poderes e, portanto, não pode limitá-los; e, por outro, um Deus cujos poderes incluem o de vir a destruir sua própria onipotência futura. Qual a forma de onipotência usufruída por nosso

Parlamento: a contínua ou a autoabrangente? Temos aí uma questão empírica relativa à forma da norma aceita como critério último para a identificação do direito. Embora essa questão diga respeito a uma norma situada na base de um sistema jurídico, ela não deixa de ser uma questão de fato, para a qual, pelo menos em alguns pontos, pode haver uma resposta bastante definida num determinado momento. Assim, é claro que, no direito inglês, a norma atualmente aceita é a da soberania contínua, de modo que o Parlamento não pode proteger as leis por ele editadas contra a possibilidade de revogação.

Contudo, como ocorre com todas as outras normas, o fato de que a norma da soberania parlamentar seja definida neste ponto não significa que o seja em todos os pontos. Sobre ela podem-se levantar questões para as quais, no momento, não existe resposta indubitavelmente certa ou errada. Essas questões só podem ser decididas através de uma escolha feita por alguém que tenha eventualmente recebido autoridade para fazê-la no tocante a esse assunto. Na norma referente à soberania parlamentar, essas imprecisões apresentam-se da seguinte forma. Segundo a norma atual, o Parlamento não pode, mediante lei por ele editada, subtrair irrevogavelmente nenhum tópico do âmbito da atividade legislativa futura do próprio Parlamento; mas pode-se estabelecer uma distinção entre uma lei que simplesmente vise a fazer isso e outra que, embora deixando ainda o Parlamento livre para legislar sobre qualquer tópico, tenha como objetivo alterar o "procedimento e a forma" da atividade legislativa. Essa lei poderia, por exemplo, exigir que, em certas matérias, nenhuma legislação entre em vigor sem ter sido aprovada por uma maioria das duas Câmaras em sessão conjunta, ou a menos que seja confirmada por um plebiscito. Essa condição pode ser tornada ainda mais rígida por uma cláusula segundo a qual a própria condição só possa ser revogada mediante o mesmo processo especial. Essa alteração parcial no processo legislativo pode ser perfeitamente coerente com a norma atual de que o Parlamento não pode constranger irrevogavelmente seus sucessores, pois o que faz nesse caso não é tanto *constrangê-los,* mas neutralizá-los *quoad* certos assuntos e transferir seus poderes legislativos sobre essas questões ao novo órgão especial. Pode-se assim dizer que, em relação a essas questões especiais, o Parlamento não "constrangeu" ou "acorrentou" o próprio Parlamento nem diminuiu sua onipotência contínua, mas sim que "redefiniu" o Parlamento e o que deve ser feito para legislar.

Se essa estratégia fosse válida, o Parlamento evidentemente poderia, ao utilizá-la, obter através dela exatamente aqueles resultados que a doutrina atual – a de que o Parlamento não pode limitar a ação de seus sucessores – parece subtrair ao seu alcance. Pois embora, de fato, em alguns casos, seja bastante clara a diferença entre circunscrever as matérias sobre as quais o Parlamento pode legislar e apenas alterar o procedimento e a forma de fazê-lo, na prática essas categorias quase se confundem. Uma lei que, após fixar um salário mínimo para engenheiros, estipulasse que nenhum outro projeto de lei sobre o salário dos engenheiros seria juridicamente válido a menos que fosse confirmado por uma resolução do Sindicato dos Engenheiros e tornasse rígida essa restrição do ponto de vista legislativo*, poderia na verdade garantir tudo aquilo que, na prática, poderia ser feito por uma outra lei que fixasse o salário "para sempre" e depois proibisse totalmente sua revogação. No entanto, pode-se apresentar um argumento, no qual os juristas reconheceriam alguma força, para demonstrar que, apesar de a última posição ser ineficaz nos termos da atual norma de soberania parlamentar continuada, a primeira não o seria. Os passos do argumento incluem uma sucessão de afirmações sobre aquilo que o Parlamento pode fazer, cada uma das quais com menor possibilidade de aprovação que a anterior, embora tenha com ela alguma semelhança. Ne-

---

* Dispondo, por exemplo, que a resolução só pudesse ser revogada por maioria qualificada. (N. do E.)

nhuma delas poderia ser eliminada como errada ou aceita como confiavelmente correta, pois aqui nos encontramos na área de textura aberta da norma mais fundamental do sistema. Nesse terreno, a qualquer momento pode surgir uma pergunta para a qual não haja *uma* resposta – mas apenas respostas.

Assim, é possível admitir que o Parlamento poderia alterar irrevogavelmente sua composição atual, abolindo totalmente a Câmara dos Lordes, indo assim além das Leis Parlamentares de 1911 e 1949, que dispensaram o consentimento dessa Câmara no caso de determinados tipos de legislação, e que algumas autoridades preferem interpretar como simples delegação revogável de alguns poderes do Parlamento à Câmara dos Comuns. Poder-se-ia também admitir, como afirmou Dicey[2], que o Parlamento poderia eliminar totalmente a si próprio por meio de uma lei que declarasse extintos seus poderes e revogasse a legislação que dispõe sobre a eleição de futuros Parlamentos. Nesse caso, o Parlamento poderia completar validamente tal suicídio legislativo através de outra lei que transferisse todos os seus poderes a alguma outra entidade, digamos, a Corporação Manchester. Se pode fazer tudo isso, não poderia ele fazer menos? Não poderia pôr fim a seu poder de legislar sobre certos assuntos e transferir essa competência legislativa a uma nova entidade conjunta que inclua a si próprio e alguma outra instituição? Nesse sentido, não se poderia entender que a Seção 4 do Estatuto de Westminster, que exige o consentimento dos Estados da Comunidade Britânica a qualquer legislação que os afete, agiu assim em relação ao poder do Parlamento de legislar para aqueles Estados? O argumento de que essa seção pode ser revogada sem o consentimento dos demais Estados da Comunidade Britânica talvez não seja apenas "uma teoria sem relação com a realidade", como afirmou Lord Sankey. Pode ser uma teoria ruim – ou, pelo menos, não melhor que a teoria con-

---

2. *The Law of the Constitution* (10.ª ed.), p. 68 n.

trária. Finalmente, se o Parlamento tem o poder de, por ação própria, reconstituir-se das formas mencionadas, por que não poderia fazê-lo dispondo que, para certos tipos de legislação, será indispensável o consentimento do Sindicato dos Engenheiros?

É perfeitamente possível que algumas das proposições questionáveis que integram os passos duvidosos, mas não obviamente errôneos, desse argumento sejam um dia endossadas ou rejeitadas por um tribunal chamado a decidir a questão. Teremos então uma resposta para as questões suscitadas, e essa resposta, enquanto existir o sistema, terá uma autoridade única entre as respostas possíveis. Nesse momento, os tribunais terão elucidado a norma última de acordo com a qual se identifica uma lei válida. Aqui, a frase "a constituição é aquilo que os juízes dizem que ela é" *não* significa apenas que as decisões específicas dos supremos tribunais não podem ser questionadas. À primeira vista, o panorama parece paradoxal: temos tribunais exercendo poderes de criação que estabelecem os critérios últimos pelos quais se pode testar a própria validade das leis que lhes conferem jurisdição enquanto juízes. Como pode uma constituição conferir autoridade para que se diga o que é a constituição? Mas o paradoxo desaparece se lembrarmos que, embora toda norma possa ter seus pontos discutíveis, uma condição verdadeiramente necessária para a existência de um sistema jurídico é que nem toda norma possa ser posta em dúvida em todos os seus aspectos. A possibilidade de os tribunais terem, em determinado momento, autoridade para decidir essas questões restritivas referentes aos critérios últimos de validade depende apenas do fato de que, à época, a aplicação desses critérios a uma vasta área do direito, inclusive às normas que conferem autoridade aos próprios tribunais, não deixa margem a dúvidas, embora dúvidas existam quanto à extensão e ao limite precisos da norma.

Para alguns, entretanto, essa resposta pode parecer uma forma demasiado sumária de resolver a questão. Pode parecer que caracteriza inadequadamente a atividade dos tribunais quando atuam nos limites das normas fundamentais que especificam os critérios de validade jurídica. Essa impressão talvez seja devida ao fato de a resposta oferecida assimilar de modo demasiado estreito essa atividade extraordinária aos casos judiciais comuns, nos quais os tribunais exercem uma escolha ao interpretar determinada lei que se mostrou imprecisa. Está claro que casos comuns, como esses, vão surgir em qualquer sistema; por isso, o fato de os tribunais terem jurisdição para resolvê-los, escolhendo entre as alternativas que a lei deixa em aberto, parece ser um elemento – conquanto apenas implícito – das normas que regem a atividade judicial, mesmo que os tribunais pretendam maquiar essa escolha entre alternativas, apresentando-a como uma "descoberta". Mas, pelo menos na ausência de uma constituição escrita, os problemas relativos aos critérios fundamentais de validade muitas vezes parecem *não* possuir essa característica de previsibilidade; por isso, é natural afirmar que, quando tais problemas se manifestam, os tribunais, segundo as normas existentes, já possuem autoridade inequívoca para resolvê-los.

Uma modalidade do erro "formalista" consiste simplesmente em pensar que cada passo dado por um tribunal é garantido por alguma norma geral que lhe confere antecipadamente autoridade para tal, de modo que seus poderes de criação são *sempre* uma espécie de poder legislativo delegado. Na verdade, pode ser que, quando os tribunais decidem questões não contempladas anteriormente relativas às normas constitucionais mais fundamentais, a autoridade de que dispõem para resolvê-las só *seja aceita* após a questão ter surgido e já ter sido solucionada. Nesse ponto, "só o sucesso pode ter êxito". É concebível que a questão constitucional em pauta divida a sociedade de modo tão radical que inviabilize uma solução por meio de decisão judicial. Na África do Sul, os problemas relativos às cláusulas rígidas*

---

* As *entrenched clauses* eram determinados artigos da Lei da África do Sul (aprovada pelo Parlamento Britânico em 1909) que só podiam ser emendados com a aprovação de dois terços dos membros de cada uma das duas câmaras do Parlamento sul-africano. (N. do E.)

da Lei da África do Sul de 1909 pareciam, num dado momento, ser demasiado controversos para que pudessem ser solucionados judicialmente. Mas, quando estão em jogo questões sociais menos essenciais, uma decisão judicial surpreendente para uma questão que envolva as próprias fontes do direito poderá ser "digerida" com toda a calma. Quando isso ocorrer, será dito *em retrospectiva*, e poderá realmente parecer que os tribunais sempre tiveram o poder "inerente" de agir como o fizeram. Contudo, isso talvez não passe de uma ficção piedosa, se a única prova for o êxito alcançado por aquela atuação.

A manipulação das normas relativas à força vinculante do precedente pelos tribunais ingleses talvez possa ser descrita mais honestamente desta última forma: como uma iniciativa bem-sucedida de assumir e de exercer certos poderes. Nesse caso, o poder adquire autoridade *ex post facto*, em razão de seu sucesso. Assim, antes da decisão do Tribunal Criminal de Apelação no caso *Rex vs. Taylor*[3], pode-se dizer que estava totalmente em aberto o problema de saber se o tribunal tinha autoridade para decidir que não estava limitado por seus próprios precedentes em assuntos relativos à liberdade do réu. Mas a decisão, uma vez dada, é agora seguida como lei. A declaração de que o tribunal sempre teve o poder inerente de legislar dessa forma seria certamente apenas um modo de fazer a situação parecer menos controversa do que realmente é. Aqui, às margens dessas questões mais fundamentais, devemos acolher o ponto de vista do indivíduo cético em relação às normas, desde que este não esqueça que sua perspectiva só é acolhida nessa margem; e desde que esse acolhimento não obscureça o fato de que o que torna possíveis esses notáveis desenvolvimentos das normas mais fundamentais por parte dos tribunais é, em grande parte, o prestígio adquirido por estes como resultado de sua atuação inquestionavelmente pautada por normas quando exercem sua atividade jurisdicional sobre as vastas áreas centrais do direito.

---

3. [1950] 2 KB 368.

VIII. Justiça e moral

Para ilustrar os traços característicos do direito como meio de controle social, julgamos necessário introduzir elementos que não podem ser definidos a partir de ideias como as de ordem, ameaça, obediência, hábitos e generalidade. Muito do que é característico do direito fica distorcido pelo esforço de explicá-lo nesses termos simples. Assim, julgamos necessário distinguir a ideia de hábito geral da noção de norma social, e ressaltar o aspecto interno das normas, manifestado em seu emprego como padrões que servem para orientar e criticar o comportamento. Quanto às normas, estabelecemos uma distinção entre normas primárias de obrigação e normas secundárias de reconhecimento, modificação e julgamento. O tema principal deste livro é o fato de que muitas das operações características do direito e das ideias que constituem a estrutura da teoria do direito exigem, para sua explicação, a referência a um ou a ambos os tipos de norma, de modo que a combinação destes pode ser considerada, com justiça, a "essência" do direito, embora os dois tipos de norma possam não estar sempre juntos todas as vezes que se empregar apropriadamente o termo "direito". Nossa justificativa para atribuir essa posição central à combinação de normas primárias e secundárias não é que estas funcionarão como um dicionário, mas o fato de que têm grande poder explicativo.

Devemos agora voltar nossa atenção para a teoria que tem sido mais frequentemente contrastada, na eterna discussão sobre a "essência", a "natureza" ou a "definição" do direito, com a teoria imperativa simples, que julgamos imprópria. Trata-se da alegação geral de que existe uma relação de alguma forma "necessária" entre o direito e a moral e que é essa relação que merece ser considerada o ponto central de qualquer tentativa de analisar ou elucidar a noção de direito. Os defensores dessa concepção podem não estar interessados em discutir nossas críticas à teoria imperativa simples. Podem até admitir que nossa crítica foi um avanço útil e que a união de normas primárias e secundárias mostrou-se, de fato, um ponto de partida mais importante que as ordens apoiadas por ameaças para a compreensão do direito. Entretanto, argumentariam que isso não basta; que mesmo esses elementos têm importância secundária e que só quando for explicitada a relação "necessária" com a moral e reconhecida sua importância central é que serão dissipadas as brumas que há tanto tempo vêm toldando a compreensão do direito. Sob essa perspectiva, poder-se-ia questionar ou contestar a juridicidade não apenas do direito das sociedades primitivas ou do direito internacional, que vêm sendo considerados discutíveis por carecer de um poder legislativo, de tribunais com jurisdição compulsória e de sanções organizadas de forma centralizada. Desse ponto de vista, é muito mais questionável a juridicidade de certos sistemas nacionais que exibem o pleno conjunto de *juge, gendarme et legislateur** mas não se adequam a certas exigências fundamentais da justiça ou da moral. Nas palavras de Santo Agostinho[1]: "O que são os Estados sem justiça, senão grandes bandos de ladrões?"

A tese de que existe uma conexão necessária entre o direito e a moral tem muitas variantes importantes, nem todas notáveis pela clareza. Há muitas interpretações pos-

---

* Juiz, policial e legislador. (N. do T.)
1. *Confissões*, IV.

síveis para os termos-chave "necessário" e "moral", e estas nem sempre foram distinguidas ou examinadas em separado seja por seus defensores, seja por seus críticos. A expressão mais clara desse ponto de vista, talvez por ser a mais extrema, é associada à tradição tomista do Direito Natural. Esta envolve uma dupla afirmação: primeiro, que existem certos princípios da verdadeira moral ou justiça que podem ser descobertos pela razão humana sem a ajuda da revelação, mesmo sendo de origem divina; segundo, que as leis humanas que se chocam com esses princípios não são válidas. "*Lex iniusta non est lex.*" Outras variantes dessa concepção geral encaram de forma diferente tanto o *status* dos princípios morais quanto as consequências do conflito entre o direito e a moral. Algumas concebem a moral não como princípios imutáveis de conduta ou como algo que a razão pode descobrir, mas como expressões de atitudes humanas referentes à conduta que podem variar de sociedade para sociedade ou de indivíduo para indivíduo. As teorias desse tipo geralmente também sustentam que o conflito entre o direito e mesmo as exigências mais fundamentais da moral não basta para subtrair a uma norma seu *status* de direito; interpretam de modo diferente a relação "necessária" entre o direito e a moral. Esses teóricos afirmam que a existência de um sistema jurídico exige um reconhecimento amplamente difundido, embora não necessariamente universal, da obrigação moral de obedecer à lei, mesmo que esta possa ser superada, em casos específicos, pela obrigação moral mais forte de não obedecer a certas leis particularmente iníquas do ponto de vista moral.

A plena avaliação das diferentes espécies de teoria que afirmam a existência de uma relação necessária entre o direito e a moral nos levaria muito longe no terreno da filosofia moral. Mas algo menos que isso é suficiente para oferecer a qualquer leitor reflexivo elementos suficientes para formar uma opinião judiciosa sobre a veracidade e a importância de tais argumentos. Para tanto, o mais necessário é separar e identificar alguns problemas há muito tempo confundidos, que discutiremos neste capítulo e no próximo. O primeiro diz respeito à distinção, dentro da esfera geral da moral, da ideia específica de justiça e às características especiais que explicam sua ligação particularmente íntima com o direito. A segunda se relaciona com as características que distinguem as normas e os princípios morais não apenas das normas jurídicas, mas também de todas as outras formas de norma social ou padrões de conduta. Essas duas questões constituem o tema deste capítulo; a terceira, que será abordada no próximo, tem a ver com os muitos sentidos e formas diferentes em que se pode dizer que as normas jurídicas e a moral se relacionam.

1. Princípios da justiça

Os termos mais frequentemente usados pelos juristas para louvar ou condenar o direito ou sua aplicação são as palavras "justo" e "injusto", e os estudiosos frequentemente escrevem como se as ideias de justiça e moral coincidissem. Há de fato boas razões para que a justiça ocupe um lugar importantíssimo na crítica dos arranjos jurídicos; contudo, é importante ver que ela é um segmento específico da moral, e que as leis e sua aplicação podem ter, ou carecer de, diferentes tipos de virtudes. Basta um pouco de reflexão sobre algumas espécies frequentes de juízos morais para demonstrar esse caráter especial da justiça. Afirma-se com frequência que um homem culpado de grave crueldade para com seu filho praticou algo moralmente *errado,* algo *mau* ou mesmo *perverso*, ou que faltou com sua *obrigação* moral ou dever para com o filho. Mas seria estranho criticar sua conduta como *injusta.* Não porque a palavra "injusta" careça de força condenatória, mas porque a crítica moral formulada em termos de justiça ou injustiça geralmente difere dos outros tipos de crítica moral genérica apropriados a esse caso específico e expressos por palavras como "errado", "mau" ou "perverso", sendo também mais específica. A palavra "injusto" seria adequada se o homem tivesse arbitrariamente escolhido um de seus filhos para um castigo mais severo que os aplicados a outros culpados da mesma falta, ou se tivesse punido o filho por alguma transgressão sem tomar o cuidado de verificar se ele realmente a havia cometido. Da mesma forma, quando passamos da crítica à conduta individual para a crítica do direito, poderíamos expressar nossa aprovação a uma lei que exigisse dos pais encaminhar seus filhos à escola dizendo ser esta lei boa, e expressar nossa desaprovação a uma lei que proibisse a crítica ao governo chamando-a de lei má. Tal crítica não seria normalmente formulada em termos de "justiça" ou "injustiça". "Justa", por outro lado, seria a expressão adequada para se elogiar uma lei que distribuísse a carga tributária de acordo com a riqueza; por outro lado, "injusto" seria o termo adequado para censurar uma lei que proibisse os negros* de usar os meios públicos de transporte ou os parques públicos. O fato de podermos afirmar de modo razoável que uma lei é boa por ser justa, ou má por ser injusta, mas não que é justa por ser boa, ou injusta por ser má, evidencia que "justo" e "injusto" são formas mais específicas de crítica moral do que "bom" e "mau" ou "certo" e "errado".

As características distintivas da justiça e sua ligação especial com o direito começam a pôr-se em evidência quando observamos que a maior parte das críticas formuladas em termos de justo e injusto poderia ser quase tão bem expressa pelas palavras "equitativo" e "não-equitativo"**. Evidentemente, a equidade (ou imparcialidade) não coincide com a moral em geral; as referências a ela são pertinentes sobretudo em duas situações da vida social. Uma se dá quando não estamos considerando a conduta de um único indivíduo, mas a forma como se tratam *classes* de indivíduos, quando há algum encargo ou benefício a ser distribuído entre elas. Nesse caso, são os "quinhões" distribuídos que

---

* No original: *coloured people*, termo atualmente considerado arcaico e ofensivo, sendo substituído por *black people*. (N. do E.)
** *Fair* e *unfair*. Poderíamos traduzir também por "imparcial" e "parcial". (N. do E.)

são tipicamente ditos "equitativos" ou "não-equitativos". A segunda situação ocorre quando algum prejuízo foi causado e se reivindica a indenização ou reparação do dano. Esses não são os únicos contextos nos quais se fazem avaliações em termos de justiça, equidade ou imparcialidade. Não são somente as distribuições ou compensações que são consideradas justas ou equitativas; um juiz também pode ser dito justo ou injusto, um julgamento pode ser dito parcial ou imparcial e pode-se dizer que uma pessoa foi condenada justa ou injustamente. Essas são aplicações derivadas e secundárias da noção de justiça, explicáveis uma vez que se tenha compreendido a aplicação primária da justiça a questões de distribuição e reparação.

O princípio geral latente nessas diversas aplicações da ideia de justiça é que os indivíduos fazem jus, uns em relação aos outros, a uma certa posição relativa de igualdade ou desigualdade. Isso é algo a ser respeitado nas vicissitudes da vida social, quando encargos ou benefícios têm de ser distribuídos; é também algo a ser restaurado, se tiver sido perturbado. Assim, considera-se tradicionalmente que a justiça mantém ou restaura um *equilíbrio* ou *proporção*, e seu princípio condutor frequentemente se formula com a frase "Devem-se tratar os casos iguais de forma igual"; embora precisemos acrescentar: "e tratem-se os casos diferentes de forma diferente". Assim, quando protestamos, em nome da justiça, contra uma lei que proíba os negros de frequentar parques públicos, o sentido dessa crítica é que tal lei é má porque, ao distribuir os benefícios dos serviços públicos entre a população, discrimina entre pessoas que, sob todos os aspectos pertinentes, são iguais. Pelo contrário, se louvarmos uma lei como justa por ter retirado de algum setor especial algum privilégio ou, por exemplo, a imunidade tributária, o raciocínio norteador é que entre a classe privilegiada e o restante da comunidade não existe diferença pertinente que justifique esse tratamento especial. Esses exemplos simples bastam, entretanto, para demonstrar que, embora "Tratem-se os casos iguais de forma igual e os casos diferentes de forma diferente" constitua um elemento central na ideia de justiça, ele é incompleto em si mesmo e, até ser complementado, não pode oferecer nenhuma orientação precisa para o comportamento. Isso ocorre porque qualquer conjunto de seres humanos sempre se assemelha aos outros sob alguns aspectos e difere deles em outros; e, até que se estabeleça quais semelhanças e diferenças são pertinentes, "Tratem-se os casos iguais de forma igual" será uma fórmula necessariamente vazia. Para dar-lhe significado, precisamos saber quando, para os objetivos em vista, os casos devem ser considerados iguais e quais são as diferenças pertinentes. Sem essa suplementação ulterior, não podemos criticar as leis ou outras disposições sociais por serem injustas. Não é injusto que a lei, ao proibir o homicídio, trate os homicidas ruivos da mesma forma que os outros; de fato, seria tão injusta ao tratá-los de modo diferente quanto se recusasse tratamentos diferentes às pessoas lúcidas e aos insanos.

A estrutura da ideia de justiça tem, portanto, certa complexidade. Podemos dizer que compreende duas partes: uma característica uniforme ou constante, resumida no preceito "Tratem-se igualmente os casos iguais", e um critério cambiante ou variável, usado para determinar quando os casos devem ser considerados semelhantes ou diferentes para determinado objetivo. Sob esse aspecto, a justiça se assemelha às noções do que é ser autêntico, alto, ou quente, que contêm uma referência implícita a um padrão que varia conforme a classificação da coisa à qual se aplicam. Uma criança alta pode ser da mesma altura que um homem baixo, um inverno quente ter a mesma temperatura que um verão frio, e um diamante falso pode ser uma antiguidade autêntica. Mas a justiça é muito mais complexa que essas noções, porque o padrão variável de semelhanças pertinentes entre casos diferentes a ela incorporado não apenas muda conforme o tipo de assunto a que se aplica, mas pode também muitas vezes ser questionado, mesmo no que se refere a um único tipo de assunto.

De fato, são bastante óbvias, em certos casos, as diferenças e semelhanças entre os seres humanos que se mostram pertinentes para a crítica dos arranjos jurídicos como justos ou injustos. Isso acontece sobretudo quando tratamos, não da justiça ou injustiça do direito, mas de sua *aplicação* a casos específicos. Pois então o próprio direito determina as semelhanças e diferenças pertinentes entre os indivíduos que devem ser levadas em conta no momento de sua aplicação. Dizer que a lei contra o assassinato é aplicada com justiça equivale a dizer que é aplicada imparcialmente a todos aqueles, e somente àqueles, que se assemelham por terem feito o que a lei proíbe; nenhum preconceito ou interesse impediu o juiz de tratá-los "igualmente". Consequentemente, padrões processuais como *"audi alteram partem"* e "que ninguém seja juiz em sua própria causa" são considerados uma exigência da justiça e, na Inglaterra e nos Estados Unidos, são frequentemente mencionados como princípios da Justiça Natural. Assim é porque eles constituem garantias de imparcialidade ou objetividade, destinadas a assegurar que a lei seja aplicada a todos aqueles, e apenas àqueles, que se assemelham sob os aspectos pertinentes assinalados pela própria lei.

A relação entre esse aspecto da justiça e a própria noção de se proceder de acordo com normas é obviamente muito íntima. Na verdade, poder-se-ia dizer que aplicar com justiça a mesma lei a casos diferentes consiste simplesmente em levar a sério a afirmação de que o que se deve aplicar a casos diferentes é a mesma norma geral, sem nenhum preconceito, interesse ou capricho. Essa íntima relação entre a justiça na aplicação do direito e a própria noção de norma tentou alguns teóricos famosos a identificarem a justiça à obediência ao direito. Contudo, isso é claramente um erro, a menos que a palavra "direito" receba uma interpretação especialmente ampla; pois tal noção de justiça deixa sem explicação o fato de que a crítica em nome da justiça não se limita à aplicação do direito em casos específicos, mas as próprias normas jurídicas são muitas vezes avaliadas como justas ou injustas. Na verdade, não é absurdo admitir que uma lei injusta que proíbe o acesso dos negros aos parques foi aplicada com justiça, no sentido de que apenas as pessoas verdadeiramente culpadas de desrespeitar essa lei foram punidas de acordo com ela, e isso apenas depois de um julgamento justo.

Quando passamos da justiça ou injustiça na aplicação do direito à apreciação do próprio direito nesses termos, é evidente que o próprio direito não pode agora determinar quais semelhanças e diferenças entre os indivíduos devem ser reconhecidas para que suas normas tratem igualmente os casos iguais e, assim, sejam justas. Consequentemente, há aqui muito espaço para dúvida e debate. Diferenças fundamentais, geralmente de perspectiva moral e política, podem levar a divergências e discordâncias irreconciliáveis quanto às características dos seres humanos que devam ser consideradas pertinentes para a avaliação do direito como justo ou injusto. Assim, quando, no exemplo anterior, estigmatizamos como injusta uma lei que proíbe às pessoas de cor o acesso aos parques, fizemos isso porque, pelo menos para a distribuição dessas conveniências, as diferenças de cor não têm pertinência alguma. Obviamente, no mundo moderno, o fato de que os seres humanos, sem distinção de cor, são considerados capazes de reflexão, sentimento e autocontrole é geralmente, embora nem sempre, aceito como uma semelhança crucial que o direito deve levar em consideração. Consequentemente, na maioria dos países civilizados, há ampla concordância em que tanto o direito penal (entendido como aquele que não apenas pode restringir a liberdade mas também oferece proteção contra vários tipos de lesão) quanto o direito civil (concebido como o que provê reparação por danos sofridos) seriam injustos se, ao distribuírem esses encargos e benefícios, discriminassem entre as pessoas com base em características como cor ou crença religiosa. E se, em vez desses *foci* bem conhecidos de preconceito humano, discriminasse em razão de coisas tão obviamente impertinentes como altura, peso ou beleza, o direito seria ao mesmo tempo injusto e ridículo. Se os homicidas pertencentes à religião estabelecida ficassem isentos da pena capital, se apenas os membros da nobreza pudessem mover processos por calúnia, se as agressões contra os negros fossem punidas menos severamente que as praticadas contra os brancos, essas leis seriam consideradas injustas na maior parte das comunidades modernas, porque os seres humanos devem ser, em princípio, tratados com igualdade, e esses privilégios e imunidades não têm nenhum fundamento pertinente.

Na verdade, o princípio de que os seres humanos têm o direito presumido de ser tratados de maneira equitativa está tão profundamente arraigado no homem moderno que, mesmo quando as leis de fato discriminam em razão de atributos como cor e raça, é ainda largamente difundida e praticamente universal a aprovação a esse princípio, pelo menos verbalmente. Quando se atacam tais discriminações, elas são muitas vezes defendidas com a alegação de que o grupo vitimado pela discriminação não possui, ou ainda não adquiriu, certos atributos humanos essenciais; ou afirma-se que, embora isso seja lamentável, as exigências de tratamento igual em nome da justiça devem ser ignoradas para se preservar algo considerado de maior valor, que ficaria exposto a riscos caso não se fizessem tais discriminações. Mas, conquanto o discurso eufemístico seja hoje a regra universal, não é impossível conceber uma moral que não recorra a esses estratagemas – frequentemente insinceros e dissimulados – para justificar a discriminação e as desigualdades, mas que, pelo contrário, rejeite declaradamente a ideia de que, em princípio, os seres humanos devem ser tratados todos da mesma maneira. Em vez disso, tal moral poderia considerar que os seres humanos se enquadram, natural e inalteravelmente, em certas classes, de modo que alguns estariam naturalmente aptos a ser livres, e outros a ser seus escravos – ou, nas palavras de Aristóteles, "instrumentos vivos" dos demais. Aqui estaria ausente o sentido da igualdade *prima facie* entre os homens. Pode-se encontrar algo semelhante a essa opinião em Aristóteles e Platão, embora mesmo aí se possa encontrar mais que uma insinuação de que qualquer defesa plena da escravidão exigiria a prova de que falta às criaturas escravizadas a capacidade para a existência independente, ou de que estas diferem dos seres livres quanto à sua capacidade de realizar algum ideal da vida virtuosa.

Torna-se claro, portanto, que os critérios que envolvem semelhanças e diferenças pertinentes podem variar com frequência conforme a perspectiva moral básica de determinado indivíduo ou sociedade. Quando isso ocorre, as avaliações sobre a justiça ou injustiça do direito podem encontrar contra-argumentos inspirados em uma moral diferente. Mas às vezes uma reflexão sobre os objetivos que se admite devam ser alcançados por determinada lei pode tornar claras as semelhanças e diferenças que uma lei justa deveria reconhecer, e então essas dificilmente estariam sujeitas a discussão. Se uma lei estipula o auxílio aos pobres, a exigência contida no princípio "Casos iguais devem ser tratados de forma igual" certamente envolverá a consideração da *necessidade* dos diversos pretendentes à ajuda. Reconhece-se implicitamente um critério semelhante ao da necessidade quando se ajustam os encargos tributários a uma tabela gradativa do imposto de renda, conforme o nível de renda dos contribuintes. Às vezes, o fator pertinente reside nas *capacidades* das pessoas para uma função específica, que a aplicação da lei em questão pode levar em conta. As leis que privam os menores de idade e os mentalmente incapazes do direito de votar ou de fazer testamentos e celebrar contratos são consideradas justas, porque tais pessoas não têm a capacidade, que os adultos lúcidos presumivelmente possuem, de usar racionalmente aqueles poderes. Fazem-se tais discriminações por razões obviamente pertinentes, o que não ocorre com as discriminações sobre os mesmos assuntos devidas a diferenças de cor ou de sexo. Apesar disso, alegou-se, em defesa da sujeição das mulheres ou dos negros, que aquelas e estes não têm a mesma capacidade do homem branco para os julgamentos e decisões racionais. Naturalmente, argumentar dessa maneira equivale a admitir que, no caso dessa lei, o critério de justiça é a capacidade igual para o exercício de determinada função; mas, dada a ausência de qualquer prova de que as mulheres e as pessoas pertencentes àquelas minorias careçam de tal capacidade, mais uma vez esse princípio só está sendo sustentado da boca para fora.

Até aqui, examinamos a justiça ou a injustiça de leis que podemos encarar como *distribuidoras* de encargos e benefícios entre indivíduos. Alguns dos benefícios são tangíveis, como a assistência aos pobres ou a distribuição de alimentos; outros são intangíveis, como a proteção contra lesões corporais oferecida pelo direito penal, ou os mecanismos oferecidos pelas leis relativas à capacidade testamentária ou contratual ou ao direito de voto. Devemos distinguir esse sentido amplo de *distribuição* da *reparação* por danos causados por uma pessoa a outra. Neste último caso, a relação entre o que é justo e o princípio central da justiça, "Devem-se tratar igualmente os casos iguais e diferentemente os diferentes", se mostra certamente menos direta. No entanto, não é tão indireta que não possa ser detectada; e pode ser vista da seguinte forma. As leis que dispõem sobre a reparação devida por uma pessoa a outra por ilícito civil ou danos civis podem ser consideradas injustas por duas razões diferentes. Por um lado, poderiam criar privilégios ou imunidades ilegítimas. Isso ocorreria se apenas a nobreza pudesse, por exemplo, mover processos por calúnia, ou se nenhum branco pudesse ser processado por uma pessoa de cor em razão de agressão ou invasão de propriedade. Essas leis violariam frontalmente os princípios da justa distribuição de direitos e deveres relativos à responsabilidade civil. Mas tais leis poderiam também ser injustas de forma bem diferente; pois, embora sem fazer discriminações ilegítimas, poderiam faltar totalmente com a obrigação de oferecer a devida reparação por certos tipos de dano causado por uma pessoa a outra, mesmo que, moralmente, houvesse direito a essa reparação. Nessa questão, a lei poderia ser injusta mesmo tratando a todos da mesma forma.

O vício de tais leis não residiria então na distribuição defeituosa, mas na recusa em oferecer, a todos igualmente, a reparação por danos que seria moralmente errado infligir a outros. O caso mais patente dessa recusa injusta de reparação seria um sistema no qual ninguém pudesse ser indenizado por lesões corporais infligidas gratuitamente. Vale a pena observar que *essa* injustiça persistiria mesmo que o direito penal proibisse tais ataques sob pena de punição. Encontram-se poucos casos de algo tão grosseiro, mas o fato de a lei inglesa não oferecer reparação por invasões de privacidade, muitas vezes usadas em seu proveito por anunciantes, tem sido criticado frequentemente dessa forma. Não oferecer a reparação moralmente devida, contudo, também é o principal argumento da acusação de injustiça dirigida contra os tecnicismos das leis de responsabilidade civil contratual ou extracontratual que permitem o "enriquecimento sem causa" à custa de outra pessoa mediante um ato considerado moralmente errado.

A relação entre a justiça ou injustiça da reparação por danos causados a outros e o princípio que manda "tratar igualmente os casos iguais e diferentemente os casos diferentes" reside no fato de que existe, fora do direito, a convicção moral de que aqueles a quem o direito se refere fazem jus à proteção mútua contra certos tipos de conduta prejudicial. Essa estrutura de direitos e obrigações recíprocas, que proíbe ao menos as espécies mais grosseiras de dano, constitui a base, embora não a totalidade, da moral de todos os grupos sociais. Isso resulta na criação de uma moral entre os indivíduos e, em certo sentido, de uma igualdade artificial que compensa as desigualdades da natureza. Pois, quando o código moral proíbe um homem de roubar ou de usar violência contra outro, mesmo quando uma superioridade de força física ou de argúcia lhe possibilitaria fazê-lo impunemente, os fortes e os espertos são colocados em pé de igualdade com os fracos e os ingênuos. Seus casos tornam-se moralmente equivalentes. Consequentemente, considera-se que o homem forte que despreze a moral e se aproveite de sua força para prejudicar outro estará perturbando esse equilíbrio, ou regime de igualdade, estabelecido pela moral; a justiça exige então que esse *status quo* moral seja, na medida do possível, restabelecido pelo culpado. Em casos simples de furto, isso envolveria apenas devolver a coisa furtada; a reparação de outros prejuízos é uma extensão dessa noção rudimentar. Considera-se que alguém que tenha causado a outro um dano físico, dolosa ou culposamente, subtraiu algo a sua vítima; e embora não o tenha feito literalmente, a metáfora não é demasiado forçada; pois o agressor tirou proveito da vítima, mesmo se apenas por ter satisfeito seu desejo de prejudicá-la ou por não sacrificar sua comodidade ao dever de tomar os cuidados adequados. Assim, quando as leis preveem reparação nos casos em que a justiça o exige, elas reconhecem indiretamente o princípio que ordena "tratar igualmente os iguais" ao dispor sobre a restauração, após a perturbação, do *status quo* moral perante o qual vítima e algoz estão em pé de igualdade e são, portanto, iguais. Novamente, concebe-se a possibilidade de uma perspectiva moral que não coloque os indivíduos em pé de igualdade recíproca em tais questões. O código moral poderia proibir que os bárbaros atacassem os gregos, mas permitir que estes atacassem àqueles. Nesses casos, poder-se-ia considerar que um bárbaro estaria moralmente obrigado a reparar um grego por danos sofridos, embora ele próprio não fizesse jus a essa reparação. Existiria aqui uma ordem moral baseada na desigualdade, na qual vítima e perpetrador seriam tratados de forma diferente. Nesse quadro, por muito repulsivo que nos pareça, a lei só seria justa se refletisse essa diferença e tratasse de forma diversa os casos diferentes.

 Nesse breve esboço sobre a questão da justiça, examinamos apenas algumas de suas aplicações mais simples, para mostrar a forma específica de virtude atribuída às leis consideradas justas. Não apenas esse valor é diferente dos outros valores que as leis podem ou não possuir, como também as exigências da justiça podem às vezes entrar em conflito com esses outros valores. Isso ocorre, por exemplo, quando um tribunal estipula, ao condenar um criminoso qualquer por um crime que se tornou muito frequente, uma sentença mais severa que aquela que já havia aplicado em casos semelhantes, e o faz declaradamente como uma "advertência". Aqui se sacrifica o princípio que manda "tratar igualmente os casos iguais" em benefício da segurança ou do bem-estar geral da sociedade. No direito civil, um conflito semelhante entre a justiça e o bem comum se resolve em favor do último quando a lei não prevê reparação para determinado dano moral porque a obrigatoriedade da reparação em tais casos poderia envolver grandes dificuldades de produção de provas, sobrecarregar os tribunais ou cercear indevidamente a atividade empresarial. Há um limite para a imposição da lei que cada sociedade é capaz de suportar, mesmo quando uma agressão de caráter moral tenha sido cometida. Por outro lado, a lei, em nome do bem-estar social geral, pode obrigar o culpado a indenizar aquele a quem prejudicou, mesmo quando, como questão de justiça, não se julgasse isso moralmente obrigatório. É o que frequentemente acontece quando se prevê a responsabilidade objetiva por algum delito civil, independentemente, por exemplo, de dolo ou culpa. Defende-se às vezes essa forma de imputabilidade com o argumento de que interessa à "sociedade" que aqueles que forem prejudicados acidentalmente devem ser indenizados; e argumenta-se que o modo mais fácil de fazê-lo é colocar o ônus sobre aqueles cujas atividades, mesmo cuidadosamente controladas, tenham causado tais acidentes. Trata-se, geralmente, de pessoas de recursos, em condições de contratar seguros para suas atividades. Quando se faz tal defesa, ela inclui um apelo implícito ao bem-estar geral da sociedade, o qual, embora moralmente aceitável e às vezes até chamado de "justiça *social*", difere das formas primárias de justiça que dizem respeito apenas a restabelecer, dentro do possível, o *status quo* entre dois indivíduos.

Deve-se pôr em evidência aqui um importante ponto de contato entre as ideias de justiça e bem-estar social. Poucas mudanças sociais ou leis agradam igualmente a todos os indivíduos ou aumentam equitativamente seu bem-estar. Apenas as leis que atendem às necessidades mais básicas, como a construção de estradas ou a proteção policial, se aproximam disso. Na maioria dos casos, a lei só beneficia uma classe da população, a expensas de privar outras de suas preferências. A assistência aos pobres só pode ser oferecida com os bens de outros; a educação universal compulsória não apenas pode significar a perda da liberdade para aqueles que querem dar a seus filhos uma educação privada, mas só pode também ser financiada através da redução ou sacrifício dos investimentos de capital na indústria, das aposentadorias para os idosos ou do atendimento médico gratuito. Quando se faz uma opção entre essas alternativas conflitantes, ela pode ser defendida como adequada com base no "bem público" ou no "bem comum". O significado dessas expressões não é claro, pois não parece haver um padrão em relação ao qual se possam avaliar as várias alternativas de bem comum e identificar as mais importantes. É claro, entretanto, que a opção, se for feita sem a consideração preliminar dos interesses de todos os segmentos da comunidade, poderia ser criticada como simplesmente parcial e injusta. Contudo, a opção estaria isenta *dessa* acusação se os argumentos de todos tivessem sido considerados imparcialmente antes que se promulgasse a legislação, mesmo que disso resultasse a subordinação das pretensões de um grupo às de outros.

Poder-se-ia, de fato, sustentar que a alegação de que a opção entre as pretensões conflitantes de classes ou interesses foi feita "tendo em vista o bem comum" só pode significar que os interesses de todos foram assim imparcialmente avaliados antes da decisão. Seja isso verdade ou não, parece evidente que a justiça é, nesse sentido, no mínimo uma condição necessária a ser satisfeita em qualquer escolha legislativa que se pretenda orientada pelo bem comum. Vemos aqui um aspecto adicional da justiça distributiva, diferente daquelas formas simples que já discutimos. Pois o que aqui se "distribui" com justiça não é algum benefício específico entre um grupo de pretendentes a ele, mas a atenção e consideração imparcial às pretensões conflitantes a diferentes tipos de benefícios.

2. A obrigação moral e a obrigação jurídica

A justiça é um segmento da moral primordialmente afeto não à conduta individual, mas às formas de tratar *classes* de indivíduos. É isso que confere à justiça sua especial pertinência na crítica do direito e de outras instituições públicas ou sociais. É a mais pública e a mais jurídica das virtudes. Mas os princípios da justiça não esgotam a ideia de moral; e nem toda a crítica do direito apoiada em bases morais é feita em nome da justiça. As leis podem ser condenadas moralmente simplesmente por exigirem que os homens pratiquem certos atos que a moral proíbe aos indivíduos, ou porque exigem que os homens se abstenham de agir de formas moralmente obrigatórias.

É, portanto, necessário caracterizar de forma geral esses princípios, normas e padrões referentes ao comportamento dos indivíduos que dizem respeito à moral e tornam certas condutas moralmente obrigatórias. Defrontamo-nos aqui com duas dificuldades interligadas. A primeira é que a palavra "moral" e todos os outros termos a ela associados ou quase sinônimos, como "ética", têm sua própria área considerável de imprecisão ou "textura aberta". Há certas formas de princípios ou normas que alguns considerariam morais e outros, não. Em segundo lugar, mesmo quando existe concordância quanto a isso, e certas normas ou princípios são aceitos como indiscutivelmente relacionados à moral, pode ainda haver grandes divergências filosóficas quanto a seu *status* ou relação com o resto do conhecimento e da existência humana. Serão princípios imutáveis, parte da tessitura do Universo, não criados pelo homem mas à espera de serem descobertos pelo intelecto humano? Ou serão expressões de atitudes, escolhas, exigências ou sentimentos humanos mutáveis? Essas são formulações grosseiras de dois extremos na filosofia moral. Entre eles há muitas variações sutis e complicadas, discutidas pelos filósofos no esforço de elucidar a natureza da moral.

Tentaremos evitar essas dificuldades filosóficas no texto que se segue. Identificaremos mais adiante[3], sob os títulos "Importância", "Imunidade à modificação deliberada", "O caráter voluntário das infrações morais" e "A forma de pressão moral", quatro características cardeais que frequentemente encontramos reunidas nesses princípios, normas e padrões de comportamento mais comumente considerados "morais". Essas quatro características refletem diferentes aspectos de uma função típica e importante desempenhada por esses padrões na vida social ou na vida dos indivíduos. Isso bastaria para nos justificarmos por destacar tudo o que possua essas quatro características para ser analisado separadamente e, sobretudo, para ser contrastado e comparado com o direito. Além disso, o argumento de que a moral possui essas quatro características é neutro, entre as teorias filosóficas rivais, no que diz respeito a seu *status* ou natureza fundamental. Certamente a maioria dos filósofos, se não todos, concordariam em que essas quatro características estão necessariamente presentes em qualquer norma ou princípio moral, embora pudessem oferecer interpretações ou explicações muito diferentes para o fato de que a moral as possui. Pode-se de fato objetar que essas características, embora necessárias, são *apenas* necessárias e não suficientes para distinguir a moral de certas normas ou princípios de conduta que seriam excluídos do âmbito daquela por um critério mais rigoroso. Vamos nos referir aos

---

3. Abaixo, pp. 224 ss.

fatos em que essas objeções se baseiam, mas seguiremos utilizando a palavra "moral" em seu sentido mais amplo. Nossa justificativa para isso é que esse procedimento se harmoniza com boa parte da prática, e que aquilo que a palavra designa, nesse sentido mais amplo, desempenha uma função importante e digna de nota na vida social e individual.

Examinaremos em primeiro lugar o fenômeno social frequentemente chamado de "*a* moral" de uma determinada sociedade, ou a moral "aceita" ou "convencional" de um grupo social real. Essas expressões se referem a padrões de comportamento compartilhados por muitos membros de uma sociedade específica e devem ser contrastados com os princípios ou ideais morais que possam guiar a vida de um indivíduo, mas que ele não partilha com um número significativo das pessoas com quem convive. A base de uma moral compartilhada ou aceita por um grupo social consiste em normas do tipo que já descrevemos no Capítulo V, quando procuramos elucidar a ideia geral de obrigação, e que então chamamos de normas primárias de obrigação. Essas normas se distinguem das outras tanto pela forte pressão social que as sustenta quanto pelo considerável sacrifício do interesse ou inclinação pessoal que a obediência a elas exige. Esboçamos também, no mesmo capítulo, o quadro de uma sociedade que se encontrava num estágio em que essas normas eram os únicos meios de controle social. Observamos que, nesse estágio, poderia não haver nada que correspondesse à clara distinção traçada, nas sociedades mais desenvolvidas, entre as normas jurídicas e as morais. Alguma forma embrionária dessa distinção talvez pudesse existir se houvesse algumas normas primordialmente sustentadas por ameaças de punição em caso de desobediência e outras mediante apelos a um presumido respeito pelas normas, ou a sentimentos de culpa ou remorso. Uma vez ultrapassada essa etapa inicial, e dado o passo do mundo pré-jurídico ao jurídico, de tal forma que os meios de controle social passem então a incluir um sistema normativo contendo normas de reconhecimento, julgamento e modificação, esse contraste entre as normas jurídicas e as de outra natureza se cristaliza, tornando-se algo definido. As normas primárias de obrigação identificadas pelo sistema oficial são então separadas das outras normas, que continuam a existir lado a lado com as oficialmente reconhecidas. Na verdade, em nossa própria comunidade, e em todas as outras que atingem essa etapa, há muitos tipos de norma social e padrões que se situam fora do sistema jurídico; somente algumas dessas são geralmente consideradas e rotuladas como morais, embora alguns teóricos do direito tenham usado a palavra "moral" para designar todas as normas não-jurídicas.

Essas normas não-jurídicas podem ser distinguidas e classificadas de muitas formas diferentes. Algumas são normas de alcance muito limitado, referentes a apenas uma esfera específica de comportamento (por exemplo, o vestuário) ou a atividades para as quais só existem oportunidades intermitentes, criadas intencionalmente (cerimônias e jogos). Algumas normas são concebidas como aplicáveis ao grupo social em geral; outras, a subgrupos especiais dentro deste, caracterizados por certos traços, como a classe social, ou por sua própria opção de se reunirem ou entrarem em acordo para fins limitados. Algumas normas são consideradas vinculantes em virtude de acordo e podem permitir a retratação voluntária. Outras não são consideradas originárias de acordo ou qualquer outra forma de escolha deliberada. A violação de algumas normas pode ter como consequência apenas uma observação ou lembrete sobre o modo "correto" de agir (por exemplo, a etiqueta ou as normas de correção ao falar), outras provocam censura grave ou desprezo, ou acarretam a exclusão mais ou menos prolongada do grupo em questão. Embora seja impossível construir uma escala exata, uma concepção da importância relativa atribuída a esses tipos diferentes de normas se reflete tanto na medida do sacrifício do interesse particular que exigem quanto no peso da pressão social para que sejam respeitadas.

Todas as sociedades que desenvolveram um sistema jurídico têm, entre suas normas não-jurídicas, algumas às quais atribuem suprema importância, e que, apesar de diferenças cruciais, se assemelham muito a seu direito. Frequentemente, para indicar os atos ou abstenções exigidos por essas normas, acrescenta-se o adjetivo "moral" a palavras como "direitos", "obrigações" e "deveres", usadas para expressar as exigências das normas jurídicas. Existe, em todas as comunidades, uma sobreposição parcial dos conteúdos das obrigações morais e jurídicas, embora as exigências das normas jurídicas sejam mais específicas e cercadas de exceções mais minuciosas que as de suas equivalentes morais. O dever e a obrigação moral, como muitas normas jurídicas, tipicamente dizem respeito ao que deve ou não deve ser feito em circunstâncias continuamente recorrentes na vida do grupo, mais do que as atividades raras ou intermitentes que ocorrem em ocasiões escolhidas deliberadamente. Essas normas requerem abstenções ou atos que são simples no sentido de que seu cumprimento não requer habilidade ou capacidade intelectual especiais. As obrigações morais, como a maior parte das obrigações jurídicas, estão ao alcance da capacidade de qualquer adulto normal. A obediência a essas normas morais, como às normas jurídicas, é considerada natural. Assim, enquanto sua infração atrai censura severa, sua observância, como a obediência à lei, não merece louvor, exceto se caracterizada por excepcional escrúpulo, paciência ou resistência a uma tentação extraordinária. Podem-se fazer várias classificações das obrigações e deveres morais. Algumas se enquadram em funções ou papéis relativamente diferenciados e permanentes, que nem todos os membros da sociedade exercem. São desse tipo os deveres do pai ou marido de cuidar de sua família. Por outro lado, há tanto obrigações gerais, consideradas pertinentes para todos os adultos normais durante a vida inteira (como, por exemplo, abster-se da violência), quanto obrigações especiais, atribuídas a qualquer membro quando trava relações especiais com outros (por exemplo, a obrigação de honrar compromissos ou retribuir serviços prestados).

As obrigações e os deveres reconhecidos nas normas morais desse tipo mais fundamental podem variar de sociedade para sociedade, ou dentro da mesma comunidade em épocas diversas. Algumas podem refletir crenças muito errôneas ou mesmo supersticiosas, relativas ao que se exige para o bem-estar ou a segurança do grupo; em algumas sociedades a mulher pode ter o dever de se atirar na pira funerária do marido, e em outra o suicídio pode ser uma transgressão da moralidade comum. Existem diferenças entre os códigos morais, diferenças que podem emanar tanto das necessidades peculiares, mas reais, de uma dada sociedade, quanto da superstição ou da ignorância. Contudo, a moral social das sociedades que atingiram o estágio no qual ela pode ser diferenciada de seu sistema jurídico sempre inclui certas obrigações e deveres que exigem o sacrifício de inclinações ou interesses pessoais, algo essencial à sobrevivência de qualquer sociedade enquanto os homens e o mundo no qual vivem conservarem suas características mais familiares e mais óbvias. Entre essas normas obviamente exigidas pela vida social situam-se as que proíbem ou, pelo menos, limitam o uso irrestrito da violência; as que exigem certas formas de honestidade e sinceridade no trato com outros indivíduos; e as que proíbem a destruição ou a subtração de coisas materiais. Se a obediência a essas normas mais elementares não fosse considerada natural por algum grupo de indivíduos vivendo em estreita proximidade uns dos outros, hesitaríamos em descrever esse grupo como uma sociedade e teríamos a certeza de que não sobreviveria por muito tempo.

As normas morais e jurídicas de obrigação e dever têm, portanto, certas semelhanças suficientemente marcantes para mostrar que seu vocabulário comum não se deve ao acaso. As semelhanças podem ser resumidas como se segue. São parecidas por serem consideradas vinculantes independentemente do consentimento do indivíduo a elas submetido, e seu cumprimento se apoia em forte pressão social pela obediência; o acatamento às obrigações tanto morais quanto jurídicas não é considerado merecedor de elogio, mas uma contribuição mínima para a vida social, a ser vista como natural. Além disso, tanto o direito quanto a moral incluem normas destinadas a reger o comportamento dos indivíduos em situações continuamente recorrentes durante toda a vida, e não apenas em atividades ou ocasiões especiais; e, embora possam incluir muitos elementos que sejam próprios das necessidades reais ou imaginárias de uma sociedade, ambos os tipos de normas incluem exigências que devem obviamente ser cumpridas por qualquer grupo de seres humanos para que possam viver em comum. Daí a existência em ambos – o direito e a moral – de algumas formas de proibição da violência contra pessoas ou bens e de exigências mínimas de honestidade e veracidade. Contudo, apesar dessas semelhanças, muitos consideram evidente que existem certas características que o direito e a moral não podem partilhar, embora, na história da teoria do direito, a formulação de tais características tenha se mostrado dificílima.

A mais célebre tentativa de resumir sua diferença essencial é a teoria segundo a qual as normas jurídicas exigem apenas um comportamento "externo", sendo indiferentes aos motivos, intenções ou outros acompanhamentos "internos" do comportamento, enquanto a moral não exige ações externas específicas, mas apenas boa vontade ou intenções e motivos corretos. Isso equivale, na realidade, à surpreendente afirmação de que as normas jurídicas e morais, se compreendidas adequadamente, jamais poderiam ter o mesmo conteúdo; e, embora haja aí uma insinuação de verdade, tal afirmação, assim formulada, revela-se profundamente enganosa. Trata-se de uma inferência, embora equivocada, a partir de certas características importantes da moral, especialmente certas diferenças entre a censura moral e a punição jurídica. Se alguém pratica um ato proibido pelas normas morais ou deixa de cumprir suas exigências, o fato de que o tenha feito involuntariamente e apesar de haver tomado todas as precauções o exime de censura *moral*; ao passo que um sistema jurídico ou consuetudinário pode ter normas de "responsabilidade objetiva", segundo as quais mesmo os que desrespeitarem as normas involuntariamente e sem "culpa" podem estar sujeitos a punição. Assim, é verdade que, embora na moral a noção de "responsabilidade objetiva" se aproxime, sob esse aspecto, de uma contradição em termos, essa noção, quando faz parte de um sistema jurídico, pode ser objeto de críticas, mas não é absurda. Mas isso não significa que a moral se limite a exigir boas intenções, boa vontade ou motivos nobres. Na verdade, raciocinar assim significa, como mostraremos adiante, confundir a ideia de *desculpa* com a noção de uma *justificativa* para a conduta.

Nesse raciocínio confuso existe, entretanto, pelo menos a caricatura de algo importante; o vago sentimento de que a diferença entre o direito e a moral envolve um contraste entre o caráter "interno" desta e a natureza "externa" daquele aflora com demasiada frequência nas reflexões sobre o direito e a moral para que possa ser considerado totalmente destituído de fundamento. Em vez de ignorar o argumento, vamos tratá-lo como uma descrição resumida de quatro características cardeais interligadas, que, em conjunto, servem para diferenciar a moral não apenas das normas jurídicas mas também de outras formas de norma social.

(i) *Importância*. Se dissermos que um dos traços essenciais de *qualquer* norma ou padrão moral é que ele é algo cuja observância é considerada muito importante, essa afirmação correrá o risco de parecer ao mesmo tempo muito óbvia e muito vaga. Contudo, esse traço não pode ser omitido em nenhuma descrição fiel da moral de algum grupo social ou indivíduo, nem pode ser expresso com maior precisão. Manifesta-se de muitas maneiras: primeiro, no simples fato de que os padrões morais são sustentados mediante um combate contra os impulsos das fortes paixões que eles restringem, e à custa de um sacrifício considerável do interesse pessoal; em segundo lugar, nas formas severas de pressão social exercida não só para garantir a obediência em casos individuais, mas também para assegurar que os padrões morais sejam ensinados ou transmitidos a todos os membros da sociedade como algo natural e evidente; em terceiro, no reconhecimento generalizado de que, se os padrões morais não fossem aceitos por todos, isso acarretaria mudanças amplas e desagradáveis na vida dos indivíduos. Em contraposição às normas da moral, aquelas que dispõem sobre a boa educação, a etiqueta social e o vestuário, bem como algumas normas jurídicas, embora não todas, ocupam um lugar relativamente modesto na escala de importância. Seu cumprimento pode ser enfadonho, mas elas não exigem grande sacrifício: não se exerce grande pressão para garantir a obediência e não haveria grandes mudanças em outras áreas da vida social se não fossem seguidas ou se fossem alteradas. Boa parte da importância assim atribuída à observância das normas morais pode ser explicada com simplicidade em termos agradavelmente racionais: pois, mesmo que elas exijam o sacrifício de interesses pessoais por parte dos implicados, sua obediência assegura interesses vitais compartilhados igualmente por todos. Isso ocorre quer na proteção das pessoas contra males óbvios, quer na manutenção de uma estrutura social tolerável e ordeira. Entretanto, embora se possa defender assim a racionalidade de boa parte dessa moral social como uma proteção contra danos óbvios, essa interpretação simples e utilitária nem sempre é possível; nem, quando é possível, deve ser considerada representativa do ponto de vista daqueles que pautam sua vida por um padrão moral. Afinal, uma parte muito proeminente da moral de qualquer sociedade consiste em normas relativas ao comportamento sexual, e não parece claro que a importância a elas atribuída se associe à convicção de que a conduta proibida prejudique a outros; nem se poderia, de fato, sempre demonstrar que tais normas admitam essa justificativa. Mesmo numa sociedade moderna, que deixou de considerar seu código moral como ordenamento divino, as reflexões sobre os prejuízos causados a outras pessoas não explicam a importância associada ao controle moral do comportamento sexual, como, por exemplo, a condenação generalizada à homossexualidade. As funções e os sentimentos ligados ao sexo têm tal peso e importância emocional na vida de todos que os desvios em relação a suas formas de expressão aceitas ou normais se revestem de um "pudor" ou importância intrínseca. Esses desvios são detestados, não pela convicção de sua nocividade social, mas simplesmente como "contrários às leis da natureza" ou intrinsecamente repugnantes. Contudo, seria absurdo negar a denominação de moral a proibições sociais enfáticas desse tipo; na verdade, a moral sexual talvez seja o aspecto mais relevante daquilo que o homem comum considera ser a moral. Evidentemente, o fato de que a sociedade possa encarar sua própria moral dessa forma "não-utilitária" não significa que suas normas sejam imunes à crítica ou à reprovação, quando sua observância é considerada inútil ou só é obtida à custa de grande sofrimento.

As normas jurídicas podem, como vimos, corresponder a normas morais no sentido de exigirem ou proibirem o mesmo comportamento. As que atuam dessa forma são indubitavelmente consideradas tão importantes quanto suas correspondentes morais. Contudo, essa importância não é tão essencial para o *status* de todas as normas jurídicas quanto é para o da moral. A observância de uma norma jurídica pode ser por todos considerada desimportante; poder-se-ia inclusive chegar à conclusão de que a norma deveria ser revogada; entretanto, até que isso aconteça, ela continua sendo uma norma jurídica. Por outro lado, seria absurdo considerar uma norma como parte da moral de uma sociedade apesar de ninguém mais achá-la importante ou considerar que valha a pena observá-la. Costumes e tradições antigos hoje conservados apenas por amor ao passado podem, na verdade, ter tido outrora o *status* de normas morais, mas seu *status* moral se desvaneceu juntamente com a importância antes atribuída a sua observância ou transgressão.

(ii) *Imunidade à modificação deliberada*. É típico de um sistema jurídico que novas normas jurídicas podem ser introduzidas e que as antigas possam ser alteradas ou revogadas por meio de atuação deliberada, apesar de algumas leis poderem ser protegidas contra a modificação por uma constituição escrita que limite a competência do poder legislativo supremo. Pelo contrário, as normas e princípios morais *não podem* ser criados, alterados ou eliminados dessa forma. Dizer "não podem" não equivale, entretanto, a negar que algo realmente ocorra, como seria o caso da afirmação de que os seres humanos "não podem" mudar o clima. Em vez disso, a afirmação remete aos seguintes fatos. É perfeitamente razoável dizer coisas como: "A partir de 1.º de janeiro de 1960 constituirá crime agir de tal ou qual forma", ou "A partir de 1.º de janeiro de 1960 não mais será ilegal agir dessa ou daquela forma", e fundamentar tais afirmações citando leis que tenham sido editadas ou revogadas. Por outro lado, afirmações como "A partir de amanhã já não será imoral proceder dessa ou daquela forma", ou "Em 1.º de janeiro último tornou-se imoral proceder dessa ou daquela forma", e a tentativa de apoiar tais declarações em atuações deliberadas, seriam paradoxos surpreendentes, se não absurdos. Pois o fato de que as normas, princípios ou padrões morais sejam, como as leis, julgados passíveis de ser criados ou modificados por meio de atos intencionais é incompatível com o papel representado pela moral na vida dos indivíduos. Os padrões de conduta não podem ser dotados, ou privados, de *status* moral por *fiat* humano, embora o uso diário de conceitos como publicação ou revogação mostre que não se pode dizer o mesmo das leis.

Boa parte da filosofia moral se dedica a explicar essa característica da moral e a elucidar a ideia de que a moral é algo "já existente", a ser reconhecido, e não criado por escolha humana deliberada. Mas o fato em si, separado de sua explicação, não constitui uma peculiaridade das normas morais. É por isso que essa característica da moral, embora imensamente importante, não pode, por si só, servir para distingui-la de todos os outros tipos de normas sociais. Pois, sob esse aspecto, embora não em outros, qualquer tradição social é como a moral; a tradição tampouco pode ser criada ou revogada pelo *fiat* humano. A história, possivelmente apócrifa, de que o diretor de um novo colégio inglês anunciou que, a partir do início do período escolar seguinte, passaria a ser tradição na instituição que os alunos mais adiantados usassem certo tipo de vestuário, depende totalmente, para seu efeito cômico, da incompatibilidade lógica entre a noção de tradição e a de promulgação e escolha deliberadas. As normas adquirem e perdem o *status* de tradição evoluindo, sendo praticadas, deixando de sê-lo e, finalmente, fenecendo; e as normas criadas ou eliminadas de forma diferente desses processos lentos e involuntários não poderiam adquirir ou perder, desse modo, o *status* de tradição.

O fato de que, diferentemente das leis, a moral e as tradições não podem ser alteradas diretamente, por meio de atuação legislativa, não pode ser confundido com a imunidade a outras formas de modificação. Na verdade, embora uma norma ou tradição moral não possa ser revogada ou alterada por escolha ou atuação deliberadas, a aprovação ou revogação de leis pode de fato ser uma das causas da modificação ou declínio de algum padrão ou tradição moral. Se uma prática tradicional, como as comemorações da Noite de Guy Fawkes, for proibida por lei e punida, o costume poderá morrer e a tradição, desaparecer. Por outro lado, se as leis exigirem a prestação de serviço militar por parte de membros de certas classes sociais, isso talvez acabará criando entre elas uma tradição que bem pode sobreviver à própria lei. Da mesma forma, as criações jurídicas podem estabelecer padrões de honestidade e humanidade, que acabem em última instância alterando e elevando a moral corrente; inversamente, a repressão legal de costumes considerados moralmente obrigatórios pode causar, finalmente, a perda do sentimento de sua importância e de seu *sta-*

tus moral: todavia, o direito perde, muito frequentemente, essas batalhas contra a moral arraigada, e a norma moral continua em pleno vigor ao lado das leis que proíbem o que a moral impõe.

É necessário distinguir entre a modificação ou revogação de leis e essas formas de modificação na tradição e na moral, para as quais o direito pode constituir um fator causal. Pois, apesar de se poder usar a expressão "efeito jurídico" para indicar a aquisição ou perda de *status* jurídico em razão da publicação de uma lei, essa modificação causal não é contingente como seria o efeito eventual de uma lei sobre a moral e a tradição. A diferença pode ser demonstrada simplesmente pelo fato de que, embora sempre seja possível duvidar se uma criação jurídica clara e válida levará a uma modificação na moral, não se podem alimentar as mesmas dúvidas quanto a se uma inovação jurídica clara e válida alterou ou não o direito.

Deve-se também distinguir entre, de um lado, a incompatibilidade da ideia de moral ou de tradição e a de modificação por decreto deliberado, e, de outro, a intocabilidade concedida a certas normas jurídicas, em alguns sistemas, pelas cláusulas restritivas de uma constituição. Essa imunidade não é um elemento necessário para a juridicidade de uma lei, pois pode ser retirada mediante emenda constitucional. Ao contrário dessa imunidade jurídica à modificação legislativa, a incapacidade da moral e da tradição de mudar de forma semelhante não varia de comunidade para comunidade, nem de época para época. Está incorporada ao sentido dos termos "moral" e "tradição" a ideia de um poder legislativo moral com competência para criar e alterar a moral, como os atos jurídicos criam e mudam as leis, repugna à própria noção de moral. Quando tratarmos do direito internacional, veremos que é importante distinguir a simples ausência *de facto* de um poder legislativo, que pode ser considerada um defeito do sistema, da incoerência fundamental que, como já ressaltamos aqui, é inerente à ideia de que normas ou padrões morais possam ser criados ou revogados por meio de legislação.

(iii) *O caráter voluntário das infrações morais*. A velha concepção de que a moral diz respeito exclusivamente ao que é "interno", enquanto o direito se ocupa apenas do comportamento "externo", constitui em parte uma formulação errônea das duas características já discutidas. Mas é frequentemente tratada como alusão a certas características proeminentes da responsabilidade moral e da culpa moral. Suponhamos o caso de uma pessoa cuja ação, julgada *ab extra*, constitui uma falta contra determinados princípios ou normas morais; se essa pessoa puder demonstrar que cometeu o ato involuntariamente e apesar de ter tomado todas as precauções possíveis, ela estará isenta de responsabilidade moral e, nessas circunstâncias, culpá-la seria em si moralmente censurável. A culpa moral fica, portanto, eliminada por ter a pessoa feito tudo o que lhe era possível. Verifica-se o mesmo, até certo ponto, em qualquer sistema jurídico evoluído, pois a exigência geral de dolo ou *mens rea* se destina, na responsabilidade penal, a garantir que aqueles que erraram sem ser por negligência, ou o fizeram involuntariamente ou em condições nas quais lhes faltava a capacidade física ou mental de obedecer à lei, sejam isentos de culpa. Se assim não fosse, um sistema jurídico seria passível de grave censura moral, pelo menos no caso de crimes graves que acarretam penas severas.

Entretanto, a aceitação dessas atenuantes é restringida de várias formas em todos os sistemas jurídicos. A dificuldade, real ou alegada, de provar fatos psicológicos pode levar um sistema jurídico a se recusar a investigar os estados ou capacidades mentais dos indivíduos, e, em vez disso, a usar "critérios objetivos", segundo os quais se conclui que o indivíduo acusado de uma infração tem a mesma capacidade de controle ou de tomar precauções que teria um homem normal ou "razoável". Alguns sistemas se recusam a levar em conta as incapacidades "volitivas", em contraposição às "cognitivas"; nesse caso, restringem o campo das desculpas à ausência de intenção ou ao desconhecimento dos fatos. Mais uma vez, o sistema jurídico pode impor a "responsabilidade objetiva" para certos tipos de transgressão e estabelecer responsabilidade de forma totalmente independente de dolo ou culpa, excetuada, talvez, a exigência mínima de que o acusado possua um controle muscular normal.

É claro, portanto, que a responsabilidade jurídica não fica necessariamente excluída pela demonstração de que o acusado não poderia ter respeitado a lei que infringiu; em contraposição, para a moral, a frase "Não pude evitar" é sempre uma desculpa, e a obrigação moral seria inteiramente diferente do que é se a expressão "tem obrigação moral" não implicasse, nesse sentido, uma certa capacidade da parte do sujeito. Contudo, é importante perceber que a expressão "Não pude evitar" é apenas uma desculpa (embora boa) e distinguir entre desculpa e justificativa; pois, como já observamos, o argumento de que a moral não exige um comportamento externo se baseia numa confusão dessas duas ideias. Se as boas intenções justificassem fazer o que as normas morais proíbem, nada haveria a lamentar no ato de um homem que matasse a outro acidentalmente e apesar de todas as precauções. Julgaríamos esse fato do mesmo modo como hoje julgamos a morte de um homem, causada por outro, quando é exigida como medida necessária à legítima defesa. Esta última é *justificada* porque, em tais circunstâncias, matar é um tipo de comportamento que o sistema não se preocupa em impedir e pode até estimular, embora seja necessariamente uma exceção à proibição universal do homicídio. Quando alguém é *eximido de culpa* por ter errado involuntariamente, a concepção moral subjacente não é que essa ação pertença a um tipo que a lei se empenhe em permitir ou mesmo encorajar; o que acontece é que, ao investigarmos a condição mental desse transgressor específico, verificamos que lhe faltava a capacidade normal de atender às exigências da lei. Logo, esse aspecto do caráter "interno" da moral não significa que esta não seja uma forma de controle da conduta externa; mas apenas estipula, como condição necessária da responsabilidade moral, que o indivíduo tenha certo tipo de controle sobre seu comportamento. Mesmo no campo da moral, há uma diferença entre "Ele nada fez de errado" e "Ele não pôde deixar de fazer o que fez".

(iv) *A forma de pressão moral.* Outro traço distintivo da moral é a forma típica de pressão exercida para apoiá-la. Essa característica se relaciona intimamente com a última que examinamos e, como ela, tem contribuído grandemente para o vago sentimento de que a moral só diz respeito ao que é "interno". Os fatos que levaram a essa interpretação da moral são os que se seguem. Se, todas as vezes que alguém estivesse prestes a infringir uma norma de comportamento, se usassem como argumento de dissuasão *apenas* ameaças de castigo físico ou de consequências desagradáveis, seria impossível considerar tal norma como parte da moral daquela sociedade, embora isso não representasse nenhum empecilho a tratá-la como parte de seu ordenamento jurídico. De fato, pode-se dizer que a forma típica de pressão jurídica consiste em tais ameaças. Por outro lado, no que diz respeito à moral, a forma típica de pressão consiste em apelos ao respeito pelas normas como coisas importantes em si mesmas, que se presumem serem compartilhadas por todos os implicados. Assim, a pressão moral se exerce tipicamente, embora não exclusivamente, não por meio de ameaças ou apelos ao medo ou ao interesse, mas recordando-se o caráter moral da ação pretendida e as exigências da moral. "Se você disser isso, estará mentindo." "Se fizer isso, estará faltando com seu compromisso." No fundo, há realmente análogos morais "internos" para o medo do castigo; pois se presume que os protestos despertem naqueles aos quais se dirigem um sentimento de vergonha ou de culpa: os culpados podem ser "punidos" por sua própria consciência. Claro está que, às vezes, esses apelos claramente morais são acompanhados de ameaças de castigos físicos ou de apelos ao interesse pessoal corriqueiro; as infrações do código moral despertam muitas formas diferentes de reação social hostil, que vão desde expressões relativamente informais de desprezo até o rompimento de relações sociais ou o ostracismo. Mas as lembranças enfáticas das exigências da norma, os apelos à consciência e a confiança na ação da culpa ou do remorso são as formas características e mais importantes de pressão usadas para reforçar a moral social. O fato de ela se apoiar exatamente nessas formas é simples consequência da aceitação das normas e padrões morais como algo cuja observância é extrema e obviamente importante. Padrões de conduta que não fossem assim sustentados não poderiam ocupar, na vida social e pessoal, o lugar típico da obrigação moral.

3. Os ideais morais e a crítica social

A obrigação e o dever moral são os fundamentos da moral social, mas não constituem sua totalidade. Antes de examinarmos outras formas, entretanto, analisaremos uma objeção apresentada contra o modo como descrevemos a obrigação moral. Os quatro critérios que usamos na última seção para distingui-la de outras formas de padrão ou norma social (a importância, a imunidade à modificação deliberada, o caráter voluntário das transgressões morais e a forma especial de pressão moral) são, em certo sentido, critérios *formais*. Não se referem diretamente a um conteúdo necessário que as normas ou padrões devem ter para que sejam morais, nem ainda a nenhum objetivo a que devam servir na vida social. Na verdade, insistimos no fato de que, em todos os códigos morais, serão encontradas alguma forma de proibição do uso de violência contra pessoas ou coisas e exigências de veracidade, tratamento equitativo e fidelidade a promessas e compromissos. Pode-se efetivamente ver que, se admitirmos alguns truísmos muito óbvios sobre a natureza humana e a natureza do mundo físico, essas coisas podem de fato ser consideradas essenciais para que os seres humanos possam viver continuamente juntos em estreita proximidade; e seria, portanto, extraordinário se as normas que a isso dizem respeito não tivessem por toda a parte a importância e o *status* morais que descrevemos. Parece evidente que o sacrifício do interesse pessoal que essas normas *exigem* é o preço que se deve pagar para viver com outras pessoas num mundo como o nosso, e a proteção que *oferecem* é o mínimo que, para seres como nós, faz com que valha a pena vivermos uns com os outros. Esses fatos simples constituem, como sustentaremos no próximo capítulo, um cerne de verdade indiscutível nas doutrinas do Direito Natural.

Muitos moralistas gostariam de trazer para a definição da moral, como critério adicional aos quatro que oferecemos, essa relação, que parece tão clara, entre a moral e os interesses e necessidades humanas. Eles estipulariam que nada deve ser reconhecido como parte da moral a menos que resista à crítica racional feita em razão dos interesses humanos e comprovadamente promova-os (talvez até de modo justo ou equitativo) na sociedade na qual as normas se inserem. Alguns desses moralistas podem até ir além, recusando-se a reconhecer como moral qualquer princípio ou norma de conduta a menos que os benefícios advindos do autocontrole e das ações exigidas se estendam além dos limites de determinada sociedade, alcançando a todos que estivessem dispostos a respeitar tais normas e fossem capazes de fazê-lo. De nossa parte, entretanto, adotamos intencionalmente uma interpretação mais ampla da moral, para incluir nela todas as normas e padrões sociais que, na prática real de uma sociedade, apresentam as quatro características que mencionamos. Algumas normas resistiriam à crítica se submetidas a esses critérios adicionais que sugerimos; outras não, e poderiam ser então condenadas como irracionais ou pouco esclarecidas, ou mesmo bárbaras. Assim procedemos não só porque o peso do uso habitual da palavra "moral" favorece esse sentido mais amplo, mas também porque a adoção do sentido restrito, mais estreito, que as excluiria, nos obrigaria a distinguir de forma nada realista certos elementos de uma estrutura social que funcionam de modo idêntico para aqueles que os adotam em suas vidas. As proibições morais de comportamentos que podem na verdade não prejudicar a outrem não são apenas tratadas exatamente com o mesmo respeito instintivo concedido às demais proibições; são também empregadas, juntamente com as exigências de normas racionalmente mais defensáveis, no julgamento social sobre o caráter de um indivíduo e, como estas últimas, integram o quadro geralmente aceito da vida que se espera – e na verdade se presume – que as pessoas levem.

Contudo, é não apenas verdadeiro, mas também é um fato importante, que a moral inclui muito mais que as *obrigações* e os *deveres* reconhecidos na prática efetiva dos grupos sociais. A obrigação e o dever constituem apenas o alicerce da moral, mesmo da moral social, mas há formas de moral que ultrapassam a moral comumente aceita em determinadas sociedades. Nesse ponto, dois outros aspectos da moral exigem atenção. Em primeiro lugar, mesmo na moral de uma sociedade específica existem, ao lado da estrutura de obrigações e deveres morais vinculantes e das normas relativamente claras que os definem, certos *ideais* morais. Sua concretização, diferentemente do dever, não é considerada algo natural, mas como um feito digno de louvor. O herói e o santo são tipos extremos daqueles que vão *além* do dever. O que fazem não é, como a obrigação ou o dever, algo que lhes possa ser exigido e cujo descumprimento seja considerado errado ou censurável. Numa escala mais modesta que a do santo ou do herói situam-se aqueles que são reconhecidos em uma sociedade como dignos de louvor pelas virtudes morais que manifestam no cotidiano, como coragem, caridade, benevolência, paciência ou castidade. É bastante clara a ligação entre esses ideais e virtudes socialmente reconhecidos e as formas vinculantes primárias da obrigação e do dever sociais. Muitas virtudes morais são qualidades que consistem na capacidade e na disposição de levar além dos limites exigidos pelo dever o tipo de preocupação com o interesse alheio ou o sacrifício do interesse pessoal que o dever indubitavelmente exige. A benevolência e a caridade são exemplos dessas virtudes morais. Outras, como a temperança, a paciência, a coragem ou o escrúpulo moral, são, de certa forma, subsidiárias; constituem qualidades de caráter evidenciadas pela excepcional dedicação ao dever ou pela prática de ideais morais substantivos em face de um perigo ou tentação excepcionais.

Os limites últimos da moral nos conduzem, de modos diferentes, além dos limites das obrigações e ideais reconhecidos por determinados grupos sociais, em direção aos princípios e ideais empregados na crítica moral à própria sociedade. Contudo, mesmo nesse ponto subsistem ligações importantes com a forma social básica da moral. Ao analisarmos a moral aceita por nossa sociedade ou por alguma outra, é sempre possível que encontremos muito que criticar; à luz do conhecimento disponível atualmente, a moral pode parecer desnecessariamente repressora, cruel, supersticiosa ou pouco esclarecida. Pode restringir a liberdade humana, especialmente nos campos da discussão e da prática da religião ou da experimentação de diferentes formas de viver, mesmo que assim se garantam apenas benefícios insignificantes para os outros. Acima de tudo, pode acontecer de a moral de determinada sociedade só oferecer proteção contra a injustiça a seus próprios membros, ou mesmo somente a certas classes, deixando uma classe de escravos ou servos à mercê dos caprichos de seus senhores. A suposição de que as convenções de uma sociedade, incluindo sua moral, devem satisfazer a duas condições formais, uma que diz respeito à racionalidade e outra à generalidade, está implícita nesse tipo de crítica, que (embora possa ser repudiada) certamente seria reconhecida como uma crítica moral. Tal crítica subentende, primeiro, que as convenções sociais não devem basear-se em crenças demonstravelmente errôneas; e, em segundo lugar, que a proteção contra a injustiça, tipicamente oferecida pela sociedade em troca das ações e abstenções exigidas, deve se estender pelo menos a todos os homens capazes de observar tais restrições e dispostos a fazê-lo. Assim, a crítica moral da sociedade consagrada em palavras de ordem como liberdade, fraternidade, igualdade e busca da felicidade deriva seu caráter moral do fato de que conclama à reforma, seja em nome de algum valor ou conjunto de valores já reconhecido (embora talvez insuficientemente) em todos os códigos morais sociais existentes, seja em nome de uma versão desses valores refinada e ampliada para atender às duas exigências de racionalidade e generalidade.

Naturalmente, não se segue, do fato de a própria crítica à moral aceita ou a outras convenções sociais em nome da liberdade ou da igualdade ser reconhecida como crítica moral, que seu repúdio em nome de outros valores não possa também ser moral. A denúncia das restrições à liberdade pode ter como resposta a alegação de que o sacrifício desta é justificável, se feito em nome da igualdade ou da segurança econômica e social. Pode-se chegar à conclusão de que essas desigualdades de peso ou ênfase atribuídas a diferentes valores morais são irreconciliáveis. Podem corresponder a concepções ideais de sociedade radicalmente divergentes e formar o alicerce moral de partidos políticos adversários. Uma das grandes justificativas para a democracia é que esta permite a experimentação e uma escolha, passível de revisão, entre essas alternativas.

Finalmente, nem todas as modalidades de ampliação da moral além das obrigações e ideais geralmente reconhecidos em determinada sociedade assumem a forma de crítica social. É importante lembrar que a moral tem seu aspecto privado, visível no fato de que os indivíduos reconhecem certos ideais que não necessariamente partilham com os outros, nem consideram como razão válida para criticar os outros, e menos ainda para criticar a sociedade como um todo. A vida pode ser governada pela dedicação a ideais heroicos, românticos, estéticos ou intelectuais, ou, de modo menos agradável, pela mortificação da carne. Nesse ponto, também, poder-se-ia argumentar que, se falamos de moral, é porque os valores assim visados pelos indivíduos são no mínimo semelhantes a alguns daqueles reconhecidos pela moral de sua própria sociedade. Entretanto, a analogia certamente não contempla o conteúdo, mas a forma e a função. Pois esses ideais desempenham, na vida dos indivíduos, o mesmo papel que a moral em uma sociedade. São vistos como extremamente importantes, de modo que seu cultivo é considerado um dever ao qual se devem sacrificar outros interesses ou desejos; embora exista a possibilidade da conversão, é quimérica a ideia de que tais ideais possam ser adotados, mudados ou eliminados por escolha deliberada; e, para concluir, os desvios em relação a esses ideais são "punidos" pela mesma consciência, culpa e remorso que "pune" as condutas às quais a moral social dirige primariamente seu apelo.

IX. O direito e a moral

1. O Direito Natural e o Positivismo Jurídico

Há muitos tipos diferentes de relações entre o direito e a moral, e nada existe que possa ser isolado e estudado como se fosse *a única* relação entre eles. Ao contrário, é importante distinguir alguns dos muitos significados diferentes da afirmação, ou da negação, de que o direito e a moral se relacionam. Às vezes o que se postula é uma espécie de vínculo que poucos já negaram, se é que alguém o fez; mas a existência indisputável desse vínculo pode ser aceita erroneamente como sinal de uma ligação mais duvidosa ou mesmo confundida com esta. Assim, não se pode negar em sã consciência que o desenvolvimento do direito tem de fato sido influenciado, em todos os tempos e lugares, tanto pela moral quanto pelos ideais convencionais de grupos sociais específicos, e também por formas esclarecidas de crítica moral oferecidas com insistência por alguns indivíduos cujo horizonte moral transcendeu a moral comumente aceita. Mas é possível compreender erroneamente essa verdade, vendo-a como autorização para uma afirmação diferente: a de que um sistema jurídico deve *necessariamente* mostrar alguma conformidade específica com a moral ou a justiça, ou basear-se *obrigatoriamente* numa convicção amplamente difundida de que existe a obrigação moral de obedecer à lei. Mais uma vez, embora essa afirmação possa ser verdadeira em certo sentido, isso não significa que os critérios de validade jurídica das leis específicas usadas num sistema jurídico devam necessariamente incluir, expressa ou mesmo tacitamente, uma referência à moral ou à justiça.

Pode-se afirmar que as relações entre o direito e a moral envolvem, além das citadas acima, muitas outras questões. Neste capítulo nos limitaremos a discutir duas destas, embora ambas envolvam alguma análise de diversos outros temas. A primeira é uma questão que pode ser ainda descrita de forma elucidativa como o problema da controvérsia entre o Direito Natural e o Positivismo Jurídico, embora cada um desses rótulos tenha vindo a ser usado para designar uma série de diferentes teses sobre o direito e a moral. Aqui, consideraremos que a expressão "Positivismo Jurídico" designa a afirmação simples de que não necessariamente é verdade que as leis reproduzam certas exigências da moral ou as satisfaçam, embora de fato o tenham feito com certa frequência. Mas, uma vez que aqueles que são dessa opinião têm ficado calados ou divergido muito sobre a natureza da moral, é preciso examinar duas das formas, muito diferentes, sob as quais o Positivismo Jurídico tem sido rejeitado. Uma se expressa com total clareza nas teorias clássicas do Direito Natural: a ideia de que há certos princípios do comportamento humano, que aguardam serem descobertos pela razão, aos quais a lei humana deve se adaptar para ser válida. A outra assume uma visão diferente e menos racionalista da moral, oferecendo uma descrição diferente das formas como a validade jurídica está vinculada aos valores morais. Nesta seção e na seguinte, examinaremos a primeira delas.

Na vasta literatura dedicada – de Platão aos dias de hoje – à afirmação ou à negação da tese de que as formas pelas quais os homens devem se conduzir podem ser descobertas pela razão humana, os contendores de um lado parecem dizer aos do outro lado: "Vocês estão cegos se não percebem isto"; ouvindo em resposta: "Vocês estão sonhando." Isso ocorre porque a afirmação de que existem princípios verdadeiros de reta conduta, passíveis de serem descobertos pela razão, não costumava ser apresentada como uma doutrina à parte, mas era geralmente formulada, e foi por longo tempo defendida, como elemento de uma concepção geral da natureza, inanimada ou viva. Esse ponto de vista se opõe de muitas maneiras à concepção geral da natureza que constitui a estrutura do pensamento secular moderno. Daí que, para seus críticos, a teoria do Direito Natural tenha parecido surgir de confusões profundas e antigas das quais o pensamento moderno teria se libertado triunfalmente; enquanto isso, para seus defensores, os críticos da teoria parecem estar apenas insistindo em trivialidades superficiais, enquanto ignoram verdades mais profundas.

Assim, muitos críticos modernos concluíram que a afirmação de que as leis da conduta correta podem ser descobertas pela razão humana se baseava numa simples ambiguidade da palavra "lei", ambiguidade essa que, ao ser desmascarada, teria desferido um golpe de morte na ideia do Direito Natural. Foi assim que John Stuart Mill respondeu a Montesquieu, que, no primeiro capítulo de seu *O espírito das leis*, pergunta ingenuamente por que, enquanto as coisas inanimadas, como as estrelas e os animais, obedecem à "lei de suas próprias naturezas", o homem não o faz, caindo em pecado. Mill pensava que tal enunciado punha em evidência a perpétua confusão entre as leis que traduzem o curso ou as regularidades da natureza e aquelas que exigem que os homens se comportem de determinadas maneiras. As primeiras, que podem ser descobertas através da observação e do raciocínio, podem ser chamadas "descritivas", e sua descoberta cabe, assim, ao cientista; as últimas não podem ser determinadas dessa maneira, pois não constituem afirmações ou descrições de fatos, mas "preceitos" ou exigências de que os homens se comportem de certa maneira. Portanto, a resposta à pergunta de Montesquieu é simples: as leis prescritivas podem ser violadas e seguir sendo leis, pois isso apenas significa que os seres humanos não fazem o que lhes é ordenado que façam; mas não teria sentido dizer que as leis da natureza, descobertas pela ciência, podem ou não ser infringidas. Se as estrelas se comportarem de forma contrária às leis científicas que pretendem descrever seus movimentos regulares, estas não terão sido violadas, mas perderão o direito de serem chamadas de "leis" e precisarão ser reformuladas. A essas diferenças no sentido do termo "lei" correspondem diferenças sistemáticas no vocabulário a ele associado, que inclui expressões como "deve", "é obrigado a", "tem que" e "precisa". Assim, segundo essa interpretação, a crença no Direito Natural poderia ser reduzida a uma falácia muito simples: a de não perceber os sentidos muito diferentes que essas palavras impregnadas de sentido jurídico podem assumir. É como se aquele que crê no Direito Natural tivesse deixado de perceber o significado muito diferente da palavra "deve" nas expressões "Você deve se apresentar para o serviço militar" e "O tempo deve ficar gelado se o vento começar a soprar do norte".

Críticos como Bentham e Mill, que atacaram com maior fúria o Direito Natural, atribuíram frequentemente a confusão feita por seus adversários entre esses sentidos diferentes da palavra "lei" à sobrevivência da crença de que as regularidades da natureza observadas haviam sido prescritas ou decretadas por um Regente Divino do Universo. Segundo essa interpretação teocrática, a única diferença entre a lei da gravidade e os Dez Mandamentos – a lei de Deus para o homem – era, como afirmava Blackstone, a distinção relativamente pouco importante de que, entre as coisas criadas, só os homens eram dotados de razão e livre-arbítrio e portanto, ao contrário das coisas inanimadas, eram capazes de descobrir os mandamentos divinos e de desobedecer a eles. Entretanto, o Direito Natural não esteve sempre associado à crença num Regente Divino do Universo, e, mesmo nos casos em que isso ocorreu, seus princípios característicos não dependiam logicamente daquela crença. Tanto o sentido pertinente da palavra "natural", que integra a expressão Direito Natural, quanto a tendência geral dessa doutrina a minimizar a diferença entre as leis prescritivas e as descritivas, tão óbvia e tão importante para a mente moderna, têm suas raízes no pensamento grego, que era totalmente secular sob esse aspecto. De fato, a reafirmação continuada de alguma forma de doutrina do Direito Natural se deve em parte a que sua atração independe tanto da autoridade divina quanto da humana, e também ao fato de essa doutrina conter, ao lado de uma terminologia e uma metafísica que poucos considerariam aceitáveis atualmente, certas verdades elementares, importantes tanto para a compreensão da moral quanto do direito. Tentaremos aqui desembaraçar essas verdades de seu contexto metafísico, reformulando-as em termos mais simples.

Para o pensamento secular moderno, o mundo das coisas inanimadas e vivas, dos animais e dos homens, é um cenário em que determinados tipos de eventos reiteram-se e determinadas mudanças manifestam certas conexões regulares. Os seres humanos descobriram e formularam pelo menos alguns desses eventos e mudanças como leis da natureza. Compreender a natureza é, segundo esse ponto de vista moderno, aplicar a alguma parte dela o conhecimento dessas regularidades*. A estrutura das grandes teorias científicas evidentemente não reflete de forma simples os fatos, eventos e mudanças observáveis; com frequência, na verdade, grande parte dessas teorias consiste em formulações matemáticas abstratas, sem correspondência direta com os fatos observáveis. Seu vínculo com os eventos e mudanças observáveis reside no fato de que se podem deduzir, a partir dessas formulações abstratas, generalizações que se

---

* Note-se a distinção entre o conceito de ciência do ponto de vista "antigo" e o "moderno". Ciência, para os antigos (até Galileu), era a identificação das evidências, a fixação das definições, com base nas evidências, e a demonstração de teses. O conhecimento é a descrição da realidade. O saber acumula-se e as teses se mantêm sempre válidas. Para os modernos, a ciência já não busca a evidência, mas trabalha com hipóteses. Para as hipóteses são elaborados modelos matemáticos que, por sua vez, geram teses aceitas. O conhecimento não descreve a realidade, mas busca transformar a realidade. O saber não se acumula, ele se substitui indefinidamente. (N. do R. T.)

referem realmente a eventos observáveis e que podem ser confirmadas ou desmentidas por estes. A pretensão de uma teoria científica a aprofundar nossa compreensão da natureza depende portanto, em última instância, de seu poder de predizer o que ocorrerá, poder esse que se baseia em generalizações formadas a partir de ocorrências regulares. Para o pensamento moderno, a lei da gravidade e a segunda lei da termodinâmica constituem, mais que meras construções matemáticas, verdadeiras leis da natureza, devido à informação que revelam sobre as regularidades dos fenômenos observáveis.

A doutrina do Direito Natural faz parte de uma concepção mais antiga da natureza, na qual o mundo observável não é um mero cenário dessas regularidades, e o conhecimento da natureza não consiste apenas no conhecimento delas. Ao contrário, nessa visão mais arcaica, cada espécie nomeável de coisa existente, humana, animada e inanimada, é concebida como algo que tende não só a continuar existindo, mas a avançar em direção a um estado ótimo final que consiste no bem ou fim (*télos, finis*) específico que lhe é apropriado.

Essa é a concepção teleológica da natureza como algo que contém em si mesmo níveis de excelência que as coisas realizam. Os estágios através dos quais uma coisa de qualquer espécie progride em direção a seu fim específico ou próprio são regulares e podem ser formulados como generalizações que descrevem o modo característico como essa coisa muda, age ou se desenvolve; nessa medida, a visão teleológica da natureza coincide com a do pensamento moderno. A diferença é que, segundo a interpretação teleológica, os eventos que afetam regularmente as coisas não são concebidos *meramente* como ocorrências regulares, e as indagações quanto a se *de fato* ocorrem com regularidade, ou se deveriam ocorrer, ou se é bom que ocorram, não são vistas como questões isoladas. Ao contrário (excetuando-se algumas raras monstruosidades atribuídas ao "acaso"), aquilo que geralmente ocorre pode tanto ser explicado quanto avaliado como bom, ou como o que deveria ocorrer, se for apresentado como um passo em direção ao fim ou objetivo último da coisa em questão. As leis do desenvolvimento de uma coisa devem, portanto, mostrar ao mesmo tempo como esta *deve* se comportar ou mudar regularmente e como de fato o faz.

Esse modo de pensar sobre a natureza parece estranho quando expresso de forma abstrata. Mas parecerá menos fantástico se recordarmos algumas maneiras como, mesmo atualmente, nos referimos, pelo menos, às coisas vivas, pois as formas comuns pelas quais descrevemos seu desenvolvimento ainda refletem um ponto de vista teleológico. Assim, no caso de uma bolota, seu crescimento e transformação num carvalho não só é algo regularmente atingido pelas bolotas mas, ao contrário de sua degenerescência (que é também regular), se caracteriza como um estado ótimo de maturação à luz do qual os estágios intermediários podem ser tanto explicados como julgados como bons ou maus, e as "funções" de suas diversas partes e mudanças estruturais, identificadas. O crescimento normal das folhas é necessário para que a árvore obtenha a umidade necessária a seu desenvolvimento "pleno" ou "apropriado", e fornecer isso é a "função" das folhas. Por isso, pensamos e falamos desse crescimento como "o que deve ocorrer naturalmente". Por outro lado, no caso da ação ou dos movimentos das coisas inanimadas, essa maneira de falar parece muito menos plausível, a menos que se esteja falando de artefatos projetados pelos seres humanos com um objetivo. A noção de que, ao cair no chão, uma pedra esteja realizando um "fim" que lhe é apropriado, ou retornando a seu "lugar certo", como um cavalo que galopa de volta ao estábulo, parece hoje ligeiramente ridícula.

De fato, uma das dificuldades de se compreender uma interpretação teleológica da natureza é que, assim como tal interpretação minimizava as diferenças entre as constatações de eventos que ocorrem regularmente e as afirmações sobre o que deve ocorrer, ela minimiza também a diferença, tão importante no pensamento moderno, entre os seres humanos, *dotados* de um objetivo próprio que se esforçam conscientemente para alcançar, e os demais seres vivos e inanimados. Pois, na visão teleológica do mundo, considera-se que o homem, como as outras coisas, tende a um estado ou fim ótimo específico a ele designado; e o fato de que ele, ao contrário de outras coisas, possa fazê-lo conscientemente não é encarado como uma diferença radical entre ele próprio e o resto da natureza. Este fim ou bem humano específico é, como os de outras coisas vivas, em parte uma condição da maturidade biológica e de aptidões físicas bem desenvolvidas; mas inclui também, como seu elemento distintamente humano, um desenvolvimento e uma excelência da mente e do caráter manifestados no pensamento e na conduta. Diferentemente dos outros seres, o homem pode descobrir, pelo raciocínio e pela reflexão, o que a aquisição dessa excelência da mente e do caráter envolve, e pode desejá-la. Ainda assim, do ponto de vista teleológico, esse estado ótimo não é o bem ou o objetivo para o homem pelo simples fato de que este o deseje; ao contrário, ele o almeja porque o estado ótimo já constitui seu fim natural.

Muitos elementos desse ponto de vista teleológico sobrevivem também em algumas das formas como pensamos nos seres humanos e falamos deles. A teleologia está latente em nossa identificação de certas coisas como *necessidades* humanas que é *bom* satisfazer, e de outras coisas feitas ou sofridas pelos seres humanos como *dano* ou *injustiça*. Assim, embora seja verdade que alguns homens podem se recusar a comer ou descansar por desejarem morrer, pensamos no comer e no descanso como algo mais que coisas que os homens fazem regularmente ou simplesmente desejam. Alimento e descanso são necessidades humanas, ainda que alguns homens possam recusá-los. Por isso, dizemos não apenas que comer e dormir são coisas naturais para todos os homens, mas também que todos os homens têm às vezes que comer e descansar, ou que é naturalmente bom fazer essas coisas. Nesses juízos sobre o comportamento humano, a força da palavra "naturalmente" visa diferenciá-los tanto das opiniões que refletem simples convenções ou prescrições humanas (como "Você tem que tirar o chapéu"), cujo conteúdo não pode ser descoberto pelo pensamento ou pela reflexão, quanto dos julgamentos que se limitam a indicar o que é exigido para a consecução de qualquer objetivo específico que um homem pode ter e outro não, num momento dado. O mesmo ponto de vista está presente em nossa concepção das *funções* dos órgãos do corpo e na distinção que fazemos entre estas e as propriedades meramente causais. Dizemos que a circulação do sangue é a função do coração, mas não que a função de um tumor canceroso é causar a morte.

Esses exemplos grosseiros, destinados a ilustrar elementos teleológicos sobreviventes no pensamento corrente sobre a ação humana, são retirados da esfera despretensiosa dos fatos biológicos que o homem compartilha com os outros animais. Pode-se observar, corretamente, que o que dá sentido a essa forma de pensar e expressar-se é algo totalmente óbvio; trata-se da suposição tácita de que o fim apropriado para a atividade humana é a sobrevivência, a qual repousa no simples fato fortuito de que a maioria dos homens deseja, a maior parte do tempo, continuar a existir. As ações que citamos como naturalmente boas são aquelas exigidas para a sobrevivência; as noções de necessidade humana, de mal ou dano sofridos e da *função* dos órgãos ou das mudanças corporais se baseiam no mesmo fato simples. Se nos detivermos aqui, teremos certamente apenas uma versão muito diluída do Direito Natural, pois os representantes clássicos desse ponto de vista concebiam a sobrevivência (*perseverare in esse suo**) apenas como a camada mais baixa numa concepção muito mais complexa, e muito mais contestável, da finalidade humana ou do que constitui o bem para o homem. Aristóteles incluiu nela o cultivo

---

* Perseverar em sua própria existência ou ser. (N. do R. T.)

desinteressado do intelecto humano, e São Tomás de Aquino, o conhecimento de Deus, ambos os quais representam valores que podem ser, e têm sido, questionados. Outros pensadores ainda, entre os quais Hobbes e Hume, estavam dispostos a mirar mais baixo: viram no objetivo modesto da sobrevivência o elemento central incontestável que outorga bom senso empírico à terminologia do Direito Natural. "A natureza humana não pode de forma alguma subsistir sem a associação entre indivíduos, e esta jamais poderia existir sem o respeito às leis da equidade e da justiça."[1]

Este pensamento simples tem de fato muito a ver com as características tanto do direito quanto da moral, e pode ser desembaraçado das partes mais discutíveis da interpretação teleológica geral, nas quais a finalidade ou o bem do homem são representados como uma forma específica de vida sobre a qual os homens, na realidade, chegam a divergir profundamente. Além disso, ao nos referirmos à sobrevivência, podemos descartar, como demasiado metafísica para as mentes modernas, a noção de que esta seja algo fixado com antecedência, que os homens desejam necessariamente por se tratar de seu objetivo ou fim precípuos. Ao contrário, podemos sustentar que o fato de que os homens em geral realmente desejam viver é uma mera contingência, que poderia ser diferente; e que, ao caracterizarmos a sobrevivência como um objetivo ou finalidade humanos, podemos não querer dizer nada além de que os homens de fato a desejam. Mas, ainda que pensemos nela dessa maneira, segundo o senso comum, a sobrevivência tem ainda um *status* especial em relação à conduta humana e em nosso pensamento sobre ela, um *status* paralelo à importância e à necessidade a ela atribuídas nas formulações ortodoxas do Direito Natural. Pois não apenas a maioria esmagadora dos homens deseja viver, mesmo ao custo de um sofrimento terrível, como também isso se reflete em estruturas inteiras de nosso pensamento e linguagem, em termos dos quais

---

1. Hume, *Tratado da natureza humana*, III, ii, "Da justiça e injustiça".

descrevemos o mundo e uns aos outros. Subtraindo o desejo generalizado de viver, não restariam intactos conceitos como perigo e segurança, dano e benefício, necessidade e função, doença e cura, pois essas são formas de simultaneamente descrever e avaliar as coisas tendo como referência sua contribuição à sobrevivência, que é aceita como um objetivo.

Entretanto, considerações mais simples, menos filosóficas que essas, demonstram que a aceitação da sobrevivência como objetivo é necessária num sentido mais diretamente pertinente para a discussão do direito e da moral humanas. Estamos comprometidos com ela como algo pressuposto pelos próprios termos da discussão, pois nos ocupamos dos arranjos sociais destinados a uma existência contínua, e não daqueles de um clube de suicidas. Queremos saber se, entre esses arranjos sociais, existem alguns que podem ser classificados de maneira elucidativa como leis naturais passíveis de serem descobertas pela razão, e qual é sua relação com o direito e a moral humanos. Para examinar essa ou qualquer outra questão a respeito de *como* os homens devem viver juntos, cabe-nos supor que seu objetivo é, geralmente, viver. A partir daí, a argumentação é simples. A reflexão sobre algumas generalizações muito óbvias, na verdade truísmos, a respeito da natureza humana e do mundo no qual os homens vivem, mostra que, enquanto homem e mundo subsistam, haverá determinadas normas de conduta que qualquer organização social que se pretenda viável precisa incluir. Essas normas constituem de fato um elemento comum ao direito e à moral convencional de todas as sociedades que progrediram até o ponto de distinguir entre essas duas formas de controle social. Ao lado dessas normas, tanto no direito como na moral, encontramos muitas que parecem características de uma sociedade específica, e muitas que nos parecem arbitrárias ou mera questão de preferência. Podemos considerar esses princípios de comportamento universalmente reconhecidos, que se baseiam em verdades elementares sobre os seres humanos, seu meio ambiente natural e seus objetivos, como o *conteúdo mínimo* do Direito Natural, em contraposição às construções teóricas mais grandiosas e mais sujeitas a contestações que têm sido frequentemente enunciadas sob aquele rótulo. Examinaremos na próxima seção, sob a forma de cinco truísmos, as características destacadas da natureza humana sobre as quais repousa esse teor mínimo, modesto mas importante.

2. O conteúdo mínimo do Direito Natural

Ao examinarmos as obviedades aqui apresentadas e o vínculo que têm com o direito e a moral, é importante observar que, em cada caso, os fatos mencionados fornecem uma *razão* pela qual o direito e a moral devem incluir, tendo a sobrevivência como objetivo, aquele conteúdo específico. Em sua forma geral, o argumento diz simplesmente que, sem tal conteúdo, o direito e a moral não poderiam promover o objetivo mínimo da sobrevivência que os homens buscam em sua associação uns com os outros. Na falta desse conteúdo, os homens, tais como são, não teriam razões para obedecer voluntariamente a quaisquer normas; e, sem um mínimo de cooperação voluntária por parte daqueles que descobrem que a submissão às normas e sua preservação coincidem com seus interesses, seria impossível a coerção sobre outros, que não obedeceriam voluntariamente. É importante frisar que essa interpretação traça uma conexão racional evidente entre os fatos naturais e o conteúdo das normas jurídicas e morais, já que é possível e importante examinar formas bem diferentes de conexão entre os fatos naturais e as normas jurídicas ou morais. Assim, a psicologia e a sociologia, ciências ainda jovens, podem vir a descobrir, ou mesmo já haver descoberto, que, a menos que se satisfaçam certas condições físicas, psicológicas ou econômicas – por exemplo, a não ser que as crianças sejam alimentadas e educadas de determinada maneira na família –, não se poderá estabelecer nenhum sistema jurídico ou código moral, ou que apenas as leis de determinado tipo funcionam bem. Conexões desse tipo entre condições naturais e sistemas normativos não são mediadas por *razões*, pois não relacionam a existência de certas normas às intenções e aos objetivos conscientes daqueles a quem estas se aplicam. Pode-se perfeitamente demonstrar que ser alimentado de certa maneira na infância é uma condição necessária, ou mesmo uma *causa*, do desenvolvimento ou manutenção de um código moral ou jurídico por uma população, mas isso não constitui uma *razão* para que a população aja assim. Conexões causais desse tipo não conflitam, evidentemente, com as que se baseiam em objetivos ou intenções conscientes; poderiam até mesmo ser consideradas mais importantes ou fundamentais que estas, já que podem de fato explicar por que os seres humanos têm estas intenções ou objetivos conscientes que o Direito Natural toma como seus pontos de partida. Explicações causais como essas não se baseiam em truísmos nem são mediadas por intenções e objetivos conscientes; devem ser encontradas pela sociologia, pela psicologia ou por outras ciências através dos métodos de generalização e teorização baseados na observação e, sempre que possível, na experiência. Essas conexões são, assim, de um tipo diferente daquelas que relacionam o teor de certas normas jurídicas e morais aos fatos expostos nos truísmos que se seguem.

(i) *A vulnerabilidade humana*. As exigências comuns do direito e da moral consistem, em sua maior parte, não em serviços a serem ativamente prestados mas em abstenções, geralmente formuladas em termos negativos como proibições. Dentre estas, aquelas que restringem o uso da violência que causa a morte ou inflige lesões corporais são as mais importantes para a vida social. A natureza básica dessas normas pode ser demonstrada por meio de uma pergunta: se não existissem, que sentido haveria, para seres como nós, em dispor de normas de *qualquer* outro tipo? A força dessa pergunta retórica reside no fato de que os homens são tanto ocasionalmente propensos quanto normalmente vulneráveis a ataques físicos. No entanto, embora isto seja um truísmo, não é necessariamente verdadeiro, pois as coisas poderiam ter sido diferentes, e talvez venham a sê-lo algum dia. Os animais de certas espécies têm uma estrutura física (que pode ser um exoesqueleto ou carapaça) que os torna virtualmente imunes ao ataque por parte de outros indivíduos de sua espécie, ou de animais que não disponham de órgãos de ataque. Se os homens perdessem sua vulnerabilidade mútua, desapareceria uma das razões óbvias para a prescrição mais característica do direito e da moral: *Não matarás*.

(ii) *A igualdade aproximada*. Os homens diferem uns dos outros em força física, agilidade e, ainda mais, na capacidade intelectual. No entanto, um fato da maior importância para a compreensão de diferentes formas de direito e moral é que nenhum indivíduo é mais poderoso que os outros a ponto de ser capaz de, sem cooperação, dominá-los ou subjugá-los, exceto por um curto período. Mesmo o mais forte dos homens precisa dormir de vez em quando, e, adormecido, perde temporariamente sua superioridade. Esse fato da igualdade aproximada, mais que qualquer outro, torna evidente a necessidade de um sistema de abstenções e acordos recíprocos que constitui a base tanto da obrigação jurídica como do dever moral. A vida social, com suas normas que exigem essas abstenções, é às vezes irritante; mas é, no mínimo, menos desagradável, menos bestial e menos breve que a agressão incontida para seres que são assim aproximadamente iguais. Evidentemente, não é de estranhar que, uma vez que se tenha erigido tal sistema de abstenções, sempre haverá algumas pessoas que desejarão explorá-lo, simultaneamente vivendo sob sua proteção e violando suas restrições. Também isso é um truísmo; e, como mostraremos mais adiante, é um dos fatos naturais que tornam necessária a passagem das formas de controle meramente morais às estruturas jurídicas organizadas. Também nesse caso as coisas poderiam ter sido diferentes. Em vez de serem todos aproximadamente iguais, poderiam ter existido alguns homens imensamente mais fortes que outros, mais capazes de ignorar os demais, seja porque alguns estivessem, sob esse aspecto, muito acima da média corrente, seja porque a maioria estivesse muito abaixo. Esses homens excepcionais teriam muito a lucrar com a agressão e pouco a ganhar com a tolerância e o acordo com os demais. Mas não é preciso recorrer à fantasia de gigantes entre pigmeus para perceber a importância cardeal do fato da igualdade aproximada, pois esta é muito bem ilustrada pelos fatos da vida internacional, onde há (ou havia) enormes disparidades entre os Estados em matéria de força e vulnerabilidade. Essa desigualdade entre as unidades do direito internacional é, como veremos a seguir, uma das coisas que lhe conferiram uma natureza tão diferente do direito nacional e limitaram o âmbito no qual ele pode operar como um sistema coercitivo organizado.

(iii) *Altruísmo limitado*. Os homens não são demônios dominados por um desejo de exterminar uns aos outros, e a demonstração de que, considerando-se apenas o objetivo modesto da sobrevivência, as normas básicas do direito e da moral se mostram necessárias não deve ser identificada com a falsa opinião de que os homens são predominantemente egoístas e não têm um interesse altruísta na sobrevivência e no bem-estar de seus semelhantes. Mas, se os homens não são diabos, tampouco são anjos, e o fato de que são um meio-termo entre esses dois extremos é algo que torna um sistema de abstenções mútuas ao mesmo tempo necessário e possível. Para anjos, que nunca se sentem tentados a causar prejuízo a outras pessoas, a existência de normas exigindo o autocontrole não seria necessária. Para demônios, preparados para a destruição não importa a que custo para si próprios, elas seriam impossíveis. Na realidade, o altruísmo humano é intermitente e tem um alcance limitado, e as tendências à agressão são suficientemente frequentes para serem fatais à vida social se não forem controladas.

(iv) *Recursos limitados.* É por mera contingência que os seres humanos precisam de alimento, roupa e abrigo; que estes não estão disponíveis em abundância ilimitada, mas são escassos e têm que ser cultivados ou tomados à natureza, ou construídos com o esforço humano. Esses fatos simples tornam indispensável alguma forma mínima da instituição da propriedade (ainda que não necessariamente a propriedade individual), e também o tipo característico de norma que exige o respeito a esta. As formas mais simples de propriedade são normas que proíbem a outras pessoas, além do "proprietário", a entrada na terra ou seu uso, ou a posse ou o uso de coisas materiais. Para que as safras possam ser cultivadas, a terra deve estar segura contra incursões indiscriminadas, e o alimento deve estar protegido, nos intervalos entre seu cultivo ou captura e o consumo, contra sua subtração por outras pessoas. A própria vida depende, em todos os tempos e lugares, dessas abstenções mínimas. Uma vez mais, as coisas poderiam ter sido diferentes. O organismo humano poderia ser constituído como as plantas, capaz de extrair alimento do ar, ou o alimento de que necessita poderia crescer sem cultivo, em abundância ilimitada.

As normas que discutimos até aqui são normas *estáticas*, no sentido de que as obrigações que impõem e a incidência dessas obrigações não variam segundo os indivíduos. Mas a divisão do trabalho, que todos os grupos exceto os menores precisam desenvolver para a obtenção de suprimentos suficientes, acarreta a necessidade de normas *dinâmicas*, no sentido de que permitem que os indivíduos criem obrigações e variem sua incidência. Entre estas últimas estão as normas que autorizam os homens a transferir, trocar ou vender seus produtos, pois essas transações envolvem a capacidade de alterar a incidência daqueles direitos e obrigações iniciais que definem a forma mais simples de propriedade. A mesma divisão inevitável do trabalho, bem como a necessidade permanente de cooperação, são também fatores que tornam necessários à vida social outros tipos de normas dinâmicas ou criadoras de obrigações. Estas garantem o reconhecimento do compromisso como fonte geradora de obrigação. Através desse instrumento os indivíduos podem submeter-se, por meio da palavra falada ou escrita, à censura ou punição por não agir da maneira estipulada. Uma vez que o altruísmo não é ilimitado, exige-se um procedimento permanente destinado a instituir essas operações pelas quais as pessoas vinculam a si mesmas, de modo que criem uma confiança mínima no comportamento futuro dos outros indivíduos e assegurar a previsibilidade necessária à cooperação. Isso é mais obviamente necessário quando é preciso intercambiar serviços ou planejá-los conjuntamente, ou nos casos em que os bens a serem trocados ou vendidos não se encontram imediata ou simultaneamente disponíveis.

(v) *Compreensão e força de vontade limitadas.* Os fatos que tornam necessárias à vida social as normas que dizem respeito à pessoa, à propriedade e aos compromissos são simples, e os benefícios mútuos dessas normas são evidentes. A maioria dos homens é capaz de percebê-los e de sacrificar os interesses imediatos, de curto prazo, que a obediência a essas normas requer. Na verdade, podem obedecer por uma série de motivos: alguns a partir do cálculo prudente de que os benefícios compensam os sacrifícios, outros a partir de uma preocupação desinteressada com o bem alheio, e outros por considerarem as normas dignas de respeito em si próprias e encontrarem na consagração a elas seu ideal. Por outro lado, nem a compreensão da vantagem da obediência às normas no longo prazo, nem a força ou a boa disposição da vontade, das quais depende a eficácia desses vários motivos para a obediência, são compartilhadas igualmente por todos os homens. Todos se sentem às vezes tentados a preferir seus próprios interesses imediatos, e, à falta de uma organização destinada especificamente à sua detecção e punição, muitos sucumbiriam à tentação. Não há dúvida de que as vantagens da abstenção mútua são tão palpáveis que o número e a força daqueles que estariam dispostos a colaborar voluntariamente num sistema coercitivo será normalmente maior que qualquer combinação provável de malfeitores. No entanto, exceto em sociedades muito pequenas e estreitamente entrelaçadas, a submissão ao sistema restritivo seria loucura se não houvesse uma organização destinada à coerção daqueles que tentariam, então, obter as vantagens do sistema sem se submeter a suas obrigações. As "sanções" são, portanto, necessárias, não como motivo normal para a obediência, mas como garantia de que aqueles que obedecem voluntariamente não serão sacrificados ante os que não o fazem. Sem isso, obedecer seria arriscar-se a ficar encurralado. Diante desse perigo permanente, o que a razão requer é a colaboração *voluntária* num sistema *coercitivo*.

Vale observar que o mesmo fato natural da igualdade aproximada entre os homens tem importância crucial para a eficácia das sanções sistematizadas. Se alguns homens fossem muito mais poderosos que os outros, e não dependessem tanto da abstenção e da tolerância destes, a força dos malfeitores poderia exceder a dos que apoiam a lei e a ordem. Em face dessas desigualdades, o uso de sanções não poderia ter êxito e envolveria perigos ao menos tão grandes quanto aqueles que se destinava a suprimir. Nessas circunstâncias, em vez de uma vida social baseada num sistema de abstenções mútuas, sendo a força usada apenas de forma intermitente contra uma minoria delinquente, o único sistema viável seria a submissão dos fracos aos fortes sob as melhores condições que lhes fossem possíveis, vivendo sob sua "proteção". Devido à escassez dos recursos, isso levaria à existência de diversos centros de poder em conflito, cada qual agrupando-se sob a égide de seu "homem forte"; estes poderiam guerrear de forma intermitente uns com os outros, embora a sanção natural, nunca desprezível, do risco de derrota pudesse assegurar uma paz instável. Poder-se-ia então aceitar algum tipo de norma destinada a regulamentar as questões pelas quais aqueles "potentados" não estivessem dispostos a lutar. Mais uma vez, não precisamos fantasiar sobre pigmeus e gigantes para compreender a logística simples da igualdade aproximada e sua importância para o direito. O cenário internacional, no qual as unidades envolvidas diferem enormemente em termos de força, constitui ilustração suficiente disto. As disparidades de longa data entre os Estados resultaram num sistema em que as sanções organizadas são impossíveis, e o direito tem permanecido restrito aos temas que não afetam questões "vitais". Resta saber até que ponto as armas nucleres, quando estejam disponíveis para todos, poderão restaurar o equilíbrio do poder e instaurar formas de controle mais semelhantes às do direito penal interno.

Os truísmos elementares que examinamos não se limitam a revelar o núcleo de bom senso existente na doutrina do Direito Natural. São de importância vital para a compreensão do direito e da moral e explicam por que a definição de suas formas básicas em termos puramente formais, sem referência a nenhum conteúdo específico ou às necessidades sociais, se mostrou tão imprópria. Talvez o maior benefício dessa interpretação para a teoria do direito seja permitir-lhe escapar a certas dicotomias enganosas que muitas vezes obscurecem a discussão das características do direito. Assim, por exemplo, a indagação tradicional quanto a se todo sistema jurídico *precisa* incluir sanções pode ser apresentada de maneira nova, e com maior clareza, ao invocarmos a visão das coisas apresentada por essa versão simples do Direito Natural. Não teremos mais de optar entre duas alternativas inadequadas que são frequentemente consideradas exaustivas: de um lado, a de dizer que isso é exigido "pelo" significado das palavras "direito" ou "sistema jurídico" e, de outro, a de afirmar que "é simplesmente um fato" que a maioria dos sistemas jurídicos realmente prevê sanções. Nenhuma dessas alternativas é satisfatória. Não há princípios estabelecidos que proíbam o emprego da palavra "direito" para designar sistemas nos quais não há sanções centralmente organizadas, e há boas razões (embora nenhuma compulsão) para usar a expressão "direito internacional" para designar um sistema que não possui nenhuma espécie de sanção. Por outro lado, precisamos realmente distinguir o lugar que as sanções devem ocupar num sistema de direito interno para que este possa atender aos objetivos mínimos de seres como os homens. No contexto dos fatos e objetivos naturais, que tornam as sanções tanto possíveis quanto necessárias num sistema interno, podemos dizer que isso é uma *necessidade natural*; e precisamos também de alguma expressão desse tipo para expressar o *status* das formas mínimas de proteção à pessoa, à propriedade e aos compromissos que são características igualmente indispensáveis do direito interno. É assim que devemos responder à tese positivista de que "o direito pode ter qualquer conteúdo". Pois essa é uma verdade importante: para descrever adequadamente não só o direito mas muitas outras instituições sociais, deve-se reservar um lugar, além das definições e das afirmações factuais comuns, para uma terceira categoria de afirmações – aquelas cuja veracidade depende de que os seres humanos e o mundo em que estes vivem retenham suas características mais evidentes.

3. A validade jurídica e os valores morais

As proteções e os benefícios oferecidos pelo sistema de abstenções mútuas que subjaz tanto ao direito quanto à moral se estendem, em diferentes sociedades, a categorias muito diversas de pessoas. É verdade que a recusa dessas proteções elementares a qualquer grupo de seres humanos dispostos a aceitar as restrições correspondentes feriria os princípios da moral e da justiça que todos os Estados modernos – ainda que apenas "da boca para fora" – subscrevem. O ponto de vista moral que professam é geralmente permeado pela concepção de que, pelo menos sob esses aspectos fundamentais, os seres humanos têm o direito de ser tratados com igualdade, e que a explicação das diferenças de tratamento exige mais que o simples apelo aos interesses de terceiros.

Entretanto, está claro que nem o direito nem a moral convencional das sociedades precisam estender suas proteções e benefícios mínimos a todos os que estão dentro de sua órbita, e muitas vezes deixaram de fazê-lo. Nas sociedades escravocratas, o grupo dominante pode perder a noção de que os escravos são seres humanos, e não meros objetos a serem usados, conservando apesar disso uma grande sensibilidade moral às pretensões e aos interesses uns dos outros. Indagado se a explosão da caldeira de um navio a vapor havia ferido alguém, Huckleberry Finn respondeu: "Não, senhora, só matou um negro." O comentário de Tia Sally – "Bem, que sorte! Às vezes alguém realmente se machuca" – resume toda uma moral que tem prevalecido entre os homens. E onde de fato prevalece, como Huck descobriu à sua própria custa, estender a escravos a preocupação com o outro que é natural entre os membros do grupo dominante é um ato que pode muito bem ser encarado como uma transgressão moral grave, trazendo consigo todas as sequelas da culpa moral. A Alemanha nazista e a África do Sul nos oferecem paralelos incomodamente próximos no tempo.

Embora o direito de algumas sociedades tenha estado ocasionalmente à frente da moral aceita, normalmente o direito segue a moral, e mesmo o homicídio contra um escravo pode ser visto apenas como um desperdício de recursos públicos ou uma ofensa contra seu senhor e proprietário. Mesmo onde a escravidão não é oficialmente reconhecida, a discriminação por motivo de raça, cor ou convicção religiosa pode produzir um sistema jurídico e uma moral social que não reconhecem que todos os homens têm direito a um mínimo de proteção uns contra os outros.

Esses fatos dolorosos da história humana bastam para mostrar que embora uma sociedade deva, para ser viável, oferecer a *alguns* de seus membros um sistema de abstenções mútuas, ela não precisa, infelizmente, oferecê-lo a todos. Para que um sistema normativo seja imposto a alguns pela força, é verdade que, como já enfatizamos ao discutir a necessidade e a possibilidade das sanções, deve haver um número suficiente de pessoas que o aceitem voluntariamente. Sem essa cooperação voluntária, que cria a *autoridade*, o poder coercitivo do direito e do governo não pode ser instituído. Mas, uma vez assim constituído sobre a base da autoridade, o poder de coerção pode ser usado de duas maneiras principais. Pode ser exercido apenas contra os delinquentes que, embora gozem da proteção das normas, as violam egoisticamente. Ou pode, por outro lado, ser usado para subjugar e manter em posição de inferioridade permanente um grupo dominado que pode ser grande ou pequeno em relação ao grupo dominante, dependendo dos meios de coerção, solidariedade e disciplina disponíveis a este último e da fraqueza ou incapacidade de organização do primeiro. Para aqueles que estão assim oprimidos, pode não haver nada no sistema que motive sua lealdade, mas apenas coisas a serem temidas. Eles são suas vítimas e não seus beneficiários.

Nos primeiros capítulos deste livro, sublinhamos o fato de que a existência de um sistema jurídico é um fenômeno social que sempre apresenta dois aspectos, ambos os quais devem merecer nossa atenção para que possamos obter uma visão realista daquele sistema. O sistema jurídico diz respeito às atitudes e ao comportamento envolvidos na aceitação voluntária das normas, e também às atitudes e aos comportamentos mais simples implicados na mera obediência ou aquiescência a estas.

Assim, uma sociedade que possua um ordenamento jurídico inclui aqueles que encaram suas normas a partir do ponto de vista interno, como padrões aceitos de conduta, e não apenas como previsões confiáveis do que poderão sofrer nas mãos das autoridades caso desobedeçam. Mas inclui também outros, aos quais esses padrões jurídicos têm que ser impostos pelo uso ou ameaça de uso da força, sejam eles malfeitores ou meras vítimas indefesas do sistema; estes encaram as normas apenas como uma fonte de possível punição. O equilíbrio entre esses dois componentes será determinado por muitos fatores diferentes. Se o sistema é justo e zela genuinamente pelos interesses vitais de todos aqueles dos quais exige obediência, pode conseguir e manter a adesão da maioria pela maior parte do tempo, e será, consequentemente, estável. Por outro lado, pode ser um sistema estreito e exclusivo, gerido segundo os interesses do grupo dominante, e pode tornar-se cada vez mais repressivo e instável com a ameaça latente de sublevação. Entre esses dois extremos, podem-se encontrar várias combinações dessas atitudes em relação ao direito, com frequência no mesmo indivíduo.

A reflexão sobre esse aspecto das coisas revela uma verdade que merece nossa atenção: a passagem de uma forma simples de sociedade, na qual as normas primárias de obrigação são o único meio de controle social, ao mundo jurídico, com seu poder legislativo, tribunais, autoridades e sanções centralmente organizados, traz benefícios palpáveis mas tem um certo custo. As vantagens são a adaptabilidade às mudanças, a certeza e a eficiência, e são imensas; o custo é o risco de que o poder centralmente organizado seja usado para a opressão de um grande número de pessoas de cujo apoio pode prescindir, de uma maneira que o regime mais simples, baseado em normas primárias, não poderia fazer. Como esse risco já se materializou no passado e pode voltar a se concretizar, a alegação de que o direito *deve* conformar-se à moral de alguma outra maneira, além daquilo que já demonstramos ser o conteúdo mínimo do Direito Natural, merece exame muito cuidadoso. Muitas alegações desse tipo não deixam claro em que sentido a ligação entre o direito e a moral deve ser considerada necessária; ou senão põem em evidência algo verdadeiro e importante, mas que não pode, sob pena de confundir nosso entendimento, ser caracterizado como uma ligação necessária entre o direito e a moral. Terminaremos este capítulo examinando seis formas dessa alegação.

(i) *Poder e autoridade*. Afirma-se com frequência que um sistema jurídico deve se fundamentar num sentido de obrigação moral ou na convicção do valor moral do próprio sistema, já que não se baseia, nem pode basear-se, no mero poder do homem sobre o homem. Nós próprios já enfatizamos, nos primeiros capítulos deste livro, a insuficiência do conceito de ordens apoiadas em ameaças e dos hábitos de obediência para a compreensão dos fundamentos de um sistema jurídico e da ideia de validade jurídica. Não apenas a elucidação destes exige a noção de uma norma de reconhecimento aceita, como já demonstramos em detalhe no Capítulo VI, mas, como vimos neste capítulo, é condição necessária para a existência do poder coercitivo que pelo menos alguns homens colaborem voluntariamente com o sistema e aceitem suas normas. Nesse sentido, o poder coercitivo do direito realmente pressupõe a aceitação de sua autoridade. Mas a dicotomia entre "o direito baseado meramente na força" e "o direito aceito como moralmente vinculante" não é exaustiva. Não só grandes grupos de pessoas podem ser coagidos por leis que não consideram moralmente obrigatórias, como tampouco é verdadeiro que aqueles que aceitam voluntariamente o sistema precisem considerar-se moralmente obrigados a aceitá-lo; mas o sistema tem máxima estabilidade quando o fazem. A lealdade das pessoas ao sistema pode, na verdade, se basear em muitas considerações diferentes: cálculos do interesse a longo prazo; consideração desinteressada por outras pessoas; uma atitude irreflexiva herdada ou tradicional; ou o simples desejo de agir como os demais. Não há realmente nenhuma razão para que os que aceitam a autoridade do sistema não examinem sua consciência e decidam que, moralmente, não deveriam aceitá-la; e entretanto, por diversas razões, continuem a fazê-lo.

Esses lugares-comuns podem ter sido obscurecidos pelo uso generalizado de um mesmo vocabulário para expressar tanto as obrigações jurídicas quanto os deveres morais que os homens reconhecem. Aqueles que aceitam a autoridade de um sistema jurídico o encaram segundo o ponto de vista interno e expressam sua compreensão das exigências do sistema em enunciados internos, vazados na linguagem normativa comum tanto ao direito como à moral: "Eu (você) tenho (tem) que...", "Eu (ele) tem que...", "Eu (eles) sou (são) obrigado(s) a...". No entanto, nem por isso se comprometem com o juízo *moral* de que seja moralmente correto fazer o que a lei exige. Sem dúvida, se nada mais for dito, presume-se que quem quer que fale dessa maneira de suas obrigações jurídicas ou das de outros não considera que exista alguma razão moral, ou de outro tipo, que o impeça de satisfazê-las. Isso, entretanto, não demonstra que, para que uma norma seja reconhecida como juridicamente vinculante, ela tenha de ser aceita como moralmente obrigatória. A suposição que mencionamos se baseia no fato de que é frequentemente inútil reconhecer ou assinalar uma obrigação jurídica se o falante tiver razões conclusivas, morais ou de outra natureza, para não obedecê-la.

(ii) *A influência da moral sobre o direito.* O direito de todos os Estados modernos mostra em inúmeros pontos a influência tanto da moral social aceita quanto de ideais morais mais abrangentes. Essas influências ingressam no direito quer abrupta e explicitamente, através da legislação, quer silenciosamente e pouco a pouco, através do processo judicial. Em alguns sistemas, como nos Estados Unidos, os critérios últimos de validade jurídica incorporam explicitamente princípios de justiça ou valores morais substantivos; em outros sistemas, como na Inglaterra, onde não há restrições formais à competência do poder legislativo supremo, a legislação ainda assim não deixa de conformar-se escrupulosamente à justiça ou à moral. Há inúmeras outras formas sob as quais o direito reflete a moral, ainda não suficientemente estudadas: as leis podem ser uma mera casca jurídica e podem exigir expressamente que determinados princípios morais sejam levados em conta quando de sua aplicação; o alcance dos contratos cujo cumprimento é juridicamente exigível pode ser limitado mediante a referência a concepções de moral e equidade; a responsabilidade por infrações tanto civis quanto penais pode ser adaptada aos pontos de vista predominantes sobre a responsabilidade moral. Nenhum "positivista" poderia negar esses fatos ou recusar-se a admitir que a estabilidade dos sistemas jurídicos depende em parte desses tipos de correspondência com a moral. Se é isso o que se postula como a ligação necessária entre o direito e a moral, sua existência deve ser reconhecida.

(iii) *Interpretação*. As leis devem ser interpretadas para que possam ser aplicadas a casos concretos, e, uma vez que um estudo realista tenha dissipado os mitos que obscurecem a natureza dos processos judiciais, torna-se claro que, como mostramos no Capítulo VI, a textura aberta do direito oferece um vasto campo para a atividade criadora que, no entender de alguns, é uma atividade "legislativa". Ao interpretar as leis ou os precedentes, os juízes não têm à sua disposição somente as alternativas da escolha cega e arbitrária ou da dedução "mecânica" a partir de normas de significado predeterminado. Com muita frequência, sua escolha é guiada pelo pressuposto de que o objetivo das normas que estão interpretando é razoável, de modo que estas não se destinam a perpetrar a injustiça ou ofender princípios morais estabelecidos. A decisão judicial, especialmente em assuntos de grande importância constitucional, muitas vezes envolve uma escolha entre valores morais e não a simples aplicação de um único princípio moral importante, pois é loucura acreditar que, onde o significado da lei é duvidoso, a moral tenha sempre uma resposta clara a oferecer. Mesmo nesse caso, os juízes podem, mais uma vez, fazer uma escolha que não é nem arbitrária nem mecânica; e nisto frequentemente exibem certas virtudes judiciais características, cujo caráter especialmente apropriado à decisão judicial explica por que alguns relutam em chamar essa atividade judicial de "legislativa". Essas virtudes são: a imparcialidade e a neutralidade ao analisar as alternativas; a consideração pelos interesses de todos os afetados; e a preocupação de oferecer algum princípio geral aceitável como base racionalmente ponderada para a decisão. Não há dúvida de que, devido a que sempre pode haver um grande número desses princípios, não é possível *demonstrar* que uma decisão é a única correta; mas esta se torna aceitável como o produto ponderado da decisão imparcial informada pelos fatos. Em tudo isso encontramos a "ponderação" e o "equilíbrio" que caracterizam o esforço de fazer justiça entre interesses concorrentes.

Poucos negariam a importância desses elementos, que podem perfeitamente ser chamados "morais", para tornar aceitáveis as decisões; e a tradição ou os cânones interpretativos, indefinidos e mutáveis, que regem a interpretação na maioria dos sistemas, frequentemente os incorporam de maneira vaga. No entanto, se esses fatos forem considerados uma prova da conexão *necessária* entre o direito e a moral, precisaremos recordar que os mesmos princípios têm sido invocados tanto para justificar a observância quanto para defender a infração das normas. Pois, desde Austin até o presente, as advertências de que esses elementos *devem* orientar a decisão têm partido, principalmente, de críticos que entenderam que a criação judicial do direito tem se mostrado frequentemente cega em relação aos valores sociais, além de afigurar-se uma atividade "automática" ou insuficientemente raciocinada.

(iv) *A crítica do direito*. Às vezes a afirmação de que há uma ligação necessária entre o direito e a moral equivale à simples afirmação de que um *bom* sistema jurídico precisa adaptar-se em certos pontos, como os já mencionados no último parágrafo, às exigências da justiça e da moral. Certas pessoas podem encarar isso como um truísmo, uma obviedade; mas não se trata de uma tautologia, e, de fato, pode haver desacordo na crítica do direito tanto em relação aos padrões morais apropriados quanto aos pontos em que a conformidade é exigida. A moral, com a qual o direito deve estar de acordo para ser bom, significa a moral aceita do grupo cujo direito está em questão, mesmo que possa se basear na superstição ou negar seus benefícios e sua proteção aos escravos ou às classes dominadas? Ou significa padrões que são esclarecidos, no sentido de que repousam em crenças racionais sobre questões de fato, e aceitam que todos os seres humanos têm direito à igual consideração e respeito?

Não há dúvida de que a tese de que um sistema jurídico deve tratar todos os seres humanos dentro de sua órbita como detentores de certas proteções e liberdades básicas é hoje geralmente aceita como a afirmação de um ideal de pertinência evidente na crítica do direito. Mesmo quando a prática diverge desse ideal, ele geralmente recebe pelo menos um reconhecimento externo formal. Pode até ocorrer que a filosofia demonstre que uma moral que não subscreve esse ponto de vista sobre o direito de todos os homens à igual consideração padece de algum tipo de contradição interna, dogmatismo ou irracionalidade. Nesse caso, a moral esclarecida que reconhece tais direitos goza de credenciais especiais para ser aceita como a moral verdadeira, e não constitui apenas um entre muitos códigos morais possíveis. Não podemos investigar aqui essas alegações; mas, ainda que as aceitemos, elas não podem alterar, nem devem obscurecer, o fato de que vários sistemas jurídicos internos, com sua estrutura característica de normas primárias e secundárias, tiveram longa duração apesar de haver desprezado esses princípios de justiça. Examinaremos abaixo o que se tem a ganhar – se é que há algo a ganhar – com a negação de juridicidade às normas iníquas.

(v) *Princípios de legalidade e justiça*. Pode-se dizer que a distinção entre um bom sistema jurídico, que se conforma em alguns pontos à moral e à justiça, e outro que não o faz é uma falácia, porque, sempre que o comportamento humano é controlado por normas gerais, publicamente anunciadas e judicialmente aplicadas, um mínimo de justiça é necessariamente concretizado. De fato, já assinalamos[2], ao analisar a ideia de justiça, que sua forma mais simples (a justiça na aplicação do direito) consiste simplesmente em levar a sério a noção de que o que deve ser aplicado a uma

---

2. P. 207, acima.

multidão de pessoas diferentes é a mesma norma geral, não afetada por preconceitos, interesses ou caprichos. Essa imparcialidade é o que os padrões de procedimento conhecidos pelos juristas ingleses e norte-americanos como princípios da "Justiça Natural" se destinam a assegurar. Assim, embora as leis mais detestáveis possam ser aplicadas com "justiça" entendida nesse sentido, temos, na mera noção da aplicação de uma norma jurídica geral, pelo menos o embrião da justiça.

Aspectos ulteriores dessa forma mínima de justiça, que bem pode ser chamada de "natural", se tornarão perceptíveis se estudarmos aquilo que de fato está em pauta em qualquer método de controle social – sejam regras de jogos ou o direito – que consista principalmente em padrões gerais de conduta comunicados a classes de pessoas, das quais se espera então que compreendam e obedeçam às normas sem nenhuma orientação oficial ulterior. Para que essa espécie de controle social funcione, as normas devem satisfazer a certas condições: devem ser inteligíveis; sua obediência deve estar ao alcance de todos; e, em geral, não podem ser retroativas, embora possam sê-lo excepcionalmente. Isso significa que aqueles que são finalmente punidos pela violação das normas terão tido, em sua maioria, a capacidade e a oportunidade de obedecer. Essas características do controle pela norma têm evidentemente uma relação íntima com as exigências da justiça que os juristas chamam de princípios da legalidade. Com efeito, um crítico do positivismo viu, nesses aspectos do controle através das normas, algo que configuraria um vínculo necessário entre o direito e a moral, e sugeriu que eles fossem chamados de "a moral interna do direito". Mais uma vez, se é isso o que significa a ligação necessária entre o direito e a moral, podemos aceitá-la. Infelizmente, esse vínculo é compatível com grandes iniquidades.

(vi) *A validade jurídica e a resistência à lei*. Por mais descuidadamente que possam ter formulado sua perspectiva geral, poucos teóricos do direito classificados como positivistas se preocupariam em negar as formas de ligação entre o direito e a moral discutidas nos últimos cinco tópicos. Qual era, então, o propósito dos grandes gritos de guerra do positivismo jurídico: "A existência do direito é uma coisa; seu mérito ou demérito, outra"[3]; "O direito de um Estado não é um ideal, mas algo que existe de fato... não é aquilo que deveria ser, mas aquilo que é"[4]; "As normas jurídicas podem ter qualquer conteúdo"[5]?

O que esses teóricos estavam principalmente interessados em promover eram a clareza e a honestidade na formulação dos problemas teóricos e morais oriundos da existência de leis específicas que eram moralmente iníquas, embora tivessem sido promulgadas da forma apropriada, tivessem clareza de sentido e satisfizessem a todos os critérios reconhecidos de validade de um sistema. Sua opinião era que, ao pensarem nessas leis, tanto o teórico como a autoridade ou cidadão comum que tivessem a infelicidade de ser chamados a aplicá-las ou obedecê-las não poderiam senão ficar confusos com um convite a recusar-lhes o título de "leis" ou a condição de "válidas". Julgavam haver recursos mais simples e justos para confrontar esses problemas, recursos que enfocariam muito melhor todas as considerações intelectuais e morais aí envolvidas. Deveríamos dizer: "Isto é uma lei; mas é demasiado injusta para ser aplicada ou obedecida."

O ponto de vista oposto a esse é uma interpretação que parece atraente quando, após uma revolução ou grandes sublevações, os tribunais de um sistema têm de ponderar sua atitude perante as iniquidades morais cometidas de forma legal por cidadãos comuns ou autoridades sob um regime anterior. Ainda que a punição desses indivíduos possa parecer socialmente desejável, procurá-la através de uma legislação explicitamente retroativa, tornando crimi-

---

3. Austin, *The Province of Jurisprudence Defined*, Conferência V, pp. 184-5.
4. Gray, *The Nature and Sources of the Law*, s. 213.
5. Kelsen, *General Theory of Law and State*, p. 113.

noso o que era permitido ou mesmo exigido pela lei do antigo regime, pode ser difícil, um ato mortalmente odioso ou, talvez, impossível. Nessas circunstâncias, pode parecer natural explorar as implicações morais latentes no vocabulário jurídico e, especialmente, em palavras como *jus*, *recht*, *diritto* ou *droit*, que estão impregnadas da teoria do Direito Natural. Será então tentador afirmar que as normas jurídicas que prescreviam ou permitiam a iniquidade não devem ser reconhecidas como válidas, ou ter a qualidade de lei, mesmo que o sistema no qual foram aprovadas não reconhecesse nenhuma restrição à competência legislativa de seu poder legislador. É sob essa forma que os argumentos do Direito Natural foram ressuscitados na Alemanha após a última guerra, em resposta aos graves problemas sociais deixados como herança pelas injustiças do regime nazista e sua derrota. Deveriam ser punidos os informantes que, por motivos egoístas, buscaram o encarceramento de outras pessoas por infringirem as leis monstruosas promulgadas durante o regime nazista? Seria possível condená-los nos tribunais da Alemanha do pós-guerra, com base na ideia de que essas leis violavam o Direito Natural e eram, portanto, nulas, de modo que o encarceramento das vítimas pela infração a tais leis era de fato ilegal e buscá-lo constituía, em si, uma transgressão?[6] Embora pareça haver uma dicotomia simples entre os que aceitam e os que repudiam o ponto de vista de que normas moralmente iníquas não podem integrar o direito, os contendores frequentemente afiguram-se muito inseguros sobre a natureza geral desse ponto de vista. É verdade que aqui estamos preocupados com maneiras alternativas de formular a decisão moral de não aplicar, obedecer ou permitir que outros aleguem em sua defesa normas moralmente iníquas; entretanto, o problema está mal

---

6. Ver a decisão de 27 de julho de 1945, Oberlandesgericht Bamberg, 5 *Süddeutsche Juristen-Zeitung*, 207: discutida longamente em H. L. A. Hart, "Legal Positivism and the Separation of Law and Morals", em 71 *Harvard L. Rev.* (1958), 598, e em L. Fuller, "Positivism and Fidelity to Law", *ibid.*, p. 630. Cf., porém, a descrição corrigida desse julgamento abaixo, pp. 388-9.

formulado, como se fosse um mero problema verbal. Nenhum dos lados na disputa ficaria contente se lhe dissessem: "Sim, você está certo, a maneira correta de expor um tal ponto de vista em inglês (ou em alemão) é dizer o que você disse."Assim, embora o positivista possa apontar muitos exemplos no uso do inglês para mostrar que não há contradição em afirmar que uma norma jurídica é demasiado iníqua para ser obedecida e que, da afirmação de que uma norma é demasiado injusta para ser obedecida, não se segue necessariamente que não seja uma norma jurídica válida, seus opositores dificilmente aceitariam isso como o fim da discussão.

É evidente que não poderemos abordar esse problema adequadamente se o virmos como algo que só diz respeito às propriedades do uso linguístico. Pois o que está realmente em jogo são os méritos relativos de dois conceitos, um mais abrangente e outro mais restrito, que visam a classificar as normas pertencentes a um sistema normativo geralmente eficaz na vida social. Se temos de fazer uma escolha bem fundamentada entre esses conceitos, é porque um deles é superior ao outro na forma como poderá favorecer nossas investigações teóricas, ou aprofundar e esclarecer nossas deliberações morais, ou ambos.

O mais abrangente desses dois conceitos de direito inclui o mais restrito. Se adotarmos o conceito mais amplo, isso nos conduzirá, em nossas investigações teóricas, a agrupar e considerar conjuntamente como "direito" todas as normas que são válidas segundo os critérios formais de um sistema de normas primárias e secundárias, ainda que algumas delas causem ofensa à moral da própria sociedade ou àquilo que podemos considerar uma moral esclarecida ou verdadeira. Se adotarmos o conceito mais restrito, excluiremos do "direito" essas normas moralmente ofensivas. Parece claro que o estudo teórico e científico do direito como fenômeno social nada tem a ganhar adotando o conceito mais restrito: este nos levaria a excluir certas normas mesmo quando apresentassem todas as outras características complexas do direito. Seguramente nada, exceto a confusão, poderia resultar da proposta de deixarmos a alguma outra disciplina o estudo dessas normas, e é certo que nenhuma história do direito ou qualquer outra forma de estudo jurídico considerou proveitoso fazê-lo. Se adotarmos o conceito mais abrangente de direito, poderemos incluir nele o estudo das características especiais das leis moralmente iníquas e da reação da sociedade a elas. Assim, o uso do conceito mais restrito inevitavelmente dividirá, de forma confusa, nosso esforço para compreender tanto o desenvolvimento quanto as potencialidades do método específico de controle social existente num sistema de normas primárias e secundárias. O estudo de seu uso envolve estudar também seu abuso.

Que dizer então dos méritos práticos do conceito mais restrito do direito para a deliberação moral? Em que sentido é melhor, diante de exigências moralmente iníquas, pensar "Isto não é lei em nenhum sentido", em vez de "Isto é a lei, mas é demasiado iníqua para que possa ser obedecida e aplicada"? Será que isso tornaria os homens mais lúcidos ou mais dispostos a desobedecer quando a moral o exige? Conduziria a maneiras melhores de resolver problemas como os decorrentes do regime nazista? Sem dúvida, as ideias têm sua influência; mas não parece provável que o esforço para formar e educar os homens no uso de um conceito mais restrito de validade jurídica, no qual não há lugar para leis válidas mas moralmente iníquas, possa conduzir a um endurecimento da resistência ao mal diante das ameaças do poder organizado, ou a uma percepção mais clara do que está moralmente em jogo quando a obediência é exigida. Enquanto os seres humanos puderem obter cooperação suficiente de alguns para lhes permitir dominar outros homens, usarão as formas do direito como um de seus instrumentos. Homens maus criarão normas perversas, que outros farão cumprir. O que é certamente mais necessário para dar clarividência aos homens no confronto com o abuso oficial do poder é que eles preservem a noção de que a certificação de alguma coisa como juridicamente válida não é conclusiva no tocante à obediência, e que, por maior que seja a aura de majestade ou autoridade que o sistema oficial possa ostentar, em última análise suas exigências devem ser submetidas a um exame moral. Essa percepção de que existe, fora do sistema oficial, alguma coisa em referência à qual o indivíduo deve em última instância resolver seus problemas de obediência, tem certamente maior probabilidade de se manter viva entre aqueles que estão habituados a pensar que as normas do direito podem ser iníquas que entre os que pensam que nada de iníquo pode ter o *status* de direito em qualquer lugar.

Mas uma razão mais forte para preferir o conceito mais abrangente de direito, que nos permitirá pensar e dizer "Isto faz parte do direito mas é iníquo", talvez seja a seguinte: a negação da juridicidade das normas iníquas pode simplificar de modo excessivo e grosseiro a variedade de problemas morais aos quais tais normas dão origem. Os autores mais antigos que, como Bentham e Austin, insistiam na diferença entre o que o direito é e o que ele deveria ser, o faziam em parte por pensar que, a menos que os homens mantivessem separadas essas duas noções, poderiam – sem levar em conta o custo para a sociedade – concluir apressadamente que certas leis eram inválidas e não deveriam ser obedecidas. Mas, além desse perigo de anarquia, que aqueles autores podem ter superestimado, há outra forma de simplificação excessiva. Se estreitarmos nosso ponto de vista e pensarmos apenas na pessoa que é chamada a *obedecer* às normas perversas, poderemos considerar indiferente se ele pensa, ou não, estar diante de uma norma válida do "direito", desde que perceba a iniquidade moral da norma e faça o que a moral exige. Mas, além da questão moral da obediência (Devo fazer este mal?), há a pergunta de Sócrates relativa à submissão: "Devo sujeitar-me à punição por desobediência ou fugir?" Há ainda o problema com que se defrontaram os tribunais alemães do pós-guerra: "Devemos punir aqueles que cometeram atos maus quando esses atos eram permitidos pelas normas perversas então em vigor?" Essas perguntas suscitam problemas muito diferentes sobre a moral e a justiça, que precisamos examinar independentemente uns dos outros; essas questões não podem ser resolvidas através de uma recusa definitiva em reconhecer as leis más como válidas para quaisquer fins. Essa é uma forma muito grosseira de abordar temas morais delicados e complexos.

    Um conceito de direito que permita diferenciar a invalidade do direito de sua imoralidade nos faculta ver a complexidade e a variedade desses problemas distintos, enquanto um conceito restrito de direito, que nega validade jurídica às normas iníquas, pode nos tornar cegos para eles. Podemos admitir que os informantes alemães, que por motivos egoístas buscavam a punição de terceiros sob um regime de leis monstruosas, fizeram o que a moral proibia; entretanto, a moral pode também exigir que o Estado puna somente aqueles que, ao fazerem o mal, o fazem num momento em que o Estado o proíbe. Esse é o princípio *nulla poena sine lege*. Se for necessário transgredir esse princípio para evitar um mal maior que o mal de sacrificá-lo, é essencial que os problemas em pauta sejam claramente identificados. Não se deve fazer com que um caso de punição retroativa pareça um caso comum de punição por um ato que é ilegal no momento em que é cometido. Pode-se alegar, em favor da doutrina positivista simples de que as normas moralmente iníquas podem ainda integrar o direito, que ela pelo menos não disfarça a escolha entre dois males, que às vezes é preciso fazer em circunstâncias extremas.

X. O direito internacional

1. Fontes de dúvida

A ideia de uma união entre as normas primárias e secundárias, à qual se atribuiu lugar tão importante neste livro, pode ser considerada um meio-termo entre extremos jurídicos. Pois a teoria jurídica tem às vezes buscado a chave para a compreensão do direito na ideia simples de uma ordem sustentada por ameaças e, outras vezes, na noção complexa de moral. O direito tem certamente muitas afinidades e relações com ambas as ideias; entretanto, como vimos, existe sempre o risco de exagerá-las e de obscurecer os traços especiais que o distinguem de outros meios de controle social. A ideia por nós considerada central tem o mérito de nos permitir visualizar as múltiplas relações entre o direito, a coerção e a moral como realmente são, e analisar mais uma vez em que sentido essas conexões são necessárias, se é que o são em algum sentido.

Embora a ideia da união das normas primárias e secundárias tenha essas virtudes, e embora seja conforme à realidade tratar a existência dessa união característica de normas como condição suficiente para a aplicação da expressão "sistema jurídico", não afirmamos que a palavra "direito" deva ser definida nesses termos. É por não defendermos a ideia de identificar ou regulamentar dessa forma o emprego de palavras como "direito" ou "jurídico" que este livro se apresenta como uma elucidação do *conceito* de direito, mais do que como uma *definição* do "direito", da qual se esperaria naturalmente que oferecesse uma norma ou normas para o uso daquelas palavras. Fiéis a esse objetivo, investigamos no último capítulo o raciocínio, defendido nos casos alemães, segundo o qual se deveria recusar a condição de direito válido a certas normas em razão de sua iniquidade moral, embora pertencessem a um sistema existente de normas primárias e secundárias. Terminamos por rejeitar essa alegação; mas não o fizemos porque fosse inconciliável com a ideia de que as normas pertencentes a um sistema desse tipo devam ser denominadas "direito", nem porque entrasse em conflito com o peso do uso. Em vez disso, criticamos a tentativa de restringir a classe das leis válidas pela exclusão daquilo que fosse moralmente iníquo, com base no argumento de que agir dessa forma não favorece ou torna mais claras nem as indagações teóricas, nem a deliberação moral. O conceito mais amplo, que é coerente com uma parcela tão grande da prática e que nos permite considerar as normas como direito, por muito iníquas que sejam moralmente, mostrou-se, após certa reflexão, mais adequado a esses fins.

O direito internacional nos defronta com a situação inversa. Pois, embora seja compatível com a prática dos últimos 150 anos usar nesse caso a expressão "direito", a ausência de um poder legislativo internacional, de tribunais com jurisdição compulsória e sanções centralmente organizadas vem inspirando apreensão, pelo menos entre os teóricos do direito. A ausência dessas instituições significa que as normas aplicáveis aos Estados se assemelham ao tipo simples de estrutura social que consiste apenas em normas primárias de obrigação, estrutura essa que, quando encontrada em sociedades compostas de indivíduos, costumamos contrastar com um sistema jurídico evoluído. Na verdade é possível sustentar, como demonstraremos, que faltam ao direito internacional não apenas as normas secundárias de modificação e julgamento, responsáveis pela existência do poder legislativo e dos tribunais, mas também uma norma de reconhecimento unificadora que especifique as "fontes" do direito e forneça critérios gerais para a identificação de suas normas. Essas diferenças são realmente marcantes, e dificilmente se poderá ignorar a pergunta: "Acaso o direito internacional é realmente uma forma de direito?" Mas, também nesse caso, não poderemos dissipar as dúvidas de muitos simplesmente lhes lembrando o uso vigente; nem as confirmaremos simplesmente com base no fato de que a existência de uma união de normas primárias e secundárias constitui uma condição não só necessária, mas também suficiente, para que se possa usar adequadamente a expressão "sistema jurídico". Em vez disso, investigaremos em detalhe a natureza das dúvidas que têm se apresentado e, como no caso alemão, indagaremos se a prática habitual mais ampla de se falar de "direito internacional" pode prejudicar qualquer de nossos objetivos práticos ou teóricos.

Embora pretendamos dedicar um único capítulo à questão, alguns autores vêm propugnando um tratamento ainda mais sumário desse problema referente à natureza do direito internacional. Pareceu-lhes que a pergunta "Acaso o direito internacional é realmente uma forma de direito?" surgiu, ou tem sobrevivido, apenas por se confundir uma interrogação banal relativa ao sentido das palavras com uma indagação séria sobre a natureza das coisas: já que os fatos que distinguem o direito internacional do direito interno são claros e bem conhecidos, a única questão a ser resolvida é se devemos seguir a convenção existente ou dela nos afastar; e isso é algo que cada um deve decidir por si mesmo. Mas essa forma rápida de tratar a questão é, certamente, rápida demais. É verdade que, entre as razões que levaram os teóricos a hesitar quanto à aplicação da palavra "direito" ao direito internacional, desempenhou certo papel uma concepção demasiadamente simples – aliás, absurda – dos motivos que justificam a aplicação do mesmo termo a muitas coisas diferentes. A teoria do direito tem ignorado com excessiva frequência a variedade dos tipos de princípios que geralmente orientam a extensão de termos classificatórios gerais. Não obstante, as fontes de dúvida a respeito do direito internacional são mais profundas e mais interessantes do que essas opiniões equivocadas sobre o uso das palavras. Sobretudo, as duas alternativas oferecidas por essa forma resumida de tratar o problema ("Devemos obedecer à convenção existente ou nos afastar dela?") não são exaustivas; pois existe, além delas, a opção de explicitar e examinar os princípios que têm de fato orientado o uso vigente. A forma sumária sugerida seria realmente adequada no caso de um nome próprio. Se alguém nos perguntasse se o lugar chamado "Londres" é *realmente* Londres, teríamos apenas de recordar à pessoa essa convenção e deixar-lhe a decisão de obedecer à convenção ou escolher outro nome de seu agrado. Seria absurdo perguntar, num caso assim, em que princípio se baseia o fato de Londres ter esse nome, e se tal princípio é aceitável ou não. Seria absurdo porque a designação de um nome próprio depende *apenas* de uma convenção *ad hoc*, ao passo que a extensão dos termos gerais de qualquer disciplina séria nunca carece de princípios ou de fundamentação lógica, embora possa não ser óbvio em que consistem. Quando, como no caso atual, a extensão do sentido é questionada por aqueles que efetivamente estão dizendo "Sabemos que é chamado direito, mas será mesmo direito?", o que se está reclamando – embora, é certo, de forma obscura – é que se explicite o princípio e se analisem suas credenciais.

Examinaremos duas das principais fontes de dúvidas relativas à juridicidade do direito internacional e, com elas, os passos dados pelos teóricos para esclarecê-las. Os dois tipos de dúvida emanam de uma comparação desfavorável do direito internacional com o direito interno, considerado o exemplo claro e paradigmático do que é o direito. O primeiro tipo se enraiza profundamente na concepção de que o direito consiste fundamentalmente em ordens sustentadas por ameaças e compara a natureza das *normas* do direito internacional com as do direito interno. A segunda forma de dúvida brota da crença obscura de que os Estados são fundamentalmente incapazes de serem sujeitos de obrigações jurídicas e compara a natureza dos *sujeitos* do direito internacional com os do direito interno.

2. Obrigações e sanções

As dúvidas que vamos examinar muitas vezes aparecem nos capítulos iniciais dos livros sobre o direito internacional sob a forma da pergunta: "Como pode o direito internacional ser vinculante?" Entretanto, há algo muito confuso nessa forma favorita de pergunta; e, antes de podermos tratar dela, temos de enfrentar uma indagação anterior, cuja reposta não é clara de maneira alguma. É ela: o que significa afirmar, sobre todo um sistema de direito, que ele é "vinculante"? A afirmação de que uma norma específica de um sistema é vinculante para determinada pessoa é conhecida dos juristas e tem um sentido razoavelmente claro. Podemos parafraseá-la afirmando que a norma em exame é válida e que, de acordo com ela, a pessoa em questão tem alguma obrigação ou dever. Além disso, há outras situações nas quais se fazem afirmações mais gerais desse tipo. Em certas circunstâncias, podemos duvidar se um ou outro sistema jurídico se aplica a determinada pessoa. Essas dúvidas podem surgir no direito internacional privado ou no direito internacional público. No primeiro caso, podemos indagar se o direito francês ou inglês é vinculante para determinada pessoa em relação a determinada transação, e, no segundo caso, perguntar se, por exemplo, os habitantes da Bélgica ocupada pelo inimigo estavam vinculados por aquilo que o governo no exílio afirmava ser o direito belga ou pelos decretos das forças de ocupação. Mas, em ambos os casos, trata-se de questões de direito que surgem *no interior* de algum sistema jurídico (interno ou internacional) e se resolvem mediante a consulta às normas ou princípios desse sistema. Não é posta em questão a natureza geral das normas, mas apenas seu alcance ou aplicabilidade a determinadas pessoas ou transações em certas circunstâncias. É evidente que a pergunta "O direito internacional é vinculante?" e suas congêneres "Como pode o direito internacional ser vinculante?" ou "O que torna vinculante o direito internacional?" são indagações de ordem diferente. Não expressam dúvida a respeito da aplicabilidade, mas sobre o *status* jurídico geral do direito internacional: um modo mais franco de formular essa dúvida seria indagar: "Pode-se dizer, verdadeira e coerentemente, que normas como essas possam originar obrigações?" Como mostram as discussões encontradas nos livros, uma das fontes de dúvida sobre este ponto é simplesmente o fato de que o sistema carece de sanções centralmente organizadas. Esse é um ponto desfavorável em comparação com o direito interno, cujas normas são julgadas inquestionavelmente "vinculantes" e consideradas paradigmas da obrigação jurídica. A partir daí, a argumentação é simples: se, por essa razão, as normas do direito internacional não são "vinculantes", é realmente indefensável levar a sério sua classificação como direito; pois, por mais tolerantes que sejam as formas da linguagem comum, essa diferença é demasiado grande para ser negligenciada. Toda teorização sobre a origem do direito parte da suposição de que sua existência pelo menos torna obrigatórios determinados comportamentos.

Ao examinarmos esse raciocínio, dar-lhe-emos todos os benefícios da dúvida no que diz respeito às realidades do sistema internacional. Partiremos do princípio de que nem o Artigo 16 da Convenção da Liga das Nações nem o Capítulo VII da Carta das Nações Unidas introduziram no direito internacional alguma coisa que se equipare às sanções do direito interno. Apesar da guerra da Coréia e de qualquer lição moral que se possa extrair do incidente de Suez, é de supor que, todas as vezes que seu uso for importante, as cláusulas jurídicas vinculantes da Carta serão provavelmente paralisadas pelo veto, devendo-se dizer que existem apenas no papel.

Afirmar que o direito internacional não é vinculante por carecer de sanções organizadas implica aceitar tacitamente a análise da obrigação contida na teoria de que o direito é essencialmente uma questão de ordens apoiadas em ameaças. Como vimos, essa teoria identifica as expressões "ter a obrigação de" e "ser obrigado a" com "estar sujeito a uma sanção ou castigo que se ameaça aplicar aos desobedientes". Entretanto, como já argumentamos, essa identificação distorce o papel representado pelas ideias de obrigação e dever em todo o pensamento e discurso jurídicos. Mesmo no direito interno, que dispõe de sanções organizadas eficientes, devemos distinguir, pelos vários motivos expostos no Capítulo III, entre o sentido do enunciado preditivo externo "É provável que eu (você) sofra alguma sanção por desobedecer" e o significado do enunciado normativo interno "Eu tenho (você tem) a obrigação de agir de tal forma", que avalia a situação de determinada pessoa do ponto de vista de normas aceitas como padrões norteadores do comportamento. De fato, nem todas as normas geram obrigações ou deveres; e é também verdade que as normas que o fazem geralmente exigem algum sacrifício dos interesses pessoais e são geralmente apoiadas por fortes exigências de obediência, sendo os desvios insistentemente criticados. Entretanto, uma vez que nos livremos da análise preditiva e da concepção que lhe dá origem, segundo a qual o direito consiste essencialmente numa ordem apoiada em ameaças, não parece haver uma boa razão para limitar a ideia normativa de obrigação às normas apoiadas por sanções organizadas.

Devemos, entretanto, examinar outra forma do argumento, mais plausível por não estar comprometida com a definição de obrigação em termos da probabilidade de se consumarem as ameaças de sanções. O cético poderá objetar que num sistema de direito interno existem, como nós próprios já ressaltamos, certas disposições justificadamente denominadas necessárias; entre elas se encontram as normas primárias de obrigação, que proíbem o uso irrestrito da violência, e as normas que dispõem sobre o uso oficial da força como sanção correspondente à violação daquelas e de outras normas. Se tais normas e as sanções organizadas que as apoiam são, nesse sentido, necessárias para o direito interno, não o seriam também para o direito internacional? Pode-se sustentar que o são, sem insistir em que isso decorre do próprio significado de palavras como "vinculante" ou "obrigação".

A resposta para o argumento assim formulado encontra-se naquelas verdades elementares sobre os seres humanos e seu ambiente que estruturam o contexto psicológico e físico permanente do direito interno. Em sociedades constituídas por indivíduos de força física e vulnerabilidade aproximadamente iguais, as sanções físicas são tão necessárias quanto possíveis. São necessárias para que aqueles que voluntariamente se submetem às restrições da lei não sejam simplesmente vítimas de malfeitores que, à falta de tais sanções, colheriam as vantagens do respeito à lei por parte dos outros, sem a respeitarem eles próprios. Entre indivíduos que vivem muito próximos uns dos outros, as oportunidades de prejudicar a outrem, por astúcia, se não por ataque direto, são tão grandes, e as chances de impunidade tão consideráveis, que nenhum mero impedimento natural se mostraria adequado, exceto nos tipos mais simples de sociedade, para conter aqueles que são demasiado maldosos, ou obtusos, ou fracos, para obedecer à lei. Todavia, em razão do próprio fato da igualdade aproximada e das evidentes vantagens da sujeição a um sistema de controles, é improvável que qualquer grupo de malfeitores tenha mais força do que aqueles que colaboram voluntariamente na manutenção do sistema*. Nessas circunstâncias, que constituem o pano de fundo do direito interno, as sanções contra malfeitores podem ser usadas com êxito e com riscos relativamente pequenos, e a ameaça dessas sanções

---

* Nota essencial da reciprocidade como elemento definidor do fenômeno jurídico. Ver N. do R. T. a pp. 30. (N. do R. T.)

O DIREITO INTERNACIONAL 283

dará muito mais peso a quaisquer meios de dissuasão naturais porventura existentes. Mas, precisamente porque os truísmos simples que valem para os indivíduos não valem para os Estados, e porque o pano de fundo factual do direito internacional é tão diferente daquele do direito interno, não existe a mesma necessidade de sanções (embora fosse desejável que o direito internacional se apoiasse nestas) nem iguais perspectivas de seu uso seguro e eficaz. Isso ocorre porque a agressão entre Estados difere muito da que ocorre entre indivíduos. O uso da violência entre Estados é necessariamente público, e, apesar de não existir uma força policial internacional, é praticamente certo que a agressão não permanecerá como um problema entre agressor e vítima, como poderia acontecer, na falta de uma força policial, com um assassinato ou um roubo. Mesmo para a potência mais forte, começar uma guerra implica arriscar muito em busca de um resultado que poucas vezes se pode prever com razoável segurança. Por outro lado, em razão das desigualdades entre os Estados, não existe a confiança permanente em que a força combinada dos países que apoiam a ordem internacional possa prevalecer sobre as potências inclinadas à agressão. Consequentemente, a organização e o emprego de sanções podem envolver riscos terríveis, e a ameaça de usá-las pouco acrescenta aos meios de dissuasão naturais. Contra esse pano de fundo factual tão diferente, o direito internacional se desenvolveu de forma diversa de seu congênere interno. Na população de uma nação moderna, se não houvesse repressão organizada e punição para o crime, a violência e o roubo poderiam ser esperados a todo momento; mas entre as nações, longos anos de paz têm mediado entre guerras desastrosas. Considerando-se os riscos e as consequências possíveis da guerra e as necessidades recíprocas dos Estados, a existência desses anos de paz é perfeitamente inteligível; mas vale a pena regulamentá-los mediante normas que diferem daquelas do direito interno pelo fato de (entre outras coisas) não disporem de nenhum órgão central para sua imposição. Entretanto, aquilo que essas normas exigem é considerado obrigatório e como tal é mencionado; há uma pressão generalizada em favor da obediência a elas; pretensões e reconhecimentos se baseiam nessas normas e considera-se que sua transgressão justifica não apenas exigências insistentes de reparação como também represálias e medidas de retaliação. Quando as normas são desobedecidas, não é com base no argumento de que não são vinculantes; pelo contrário, envidam-se esforços para esconder os fatos. Evidentemente, pode-se dizer que tais normas só são eficazes na medida em que se refiram a problemas em razão dos quais os Estados não estejam dispostos a guerrear. Isso pode ser verdade, e depõe negativamente sobre a importância do sistema e seu valor para a humanidade. No entanto, o simples fato de que alguma coisa seja obtida evidencia que não se pode fazer uma dedução simples a partir da necessidade de sanções organizadas para o direito interno, em seu cenário de fatos físicos e psicológicos, para chegar à conclusão de que, sem tais sanções, o direito internacional, num contexto tão diferente, não imponha obrigações, não seja "vinculante" e, portanto, não mereça ser denominado "direito".

3. A obrigação e a soberania dos Estados

O Reino Unido, a Bélgica, a Grécia e a Rússia Soviética têm direitos e obrigações perante o direito internacional e incluem-se, portanto, entre seus sujeitos. São exemplos, tomados ao acaso, de Estados que o leigo vê como independentes e que um jurista reconheceria como "soberanos". Uma das fontes mais persistentes de perplexidade sobre o caráter obrigatório do direito internacional tem sido a dificuldade de aceitar ou explicar o fato de que uma nação soberana possa também estar "vinculada" pelo direito internacional ou ter obrigações perante ele. Essa forma de ceticismo é, num certo sentido, mais radical que a objeção de

O DIREITO INTERNACIONAL   285

que o direito internacional não é vinculante porque carece de sanções. Pois isso seria resolvido se um dia o direito internacional viesse a ser reforçado por um sistema de sanções, ao passo que a objeção de que agora nos ocupamos se baseia numa incoerência radical, que se diz ou se pensa existir, na ideia de um Estado ao mesmo tempo soberano e sujeito à lei.

A análise dessa objeção exige o exame da noção de soberania, aplicada desta vez não a um poder legislativo ou a algum outro elemento ou pessoa *no interior* de um Estado, mas ao próprio Estado. Sempre que ocorre a palavra "soberania" na teoria do direito, tende-se a associá-la à ideia de uma pessoa acima da lei, cuja palavra constitui o direito para seus inferiores ou súditos. Nos capítulos iniciais deste livro, vimos o quanto essa noção sedutora é um mau guia para compreender a estrutura de um sistema jurídico interno; mas ela tem sido uma fonte de confusão ainda mais poderosa na teoria do direito internacional. É, evidentemente, *possível* falar de um Estado nesses termos, como se fosse uma espécie de super-homem, um ser essencialmente não sujeito ao direito, mas que constitui a fonte do direito para seus súditos. A partir do século XVI, a identificação simbólica entre o Estado e o monarca (*"L´État c´est moi"*) pode ter estimulado essa ideia, que tem constituído uma fonte de inspiração duvidosa para muitas teorias políticas e também jurídicas. Mas, para a compreensão do direito internacional, é importante abandonar tais associações. O termo "um Estado" não é o nome de alguma pessoa ou coisa inerentemente, ou "por natureza", fora da lei. É um modo de nos referirmos a dois fatos: primeiro, que uma população que habita determinado território vive sob aquela forma de governo organizado oferecida por um sistema jurídico, com sua estrutura característica que inclui um poder legislativo, tribunais e normas primárias; e, segundo, que o governo goza de um grau de independência definido de maneira mais ou menos precisa.

A palavra "Estado" certamente tem uma área ampla de imprecisão, mas o que dissemos basta para evidenciar seu significado básico. Para citar novamente exemplos aleatórios, Estados como o Reino Unido, o Brasil, os Estados Unidos ou a Itália possuem amplo grau de independência em relação ao controle, não apenas jurídico, mas também de fato, por parte de qualquer autoridade ou pessoa situados além de suas fronteiras, e seriam considerados "Estados soberanos" pelo direito internacional. Por outro lado, Estados individuais que são membros de uma união federal, como as unidades federativas dos Estados Unidos, estão sujeitos de muitas formas diferentes à autoridade e ao controle do governo e da constituição federal. Contudo, é grande a independência que mesmo esses Estados federados conservam se comparada à situação, digamos, de um condado inglês, ao qual jamais se aplicaria a palavra "Estado". Um condado pode ter um conselho local que desempenha, em seu território, algumas das funções de um poder legislativo, mas seus escassos poderes se subordinam aos do Parlamento, e, exceto em alguns aspectos menos importantes, o território do condado está sujeito às mesmas leis e ao mesmo governo que o resto do país.

Há entre esses extremos muitos tipos e graus diferentes de dependência (e, portanto, de independência) entre unidades territoriais detentoras de um governo organizado. Desse ponto de vista, colônias, protetorados, suseranias, territórios sob tutela e confederações oferecem fascinantes problemas de classificação. Na maior parte dos casos, a dependência de uma unidade política em relação a outra se expressa em termos jurídicos, de modo que o que constitui o direito no território da unidade subordinada depende, em última instância, pelo menos em certas questões, dos processos de criação do direito da outra.

Em alguns casos, contudo, o sistema jurídico do território dependente pode não refletir sua dependência. Isso pode ocorrer por ser este independente apenas formalmente e o território ser de fato governado do exterior, através de títeres; ou pode acontecer porque o território dependente tem uma autonomia real em seus assuntos internos, embora não nos externos, e sua dependência de outro país, em questões externas, não precisa ser formulada como parte de seu direito interno. Esses vários tipos de dependência de uma unidade territorial em relação a outra não constituem, entretanto, a única forma de limitar sua autonomia. O fator limitador pode não ser o poder ou autoridade de outra unidade desse tipo, mas uma autoridade internacional que afete unidades igualmente independentes entre si. É possível imaginar muitas espécies diferentes de autoridade internacional e, correspondentemente, muitas limitações diferentes à independência dos Estados. As possibilidades incluem, entre outras, uma instância legislativa mundial conforme o modelo do Parlamento britânico, dispondo de poderes ilimitados para regulamentar os assuntos internos e externos de todos os países; um poder legislativo federal segundo o modelo do Congresso norte-americano, dotado de competência jurídica apenas sobre assuntos específicos ou limitada por garantias de direitos específicos das unidades constitutivas; um regime no qual a única forma de controle jurídico consista em normas geralmente aceitas como aplicáveis a todos; e, finalmente, um regime no qual a única forma reconhecida de obrigação seja contratual, ou auto-imposta, de modo que a independência de um Estado seja limitada apenas por sua própria atuação.

É salutar examinar esse leque de possibilidades, porque o simples fato de se tomar conhecimento de que há muitas formas e graus de dependência ou independência possíveis constitui um passo à frente para responder à suposição de que, por serem soberanos, os Estados *não podem* estar sujeitos ao direito internacional ou vinculados por ele, ou só *podem* ser vinculados por uma forma específica de direito internacional. Pois a palavra "soberano" significa aqui apenas "independente" e, como esta última, tem sentido negativo: um Estado soberano é o que *não* está sujeito a certos tipos de controle, e sua soberania refere-se àquela área de sua conduta na qual é autônomo. Como vimos, certo grau de autonomia está implícito no próprio significado da palavra Estado. Mas a alegação de que esta autonomia é *necessariamente* ilimitada, ou só *pode* ser limitada por certos tipos de obrigação, reduz-se, na melhor das hipóteses, à simples afirmação da tese de que os Estados devem estar livres de todas as outras restrições; e, no pior dos casos, é um dogma irracional. Pois se realmente descobrirmos que existe determinada forma de autoridade internacional entre os Estados, a soberania destes será limitada nessa mesma medida e terá apenas o alcance que lhe permitam as normas. Portanto, só poderemos saber quais Estados são soberanos e a extensão de sua soberania, se conhecermos essas normas, do mesmo modo que só podemos saber se um inglês ou um norte-americano é livre e a extensão de sua liberdade quando conhecemos o direito inglês ou norte-americano. As normas do direito internacional são realmente vagas e contraditórias em muitos pontos, de modo que a dúvida sobre o grau de independência que cabe aos Estados é muito maior que aquela referente à extensão da liberdade de um cidadão sob o direito interno. Contudo, essas dificuldades não autorizam o argumento que pretende *a priori* deduzir a natureza geral do direito internacional de uma soberania absoluta, que se supõe, sem referência ao direito internacional, ser apanágio das nações.

Vale assinalar que o uso acrítico da ideia de soberania disseminou uma confusão semelhante tanto na teoria do direito interno quanto na do direito internacional, exigindo em ambas um corretivo análogo. Sob a influência daquela ideia, somos levados a crer que *necessariamente* há, em todo sistema jurídico nacional, um legislador soberano, acima de quaisquer limitações jurídicas, da mesma forma que somos induzidos a acreditar que o direito internacional *necessariamente* tem uma certa natureza porque as nações são soberanas, não podendo ser submetidas a limitações jurídicas que não sejam impostas por elas mesmas. Em ambos os casos, a crença na existência necessária de um soberano juridicamente ilimitado prejulga uma questão que só pode ser respondida quando analisarmos as próprias normas. No caso do direito interno, a questão é: qual é a abrangência da autoridade legislativa suprema reconhecida nesse sistema? Para o direito internacional, é: qual é o máximo de autonomia que as normas concedem aos Estados?

Assim, a resposta mais simples à presente objeção é que ela inverte a ordem segundo a qual as questões devem ser analisadas. Não há como saber qual o grau de soberania dos Estados até conhecermos as formas do direito internacional e sabermos se elas são, ou não, meras formas vazias. Muitos debates jurídicos têm sido confundidos por ignorância desse princípio, e será proveitoso considerar à luz dele as teorias de direito internacional conhecidas como "voluntaristas", ou teorias de "autolimitação". Essas teorias tentaram conciliar a soberania (absoluta) dos Estados com a existência de regras vinculantes do direito internacional, tratando todas as obrigações internacionais como se fossem autoimpostas pelos Estados, semelhantes às obrigações resultantes de uma promessa ou compromisso. Na verdade, essas teorias equivalem, no direito internacional, às teorias do contrato social na teoria política. Estas últimas procuraram explicar o fato de os indivíduos, mesmo sendo "naturalmente" livres e independentes, estarem vinculados pelo direito interno, tratando a obrigação de obedecer à lei como resultante de um contrato celebrado pelas partes vinculadas entre si e, em alguns casos, com seus governantes. Não analisaremos aqui as objeções conhecidas a essa teoria entendida em seu sentido literal, nem o valor da teoria tomada apenas como uma analogia elucidativa. Em vez disso, extrairemos de sua história um triplo argumento contra as teorias voluntaristas do direito internacional.

Em primeiro lugar, essas teorias deixam totalmente de explicar como se sabe que os Estados só *"podem"* ser limitados por obrigações impostas por eles mesmos ou por que razão dever-se-ia aceitar essa concepção de sua soberania antes de uma análise prévia da real natureza do direito internacional. Existe algo que fundamente esta teoria, além do fato de ter sido frequentemente repetida? Em segundo lugar, há uma incoerência no argumento que pretende demonstrar que, por causa de sua soberania, os Estados só *podem* ser submetidos a, ou vinculados por, normas que eles próprios se impuseram. Em algumas versões muito radicais da teoria da "autolimitação", o consentimento de um Estado ou os compromissos assumidos em tratados são considerados simples declarações sobre a conduta que ele pretende ter no futuro, não sendo o descumprimento dessas declarações ou acordos considerado uma violação de qualquer obrigação. Embora discorde totalmente dos fatos, essa teoria tem pelo menos o mérito da coerência: trata-se da teoria simples segundo a qual a soberania absoluta das nações é incompatível com obrigações de qualquer tipo, de modo que, como o Parlamento britânico, um Estado não pode vincular a si mesmo. A interpretação menos radical, segundo a qual um Estado pode impor a si mesmo obrigações por meio de promessas e acordos ou por tratado, não é, entretanto, coerente com a teoria de que os Estados só estão sujeitos a normas que tenham imposto a si próprios. Pois, para que as palavras, faladas ou escritas, possam funcionar como promessa, acordo ou tratado em determinadas circunstâncias, gerando assim obrigações e outorgando direitos que outros possam reivindicar, devem existir previamente *normas* que determinem que um Estado estará obrigado a cumprir tudo aquilo que, utilizando as palavras apropriadas, se comprometa a fazer. Tais normas, pressupostas na própria noção de obrigação autoimposta, não podem obviamente derivar seu *status* vinculante de uma obrigação de obediência que seja imposta pelos próprios Estados a si mesmos.

É verdade que todo *ato* específico que determinado Estado estivesse obrigado a praticar poderia teoricamente derivar seu caráter obrigatório de uma promessa; contudo, isso só poderia ocorrer caso a *norma* que estipula que as promessas etc. criam obrigações seja aplicável àquele Estado independentemente de qualquer promessa. Em toda sociedade, seja ela composta de indivíduos ou de Estados, o que é necessário e suficiente para que os termos de uma promessa, acordo ou tratado gerem obrigações é que as normas que regulam a questão e que especificam um procedimento para essas operações autovinculantes sejam geralmente aceitas, embora não seja necessário que o sejam universalmente. Quando são assim reconhecidas, o indivíduo ou Estado que adotar conscientemente esses procedimentos ficará por eles vinculado, quer queira, quer não. Consequentemente, mesmo essa forma extremamente voluntária de obrigação social envolve algumas normas que são vinculantes independentemente da vontade da parte comprometida por elas, e isso se mostra incoerente, no caso dos Estados, com a hipótese de que sua soberania exija a imunidade a todas essas normas.

Em terceiro lugar, existem os fatos. Devemos distinguir a afirmação apriorística, que acabamos de criticar, de que os Estados só podem ser vinculados por obrigações autoimpostas, daquela que diz que, embora pudessem ser vinculados de outras maneiras num sistema diferente, não existe na verdade outra forma de obrigação para os Estados sob as normas atuais do direito internacional. Evidentemente, é possível que o sistema tenha esse caráter totalmente consensual; nos textos dos juristas, nas sentenças dos juízes e mesmo nas decisões dos tribunais internacionais, bem como nos pronunciamentos dos Estados, encontram-se tanto afirmações quanto expressões de repúdio a esse modo de entender a natureza do sistema. Só uma análise imparcial da prática real dos Estados pode mostrar se essa interpretação é correta ou não. É verdade que o direito internacional moderno é formado em grande parte pelo direito dos tratados, e têm havido tentativas elaboradas de demonstrar que as normas que, sem seu consentimento prévio, parecem ser vinculantes para os Estados na verdade se alicerçam em sua aquiescência, embora esta possa ter sido indicada apenas "tacitamente" ou tenha que ser "deduzida". Embora nem todas devam ser consideradas meras ficções, pelo menos algumas dessas tentativas de resumir em uma única forma as modalidades de obrigação internacional despertam a mesma desconfiança que a noção de "comando tácito", que, como já vimos, se destinava a operar uma simplificação semelhante, embora mais obviamente espúria, no direito interno. Não podemos empreender aqui uma análise minuciosa da ideia de que toda obrigação internacional se origina do consentimento da parte vinculada, mas é preciso registrar duas exceções claras e importantes a essa doutrina. A primeira é o caso de um Estado novo. Nunca se duvidou de que, quando nasce um novo Estado independente, como o Iraque em 1932 e Israel em 1948, ele esteja sujeito às obrigações gerais do direito internacional, incluindo, entre outras, as normas que conferem força vinculante aos tratados. Nesses casos, a tentativa de basear as obrigações internacionais do novo Estado num consentimento "tácito" ou "deduzido" parece impossível. O segundo caso é o de um Estado que adquire território ou passa por alguma outra mudança que, pela primeira vez, o sujeita a normas que antes não tinha a oportunidade quer de cumprir, quer de desrespeitar, concedendo-lhes ou negando-lhes seu consentimento. Se um Estado, inicialmente sem acesso ao mar, adquire território marítimo, é claro que isso basta para submetê-lo a todas as normas do direito internacional referentes às águas territoriais e ao alto-mar. Além desses, há outros casos mais discutíveis, sobretudo os relativos às consequências, para terceiros, de tratados gerais ou multilaterais; mas essas duas exceções importantes bastam para justificar a suspeita de que a teoria geral segundo a qual toda obrigação internacional é autoimposta se inspirou demasiadamente em dogmas abstratos, com muito pouco respeito pelos fatos.

4. O direito internacional e a moral

No Capítulo V, examinamos a forma simples de estrutura social que consiste apenas em normas primárias de obrigação e vimos que, em todas as sociedades, exceto as menores, mais estreitamente entrelaçadas e isoladas, essa forma padecia de graves defeitos. Um regime assim precisa ser estático, e suas normas só se alteram através de lentos processos de crescimento e degenerescência; a identificação das normas é necessariamente incerta; e a verificação das transgressões em casos particulares, bem como a aplicação da pressão social contra os infratores, é fortuita, demorada e débil. Concluímos que seria elucidativo conceber as normas secundárias de reconhecimento, modificação e julgamento, características do direito interno, como remédios diferentes, embora correlatos, para esses defeitos distintos.

Em termos formais, o direito internacional se assemelha àquele regime de normas primárias, embora o conteúdo de suas normas (amiúde sofisticadas) seja muito diferente daquele das normas de uma sociedade primitiva, e muitos de seus conceitos, métodos e técnicas sejam os mesmos que os do moderno direito interno. Os juristas têm chegado frequentemente à conclusão de que essas diferenças formais entre o direito internacional e o direito interno podem ser mais bem descritas classificando-se o primeiro como um ramo da "moral". Entretanto, parece claro que essa caracterização da diferença resulta num convite à confusão.

Às vezes, a insistência em que as normas que regem as relações entre os Estados não passam de normas morais se inspira no velho dogma segundo o qual toda forma de estrutura social não redutível a ordens apoiadas em ameaças só pode ser uma forma de "moral". É possível, evidentemente, empregar a palavra "moral" dessa maneira muito abrangente; assim empregado, o termo é uma cesta de conceitos onde se jogam as normas e regras concernentes a jogos, clubes, etiqueta, as disposições fundamentais do direito constitucional e do direito internacional, juntamente com normas e princípios geralmente vistos como morais, como as proibições comuns referentes à crueldade, à desonestidade ou à mentira. A objeção contra esse procedimento é a existência, entre as coisas conjuntamente classificadas como elementos da "moral", de diferenças tão importantes, tanto em termos formais como de função social, que essa classificação tão pouco refinada não poderia servir a nenhum objetivo concebível, seja prático, seja teórico. Dentro da categoria da moral, ampliada desse modo artificial, teríamos de definir novamente as velhas distinções que ela obscurece.

No caso específico do direito internacional, existem várias razões para nos recusarmos a classificar suas normas como uma "moral". A primeira é que os Estados muitas vezes se censuram mutuamente pela conduta imoral ou elogiam a si próprios ou a outros Estados por se mostrarem dignos dos padrões internacionais de moralidade. Sem dúvida, *uma* das virtudes que os Estados podem ou não demonstrar é a obediência ao direito internacional, mas isso não significa que este seja uma forma de moral. Na verdade, a avaliação do comportamento dos Estados em termos morais é evidentemente diferente da formulação de pretensões e exigências e do reconhecimento de direitos e obrigações sob as normas do direito internacional. No Capítulo V, arrolamos certas características que podem ser consideradas definidoras da moral social; entre elas figurava a forma específica de pressão moral que constitui o principal apoio às normas morais. Esta não consiste no recurso ao medo, a ameaças de retaliação ou a exigências de reparação, mas em apelos à consciência, feitos na expectativa de que, uma vez lembrada do princípio moral que está em jogo, a pessoa a quem os apelos se dirigem pode ser induzida a respeitá-lo e oferecer reparação.

No direito internacional, as demandas não são vazadas nesses termos, embora evidentemente possam ser acompanhadas de um apelo moral, como no direito interno. O que predomina nos argumentos, frequentemente técnicos, que os Estados dirigem uns aos outros sobre matérias controversas de direito internacional são referências a precedentes, tratados e textos jurídicos; muitas vezes as noções morais de certo ou errado, bom ou mau, não são sequer mencionadas. Assim, a afirmação de que o governo de Pequim tem, ou não, segundo o direito internacional, o direito de expulsar as forças nacionalistas de Formosa é muito diferente da questão de se saber se isso é justo, equitativo ou uma coisa moralmente boa ou má, e se apoia em argumentos caracteristicamente diferentes. Não há dúvida de que existem, nas relações entre os Estados, situações intermediárias entre o que é claramente matéria de direito e o que constitui claramente uma questão moral, análoga aos padrões de etiqueta e cortesia reconhecidos na vida privada. Um caso típico é a esfera da cortesia internacional, exemplificada pelo privilégio concedido aos diplomatas de receberem, livres de impostos, bens destinados a seu uso pessoal.

Uma forma mais importante de distinguir essas duas esferas é a seguinte. As normas do direito internacional, como as do direito interno, são com frequência totalmente indiferentes a considerações morais. Algumas normas existem porque é conveniente ou necessário dispor de normas claras e definidas sobre os temas a que se referem, mas não porque tenham, em si, qualquer importância moral. Uma norma desse tipo pode ser apenas uma entre um grande número de normas possíveis, qualquer das quais serviria igualmente bem. Assim, tanto as normas jurídicas nacionais quanto as internacionais comumente incluem muitos detalhes específicos e traçam distinções arbitrárias que seriam ininteligíveis como elementos de normas ou princípios morais. É verdade que não podemos ser dogmáticos sobre o possível teor da moral social: como vimos no Capítulo V, a moral de um grupo social pode conter muitas proibições que podem parecer absurdas ou supersticiosas se interpretadas à luz dos conhecimentos modernos. Assim, é possível, ainda que difícil, imaginar que homens com crenças muito diferentes das nossas pudessem vir a atribuir importância *moral* a dirigir pelo lado esquerdo da via em vez do direito, ou sentir culpa moral por violar um compromisso assumido diante de duas testemunhas, mas nenhuma culpa se aquele tivesse sido testemunhado por apenas uma pessoa. Embora essas estranhas ideias de moral sejam possíveis, um sistema moral não pode (do ponto de vista lógico) incluir normas que não sejam geralmente consideradas pelos que as subscrevem como preferíveis a outras alternativas e dotadas de importância intrínseca. Entretanto, embora também contenha muitas coisas moralmente importantes, o direito pode incluir, e de fato inclui, normas desse tipo, e as distinções arbitrárias, formalidades e detalhes altamente específicos que seriam difíceis de compreender como parte da moral são, consequentemente, características naturais e facilmente compreensíveis do direito. Pois uma das funções típicas do direito, ao contrário da moral, é introduzir exatamente esses elementos, de modo que maximize a certeza e a previsibilidade e facilite a prova ou a avaliação de pretensões. O cuidado excessivo com as formas e detalhes valeu à ciência jurídica as censuras de "formalismo" e "legalismo"; entretanto, é importante lembrar que esses vícios são exageros de algumas das qualidades específicas do direito.

É por isso que, assim como esperamos que um sistema jurídico interno, e não a moral, nos indique quantas testemunhas são necessárias para um testamento válido, também esperamos que o direito internacional, e não a moral, especifique coisas como quantos dias um navio beligerante pode se deter para reabastecimento ou reparos num porto de país neutro, a extensão das águas territoriais ou os métodos a serem usados em sua mensuração. Todas essas coisas são necessárias e desejáveis como disposições das *normas jurídicas*, mas, enquanto se tenha em mente que essas normas podem tomar qualquer uma de diversas formas, ou são importantes apenas como um entre muitos meios possíveis para se atingirem fins específicos, elas permanecem distintas das normas que têm o *status* que caracteriza a moral na vida individual ou social. Evidentemente, nem todas as normas do direito internacional pertencem a esse tipo formal, arbitrário ou moralmente neutro. O importante é apenas que as normas jurídicas *podem*, e as normas morais *não podem*, ser desse tipo.

A diferença de natureza entre o direito internacional e qualquer coisa que consideremos naturalmente como a moral tem ainda outro aspecto. Embora o resultado último de uma lei que exige ou proíbe certas práticas possa ser a introdução de mudanças na moral de um grupo, a noção de um poder legislativo capaz de criar ou revogar normas morais é, como vimos no Capítulo VII, absurda. Um poder legislativo não tem o poder de introduzir uma nova norma e dar-lhe o *status* de norma moral por seu simples *fiat*, assim como não pode, usando os mesmos meios, conferir a uma norma o *status* de tradição, embora as razões para isso possam não ser as mesmas nos dois casos. Por isso, não é por mero acaso que a moral carece de um poder legislativo; a própria ideia de modificação introduzida por *fiat* legislativo humano repugna à ideia de moral. Isso ocorre porque concebemos a moral como o padrão máximo através do qual as ações humanas (legislativas ou de outro tipo) são avaliadas. O contraste com o direito internacional é claro. Não há nada na natureza ou na função deste último que seja igualmente incompatível com a ideia de que as normas possam estar sujeitas à modificação por meios legislativos; a falta de um poder legislativo é apenas uma carência, considerada por muitos teóricos um defeito a ser corrigido algum dia.

Finalmente, devemos apontar um paralelo na teoria do direito internacional com o argumento, criticado no Capítulo V, de que, mesmo que normas específicas do direito interno possam conflitar com a moral, o sistema como um todo deve, não obstante, repousar na convicção difundida de que existe a obrigação moral de respeitar suas normas, embora essa convicção possa ser ignorada em casos especiais e excepcionais. Na discussão dos fundamentos do direito internacional, afirma-se frequentemente que, em última análise, suas normas baseiam-se na convicção dos Estados de que a obediência a elas é uma obrigação moral; entretanto, se isso não significa apenas que as obrigações que elas reconhecem não podem ser impostas por meio de sanções oficialmente organizadas, não parece haver razão para aceitar tal ideia. É claro que é possível pensar em circunstâncias que justificassem nossa afirmação de que um Estado considerava moralmente obrigatória uma determinada linha de conduta exigida pelo direito internacional e agia por esse motivo. Aquele Estado poderia, por exemplo, continuar desempenhando as obrigações de um tratado oneroso devido ao dano evidente à humanidade que resultaria se a confiança nos tratados fosse seriamente abalada, ou devido à percepção de que era questão de justiça suportar os encargos desagradáveis de normas das quais ele próprio havia, por sua vez, se beneficiado no passado, enquanto outros suportavam seus ônus. No tocante à convicção moral, não nos deteremos aqui na questão de quais motivos, pensamentos e sentimentos devem ser atribuídos ao Estado.

Mas, embora *possa* existir esse senso de obrigação moral, é difícil ver por que, ou em que sentido, ele *precisa* existir como condição para a existência do direito internacional. É evidente que certas normas são respeitadas com regularidade na prática dos Estados, mesmo à custa de certos sacrifícios; constituem a referência para a formulação de demandas; as transgressões a essas normas expõem o infrator a fortes críticas, e considera-se que autorizam exigências de reparação ou retaliação. Esses são, com certeza, todos os elementos exigidos para apoiar a afirmação de que existem entre os países normas que lhes impõem obrigações. A prova de que existem em cada sociedade normas "vinculantes" é simplesmente que se pensa e se fala delas dessa maneira, e elas funcionam como tais. De que mais se necessita a título de "fundamento" e por que, se algo mais é necessário, esse fundamento deve ter o caráter de obrigação moral? Evidentemente, é verdade que as normas não poderiam existir ou ser eficazes nas relações entre os Estados a menos que uma maioria preponderante as aceitasse e cooperasse voluntariamente para sua observância. Também é fato que a pressão exercida sobre aqueles que infringem as normas ou ameaçam fazê-lo é muitas vezes relativamente pequena, e tem sido em geral descentralizada ou não organizada. Mas, como no caso dos indivíduos, que aceitam voluntariamente o sistema muito mais fortemente coercitivo do direito interno, os motivos para endossar voluntariamente esse sistema podem ser extremamente diversos. Pode ser que qualquer ordenamento jurídico alcance sua melhor forma quando existe o sentimento difuso de que é moralmente obrigatório respeitá-lo. Apesar disso, a adesão à lei pode não ser motivada por esse sentimento, mas por cálculos do interesse dessa atitude a longo prazo, ou pelo desejo de dar continuidade a uma tradição, ou pela consideração desinteressada para com outras pessoas. Não parece haver uma boa razão para identificar algumas dessas motivações como uma condição necessária para a existência do direito, seja entre indivíduos, seja entre Estados.

5. Analogias de forma e conteúdo

Ao olhar do leigo, o fato de a estrutura formal do direito internacional carecer de uma instância legislativa, de tribunais com jurisdição compulsória e de sanções oficialmente organizadas, a faz parecer muito diferente daquela do direito interno. Como já dissemos, ela se assemelha, na forma embora não no conteúdo, a um regime simples de direito primário ou consuetudinário. Entretanto, alguns teóricos, ansiosos por defender contra os céticos o título do direito internacional a ser chamado "direito", sucumbiram à tentação de minimizar essas diferenças formais e de exagerar as analogias que podem ser encontradas no direito internacional com a produção de leis ou outras características formais desejáveis do direito interno. Assim, sustentou-se que uma guerra que termina com um tratado mediante o qual a potência derrotada cede território, assume obrigações ou aceita uma forma diminuída de independência é essencialmente um ato legislativo; pois, como a produção de leis, é uma mudança jurídica imposta. Poucas pessoas se deixariam atualmente impressionar por essa analogia ou pensariam que ela ajuda a demonstrar que o direito internacional tem igual título a ser, como o direito interno, chamado de "direito". Pois uma das diferenças destacadas entre o direito interno e seu homólogo internacional é que o primeiro em geral não reconhece a validade de acordos obtidos por meio da violência, enquanto o segundo a reconhece. Diversas outras analogias mais respeitáveis têm sido assinaladas pelos teóricos que consideram que a classificação de "direito" depende delas. O fato de as decisões da Corte Internacional de Justiça e de sua antecessora, a Corte Permanente de Justiça Internacional, terem sido devidamente cumpridas pelas partes em quase todos os casos tem sido frequentemente apresentado como uma espécie de compensação para o fato de que, ao contrário do que ocorre nos tribunais nacionais, nenhum Estado pode ser chamado a juízo perante esses tribunais internacionais sem seu consentimento prévio. Encontraram-se também analogias entre o uso da força, juridicamente regulado e oficialmente imposto como sanção no direito nacional, e as "sanções descentralizadas", ou seja, o recurso à guerra ou à retaliação pela força por parte de um Estado que alega terem seus direitos sido violados por outro perante o direito internacional. É evidente que existe aí uma analogia, mas a importância desta deve ser avaliada à luz do fato igualmente claro de que, enquanto um tribunal nacional tem jurisdição compulsória para investigar as situações de "legítima defesa" e punir o recurso desonesto a esta, nenhum tribunal internacional dispõe de competência semelhante.

Podemos considerar que algumas dessas analogias dúbias foram muito reforçadas pelas obrigações contraídas pelos Estados sob a Carta das Nações Unidas. Entretanto, mais uma vez, qualquer estimativa da força dessa Carta terá pouco valor se ignorar a extensão em que as disposições ali contidas sobre a implementação coercitiva do direito, que são admiráveis no papel, têm sido paralisadas pelo veto e pelas divisões e alianças ideológicas das grandes potências. A resposta às vezes apresentada de que, no direito interno, as cláusulas de imposição da lei *poderiam* ser também paralisadas por uma greve geral é pouco convincente; pois, em nossa comparação entre este último e o direito internacional, o que importa é o que existe de fato, e nesse caso os fatos são inegavelmente diferentes.

Merece algum exame aqui, entretanto, a hipótese da existência de uma analogia formal entre o direito internacional e o direito interno. Kelsen e muitos teóricos modernos insistem em que o direito internacional, como o interno, possui, e de fato precisa possuir, uma "norma fundamental", aquilo que chamamos de norma de reconhecimento, em relação à qual se avalia a validade das outras normas do sistema e em virtude da qual as normas constituem um único sistema. A interpretação contrária é a de que essa analogia estrutural é falsa: o direito internacional consistiria simplesmente num conjunto de normas primárias de obrigação separadas entre si. Na terminologia usual dos juristas internacionais, trata-se de um conjunto de normas consuetudinárias, uma das quais é a norma que confere força vinculante aos tratados. É fato notório que aqueles que tomaram a si aquela tarefa enfrentaram grandes dificuldades para formular a "norma fundamental" do direito internacional. O princípio do *pacta sunt servanda* é um dos candidatos a essa posição. Entretanto, ele foi abandonado pela maioria dos teóricos, já que parece incompatível com o fato de que nem todas as obrigações do direito internacional derivam de '*pacta*', por mais amplo que seja o sentido atribuído a esse termo. Assim, ele foi substituído por algo menos familiar: a suposta norma que diz que "os Estados devem se comportar como o fazem costumeiramente".

Não discutiremos os méritos dessa e de outras formulações rivais da norma fundamental do direito internacional; em vez disso, questionaremos a suposição de que é necessário que este contenha tal elemento. Nesse ponto, a primeira e talvez a última pergunta a fazer é: por que fazer essa suposição *a priori* (pois é disso que se trata), prejulgando assim a verdadeira natureza das normas do direito internacional? Pois é certamente concebível (e talvez tenha ocorrido muitas vezes) que uma sociedade possa viver segundo normas que impõem obrigações "vinculantes" a seus membros, mesmo que sejam encaradas apenas como um conjunto de normas separadas, não unificadas por nenhuma norma mais básica nem derivando dela sua validade. É evidente que a simples existência de normas não envolve necessariamente a existência de uma norma fundamental desse tipo. Na maioria das sociedades modernas existem normas de etiqueta e, embora não as consideremos como impositivas de obrigações, podemos perfeitamente falar delas como normas existentes; no entanto, não procuraríamos, nem poderíamos encontrar, uma norma fundamental de etiqueta da qual se pudesse derivar a validade das normas separadas. Essas normas não formam um sistema, e sim um simples conjunto; e, evidentemente, são consideráveis os inconvenientes dessa forma de controle social quando estejam em jogo assuntos mais importantes que a etiqueta. Esses problemas já foram descritos no Capítulo V. No entanto, se as normas forem de fato aceitas como padrões de comportamento e apoiadas pelas formas adequadas de pressão social características das normas obrigatórias, nada mais será necessário para demonstrar que são normas obrigatórias, mesmo que, nessa forma simples de estrutura social, não haja algo que existe no moderno direito interno: uma maneira de demonstrar a validade das normas individuais mediante a referência a uma norma última do sistema.

    Evidentemente, podemos fazer diversas perguntas acerca das normas que não constituem um sistema, mas um mero conjunto. Podemos, por exemplo, formular perguntas sobre sua origem histórica ou a respeito das influências causais que estimularam seu desenvolvimento. Podemos indagar também sobre o valor das normas para aqueles que vivem em conformidade com elas e se eles se consideram moralmente obrigados a obedecê-las ou se obedecem por algum outro motivo. Mas, no caso mais simples, não podemos fazer uma pergunta que poderíamos formular a respeito das normas de um sistema enriquecido, como é o caso do direito interno, por uma norma fundamental ou uma norma secundária de reconhecimento. No caso mais simples, não podemos perguntar: "De que instância última do sistema as normas individuais derivam sua validade ou 'força vinculante'"? Pois tal instância não existe, e não é necessário que exista. Portanto, é um equívoco supor que uma norma fundamental ou norma de reconhecimento seja uma condição geralmente necessária para a existência de normas de obrigação ou normas "vinculantes". Não se trata de uma necessidade, mas de um luxo, encontrado em sistemas sociais avançados, cujos membros não apenas aceitam normas específicas caso a caso, mas estão comprometidos antecipadamente com a aceitação de classes gerais de normas, verificadas por critérios gerais de validade. Na forma mais simples de sociedade, é preciso esperar para ver se uma norma é ou não aceita como tal; num sistema dotado de uma norma fundamental de reconhecimento podemos dizer, mesmo *antes* que uma norma seja realmente elaborada, que ela será válida se atender às exigências da norma de reconhecimento.

    O mesmo argumento pode ser apresentado de forma diferente. Quando uma norma de reconhecimento desse tipo é adicionada ao conjunto simples de normas individuais, ela não apenas traz consigo as vantagens do sistema e a facilidade de identificação, mas torna também possível, pela primeira vez, uma nova forma de afirmação. São os enunciados internos sobre a validade das normas; pois agora podemos perguntar num novo sentido: "Que instância do sistema torna esta norma vinculante?", ou, na linguagem de Kelsen, "Qual é, no sistema, a razão de sua validade?". As respostas a essas novas perguntas são dadas pela norma fundamental de reconhecimento. Mas, embora na estrutura mais simples a validade das normas não possa ser assim demonstrada por referência a alguma norma fundamental, isso não significa que tenha ficado por explicar qualquer questão a respeito das normas, sua força vinculante ou sua validade. Não é que haja algum mistério sobre a razão por que as normas de uma estrutura social simples como esta são vinculantes, mistério que uma norma fundamental resolveria se pudéssemos encontrá-la. As normas da estrutura simples são, como a norma fundamental dos sistemas mais avançados, vinculantes caso sejam aceitas e funcionem como tais. Essas verdades simples sobre formas diferentes de estrutura social podem, no entanto, ser facilmente obscurecidas pela busca obstinada por uma unidade e um sistema onde esses elementos desejáveis não podem na verdade ser encontrados.

Há algo de cômico nos esforços para encontrar uma norma fundamental nas formas mais simples de estrutura social, que existem sem necessitar dela. É como se afirmássemos com insistência que um selvagem nu *na realidade* está vestido com um tipo invisível de roupa moderna. Infelizmente, também existe aqui uma possibilidade permanente de confusão. Podemos ser persuadidos a tratar como norma fundamental algo que consiste numa repetição vazia do mero fato de que a sociedade em questão (seja ela composta de indivíduos, seja de Estados) segue certos padrões de conduta como normas obrigatórias. É certamente este o caráter da estranha norma fundamental que tem sido sugerida para o direito internacional: "os Estados devem se comportar como têm feito costumeiramente". Pois esta não diz nada além de que aqueles que aceitam certas normas devem também obedecer a uma norma que estipula que as normas devem ser obedecidas. Essa é uma simples reafirmação inútil do fato de que um conjunto de normas é aceito pelos Estados como normas vinculantes.

Uma vez que nos libertemos da suposição de que o direito internacional *deve necessariamente* conter uma norma fundamental, a questão a ser encarada é, mais uma vez, factual. Qual é a característica predominante das normas que regulam as relações entre Estados? Diferentes interpretações dos fenômenos observados são evidentemente possíveis; mas postulamos não haver nenhuma norma fundamental que ofereça critérios gerais de validade para as normas do direito internacional e que as normas de fato em operação não compõem um sistema, mas um simples conjunto de normas, entre as quais se encontram aquelas que estipulam a força vinculante dos tratados. É verdade que, em muitos temas importantes, as relações entre os Estados são regidas por tratados multilaterais, e alega-se às vezes que estes podem vincular Estados que não são partes. Se esse fato fosse geralmente reconhecido, tais tratados constituiriam na verdade atos legislativos, e as normas do direito internacional teriam critérios de validade diferentes. Poder-se-ia formular então uma norma fundamental de reconhecimento que representasse uma característica real do sistema e fosse mais que a mera reiteração vazia do fato de que os Estados obedecem de fato a um conjunto de normas. Talvez o direito internacional esteja atualmente num estágio de transição rumo à aceitação desta e de outras formas que, em termos de estrutura, o aproximariam mais de um sistema de direito interno. Se, e quando, essa transição se completar, as analogias formais, que parecem atualmente pouco substanciais e até enganosas, adquiririam substância, e as últimas dúvidas do cético sobre a "qualidade" jurídica do direito internacional poderiam então ser descartadas. Até que se atinja esse estágio, as analogias se referem certamente à função e ao conteúdo, mas não à forma. As analogias funcionais emergem com maior clareza ao refletirmos sobre as maneiras pelas quais o direito internacional difere da moral, algumas das quais examinamos na última seção. As analogias de conteúdo consistem numa série de princípios, conceitos e métodos que são comuns tanto ao direito interno quanto ao direito internacional e tornam as técnicas dos juristas livremente transferíveis de um para o outro. Bentham, o inventor da expressão "direito internacional", defendeu-a simplesmente dizendo ser ele "suficientemente análogo"[1] ao direito interno. Talvez valha a pena acrescentar a isso dois comentários. Em primeiro lugar, a analogia é de conteúdo, e não de forma; em segundo lugar, nessa analogia de conteúdo, nenhum outro tipo de norma social é tão semelhante ao direito interno quanto as normas do direito internacional.

---

1. *Principles of Morals and Legislation*, XVII, 25, n. 1.

Pós-escrito

Introdução

Este livro foi publicado pela primeira vez há trinta e dois anos. Desde então, a teoria do direito e a filosofia se aproximaram ainda mais, e a teoria do direito enquanto disciplina evoluiu muito neste país* e nos Estados Unidos. Quero crer que este livro ajudou a estimular esse desenvolvimento, mesmo considerando que, entre os juristas e filósofos acadêmicos, os críticos de suas principais doutrinas têm sido pelo menos tão numerosos quanto seus adeptos. Como quer que seja, o fato é que, embora eu houvesse escrito originalmente este livro tendo em mente os estudantes ingleses como leitores, ele conquistou uma circulação muito mais ampla e gerou vasta literatura crítica no mundo anglófono e nos diversos países onde foi traduzido. A maior parte dessa literatura crítica consiste em artigos publicados em revistas jurídicas e filosóficas, mas foram também postos em circulação diversos livros importantes que criticam várias doutrinas expostas nesta obra, tomando-as como ponto de partida para a exposição das teorias jurídicas dos próprios críticos.

Embora eu tenha feito alguns disparos na direção de alguns de meus críticos, especialmente o falecido prof. Lon

---

* Na Inglaterra. (N. do E.)

Fuller[1] e o prof. R. M. Dworkin[2], não havia dado até agora resposta geral e completa a nenhum deles; preferi observar e aprender com o debate extremamente instrutivo em curso, no qual alguns de meus críticos discordaram de outros tanto quanto haviam discordado de mim. Mas, neste Pós-escrito, tentarei responder a algumas das críticas de maior alcance feitas enfaticamente por Dworkin em muitos artigos seminais coletados em *Taking Rights Seriously* [*Levando os direitos a sério*] (1977) e *A Matter of Principle* [*Uma questão de princípio*] (1985) e no livro *Law's Empire* [*O império do direito*] (1986)[3]. Neste capítulo, refiro-me principalmente às críticas de Dworkin porque ele não apenas sustentou que praticamente todas as teses que distinguem o presente livro estão radicalmente equivocadas, mas também questionou toda a concepção da teoria do direito, e do papel que esta deve desempenhar, que está implícita nele. Em geral, os argumentos de Dworkin contra os principais temas do livro têm permanecido os mesmos ao longo dos anos, mas houve algumas mudanças importantes, tanto na substância de alguns argumentos quanto na terminologia em que são vazados. Algumas críticas que figuravam com destaque em seus primeiros ensaios não aparecem na obra posterior, embora o autor não tenha se retratado explicitamente. Essas críticas mais antigas ganharam, entretanto, ampla circulação e são muito influentes; achei, portanto, apropriado dar-lhes resposta, assim como às críticas mais recentes.

---

1. Ver minha resenha do seu *The Morality of Law* (1964), 78 *Harvard Law Review* 1281 (1965), reimpresso em meus *Essays in Jurisprudence and Philosophy* (1983), p. 343. [Nota: as notas de rodapé deste Pós-escrito que estão entre colchetes foram acrescentadas pelos editores.]

2. Ver o meu "Law in the Perspective of Philosophy: 1776-1976", 51 *New York University Law Review* 538 (1976); "American Jurisprudence through English Eyes: The Nightmare and the Noble Dream", 11 *Georgia Law Review* 969 (1977); "Between Utility and Rights", 79 *Columbia Law Review* 828 (1979). Todos os anteriores foram reimpressos em *Essays in Jurisprudence and Philosophy*. Ver também "Legal Duty and Obligation", cap. VI, em meus *Essays on Bentham* (1982), e "Comment", em R. Gavison (org.), *Issues in Contemporary Legal Philosophy* (1987), p. 35.

3. Doravante citados como *TRS* [Trad. bras., Martins Fontes, 2.ª ed., 2007], *AMP* [Trad. bras., Martins Fontes, 2.ª ed., 2005] e *LE* [Trad. bras., Martins Fontes, 2.ª ed., 2007], respectivamente.

A primeira e mais longa seção deste Pós-escrito se ocupa dos argumentos de Dworkin. Mas examino, numa segunda seção, as alegações de vários outros críticos que afirmam haver, na exposição de algumas de minhas teses, não só obscuridades e imprecisões mas, em alguns pontos, efetiva incoerência e contradição[4]. Nesse ponto, tenho que admitir que, num número incomodamente grande de casos, meus críticos estavam certos, e aproveito a oportunidade deste Pós-escrito para tornar mais claro o que estava obscuro e para revisar o que havia escrito originalmente nos pontos incoerentes ou contraditórios.

1. A natureza da teoria do direito

Meu objetivo neste livro foi apresentar uma teoria do direito que fosse ao mesmo tempo geral e descritiva. É *geral* no sentido de que não se vincula a nenhum sistema jurídico ou cultura jurídica específicos, mas busca fornecer uma descrição explicativa e elucidativa do direito como instituição social e política complexa, dotada de um aspecto regulatório (e, nesse sentido, "normativo"). Apesar das muitas variações em culturas diferentes e em tempos diversos, essa instituição assumiu sempre a mesma forma geral e teve a mesma estrutura, embora muitos mal-entendidos e mitos obscurecedores, que exigem elucidação, tenham se aglomerado à sua volta. O ponto de partida para essa tarefa de esclarecimento é o conhecimento comum, amplamente difundido, sobre as características mais evidentes de um sistema jurídico moderno, conhecimento esse que atribuo, na página 3 deste livro, a qualquer indivíduo instruído. Minha exposição é *descritiva* no sentido de que é moralmente neutra e não tem fins de justificativa: não busca justificar, com base em fundamentos morais ou outros, ou recomendar as

---

4. [Hart não terminou a segunda das duas seções mencionadas aqui. Ver Nota dos Organizadores.]

formas e estruturas que aparecem em minha descrição geral do direito, embora uma compreensão clara destas constitua, a meu ver, uma condição preliminar importante para qualquer crítica moral frutífera do direito.

A fim de empreender essa tarefa descritiva, meu livro utiliza repetidamente certos conceitos, como *normas que impõem deveres, normas que outorgam poderes, normas de reconhecimento, normas de modificação, aceitação de normas, pontos de vista interno e externo, enunciados internos e externos* e *validade jurídica*. Esses conceitos focalizam a atenção nos elementos em função dos quais diversas instituições e práticas jurídicas podem ser analisadas de forma esclarecedora, e de acordo com os quais é possível responder às perguntas sobre a natureza geral do direito suscitadas pela reflexão sobre aquelas instituições e práticas. Estas perguntas são, entre outras, as seguintes: O que são as normas? Em que estas diferem dos meros hábitos ou simples regularidades do comportamento? Existem tipos radicalmente diferentes de normas jurídicas? Como podem as normas se relacionar entre si? O que significa o fato de as normas formarem um sistema? De que maneira as normas jurídicas, e a autoridade que possuem, se relacionam, de um lado, com as ameaças e, de outro, com as exigências morais?[5]

Assim concebida, como ao mesmo tempo descritiva e geral, a teoria do direito (*legal theory*) constitui uma empreitada radicalmente diferente da concepção que dela faz Dworkin (que costuma chamá-la *jurisprudence*): a seu ver, toda teoria do direito deve ter caráter parcialmente avaliativo e justificatório, bem como "dirigir-se a uma cultura jurídica específica"[6], geralmente a do próprio teórico, e que, no caso de Dworkin, é a do direito anglo-americano. A tarefa central da teoria do direito, assim concebida, é chamada "interpretativa"[7] por Dworkin, e é também parcialmente

---

5. Ver H. L. A. Hart, "Comment", em Gavison, acima, n. 2, p. 35.
6. LE 102.
7. LE cap. 3.

avaliativa, já que consiste na identificação dos princípios que melhor "se adequam" ao direito estabelecido ou são mais coerentes com ele e com as práticas jurídicas estabelecidas de um sistema jurídico, e oferecem também a melhor justificativa moral para ambos, apresentando assim o direito "sob seu aspecto mais favorável"[8]. Para Dworkin, os princípios assim identificados são não apenas partes de uma teoria do direito, mas também partes implícitas do próprio direito. Assim, para ele, "A teoria do direito é a parte geral da decisão judicial, o prólogo silencioso a qualquer decisão no direito"[9]. Em sua obra inicial, tais princípios eram designados simplesmente como "a teoria mais sólida do direito"[10], mas, em seu trabalho posterior, *O império do direito*, ele caracteriza esses princípios e as proposições jurídicas específicas deles derivadas como o próprio direito em seu "sentido interpretativo". As práticas jurídicas sedimentadas ou os paradigmas estabelecidos do direito que essa teoria interpretativa deve interpretar são denominados por Dworkin "pré-interpretativos"[11], e supõe-se que o estudioso não terá nenhuma dificuldade ou trabalho teórico a desempenhar para identificar esses dados pré-interpretativos, já que estão estabelecidos como tema de consenso geral dos juristas de cada sistema jurídico específico[12].

Não me parece muito claro por que razão, ou mesmo de que modo, poderia haver qualquer conflito significativo entre empreendimentos tão diferentes quanto minhas próprias concepções da teoria do direito e as de Dworkin. Assim, boa parte da obra de Dworkin, inclusive *O império do direito*, é dedicada à elaboração dos méritos comparativos de três descrições diferentes da forma como o direito ("decisões po-

---

8. LE 90.
9. LE 90.
10. TRS 66.
11. LE 65-66.
12. Mas Dworkin adverte que a identificação desse tipo de direito pré-interpretativo pode, por sua vez, envolver uma atividade de interpretação. Ver LE 66.

líticas passadas")[13] justifica a coerção, produzindo assim três formas diferentes de teoria do direito, que ele denomina "convencionalismo", "pragmatismo jurídico" e "o direito como integridade"[14]. Tudo o que ele escreve sobre esses três tipos de teoria tem grande interesse e importância como contribuição a uma teoria do direito justificativa e avaliativa, e não me ocuparei aqui em refutar sua elaboração dessas ideias interpretativas[15], exceto na medida em que ele afirma que a teoria positivista do direito, como a que apresento neste livro, pode ser reapresentada de maneira elucidativa como uma teoria interpretativa desse tipo. Esta última alegação é, a meu ver, equivocada, e exponho abaixo minhas razões para objetar a qualquer versão interpretativa de minha teoria.

Mas, em seus livros, Dworkin parece descartar a teoria geral e descritiva do direito como mal orientada ou, na melhor das hipóteses, simplesmente inútil. "As teorias profícuas do direito", afirma, "interpretam um estágio específico de uma prática em processo de evolução histórica"[16]; e havia escrito anteriormente que "a distinção rasa entre descrição e avaliação... debilitou a teoria do direito"[17].

Acho difícil compreender quais são exatamente as razões de Dworkin para rejeitar a teoria descritiva do direito (*descriptive legal theory*), que costuma chamar "*descriptive jurisprudence*". Sua objeção central parece ser que a teoria do

---

13. LE 93.
14. LE 94.
15. Mas recordemos que alguns críticos, como, p. ex., Michael Moore, em seu "The Interpretive Turn in Modern Theory: A Turn for the Worse?", 41 *Stanford Law Review* 871 (1989), pp. 947-8, embora aceitem que a prática jurídica é interpretativa no sentido que Dworkin atribui ao termo, rejeitam a ideia de que a teoria do direito possa sê-lo.
16. LE 102; cf. "as teorias gerais do direito são, para nós, interpretações gerais de nossa própria prática judicial". LE 410.
17. AMP 148; cf. "as teorias do direito não podem ser racionalmente compreendidas como [...] descrições neutras das práticas sociais", em "A Reply by Ronald Dworkin", Marshall Cohen (org.), *Ronald Dworkin and Contemporary Jurisprudence* (1983) [daqui por diante citado como *RDCJ*], p. 247 (início do artigo) e p. 254 (citação).

direito precisa levar em conta uma perspectiva interna sobre este, perspectiva essa que consiste no ponto de vista de um *insider* ou participante de um sistema jurídico, e que nenhuma descrição adequada dessa perspectiva interna pode advir de uma teoria descritiva cujo ponto de vista não seja aquele de um participante, mas o de um observador externo[18]. Porém, não há, de fato, nada no projeto de uma teoria descritiva do direito como a exemplificada em meu livro que impeça que um observador externo, não-participante, descreva as maneiras como os participantes veem o direito a partir de tal ponto de vista interno. Assim, expliquei neste livro, de modo bastante detalhado, que os participantes manifestam seu ponto de vista interno ao aceitar a lei como provedora de orientações para seu comportamento e como padrão crítico. Evidentemente, um teórico que elabora uma teoria descritiva do direito não compartilha ele próprio da mesma maneira, enquanto teórico, a aceitação da lei por esses participantes, mas pode, e deve, descrever essa aceitação, como tentei efetivamente fazer neste livro. É verdade que, para isso, o teórico descritivista precisa *compreender* o que significa adotar o ponto de vista interno e, nesse sentido limitado, precisa ser capaz de colocar-se na posição de um participante situado no interior do sistema; mas isso não é o mesmo que aceitar a lei, compartilhar ou endossar o ponto de vista interno do *insider,* ou abdicar de sua postura descritiva de qualquer outra forma.

Em sua crítica da teoria descritiva do direito, Dworkin parece excluir essa possibilidade óbvia de um observador externo que analisa, de maneira descritiva, o ponto de vista interno de um participante, uma vez que, como já disse, ele identifica a teoria do direito como "a parte geral da decisão judicial", e isso equivale a tratá-la como se fosse, ela própria, parte do direito de um sistema tal como é visto a partir do ponto de vista interno dos seus participantes. Mas o teórico descritivista do direito pode compreender e descrever a

---

18. [Ver LE 13-14.]

perspectiva interna do *insider* sobre o direito sem precisar adotá-la ou endossá-la. Mesmo que (como sustentaram Neil McCormick[19] e muitos outros críticos) a perspectiva interna do participante, manifesta na aceitação da lei como provedora de orientação para a conduta e de padrões críticos, inclua necessariamente a convicção de que existem também razões *morais* para obedecer às exigências da lei e uma justificativa moral para o uso da coerção contra os transgressores, isso também seria algo a ser registrado por uma teoria do direito descritiva moralmente neutra, mas não a ser por ela endossado ou compartilhado.

Entretanto, em resposta à minha alegação de que os aspectos parcialmente avaliativos que Dworkin denomina "interpretativos" não são os únicos problemas apropriados à teoria do direito e que um papel importante está reservado à teoria do direito geral e descritiva, ele admitiu que de fato assim é, e explicou que observações suas como "a teoria do direito é a parte geral da decisão judicial" devem ser relativizadas, já que isso, como ele agora afirma, é "verdadeiro apenas em relação à teoria do direito que versa sobre a questão do sentido (*sense*)"[20]. Essa é uma correção importante e bem-vinda do que parecia ser a alegação extravagante e, na verdade, "imperialista", como o próprio Dworkin a chamou, de que a única forma apropriada de teoria do direito é a teoria interpretativa e avaliativa.

Mas considero ainda muito desconcertantes as implicações das seguintes palavras de advertência que Dworkin agregou, agora, à retratação de sua afirmação aparentemente imperialista: "Mas vale frisar o quão difundida é aquela questão [a do sentido] nos principais problemas discutidos pelas teorias gerais, como a de Hart."[21] A pertinência dessa advertência não está clara. Entre os problemas por

---

19. [Ver *Legal Reasoning and Legal Theory* (1978), 63-4, 139-40.]
20. R. M. Dworkin, "Legal Theory and the Problem of Sense", em R. Gavison (org.), *Issues in Contemporary Legal Philosophy: The Influence of H. L. A. Hart* (1987), p. 19.
21. Ibid.

mim discutidos (ver lista na p. 310, acima) incluem-se questões como a relação entre o direito e as ameaças de coerção, de um lado, e as exigências morais, de outro; e o sentido da advertência de Dworkin parece ser que, ao discutir esses temas, mesmo o teórico descritivista terá de enfrentar questões relativas ao sentido ou significado de proposições do direito que só podem ser respondidas satisfatoriamente por uma teoria do direito interpretativa e parcialmente avaliativa. Se assim fosse realmente, para determinar o sentido de qualquer proposição jurídica, mesmo o teórico descritivista deveria formular a pergunta interpretativa e avaliativa, "Que sentido se pode atribuir a esta proposição, considerando-se que ela deve decorrer dos princípios que melhor se adequam ao direito estabelecido e melhor o justificam?", e dar-lhe resposta. Mas, mesmo se fosse verdade que o teórico geral e descritivista que busca uma resposta para o tipo de perguntas que mencionei precisa determinar o sentido de proposições de direito em muitos sistemas jurídicos diferentes, não parece haver razão para aceitar a ideia de que isso *deve necessariamente* ser determinado mediante a formulação da pergunta interpretativa e avaliativa de Dworkin. Além disso, mesmo que os juízes e juristas de todos os sistemas jurídicos que o teórico geral e descritivista tivesse que descrever de fato solucionassem, eles próprios, problemas de sentido dessa maneira interpretativa e parcialmente avaliativa, isso seria algo que o teórico geral e descritivista deveria registrar como um fato sobre o qual poderia basear suas conclusões gerais descritivas quanto ao sentido dessas proposições do direito. Seria evidentemente um grave erro supor que, por terem essa base, suas conclusões deveriam ser elas próprias interpretativas e avaliativas, e que, ao apresentá-las, o teórico teria de passar da tarefa de descrição à de interpretação e avaliação. A descrição não deixa de ser uma descrição, mesmo se aquilo que ela descreve é uma avaliação.

2. A natureza do positivismo jurídico

(i) *O positivismo como teoria semântica*

Dworkin considera meu livro uma obra representativa do moderno positivismo jurídico, distinguindo-o, porém, das versões anteriores, como as de Bentham e Austin, principalmente por rejeitar as teorias imperativas do direito e a concepção de que toda lei emana de um indivíduo ou corpo legislativo soberano juridicamente ilimitado. Dworkin encontra em minha versão do positivismo jurídico um grande número de erros diferentes, embora relacionados entre si. O mais fundamental desses equívocos é, segundo ele, o ponto de vista de que a veracidade das proposições jurídicas como as que descrevem direitos e deveres jurídicos depende apenas de questões ligadas a fatos históricos simples, inclusive aqueles relativos a convicções individuais e atitudes sociais[22]. Os fatos dos quais depende a veracidade das proposições jurídicas constituem o que Dworkin chama "os alicerces do direito"[23], e, segundo ele, o positivista considera erroneamente serem estes fixados por regras linguísticas, compartilhadas pelos juízes e advogados, que governam o uso e, assim, o significado da palavra "direito" ou "lei", tanto quando usada em afirmações sobre o que constitui "a lei" de determinado sistema sobre um tema específico quanto em declarações sobre o que é "o direito" (isto é, o direito em geral)[24]. A partir dessa interpretação positivista do direito, poder-se-ia deduzir que as únicas discordâncias possíveis sobre questões jurídicas são aquelas relacionadas à existência ou inexistência desses fatos históricos; não poderia haver desacordo teórico ou controvérsia sobre o que constitui os "fundamentos" do direito.

Dworkin dedica muitas páginas instrutivas de sua crítica do positivismo jurídico a mostrar que a divergência teó-

---

22. LE 6 ss.
23. LE 4.
24. LE 31 ss.

rica sobre os fundamentos do direito é, ao contrário do que pensa o positivista, uma característica destacada da prática jurídica anglo-americana. Contrariando a interpretação de que esses fundamentos são fixados de modo incontroverso por normas linguísticas compartilhadas por advogados e juízes, Dworkin insiste em que são essencialmente controvertidos, já que entre eles estão não só fatos históricos mas também juízos morais e enunciados valorativos frequentemente controversos.

Dworkin oferece duas descrições muito diferentes de como os positivistas, como eu, vieram a adotar essa concepção radicalmente equivocada. De acordo com a primeira, os positivistas creem que, se os fundamentos do direito não fossem fixados de forma incontroversa por normas, mas constituíssem um tema controvertido e aberto a divergências teóricas, a palavra "direito" *significaria* então coisas diferentes para pessoas diversas, que estariam, ao empregá-la, apenas travando um diálogo de surdos, e não tratando da mesma coisa. Essa crença imputada ao positivista é, segundo o ponto de vista de Dworkin, totalmente errônea, e ele chama de "aguilhão semântico", ou *semantic sting*[25], o raciocínio contrário aos fundamentos controversos do direito no qual o positivista supostamente se baseia, porque tal raciocínio se funda numa teoria sobre o sentido da palavra "direito". Assim, ele se propôs, em *O império do direito*, a arrancar esse "aguilhão semântico".

Embora no primeiro capítulo de *O império do direito* eu seja classificado, juntamente com Austin, como um teórico semântico e, portanto, como alguém que expõe uma teoria jurídica positivista "dos simples fatos"* derivada do significado da palavra "direito", alguém que tem cravado na carne o "aguilhão semântico", na verdade não há nada em meu livro, ou em qualquer outro de meus textos, que autorize tal

---
25. LE 45.
* *A plain-fact positivist theory of law*. Optamos por traduzir *plain-fact positivism* por "positivismo dos simples fatos". (N. do E.)

descrição de minha teoria. Assim, minha doutrina de que os sistemas jurídicos internos evoluídos contêm uma norma de reconhecimento que especifica os critérios para a identificação das leis que os tribunais têm de aplicar pode ser incorreta, mas em nenhum lugar baseio essa teoria na ideia equivocada de que seja parte do significado da palavra "direito" o fato de que tal norma de reconhecimento deve existir em todos os sistemas jurídicos, ou na ideia ainda mais equivocada de que, se os critérios para a identificação dos fundamentos do direito não fossem fixados de maneira incontroversa, a palavra "direito" *significaria* coisas diferentes para diferentes pessoas.

De fato, esse último argumento a mim atribuído confunde o *significado* de um conceito com os critérios para sua *aplicação*; longe de aceitar isso, chamei expressamente a atenção (na página 207 deste livro), ao explicar o conceito de justiça, para o fato de que os critérios para a aplicação de um conceito que tem um significado constante podem variar e ser controvertidos. Para tornar isso claro, tracei na verdade a mesma distinção entre um conceito e diferentes concepções de um conceito que figura de forma tão proeminente na obra mais tardia de Dworkin[26].

Finalmente, Dworkin também insiste que a alegação do positivista de que sua teoria do direito não é uma teoria semântica, mas um relato descritivo das características distintivas do direito em geral como um fenômeno social complexo, forma, em confronto com a teoria semântica, um contraste vazio e enganoso. Seu argumento[27] é que, já que uma das características específicas do direito como fenômeno social é que os juristas e profissionais do direito discutem a veracidade das proposições jurídicas e "explicam" isso tendo como referência o significado dessas proposi-

---

26. A respeito desta distinção, ver John Rawls, *A Theory of Justice* (1971), pp. 5-6, 10. [Trad. bras. *Uma teoria da justiça*, São Paulo, Martins Fontes, 2008.] [Ao distinguir o conceito de justiça das concepções sobre a justiça, Rawls afirma: "Nisto, sigo H. L. A. Hart, *The Concept of Law*..., pp. 155-159." (Primeira edição.) Ver *A Theory of Justice*, p. 5, n. 1.]
27. LE 418-19, n. 29.

ções, essa teoria descritiva do direito não pode deixar de ser semântica[28]. Este argumento me parece confundir o significado de "direito" com o de proposições de direito. Segundo Dworkin, uma teoria semântica do direito é aquela que afirma que o próprio significado da palavra "direito" faz com que este dependa de certos critérios específicos. Mas as proposições jurídicas consistem tipicamente em afirmações não do que o "direito" é em geral, mas do que é *a lei*, isto é, o que o direito de um sistema permite ou exige que se faça ou outorga poderes para fazer. Assim, mesmo se o significado dessas proposições fosse determinado por definições ou por suas condições de veracidade, isto não levaria à conclusão de que o próprio significado da palavra "direito" torna este último dependente de certos critérios específicos. Isso só aconteceria se os critérios oferecidos pela norma de reconhecimento de um sistema, e a necessidade de tal norma, fossem derivados do significado da palavra "direito". Mas não há traço de tal doutrina em minha obra[29].

Dworkin apresenta ainda de outra maneira equivocada minha forma de positivismo jurídico. Entende minha doutrina da norma de reconhecimento como se ela exigisse que os critérios que oferece para a identificação do direito precisassem consistir apenas em fatos históricos, e vê nela, assim, um exemplo de "positivismo dos simples fatos" (*plain-fact positivism*)[30]. Mas, embora meus principais exemplos dos critérios oferecidos pela norma de reconhecimento envolvam aquilo que Dworkin chamou "*pedigree*"[31], ocupando-se apenas com a maneira como as leis são adotadas ou criadas pelas instituições jurídicas e não com seu teor, declaro expressamente, tanto no presente livro (pp. 94-5) quanto em meu artigo anterior sobre "O positivismo e a separação entre o direito e a moral"[32], que, em alguns siste-

---

28. Ver LE 31-3.
29. Ver p. 270 deste livro, onde repudio qualquer doutrina desse tipo.
30. [Esta expressão é de Hart, e não aparece em LE.]
31. TRS 17.
32. 71 *Harvard Law Review* 598 (1958), reimpresso em meu *Essays on Jurisprudence and Philosophy* (ver especialmente pp. 54-5).

mas jurídicos, como nos Estados Unidos, os critérios últimos de validade jurídica podem incorporar explicitamente, além do *pedigree*, princípios de justiça ou valores morais substantivos, e estes podem integrar o conteúdo das restrições jurídicas constitucionais. Ao atribuir-me o "positivismo dos simples fatos" em *Law's Empire*, Dworkin ignora esse aspecto de minha teoria. Assim, a versão "semântica" do positivismo dos simples fatos que ele me atribui não deve, evidentemente, ser atribuída a mim, como não deve ser nenhuma outra forma de positivismo dos simples fatos.

(ii) *O positivismo como teoria interpretativa*

A segunda descrição do "positivismo dos simples fatos" feita por Dworkin não o trata como uma teoria semântica ou como algo baseado em considerações linguísticas, mas tenta reconstruí-lo como uma forma da teoria interpretativa dworkiniana por ele denominada "convencionalismo". De acordo com essa teoria (que o autor termina por rejeitar como deficiente), o positivista, no papel de um teórico interpretativo comprometido com a apresentação do direito sob seu aspecto mais favorável, apresenta os critérios do direito como consistindo em fatos evidentes, fixados de forma incontroversa não pelo vocabulário do direito, como na versão semântica, mas por uma convicção compartilhada por juízes e advogados. Isso projeta sobre o direito uma luz favorável, porque o apresenta como a garantia de algo muito valioso para aqueles que a ele estão sujeitos: faz com que as oportunidades para a coerção jurídica dependam de fatos evidentes, acessíveis a todos, de modo que todos terão o justo aviso antes que a coerção seja empregada. Dworkin chama a isso "o ideal das expectativas protegidas"[33], mas, para ele, seus méritos não compensam, no final, seus vários defeitos.

---

33. LE 117.

O fato, porém, é que essa descrição interpretativista do positivismo como convencionalismo não pode ser apresentada como uma versão ou reconstrução plausíveis de minha teoria do direito, e isso por duas razões. Em primeiro lugar, como já afirmei, minha teoria não é uma teoria positivista "dos simples fatos", já que admite valores entre os critérios do direito, e não apenas "simples" fatos. Mas, em segundo lugar, e mais importante, enquanto a teoria do direito interpretativa de Dworkin, em todas as suas formas, repousa sobre o pressuposto de que o objetivo do direito e da prática jurídica é justificar a coerção[34], eu não penso, e certamente nunca pensei, que o direito tenha esse fim ou objetivo. Como outras formas de positivismo, minha teoria não pretende identificar o escopo ou objetivo do direito ou das práticas jurídicas enquanto tais; portanto, nada há em minha teoria que apoie o ponto de vista de Dworkin, que certamente não subscrevo, de que o objetivo do direito é justificar o uso da coerção. Na verdade, acho totalmente inútil buscar qualquer objetivo mais específico ao qual o direito como tal possa servir, além daquele de constituir um guia para a conduta humana e oferecer critérios para sua crítica. Isso não servirá, evidentemente, para distinguir as leis de outras normas ou princípios que tenham os mesmos objetivos gerais; as características distintivas do direito são, primeiro, o fato de que provê, por meio de normas secundárias, a identificação, a modificação e a imposição de seus padrões; e, segundo, sua pretensão geral à primazia sobre outros padrões. Entretanto, mesmo se a minha teoria fosse totalmente comprometida com o "positivismo dos simples fatos" sob a forma do convencionalismo, que protege as expectativas ao assegurar a disponibilidade geral do aviso prévio das oportunidades para a coerção jurídica, isso apenas demonstraria que vejo este como um mérito moral especial do direito, e não como o único objetivo do direito enquanto tal. Como as oportunidades de coerção jurídica se dão

---

34. [LE 93.]

principalmente em casos em que a função primária da lei, a de orientar a conduta de seus sujeitos, fracassou, a coerção jurídica, embora evidentemente importante, constitui uma função secundária. Sua justificativa não pode sensatamente ser entendida como o fim ou objetivo do próprio direito enquanto tal.

As razões de Dworkin para reapresentar minha teoria do direito como uma teoria interpretativa convencionalista, que afirma que a coerção jurídica só se justifica "quando se submete a entendimentos convencionais"[35], se baseiam em minha descrição dos elementos do direito feita no Capítulo V, Seção 3, do presente livro. Apresento aí as normas secundárias de reconhecimento, modificação e julgamento como correções para os defeitos de um regime imaginário simples que só tem as normas primárias de obrigação. Tais defeitos são a *incerteza* na identificação das normas, sua qualidade *estática* e a *ineficiência*, onerosa pelo dispêndio de tempo, da pressão social difusa, o único meio através do qual as normas são impostas. Mas, ao apresentar as normas secundárias como remédios para essas deficiências, em parte alguma alego que a coerção jurídica só se justifica quando obedece a essas normas, e menos ainda que a apresentação de tal justificativa seja o fim ou a meta do direito em geral. Na verdade, a única referência que faço à coerção em minha discussão das normas secundárias é à *ineficiência*, cronologicamente onerosa, de deixar a imposição das normas a cargo da pressão social difusa, em vez das sanções sistemáticas aplicadas pelos tribunais. Mas é claro que um corretivo para a ineficiência não equivale a uma justificativa.

Evidentemente, é verdade que o acréscimo de uma norma secundária de reconhecimento ao regime de normas primárias de obrigação irá, ao facultar frequentemente aos indivíduos a identificação prévia das oportunidades de coerção, ajudar a justificar o emprego desta, no sentido de que excluirá uma objeção moral a seu uso. Mas a certeza e

---

35. LE 429 n. 3.

o conhecimento prévio das exigências da lei que a norma de reconhecimento trará não são importantes apenas quando está em pauta a coerção. São igualmente cruciais para o exercício inteligente dos poderes jurídicos (por exemplo, o de fazer testamentos ou celebrar contratos) e, de modo geral, para o sábio planejamento da vida privada e pública. A justificativa da coerção para a qual a norma de reconhecimento contribui não pode, portanto, ser apresentada como seu fim ou objetivo geral, e menos ainda como fim ou meta geral do direito como um todo. Nada em minha teoria dá a entender que possa ser assim considerada.

(iii) *O "positivismo brando"*

Ao atribuir-me uma doutrina de positivismo "dos simples fatos", Dworkin tratou equivocadamente minha teoria como se não apenas exigisse que a existência e a autoridade da norma de reconhecimento dependessem do fato de sua aceitação pelos tribunais (como de fato o faz), mas também como se exigisse (o que não faz) que os critérios de validade jurídica que a norma provê consistam exclusivamente no tipo específico de fato "simples" que ele denomina questões de *"pedigree"*, ou seja, questões referentes à maneira e à forma da criação ou adoção de leis. Isso é duplamente errôneo. Em primeiro lugar, ignora minha aceitação explícita de que a norma de reconhecimento pode incorporar, como critérios de validade jurídica, a obediência a princípios morais ou valores substantivos; assim, minha doutrina consiste no que tem sido chamado de "positivismo brando" (*soft positivism*), e não, como quer a versão de Dworkin, num positivismo "dos simples fatos". Em segundo lugar, nada há em meu livro que sugira que os critérios factuais oferecidos pela norma de reconhecimento devam se restringir às questões de *pedigree*; podem, ao contrário, constituir restrições substantivas ao conteúdo da legislação, como a Décima Sexta ou a Décima Nona Emendas à Constituição norte-americana, sobre o estabelecimento de religiões* ou o direito de voto. Mas essa resposta não contesta as críticas mais fundamentais de Dworkin, pois, ao responder a outros teóricos que também adotaram alguma modalidade de positivismo brando[36], ele fez críticas importantes a este último que, a serem válidas, se aplicariam à minha teoria e, assim, exigem resposta aqui.

A crítica mais básica de Dworkin é que existe uma profunda incompatibilidade entre o positivismo brando, que permite que a identificação do direito dependa de temas controversos ligados à obediência a juízos morais ou outros enunciados valorativos, e a visão geral positivista do direito, como uma ciência que se ocupa essencialmente em oferecer padrões públicos confiáveis de comportamento que podem ser identificados com segurança como questões de simples fato, sem depender de argumentações morais discutíveis[37]. Para comprovar essa incompatibilidade entre o positivismo brando e o restante de minha teoria, Dworkin citaria minha descrição da norma de reconhecimento como uma cura para, entre outras deficiências, a incerteza do regime pré-jurídico imaginário composto por normas primárias de obrigação, de caráter consuetudinário.

Essa crítica do positivismo brando me parece exagerar tanto o grau de certeza que o positivista coerente precisa atribuir a um conjunto de padrões jurídicos quanto a incerteza que resultará se os critérios de validade jurídica incluírem a obediência a princípios ou valores morais específicos. Evidentemente, é função importante da norma de reconhecimento a de aumentar a segurança na determinação do direito, o que ela não poderia fazer se os critérios de direito por ela introduzidos não suscitassem problemas controver-

---
* Assim no original. Na verdade, a Emenda que proíbe o vínculo oficial entre o Estado e qualquer religião é a Primeira, não a Décima Sexta. (N. do E.)
36. Ver suas respostas a E. P. Soper e a J. L. Coleman em *RDCJ* 247 ss. e 252 ss.
37. *RDCJ* 248.

sos apenas em alguns casos, mas em todos os casos ou na maioria deles. Mas nunca postulei como objetivo para a norma de reconhecimento a exclusão de toda incerteza, a qualquer custo, no que se refere a outros valores. Eu havia tornado isso claro, ou esperava tê-lo feito, em minha afirmação explícita, feita neste livro, de que a norma de reconhecimento, bem como as normas específicas do direito identificadas mediante referência a ela, podem apresentar uma "penumbra" de incerteza[38]. Há ainda meu raciocínio geral de que, mesmo que as leis pudessem ser estruturadas para solucionar de antemão todas as indagações possíveis sobre seu significado, a adoção de leis desse tipo frequentemente conflitaria com outros objetivos que o direito deve abraçar como seus[39]. No caso de muitas normas jurídicas, deve-se tolerar uma certa margem de incerteza, e mesmo vê-la como um elemento bem-vindo, de modo que possibilite uma decisão judicial bem informada quando se conheça a composição de um caso inédito, tornando possível identificar os problemas envolvidos em sua decisão e dar-lhes solução racional. Somente se a função de conferir certeza for considerada suprema em relação a todas as outras funções da norma de reconhecimento é que a forma de positivismo brando que inclui entre os critérios do direito a obediência a princípios ou valores morais discutíveis poderia ser considerada incoerente. Aqui, a questão subjacente diz respeito ao grau ou à extensão da incerteza que um sistema jurídico pode tolerar para que lhe seja ainda possível qualquer evolução significativa, de um regime descentralizado de normas consuetudinárias a outro capaz de oferecer orientações geralmente confiáveis e decisivas para a conduta, identificáveis com antecedência.

A segunda crítica de Dworkin à congruência de minha versão do positivismo brando suscita indagações diferentes e mais complexas sobre a determinabilidade e a completu-

---
38. [Ver este livro, pp. 158, 191-200.]
39. [Ver este livro, pp. 164-5.]

de do direito. A interpretação que apresento neste livro é a de que as normas e princípios jurídicos, identificados em termos gerais pelos critérios oferecidos pela norma de reconhecimento, muitas vezes têm o que costumo chamar de "textura aberta". Assim, quando se quer saber se certa norma se aplica a um caso específico, a lei não oferece resposta em nenhum dos dois sentidos, mostrando-se, portanto, parcialmente indeterminada. Esses não são simples "casos difíceis", casos polêmicos no sentido de que juristas sensatos e bem-informados podem discordar sobre qual a resposta juridicamente correta; o direito é, nesses casos, fundamentalmente *incompleto*: não oferece *nenhuma* resposta aos problemas em pauta. Estes não são regulamentados juridicamente; e, para chegarem a uma decisão em tais casos, os tribunais precisam exercer a função legislativa limitada que denomino "discricionariedade". Dworkin rejeita a ideia de que a lei possa ser assim incompleta, deixando lacunas a serem preenchidas pelo exercício dessa discricionaridade criativa. Essa ideia é vista por ele como uma dedução equivocada a partir do fato de que uma proposição jurídica que afirme a existência de um direito ou dever jurídico pode ser discutível, constituindo, assim, um tema sobre o qual homens ponderados e bem-informados podem divergir, e que, quando de fato o fazem, muitas vezes não há como demonstrar conclusivamente se a proposição é verdadeira ou falsa. Essa inferência de Dworkin é equivocada, pois, quando uma proposição jurídica é assim controversa, podem existir ainda, não obstante, "fatos materiais" em razão dos quais possa ser considerada verdadeira ou falsa; e, embora sua veracidade ou falsidade não possam ser demonstradas de maneira conclusiva, as alegações de que é verdadeira podem ser consideradas superiores aos argumentos que afirmam ser falsa, ou vice-versa. Essa distinção entre o direito controvertido e a lei incompleta ou indeterminada é uma questão de grande importância para a teoria interpretativa de Dworkin, já que, segundo esta, uma proposição jurídica é verdadeira apenas se puder ser deduzida, conjuntamente com outras premissas, dos princípios que ao mesmo tempo se adequam à história institucional do sistema jurídico e oferecem a melhor justificativa moral para ela. Assim, para Dworkin, a veracidade de qualquer proposição de direito depende, em última análise, daquela de um juízo moral sobre a melhor justificativa. E como os juízos morais são, para ele, essencialmente controversos, assim o são também todas as proposições jurídicas.

Para Dworkin, a ideia de um critério de validade jurídica cuja aplicação envolve um juízo moral controverso não apresenta nenhuma dificuldade teórica; segundo ele, pode constituir ainda um teste genuíno para o direito pré-existente, porque seu caráter controvertido é perfeitamente compatível com a existência de fatos (fatos morais, em muitos casos) em virtude dos quais o critério é verdadeiro.

Mas, ainda segundo Dworkin, o positivismo brando, que admite que um critério de validade jurídica pode ser em parte um critério moral, envolveria uma segunda incoerência além daquela já discutida nas páginas 323-4, acima. Pois seria não apenas incongruente com a "imagem" positivista do direito como algo identificável com segurança, mas também com o desejo, que Dworkin atribui aos positivistas, de tornar "o caráter objetivo das proposições do direito"[40] independente de qualquer compromisso com teorias filosóficas controversas sobre o *status* dos juízos morais. Pois um critério moral só poderá ser aplicado ao direito pré-existente se existirem fatos morais objetivos em virtude dos quais aqueles juízos morais sejam verdadeiros. Mas a existência desses fatos morais objetivos é uma teoria filosófica discutível; se tais fatos não existirem, um juiz, a quem se ordenou que aplicasse um critério moral, só poderia entender essa exigência como um apelo ao exercício de sua discricionariedade legislativa, segundo sua melhor compreensão da moral e seus requisitos e sem prejuízo de quaisquer restrições impostas pelo sistema jurídico.

---

40. *RDCJ* 250.

Ainda creio que a teoria do direito deve evitar se comprometer com teorias filosóficas controversas sobre o *status* geral dos juízos morais e deve deixar em aberto, como faço neste livro (pp. 217-8), a questão geral de saber se estes têm o que Dworkin denomina "caráter objetivo". Pois, qualquer que seja a resposta a essa questão filosófica, o dever do juiz permanecerá o mesmo: a saber, fazer a melhor avaliação moral que lhe seja possível acerca de quaisquer problemas morais sobre os quais precise decidir. Para todos os efeitos, não importa se, ao decidir suas causas, o juiz está *criando* o direito de acordo com a moral (sem prejuízo, é claro, de quaisquer restrições que a lei imponha) ou se, alternativamente, é orientado por sua avaliação moral sobre qual lei, *já existente*, é revelada por um critério moral do direito. É claro que, se a teoria do direito deixa em aberto a questão do caráter objetivo dos juízos morais, como opino que deve deixar, o positivismo brando não pode ser caracterizado simplesmente como a teoria que postula que os princípios ou valores morais podem estar entre os critérios de validade jurídica. Pois, se o caráter objetivo dos princípios e valores morais é uma questão em aberto, deve ser também aberta a questão de saber se as disposições do "positivismo brando" que pretendam incluir a obediência àqueles princípios e valores entre os critérios para a determinação do direito existente podem ter aquele efeito ou se, ao contrário, podem apenas constituir instruções aos tribunais para que *criem* a lei de acordo com a moral.

Vale observar que alguns estudiosos, especialmente Raz, sustentam que, seja qual for o *status* dos juízos morais, sempre que a lei determina que os tribunais apliquem padrões morais na determinação do direito ela lhes outorga, assim, a discricionariedade necessária, ordenando-lhes que a utilizem de acordo com seu melhor juízo moral para criar o que será uma nova lei; a lei não converte, por este meio, a moral em direito pré-existente[41].

---

41. Ver J. Raz, "Dworkin: A New Link in the Chain", 74 *California Law Review* 1103 (1986), pp. 1110, 1115-6.

3. A natureza das normas

(i) *A teoria prática das normas*

Em diversos pontos deste livro, chamei a atenção para a diferença entre os enunciados jurídicos internos e externos e entre os aspectos internos e externos do direito.

Para explicar essas distinções e sua importância, não comecei examinando o caso altamente complexo de um sistema jurídico que inclui tanto normas positivadas quanto consuetudinárias, mas (pp. 75-6) o caso mais simples (ao qual se aplicam as mesmas distinções entre interno e externo) das normas consuetudinárias de qualquer grupo social, grande ou pequeno, às quais chamo "normas sociais". A descrição que fiz destas últimas se tornou conhecida como a "teoria prática" das normas, pois considera que as normas sociais de um grupo são constituídas por uma forma de prática social que compreende tanto os padrões de conduta seguidos regularmente pela maioria dos membros do grupo quanto uma atitude normativa específica em relação a esses padrões, que denominei "aceitação". Essa atitude consiste na disposição permanente dos indivíduos de aceitar esses padrões de comportamento, tanto como orientações para sua própria conduta futura quanto como padrões críticos capazes de legitimar exigências e várias formas de pressão em prol da obediência às normas. O ponto de vista externo das normas sociais corresponde ao de um observador de sua prática, e o ponto de vista interno é aquele de um participante nesta prática que aceita as normas como guias para sua conduta e como padrões críticos.

Minha teoria prática das normas sociais foi extensamente criticada por Dworkin. Como já mencionei, ele faz uma distinção similar mas, sob vários aspectos, realmente muito diferente entre a descrição externa das normas sociais de uma comunidade, feita por um sociólogo, e o ponto de vista interno de um participante, que recorre às normas para a avaliação e a crítica de sua própria conduta e da de outros[42]. Parte da crítica de Dworkin à minha descrição original das normas sociais é realmente bem fundada e importante para a compreensão do direito, e indicarei, nas páginas que se seguem, as grandes modificações que agora julgo serem necessárias em minha descrição original.

(i) Minha descrição é deficiente, segundo alegou Dworkin, por ignorar a diferença importante entre um consenso da *convenção*, manifestada nas normas convencionais de um grupo, e um consenso da *convicção* independente, manifestada nas práticas convergentes do mesmo grupo. As normas são práticas sociais convencionais quando a obediência geral de um grupo a elas está entre as razões que levam os membros individuais do grupo a aceitá-las; em oposição a isso, as práticas meramente convergentes, como a moral partilhada pelo grupo, não são instituídas por convenção, mas pelo fato de que os membros do grupo têm agido e se comportado de determinadas maneiras e continuam geralmente a fazê-lo pelas mesmas razões, embora de maneira independente.

(ii) Minha descrição das normas sociais é, como Dworkin também sustentou corretamente, aplicável apenas às normas que são convencionais no sentido que acabo de explicar. Isso restringe consideravelmente o alcance de minha teoria prática, e atualmente não a encaro como uma explicação sólida da moral, seja individual, seja social. Mas a teoria continua sendo uma descrição fiel das normas sociais convencionais, que incluem, além dos costumes sociais comuns (que podem ou não ser reconhecidos como dotados de autoridade jurídica), certas normas jurídicas importantes, inclusive a norma de reconhecimento, que é na verdade uma forma de norma jurídica consuetudinária que existe apenas quando é aceita e praticada nas operações de identificação e aplicação das leis pelos tribunais. Em contraposição, as normas jurídicas positivadas, embora sejam identificáveis como normas jurídicas válidas pelos critérios

---

42. [Ver LE 13-14.]

oferecidos pela norma de reconhecimento, podem existir como normas jurídicas a partir do instante de sua publicação, antes que se apresente qualquer ocasião para sua prática, e a teoria prática não se aplica a elas.

A crítica central de Dworkin à teoria prática das normas é que esta considera, erroneamente, ser uma norma social constituída por sua prática social, e, assim, trata a asserção de que esta norma existe como uma simples afirmação do fato sociológico externo de terem sido satisfeitas as condições de prática exigidas para a existência da norma[43]. Dworkin sustenta que esta descrição não pode explicar o caráter *normativo* que mesmo as formas mais simples de norma convencional possuem. Pois estas introduzem *deveres* e *motivações para a ação* aos quais se apela quando as normas são citadas, como o são comumente, na crítica do comportamento e no apoio às exigências de ação. Esta característica das normas – de fornecer razões e estabelecer deveres – constitui seu caráter especificamente normativo e mostra que sua existência não pode consistir num mero estado factual de coisas, como as práticas e atitudes que, segundo a teoria prática, conformam a existência de uma norma social. Segundo Dworkin, uma regra normativa com estas características distintivas só pode existir na presença de "um certo estado normativo de coisas"[44]. Acho horrivelmente obscuras as palavras supracitadas: aparentemente, a partir da discussão do exemplo da Norma dos Frequentadores de Igrejas (que estipula que "os homens devem descobrir a cabeça na igreja")[45], pode-se deduzir que Dworkin entende por estado normativo de coisas a existência de boas razões ou justificativas morais para que se faça o que a norma exige; assim, ele sustenta que, enquanto a mera prática regular dos frequentadores de igrejas de tirar o chapéu no templo não pode instituir a norma, pode ajudar a

---

43. [Ver TRS 48-58.]
44. TRS 51.
45. [TRS 50-8; ver, neste livro, pp. 161-2.]

justificá-la, criando formas de manifestar repúdio e motivando expectativas, que são boas razões para a observância de uma norma que exige que se tire o chapéu na igreja. Se é isso o que Dworkin quer dizer quando menciona "um estado normativo de coisas" exigido para autorizar a identificação de uma regra normativa, sua descrição das condições para a existência de uma norma social me parece demasiado forte ou exigente. Pois parece exigir não apenas que os participantes que apelam às normas como criadoras de deveres ou supridoras de razões para a ação acreditem que têm boas razões ou justificativas morais para obedecer às normas, mas também que essas boas razões existam de fato. É evidente que uma sociedade pode possuir normas (aceitas por seus membros) moralmente iníquas, como aquelas que proíbem que pessoas de determinada cor de pele usem instalações públicas, como parques ou praias de banho. De fato, mesmo a condição mais fraca, que requer, para a existência de uma norma social, apenas que os participantes *acreditem* existirem boas razões morais para obedecerem a ela, é demasiado forte como condição geral para a existência de normas sociais. Pois algumas normas podem ser aceitas simplesmente por deferência à tradição ou pelo desejo de se identificar com outras pessoas, ou, ainda, devido à convicção de que a sociedade sabe o que é bom para os indivíduos. Essas atitudes podem coexistir com uma percepção mais ou menos vívida de que as normas são moralmente passíveis de objeção. É claro que uma norma convencional considerada moralmente sensata e justificada pode também ser sensata e justificada de fato. Mas, quando se questiona a razão por que aqueles que aceitaram as normas convencionais como orientação para sua conduta ou como padrões para a crítica assim o fizeram, não vejo motivo para escolher como a única resposta possível ou apropriada, entre as muitas possíveis (ver pp. 148-9 e 150 deste livro), uma crença na justificação moral das normas.

Por fim, Dworkin alega que a teoria prática das normas, mesmo se restrita às normas convencionais, deve ser abandonada por não se adequar à ideia de que o alcance de determinada norma pode ser polêmico e tornar-se, assim, objeto de divergência[46]. Ele não nega a existência de algumas normas incontroversas, instituídas pela prática e pela aceitação corrente, mas argumenta que as normas assim instituídas referem-se apenas a casos relativamente sem importância, como as regras de alguns jogos; mas, neste livro, uma norma tão importante e tão pouco polêmica quanto a norma fundamental de reconhecimento de um sistema jurídico é tratada como uma norma constituída pela prática uniforme dos tribunais, quando a aceitam como orientação para suas operações de aplicação da lei. Argumentando em sentido contrário, Dworkin alega que nos casos difíceis ocorrem freqüentes divergências teóricas entre os juízes quanto à identificação do direito que rege determinado tema, e que esses casos mostram ser ilusória a aparência de consenso e aceitação geral. São, evidentemente, inegáveis a frequência e a importância de tais divergências, mas, como argumento contra a possibilidade de se aplicar a teoria prática à norma de reconhecimento, a referência à existência delas se baseia numa interpretação equivocada da função da norma. Presume que esta pretende determinar completamente o resultado jurídico em casos particulares, de modo que qualquer questão jurídica surgida em qualquer causa possa ser resolvida pelo simples recurso aos critérios ou testes fornecidos pela norma. Mas essa concepção é errônea: a função da norma é apenas definir as condições gerais que devem ser satisfeitas pelas decisões jurídicas corretas nos modernos sistemas jurídicos. Na maior parte dos casos, a norma faz isso oferecendo critérios de validade, que Dworkin denomina questões de *pedigree*, e que se referem não ao conteúdo da lei, mas à forma e ao procedimento da criação ou adoção das leis. Mas, como já afirmei (p. 323), além dessas questões de *pedigree*, a norma de reconhecimento pode oferecer critérios que se referem não ao con-

---

46. [TRS 58.]

teúdo factual das leis, mas à sua obediência a valores ou princípios morais substantivos. Evidentemente, os juízes podem, em casos específicos, discordar quanto ao fato de tais critérios terem ou não sido satisfeitos, e um teste moral aplicado à norma de reconhecimento não irá resolver tais divergências. Os juízes podem estar de acordo quanto à pertinência desses critérios como algo determinado pela prática jurídica estabelecida, mesmo que discordem sobre aquilo que os critérios exigem em casos particulares. A teoria prática das normas é perfeitamente aplicável à norma de reconhecimento, desde que esta seja assim concebida.

(ii) *Normas e princípios*

A crítica mais conhecida feita por Dworkin a este livro é, há muito tempo, a de que ele representa erroneamente o direito como constituído apenas por normas do tipo "tudo ou nada", e que ignora uma espécie diferente de padrão jurídico, isto é, os princípios jurídicos, que representam papel importante e característico no raciocínio jurídico e na decisão judicial. Alguns dos críticos que apontaram esse defeito em minha obra o consideraram um deslize mais ou menos isolado, que eu poderia reparar simplesmente incluindo os princípios jurídicos junto com as normas jurídicas como componentes de um sistema jurídico, e julgaram que eu poderia fazer isso sem abandonar ou modificar profundamente nenhum dos temas principais do livro. Mas Dworkin, que foi o primeiro a insistir nessa linha de crítica, reafirmou que os princípios jurídicos só poderiam ser incluídos em minha teoria do direito mediante o abandono de minhas doutrinas centrais. Se eu admitisse que o direito consiste parcialmente em princípios, não poderia, de acordo com ele, sustentar coerentemente, como tenho feito, que o direito vigente em um sistema jurídico é identificado por meio de critérios fornecidos por uma norma de reconhecimento aceita na prática dos tribunais; ou que estes exercem um poder discricionário autêntico, embora intersticial, de criar o direito, naqueles casos em que a lei explícita vigente não impõe uma decisão; ou que não há uma importante relação necessária ou conceitual entre o direito e a moral. Essas doutrinas não apenas são centrais em minha teoria do direito, como são também muitas vezes consideradas o cerne do positivismo jurídico moderno; consequentemente, abandoná-las seria uma questão de considerável importância.

Nesta seção de minha resposta, examino vários aspectos da crítica de que ignorei os princípios jurídicos, e tento demonstrar que o que possa haver de válido nessa objeção pode ser levado em consideração sem nenhuma consequência séria para minha teoria como um todo. Mas gostaria agora de admitir que, em meu livro, eu realmente falei muito pouco sobre o tópico da decisão judicial concreta e sobre o raciocínio jurídico e, especialmente, sobre os argumentos derivados daquilo que meus críticos denominam princípios jurídicos. Admito agora, como um defeito deste livro, que a questão dos princípios só é abordada de passagem.

Mas o que, exatamente, me acusam de ignorar? O que são os princípios jurídicos e como diferem das normas jurídicas? Da forma como são empregados pelos doutrinadores, os "princípios" frequentemente incluem um vasto cortejo de considerações teóricas e práticas, das quais apenas algumas são pertinentes para as questões que Dworkin pretendeu suscitar. Mesmo se tomarmos a expressão "princípio" no sentido limitado de padrões de conduta, incluindo o procedimento dos tribunais ao decidir as causas, há várias formas diferentes de distinguir entre as normas e esses princípios. Creio, entretanto, que todos os críticos que me acusaram de desconsiderar os princípios concordariam em que existem, no mínimo, duas características que os diferenciam das normas. A primeira é uma questão de grau: em relação às normas, os princípios são amplos, gerais ou inespecíficos, no sentido de que uma série de normas distintas poderia frequentemente ser apontada como manifestações ou exemplos de um único princípio. A segunda característica é que, por remeterem mais ou menos explicitamente a algum propósito, objetivo, atribuição de direito ou valor, os princípios são considerados, de certo ponto de vista, como algo cuja preservação ou adoção são desejáveis, e, assim, não apenas oferecem uma explicação ou razão para as normas que os exemplificam como também, no mínimo, contribuem para justificá-las.

Além dessas duas características relativamente incontroversas – o alcance (generalidade) e a desejabilidade –, que explicam o papel explicativo e justificativo dos princípios em relação às normas, há uma terceira característica distintiva que, pessoalmente, considero uma questão de grau, ao contrário de Dworkin, que a julga crucial. Segundo ele, as normas operam de uma forma "tudo ou nada" no raciocínio daqueles que as aplicam; isto é, se uma norma é válida e aplicável a determinado caso particular, ela consequentemente "exige", isto é, determina conclusivamente, o resultado ou desenlace jurídico do caso[47]. Entre os exemplos de normas jurídicas oferecidos por ele estão aquelas que prescrevem uma velocidade máxima de 60 milhas por hora nas autoestradas, ou as leis que regulamentam a elaboração, comprovação e eficácia dos testamentos, tais como a lei que estipula que um testamento será inválido exceto se assinado por duas testemunhas. Segundo Dworkin, os princípios jurídicos diferem das normas do tipo "tudo ou nada" porque, quando aplicáveis, não "exigem" uma decisão, mas indicam ou privilegiam uma decisão, ou expõem uma razão que, ainda que não seja determinante, é levada em conta pelos tribunais em sua apreciação do caso. De forma resumida, vou chamar essa característica dos princípios de caráter "não-conclusivo". Alguns exemplos desses princípios não conclusivos apresentados por Dworkin são relativamente específicos, como o que diz que "os tribunais devem examinar minuciosamente os contratos de compra

---

47. [TRS 24.]

(de automóveis) para verificar se o interesse público e o do consumidor são tratados equitativamente"[48]; outros são de alcance muito mais amplo, como, por exemplo, o que estipula que "ninguém deve se beneficiar de sua própria torpeza"[49]. De fato, muitas das restrições constitucionais mais importantes aos poderes do Congresso dos Estados Unidos e à legislação dos estados, como as disposições da Primeira, Quinta e Décima Quarta Emendas à Constituição dos EUA, funcionam como princípios não-conclusivos[50]. De acordo com Dworkin, os princípios jurídicos diferem das normas por possuírem uma dimensão de *peso*[51], mas não a de validade; consequentemente, um princípio pode, ao conflitar com outro de maior peso, ser desconsiderado e deixar de definir uma decisão; não obstante, sobreviverá intacto para ser usado em outros casos onde possa sobrepujar outro princípio de menor peso. As normas, por outro lado, ou são válidas ou inválidas, mas não têm essa dimensão de peso. Assim, se duas normas entrarem em conflito, apenas uma delas – segundo Dworkin – pode ser válida; a norma que perde em competição com outra deve ser reformulada para torná-la compatível com sua rival, tornando-se, portanto, inaplicável ao caso em questão[52].

Não vejo motivo para aceitar seja esse violento contraste entre os princípios e as normas jurídicas, seja a opinião segundo a qual, se uma norma válida for aplicável a determinado caso, ela deverá, ao contrário de um princípio, determinar invariavelmente o desenlace da causa. Não há razão alguma pela qual um sistema jurídico não possa reconhecer que uma norma válida define um resultado nos casos aos quais se aplica, exceto quando outra norma, julgada

---

48. TRS 24, citação de *Henningsen vs. Bloomfield Motors, Inc.*, 32 NJ 358, 161 A.2d 69 (1960) pp. 387, 161 A.2d p. 85.
49. TRS 25-6.
50. [Dworkin discute se a Primeira Emenda é uma norma ou um princípio, TRS 27.]
51. [TRS 26.]
52. TRS 24-7.

mais importante, for também aplicável ao mesmo caso. Assim, uma norma, vencida num determinado caso ao conflitar com outra mais importante, pode, como um princípio, sobreviver e continuar vigente, de modo que determine o desenlace em outros casos onde for considerada mais importante que outra norma concorrente[53].

Portanto, para Dworkin, o direito compreende tanto as normas do tipo "tudo ou nada" quanto os princípios não-conclusivos, e ele não julga que essa diferença entre eles seja uma questão de grau. Mas não considero coerente a posição dele. Seus exemplos iniciais implicam que as normas podem chocar-se com os princípios, e pode ocorrer que, em competição com elas, um princípio às vezes ganhe e outras vezes perca. Os casos citados por ele incluem *Riggs vs. Palmer*[54], no qual foi mantido o princípio de que não se pode permitir que um homem se beneficie de sua própria torpeza, apesar da clareza das normas legais a respeito dos testamentos, que proíbem ao assassino receber a herança legada pela vítima. Esse é um exemplo da vitória de um princípio sobre a norma, mas a existência de competição entre eles evidentemente demonstra que as normas não têm o caráter de "tudo ou nada", pois podem conflitar com princípios capazes de sobrepujá-las. Mesmo se não descrevermos esses casos como conflitos entre normas e princípios (como Dworkin às vezes sugere), mas como um choque entre o princípio que explica e justifica a norma em pauta e algum outro princípio, desaparece o contraste nítido entre as normas do tipo "tudo ou nada" e os princípios não-conclusivos; pois, segundo essa interpretação, uma norma deixará de definir o resultado de uma causa à qual é aplicável segundo seus próprios termos se o princípio que a justifica for sobrepujado por outro. O mesmo ocorre se (como

---

53. Raz e Waluchow sublinharam este aspecto importante, para o qual eu havia deixado de chamar a atenção. Ver J. Raz, "Legal Principles and the Limits of the Law", 81 *Yale LJ* 823 (1972), pp. 832-4, e W. J. Waluchow, "Herculean Positivism", 5 *Oxford Journal of Legal Studies* 187 (1985), pp. 189-92.
54. 115 N.Y. 506, 22 N. E. 188 (1889); TRS 23; ver também LE 15 ss.

Dworkin também sugere) concebermos o princípio como algo que pode justificar uma nova interpretação de uma norma jurídica claramente formulada[55].

Essa incoerência na alegação de que um sistema jurídico consiste tanto em normas do tipo "tudo ou nada" quanto em princípios não-conclusivos poderá ser sanada se admitirmos que a distinção entre eles é uma questão de grau. Pode-se estabelecer com segurança um contraste razoável entre normas "quase conclusivas", cujas condições, se aplicadas, bastam para definir o resultado jurídico exceto em alguns casos (nos quais suas disposições podem chocar-se com as de outra norma considerada mais importante), e os princípios, que são geralmente não-conclusivos e apenas indicam uma decisão, embora possam com muita frequência não determiná-la.

Acredito que os argumentos originários desses princípios não-conclusivos são de fato uma característica importante da decisão judicial e do pensamento jurídico, e que isso deve ser demarcado por uma terminologia adequada. Muito se deve a Dworkin por ter demonstrado e ilustrado a importância e a função dos princípios no pensamento jurídico, e foi de fato um grave erro de minha parte não ter enfatizado sua força não-conclusiva. Mas, ao usar a palavra "norma", não pretendi absolutamente afirmar que os sistemas jurídicos incluem apenas normas do tipo "tudo ou nada" ou quase conclusivas. Não apenas chamei a atenção (ver pp. 169-73 deste livro) para o que denominei (talvez de modo infeliz) "padrões jurídicos variáveis", que especificam fatores a serem considerados e ponderados em relação a outros, mas também tentei (ver pp. 173-4) explicar por que algumas áreas da conduta se prestam melhor à regulamentação, não através de padrões variáveis, como a "precaução devida", mas através de normas quase conclusivas, que proíbem ou exigem sempre os mesmos atos específicos, exceto em casos muito raros. Por

---

55. [Para a discussão de Dworkin, ver TRS 22-8 e LE 15-20.]

isso temos normas contra o assassinato e o furto, e não simples princípios ditando o devido respeito pela vida humana e pela propriedade.

4. Os princípios e a norma de reconhecimento

Pedigree *e interpretação*

Dworkin afirmou que os princípios jurídicos não podem ser identificados por critérios derivados de uma norma de reconhecimento manifestada na prática dos tribunais e que, uma vez que os princípios constituem elementos essenciais do direito, deve-se abandonar a doutrina que postula a existência de uma norma de reconhecimento. Segundo ele, os princípios jurídicos só podem ser identificados por meio da interpretação construtiva, como membros do conjunto único de princípios que simultaneamente melhor justifique e melhor se harmonize com toda a história institucional do direito estabelecido de um sistema jurídico. É evidente que nenhum tribunal, inglês ou norte-americano, jamais adotou explicitamente esse critério holístico sistêmico abrangente para a identificação do direito, e Dworkin admite que, ao contrário de seu mítico juiz ideal, "Hércules", nenhum juiz humano real poderia realizar a façanha de desenvolver uma interpretação simultânea de todo o direito de seu país. Não obstante, em sua opinião, a maneira mais esclarecedora de compreender os tribunais é imaginar que tentam, de forma limitada, "imitar Hércules". Essa interpretação das decisões judiciais serve, segundo ele, para evidenciar "a estrutura oculta"[56] do direito.

Entre os juristas ingleses, o exemplo mais famoso de identificação de princípios mediante uma forma limitada de interpretação construtiva é a formulação dada por Lorde Atkin, no caso *Donoghue vs. Stevenson*[57], ao até então não

---

56. LE 265.
57. [1932] A. C. 562.

explicitado "princípio do 'próximo'" (*neighbour principle*), como algo que subjaz às várias normas isoladas que estabelecem o dever da precaução em diferentes situações. Nesses exercícios limitados de interpretação construtiva, não creio que o melhor entendimento da figura do juiz seja o de que esteja tentando imitar a abordagem holística sistêmica de Hércules. Mas minha crítica é agora a de que a preocupação com a interpretação construtiva levou Dworkin a desconsiderar o fato de que muitos princípios jurídicos devem seu *status* não a seu teor de interpretação do direito estabelecido, mas ao que ele chama de "*pedigree*", isto é, à forma como foram criados ou adotados por uma fonte de autoridade reconhecida. Creio que essa preocupação o conduziu a um duplo erro: o primeiro é a crença de que os princípios jurídicos não podem ser identificados por seu *pedigree*, e o segundo, a crença de que uma norma de reconhecimento só pode oferecer critérios de *pedigree*. Ambas são equivocadas. A primeira, porque não há nada no caráter não-conclusivo dos princípios nem em suas outras características que impeça que eles sejam identificados por critérios de *pedigree*. Pois, evidentemente, uma cláusula de uma constituição escrita, emenda constitucional ou lei pode ser interpretada como destinada a atuar da mesma maneira não-conclusiva que caracteriza os princípios, fornecendo razões para uma decisão que podem ser sobrepujadas se outra norma ou princípio oferecer razões mais fortes para uma decisão diferente. O próprio Dworkin considerou que a Primeira Emenda da Constituição dos Estados Unidos, que determina que o Congresso não pode limitar a liberdade de expressão, deve ser interpretada exatamente desse modo[58]. Alguns princípios jurídicos, inclusive certos princípios básicos do *common law* – como o que prescreve que ninguém poderá tirar proveito de sua própria torpeza – são também identificados como partes do direito pelo teste do "*pedigree*", na medida em que têm sido constantemente

---

58. [Ver TRS 27.]

invocados pelos tribunais em inúmeros casos diferentes como fundamentação para suas decisões, e devem ser levados em consideração ainda que, em certos casos, possam ser sobrepujados por razões que sinalizem em sentido oposto. Diante desses exemplos de princípios jurídicos identificados por critérios de *pedigree*, torna-se insustentável qualquer argumento genérico no sentido de que a inclusão dos princípios como parte do direito implica o abandono da doutrina da norma de reconhecimento. De fato, como demonstrarei abaixo, a inclusão deles não apenas é coerente com essa doutrina mas, de fato, exige que ela seja aceita.

Se admitirmos, como é forçoso fazer, que pelo menos alguns princípios jurídicos podem ser "capturados" ou identificados como partes do direito vigente mediante critérios de *pedigree* oferecidos por uma norma de reconhecimento, a crítica de Dworkin deverá então ser reduzida ao argumento mais modesto de que há muitos princípios jurídicos que não podem ser "capturados" dessa forma, por serem numerosos demais, demasiado fugazes, demasiado passíveis de mudança ou modificação ou por lhes faltar qualquer característica que permita identificá-los como princípios do direito por meio de qualquer outro critério, exceto o fato de integrarem o esquema coerente de princípios que melhor se ajustam à história institucional e às práticas do sistema e que melhor as justificam. À primeira vista, esse teste interpretativista não parece constituir uma alternativa a um critério fornecido por uma norma de reconhecimento, e sim, como vêm insistindo alguns críticos[59], apenas uma forma "positivista branda" complexa desse critério, identificando os princípios em função de seu conteúdo e não do *pedigree*. É certo que uma norma de reconhecimento que contivesse tal critério interpretativo não poderia, pelas razões dis-

---

59. Ver, p. ex., E. P. Soper, "Legal Theory and the Obligation of a Judge", *RDJC* p. 3 at 16; J. Coleman, "Negative and Positive Positivism", *RDCJ* p. 28; D. Lyons, "Principles, Positivism and Legal Theory", 87 *Yale Law Journal* 415 (1977).

cutidas nas páginas 324 ss., acima, garantir o grau de certeza na identificação do direito que, segundo Dworkin, um positivista desejaria. Não obstante, a demonstração de que esse critério do teste interpretativo integra o modelo convencional para o reconhecimento do direito seria ainda uma boa explicação teórica de seu *status* jurídico. Assim, a incompatibilidade que Dworkin postula, entre a admissão dos princípios como parte do direito e a doutrina de uma norma de reconhecimento, certamente não existe.

A argumentação dos dois últimos parágrafos basta para demonstrar que, ao contrário do que diz Dworkin, a aceitação dos princípios como parte do direito se mostra coerente com a doutrina de uma norma de reconhecimento, mesmo que o teste interpretativo de Dworkin fosse, como ele sustenta, o único critério adequado para identificá-los. Entretanto, uma conclusão ainda mais contundente se justifica: para identificar princípios jurídicos de acordo com esse critério, a norma de reconhecimento é necessária. Isso porque o ponto de partida para a identificação de qualquer princípio jurídico a ser trazido à luz pelo teste interpretativo de Dworkin é uma área específica do direito estabelecido à qual o princípio se adequa e que este ajuda a justificar. Portanto, o uso desse critério pressupõe a identificação do direito estabelecido, e, para que isso seja possível, torna-se necessária uma norma de reconhecimento que especifique as fontes do direito e as relações de primazia e subordinação entre elas. Na terminologia de *Law´s Empire,* as normas e práticas jurídicas que constituem os pontos de partida para a tarefa interpretativa de identificar princípios jurídicos subjacentes ou implícitos constituem o "direito pré-interpretativo", e muito do que Dworkin diz a respeito deste último parece endossar o ponto de vista segundo o qual faz-se necessário, para essa identificação, algo muito semelhante a uma norma de reconhecimento que identifique as fontes competentes do direito da forma descrita neste livro. Aqui, a principal diferença entre meu ponto de vista e o de Dworkin é que, enquanto atribuo o consenso geral existente entre os juízes sobre os critérios para a identificação das fontes do direito ao fato de compartilharem a aceitação das *normas* que fornecem esses critérios, Dworkin prefere falar não de normas mas de "consenso"[60], "paradigmas"[61] e "hipóteses"[62] compartilhados pelos membros de uma mesma comunidade interpretativa. Naturalmente, como Dworkin assinalou com clareza, há uma diferença importante entre um consenso de convicções independentes, no qual a aquiescência de outros não faz parte da razão que leva cada parte a concordar, e um consenso da convenção, em que se dá o contrário, isto é, a concordância de outros indivíduos contribui para a aquiescência de cada um. Indubitavelmente, meu livro trata a norma de reconhecimento como uma regra alicerçada numa forma convencional de consenso judicial. Parece perfeitamente claro que seu fundamento seja realmente este, pelo menos no direito inglês e norte-americano, pois, entre os motivos para que um juiz inglês trate a legislação emanada do Parlamento (ou para que seu congênere norte-americano trate a Constituição) como uma fonte de direito superior a outras está o fato de que seus pares concordam com isso, como fizeram também seus predecessores. Na verdade, o próprio Dworkin fala da doutrina da supremacia legislativa como um fato evidente da história do direito, que limita o papel desempenhado pela convicção do juiz[63], e declara que "a atitude interpretativa não pode sobreviver a menos que os membros da mesma comunidade interpretativa compartilhem, pelo menos, suposições razoavelmente equivalentes sobre 'aquilo que faz parte da prática'"[64]. Concluo, portanto, que, quaisquer que sejam as diferenças remanescentes entre as normas e as "hipóteses", o "consenso" e os "paradigmas" mencionados por

---

60. [LE 65-6, 91-2.]
61. [LE 72-3.]
62. [LE 47, 67.]
63. [LE 401.]
64. LE 67.

Dworkin, sua explicação da identificação judicial das fontes do direito é essencialmente a mesma que a minha. Subsistem, entretanto, amplas divergências teóricas entre a posição de Dworkin e a minha. Pois ele certamente rejeitaria o modo com entendo seu teste interpretativo dos princípios jurídicos, que afirmo ser apenas a forma específica assumida em alguns sistemas jurídicos por uma norma convencional de reconhecimento cuja existência e autoridade dependem de sua aceitação pelos tribunais. Na opinião dele, isso deturparia e aviltaria enormemente o projeto de uma interpretação "construtiva", destinada a apresentar o direito sob a melhor perspectiva moral possível – interpretação essa que, ao ver de Dworkin, está envolvida na identificação do direito. Pois ele não concebe esse estilo de interpretação como um método de reconhecimento do direito exigido por uma simples norma convencional, aceita pelos juízes e advogados de determinados sistemas jurídicos. Em vez disso, ele o apresenta como uma característica central da teoria e da prática social em geral, não somente do direito, e como algo que demonstra a existência de "uma profunda conexão entre todas as formas de interpretação", inclusive a interpretação como a compreendem a crítica literária e até mesmo as ciências naturais[65]. Contudo, mesmo que esse critério interpretativo não seja apenas um padrão para o reconhecimento do direito exigido por uma norma convencional, e tenha afinidades e ligações com a interpretação tal como a concebem outras disciplinas, permanece o fato de que, se existem sistemas jurídicos nos quais o critério interpretativo holístico de Dworkin é realmente usado para identificar princípios jurídicos, é perfeitamente possível que, nesses sistemas, esse critério resulte de uma norma convencional de reconhecimento. Entretanto, como não existem sistemas jurídicos que utilizem esse critério holístico pleno, mas apenas sistemas como o direito inglês e norte-americano, nos quais, em casos como *Donoghue vs. Ste-*

---

65. LE 53.

venson, se empregam exercícios mais modestos de interpretação construtiva para identificar princípios jurídicos latentes, a única questão que resta examinar é se tais exercícios devem ser entendidos como a aplicação de um critério fornecido por uma norma convencional de reconhecimento ou como alguma outra coisa; e, se forem outra coisa, qual é seu *status* jurídico.

5. O direito e a moral

(I) *Direitos e deveres*

Neste livro, sustento que, embora haja várias e diferentes relações contingentes entre o direito e a moral, não há uma conexão conceitual necessária entre seus conteúdos; disposições moralmente iníquas podem, portanto, ser válidas como normas ou princípios jurídicos. Um aspecto dessa forma de separação entre direito e moral é a possibilidade da existência de direitos e deveres jurídicos destituídos de qualquer justificativa ou força moral. Dworkin repudiou essa ideia em favor da opinião (derivada, em última análise, de sua própria teoria interpretativa do direito) de que deve haver, no mínimo, uma fundamentação moral aparente para que se afirme a existência de direitos e deveres jurídicos. Assim, ele considera a ideia de que "os direitos jurídicos devem ser entendidos como uma espécie de direitos morais" como um elemento "crucial"[66] em sua teoria do direito, e afirma que a doutrina positivista contrária pertence ao "mundo peculiar do essencialismo jurídico"[67], no qual nos é dado apenas saber, pré-analiticamente, que podem existir direitos e deveres jurídicos sem nenhuma base ou força moral. Para compreender o tipo de contribuição que uma teoria descritiva geral do direito pode dar à compreen-

---

66. *RDCJ* 260.
67. *RDCJ* 259.

são do direito, acredito ser importante constatar que, quaisquer que sejam os méritos de sua teoria interpretativa geral, a crítica feita por Dworkin à doutrina de que os direitos e deveres jurídicos podem carecer de força ou justificativa moral é equivocada. As razões para isso são as seguintes: os direitos e deveres jurídicos são os elementos através dos quais o direito, com seus recursos coercitivos, respectivamente protege e limita a liberdade individual, e confere ou nega aos indivíduos o poder de utilizarem eles próprios a maquinária coercitiva do direito. Assim, sejam as leis moralmente boas ou más, justas ou injustas, os direitos e deveres exigem atenção como pontos focais no funcionamento do sistema jurídico, que tem importância suprema para os seres humanos e independe dos méritos morais das leis. Portanto, não é verdade que os enunciados de direitos e deveres jurídicos só possam ter sentido no mundo real se houver alguma fundamentação moral para que se afirme sua existência.

(ii) *A identificação do direito*

No que se refere às relações entre o direito e a moral, a diferença mais fundamental entre a teoria do direito desenvolvida neste livro e a de Dworkin diz respeito à identificação do direito. De acordo com minha teoria, a existência e o teor do direito podem ser determinados consultando-se as fontes sociais do direito (por exemplo, a legislação, as decisões judiciais e os costumes sociais), sem referência à moral, exceto quando o próprio direito assim identificado tiver incorporado critérios morais para sua identificação. Por outro lado, segundo a teoria interpretativa de Dworkin, toda proposição jurídica que especifica o teor do direito a respeito de algum tema envolve necessariamente um juízo moral. Pois, segundo sua teoria interpretativa holística, as proposições jurídicas só podem ser verdadeiras se derivarem, junto com outras premissas, daquele conjunto de princípios que melhor se adaptam ao direito estabelecido – identificado por referência às fontes sociais do direito – e, ao mesmo tempo, melhor o justificam do ponto de vista moral. Essa teoria interpretativa holística abrangente tem, portanto, uma função dupla: serve tanto para identificar o direito quanto para justificá-lo moralmente.

Tal era, num breve resumo, a teoria de Dworkin antes que ele introduzisse a distinção entre direito "interpretativo" e "pré-interpretativo" no livro *Law's Empire*. Considerada como uma alternativa à tese positivista de que a existência e o conteúdo do direito podem ser identificados sem referência à moral, a teoria de Dworkin era, em sua formulação original, vulnerável à crítica que se segue. Quando o direito identificado em relação a suas fontes sociais é moralmente iníquo, os princípios que melhor possam "justificá-lo" só podem ser os menos iníquos que se adaptem àquele direito. Mas tais princípios menos iníquos não podem ter força de justificativa, nem estabelecer nenhum limite moral ou restrição sobre o que deve ser considerado direito; e, como não podem deixar de se adequar a algum sistema jurídico, por mais perverso que este seja, a teoria que visa identificar o direito com base nesses princípios é indistinguível da teoria positivista segundo a qual o direito pode ser determinado sem nenhuma referência à moral. Não somente os princípios mais sólidos que se adaptem ao direito, mas também aqueles considerados moralmente sólidos segundo os parâmetros daquilo que Dworkin chamou de "moral de fundo" (*background morality*)[68], podem de fato oferecer limites ou restrições morais ao que pode ser considerado direito. Não discordo de forma alguma dessa proposição, mas a considero plenamente compatível com meu argumento de que o direito pode ser determinado sem referência à moral.

Ao introduzir sua distinção posterior entre o direito interpretativo e o pré-interpretativo, Dworkin admite que

---

68. [TRS 112, 128, e ver TRS 93.]

podem existir sistemas jurídicos tão perversos que seja impossível interpretar suas leis de forma que as considere moralmente aceitáveis. Quando isso ocorre, podemos, como ele explica, recorrer ao que chama de "ceticismo interno"[69] e negar que tais sistemas constituam uma forma de direito. Mas, como nossos recursos para descrever essas situações são altamente flexíveis, não somos obrigados a chegar a essa conclusão se, em vez disso, podemos dizer que, por muito perversos que sejam, esses sistemas jurídicos são uma forma de direito num sentido pré-interpretativo[70]. Assim, não somos obrigados a recusar, mesmo às piores leis nazistas, sua condição de direito, pois pode ser que apenas seu conteúdo moral iníquo as diferencie das leis de regimes moralmente aceitáveis, ao mesmo tempo que têm em comum com esses regimes muitos traços típicos do direito (por exemplo, formas de atividade legislativa, de julgamento e de imposição da lei). Pode haver razões suficientes em muitos contextos e com muitos objetivos para desconsiderar a diferença moral e afirmar, com o positivista, que esses sistemas perversos são sistemas jurídicos. A essa conclusão Dworkin acrescentaria apenas, como disposição adicional, uma cláusula declarando sua fidelidade genérica a seu próprio ponto de vista interpretativo, que diz que tais sistemas perversos constituem sistemas jurídicos apenas num sentido pré-interpretativo.

Considero que esse apelo à flexibilidade de nossa língua e essa introdução da distinção entre direito interpretativo e pré-interpretativo mais consentem ao argumento positivista que o enfraquecem. Pois apenas veiculam a mensagem de que, enquanto os positivistas insistem que, numa teoria descritiva do direito, este pode ser determinado sem referência à moral, as coisas são diferentes numa teoria interpretativa justificatória, segundo a qual a identificação do direito sempre envolve uma avaliação moral sobre aquilo

---
69. LE 78-9.
70. [LE 103.]

que melhor justifica o direito estabelecido. Essa mensagem não constitui, evidentemente, motivo para que o positivista abandone sua empreitada descritiva, nem tem este objetivo; mas mesmo essa mensagem deve ser relativizada, pois o direito pode ser tão perverso que convide ao "ceticismo interno", caso em que a identificação do direito não envolve juízo moral e é forçoso renunciar à interpretação tal como Dworkin a concebe[71].

Outra alteração introduzida por Dworkin em sua teoria interpretativa tem consequências importantes para sua descrição dos direitos jurídicos. Na exposição original de sua teoria holística, tanto a identificação do direito como sua justificativa são tratados como consequências daquele conjunto único de princípios que melhor se adapta à totalidade do direito estabelecido de um sistema e, ao mesmo tempo, melhor o justifica. Esses princípios têm portanto, como afirmei, uma dupla função. Mas, como o direito estabelecido de um sistema pode ser tão perverso que nenhuma interpretação justificatória abrangente de suas normas seja exequível, Dworkin observou que essas duas funções podem separar-se, restando apenas princípios do direito identificados sem referência a nenhuma moral. Mas em tal sistema jurídico não pode haver nenhum direito que tenham a força moral imediata que, segundo Dworkin, todos os direitos jurídicos possuem. Contudo, como o autor posteriormente reconheceu, mesmo quando o sistema é tão vicioso que não admite nenhuma interpretação justificatória ou moral do direito como um todo, pode ainda haver situações em que se possa afirmar corretamente que os indivíduos têm direitos que gozam, no mínimo, de uma força moral *prima facie*[72]. Isso poderia acontecer quando o sistema inclui leis (por exemplo, as referentes à pactuação e ao cumprimento dos contratos) que não foram afetadas pela perversidade geral do próprio sistema, e as pessoas se fiam

---
71. [LE 105.]
72. [LE 105-6.]

nelas para organizar suas vidas ou dispor de seu patrimônio. Para atender a tais situações, Dworkin relativiza sua ideia original de que os direitos e deveres jurídicos dotados de força moral *prima facie* devem necessariamente derivar de uma teoria interpretativa geral do direito e reconhece que, independentemente de sua teoria geral, tais situações configuram "razões especiais" para atribuir às pessoas direitos jurídicos dotados de alguma força moral.

6. A discricionariedade judicial[73]

O conflito direto mais contundente entre a teoria do direito exposta neste livro e a de Dworkin emana de minha afirmação de que sempre haverá, em qualquer sistema jurídico, casos não regulamentados juridicamente sobre os quais, em certos momentos, o direito não pode fundamentar uma decisão em nenhum sentido, mostrando-se o direito, portanto, parcialmente indeterminado ou incompleto. Para que possa proferir uma decisão em tais casos, o juiz não deverá declarar-se incompetente nem remeter os pontos não regulamentados ao poder legislativo para que este decida, como outrora defendia Bentham, mas terá de exercer sua discricionariedade e criar o direito referente àquele caso, em vez de simplesmente aplicar o direito estabelecido já existente. Assim, nesses casos não regulamentados juridicamente, o juiz ao mesmo tempo cria direito novo e aplica o direito estabelecido, o qual simultaneamente lhe outorga o poder de legislar e restringe esse poder.

Dworkin rejeita essa imagem do direito como parcialmente indeterminado ou incompleto, e aquela do juiz como alguém que preenche as lacunas do direito ao exercer uma discricionariedade legislativa limitada, afirmando ser essa uma descrição enganosa tanto do direito como do raciocí-

---

73. [Uma versão alternativa do parágrafo que abre esta seção aparece numa nota de fim.]

nio judicial. Com efeito, ele argumenta que não é o direito que é incompleto, mas a imagem que dele faz o positivista, e que isso ficará demonstrado por sua própria avaliação "interpretativa" do direito como algo que inclui, além do direito estabelecido *explícito* – identificado mediante referência a suas fontes sociais –, princípios jurídicos *implícitos*, que são aqueles que melhor se adequam ao direito explícito, oferecendo ao mesmo tempo a melhor justificativa moral para este. De acordo com essa visão interpretativa, o direito jamais é incompleto ou indeterminado, de modo que o juiz nunca tem a oportunidade de sair do âmbito do direito e exercer o poder de criar direitos para proferir uma decisão. Os tribunais deveriam, portanto, apelar a esses princípios implícitos, com suas dimensões morais, naqueles *hard cases*, ou "casos difíceis", nos quais as fontes sociais do direito não determinam uma decisão.

É importante observar que o poder de criar o direito que atribuo aos juízes, para habilitá-los a regulamentar os casos que o direito deixa parcialmente não regulamentados, é diferente daquele de um poder legislativo: não só os poderes do juiz estão sujeitos a muitas limitações *que restringem sua escolha,* limitações das quais o poder legislativo pode ser totalmente isento, mas também, como são exercidos apenas para decidir casos específicos, o juiz não pode utilizá-los para introduzir reformas amplas ou novos códigos legais. Assim, seus poderes são *intersticiais,* além de sujeitos a muitas restrições substantivas. Não obstante, haverá aspectos sobre os quais o direito existente não aponta nenhuma decisão como correta; e, para julgar essas causas, o juiz tem de exercer seu poder de criar o direito. Mas não deve fazê-lo arbitrariamente: isto é, deve ser sempre capaz de justificar sua decisão mediante algumas razões gerais, e deve atuar como faria um legislador consciencioso, decidindo de acordo com suas próprias convicções e valores. Mas, desde que satisfaça a essas condições, o juiz tem o direito de seguir padrões ou razões que não lhe são impostos pela lei e podem diferir dos utilizados por outros juízes diante de casos difíceis semelhantes.

Dworkin apresenta três críticas principais contra minha descrição dos tribunais como detentores de um poder discricionário limitado de resolver casos incompletamente regulamentados pela lei. A primeira é que se trata de uma descrição equivocada do processo judicial e da atuação dos tribunais nos "casos difíceis"[74]. Para demonstrar isso, Dworkin apela à linguagem utilizada por juízes e juristas para descreverem a tarefa do juiz, e para a fenomenologia da decisão judicial. Afirma-se que os juízes, ao proferirem decisões, e os advogados, ao pressioná-los para decidir a seu favor, não se referem ao juiz como alguém que "cria o direito", mesmo nos casos inéditos. Mesmo no mais difícil desses casos, o juiz frequentemente não demonstra estar cônscio de que, como sugere o positivista, o processo decisório compreende duas etapas completamente diferentes: uma na qual o juiz inicialmente descobre que o direito existente não impõe uma decisão em qualquer sentido; e a outra quando então supera o direito posto e cria o direito, *de novo* e *ex post facto,* conforme sua ideia do que constitua a melhor decisão. Em vez disso, os advogados se dirigem ao juiz como se este estivesse sempre preocupado em descobrir e aplicar o direito existente, e o juiz fala como se o direito fosse um sistema sem lacunas, dotado de todos os recursos, no qual há uma solução para cada caso à espera de ser descoberta, e não de ser criada por ele*.

A retórica bem conhecida do processo judicial encoraja, sem dúvida, a ideia de que num sistema judiciário evoluído não existem casos sem regulamentação legal. Mas até que ponto devemos levar isso a sério? Existe evidentemente uma longa tradição europeia, e uma doutrina da divisão de poderes, que enfatizam a distinção entre Legislador e

---

74. [TRS 81; cf. LE 37-9.]

* Veja-se a discussão entre a natureza *volitiva* ou *cognitiva* da decisão judicial. Primeiro decide-se, por um ato de vontade, e depois busca-se a fundamentação necessária; ou, de outra forma, a decisão é o resultado de uma investigação racional que, de forma silogística, determina o resultado? (N. do R. T.)

Juiz e insistem no fato de que o Juiz sempre é aquilo que realmente é quando o direito existente é claro: uma espécie de "porta-voz" de uma lei* que ele não cria nem modela. Mas é importante distinguir entre a linguagem ritual usada pelos juízes e advogados, ao decidirem causas nos tribunais, e suas observações gerais, de caráter mais reflexivo, sobre o processo judicial. Juízes da envergadura de Oliver Wendell Holmes e Cardozo, nos Estados Unidos, ou Lorde Macmillan, Lorde Radcliffe ou Lorde Reid, na Inglaterra, além de um grande número de outros juristas, tanto acadêmicos quanto militantes, insistiram na ideia de que há casos incompletamente regulamentados pelo direito nos quais o juiz tem uma função legislativa inevitável, embora "intersticial"; e disseram que muitos casos poderiam, do ponto de vista jurídico estrito, ser decididos em qualquer sentido.

Uma ponderação essencial contribui para explicar a resistência à ideia de que os juízes às vezes tanto criam quanto aplicam o direito, e esclarece também as principais características que distinguem a criação judicial do direito, por um lado, da atividade legislativa, por outro. Trata-se da importância que os tribunais caracteristicamente atribuem ao procedimento por analogia ao decidirem casos não regulamentados, visando garantir que o direito que criam, embora *novo*, se harmonize com os princípios ou razões subjacentes reconhecidamente já estabelecidos no direito existente. É verdade que, quando leis ou precedentes específicos se mostram imprecisos, ou quando o direito explícito silencia a respeito, os juízes não deixam de lado seus livros de direito e simplesmente começam a legislar, sem nenhuma orientação ulterior dada pelo direito. Ao decidirem tais casos, citam frequentemente algum princípio geral, ou algum objetivo ou propósito abrangente, que se possa considerar exemplificado ou suprido por uma área conexa do direito existente e que remeta a uma resposta definida para o problema em questão. Isso constitui na verdade o

---

* Nas palavras de Montesquieu, *la bouche de la loi*. (N. do R. T.)

próprio cerne da "interpretação construtiva", que é um traço tão importante da teoria de Dworkin sobre a decisão judicial. Mas, embora esse procedimento possa certamente postergar, ele não elimina a oportunidade para a criação judicial do direito. Pois, em qualquer caso difícil, podem apresentar-se princípios distintos que autorizem analogias conflitantes, e o juiz é muitas vezes forçado a optar entre eles, confiando, como um legislador consciencioso, em sua percepção do que é melhor, e não em qualquer ordem de prioridades já estabelecida que o direito lhe prescreva. A oportunidade para a criação judicial do direito seria não apenas adiada, mas também eliminada, somente se fosse sempre possível encontrar no direito existente, em todos esses casos, um conjunto único de princípios de ordem hierárquica superior que atribuísse pesos ou prioridades relativas a esses princípios conflitantes hierarquicamente subordinados.

As outras críticas de Dworkin à minha descrição da discricionariedade judicial a condenam não por ser falsa do ponto de vista descritivo, mas por endossar uma modalidade de criação do direito que é antidemocrática e injusta[75]. Os juízes geralmente não são eleitos, e se sustenta que, numa democracia, só os representantes eleitos pelo povo deveriam ter o poder de criar o direito. Há muitas respostas para essa objeção. Pode-se considerar que o ato de confiar aos juízes o poder de criar o direito para dirimir conflitos não regulamentados juridicamente é o preço necessário a ser pago para evitar o transtorno que decorreria dos métodos alternativos de regulamentar essas disputas, como, por exemplo, seu encaminhamento ao legislativo; e o preço pode parecer pequeno se o exercício desses poderes for limitado, vedando aos juízes a criação de códigos ou reformas abrangentes e habilitando-os apenas a criar normas para a solução dos problemas específicos levantados por casos particulares. Em segundo lugar, a delegação de poderes legislativos limitados ao executivo é uma característica

---

75. [TRS 84-5.]

familiar das democracias modernas, e a delegação ao judiciário não parece constituir ameaça maior à democracia que aquela. Normalmente, o poder legislativo eleito terá um controle residual sobre ambas as formas de delegação, podendo revogar ou emendar quaisquer leis subsidiárias que julgar inaceitáveis. É verdade que quando, como ocorre nos Estados Unidos, os poderes legislativos são limitados por uma constituição escrita e os tribunais têm amplo poder de controle de constitucionalidade repressivo, um poder legislativo *democraticamente eleito* pode descobrir-se incapaz de reverter um caso particular de legislação judicial. O controle democrático definitivo só poderá então ser assegurado *pelo* pesado mecanismo da emenda constitucional. Esse é o preço a ser pago pela imposição de restrições jurídicas ao governo.

    Dworkin acusa também a atividade criativa judicial de injustiça e a desaprova como uma forma de legislação retroativa ou *ex post facto,* que, evidentemente, é em geral considerada injusta. Mas a razão para que se considere injusta essa atuação legisladora retroativa é que ela frustra as expectativas justificadas daqueles que, ao agir, depositaram sua confiança na suposição de que as consequências jurídicas de seus atos seriam determinadas pelo estado conhecido do direito estabelecido quando tais atos foram praticados. Entretanto, essa objeção, mesmo que tenha cabimento se dirigida contra uma mudança retroativa feita por um tribunal, ou contra a revogação do direito claramente existente, parece totalmente fora de contexto nos casos difíceis, pois estes são casos que o direito regulamentou de forma incompleta e para os quais não existe situação jurídica conhecida, ou direito claramente estabelecido, que justifique as expectativas.

NOTAS

O texto deste livro é auto-suficiente, e recomenda-se que cada capítulo seja lido por inteiro antes de consultarem-se estas notas. As notas de pé de página ao longo do texto se limitam a fornecer as fontes das citações e a fazer referência aos casos e leis citados. As notas a seguir se referem a questões de três tipos diferentes, a saber: (i) ilustrações ou exemplos adicionais de afirmações gerais feitas no texto; (ii) escritos em que os pontos de vista adotados ou aplicados no texto são interpretados ou criticados posteriormente; (iii) sugestões para a investigação adicional da questão discutida no texto. Todas as referências a este livro são indicadas simplesmente pelos números do capítulo e da seção. Por exemplo, Capítulo 1, s. 1. Usaremos as seguintes abreviações:

Austin, *The Province*	Austin, *The Province of Jurisprudence Determined* (ed. Hart, Londres, 1954).
Austin, *The Lectures*	Austin, *Lectures on the Philosophy of Positive Law*.
Kelsen, *General Theory*	Kelsen, *General Theory of Law and State*.
BYBIL	*British Year Book of International Law.*
HLR	*Harvard Law Review.*
LQR	*Law Quarterly Review.*
MLR	*Modern Law Review.*
PAS	*Proceedings of the Aristotelian Society.*

Capítulo I

Páginas 1-2. As citações de Llewellyn, Holmes, Gray, Austin e Kelsen nestas páginas são maneiras paradoxais ou exageradas de enfatizar algum aspecto do direito que, na opinião do autor, ou é obscurecido pela terminologia jurídica comum, ou foi indevidamente negligenciado por estudiosos anteriores. No caso de um jurista importante, é frequentemente mais proveitoso protelar o exame da questão de saber se seus enunciados sobre o direito são literalmente verdadeiros ou falsos, examinando primeiramente as razões detalhadas oferecidas por ele em apoio a suas afirmações e, em segundo lugar, a concepção ou teoria do direito que seu enunciado pretende substituir.

É comum, na filosofia, um uso semelhante de declarações paradoxais ou exageradas como método de enfatizar verdades indevidamente esquecidas. Ver J. Wisdom, "Metaphysics and Verification" em *Philosophy and Psychoanalysis* (1953); Frank, *Law and the Modern Mind* (Londres, 1949), Apêndice VII ("Notes on Fictions").

As doutrinas apresentadas ou subentendidas em cada uma das cinco citações constantes destas páginas são examinadas no Capítulo VII, ss. 2 e 3 (Holmes, Gray e Llewellyn); Capítulo IV, ss. 3 e 4 (Austin); e Capítulo III, s. 1, pp. 48-52 (Kelsen).

Página 5. Caso-padrão e casos limítrofes. A característica linguística mencionada aqui é discutida, em seus aspectos gerais, sob a rubrica "A textura aberta do direito", no Capítulo VII, s. 1. É algo a ser considerado não somente quando se busca expressamente uma definição para termos gerais como "direito", "Estado", "crime" etc., mas também quando se procura caracterizar o raciocínio envolvido na aplicação de normas, vazadas em termos gerais, a casos específicos. Entre os juristas que enfatizaram a importância dessa característica da linguagem podemos mencionar: Austin, *The Province*, Lecture VI, pp. 202-7, e *Lectures in Jurisprudence* (5.ª ed., 1885), p. 997 ("Note on Interpretation"); Glanville Williams, "International Law and the Controversy Concerning the Word 'Law'", 22 BYBIL (1945), e "Language in the Law" (cinco artigos), 61 e 62 LQR (1945-6). Quanto ao último, entretanto, ver os comentários de J. Wisdom em "Gods" e em "Philosophy, Metaphysics and Psycho-Analysis", ambos em *Philosophy and Psycho-Analysis* (1953).

Páginas 7-8. Austin sobre a obrigação. Ver *The Province*, Lecture I, pp. 14-8; *The Lectures*, Lectures 22 e 23. A ideia de obrigação e as diferenças entre "ter uma obrigação" e "ser obrigado" mediante coerção são examinadas detalhadamente no Capítulo V, s. 2. Sobre a análise de Austin, ver as notas do Capítulo II, abaixo, pp. 362-3.

Páginas 10-1. Obrigação jurídica e obrigação moral. A afirmação de que o direito deve ser compreendido através de suas ligações com a moral é examinada nos Capítulos VIII e IX. Essa tese tomou muitas formas diferentes. Às vezes, como nas teorias clássicas e escolásticas do direito natural, essa asserção é associada à de que as noções morais fundamentais são "verdades objetivas" que a razão humana pode descobrir; mas vários outros juristas, igualmente preocupados em enfatizar a interdependência entre direito e moral, não se comprometem com esse ponto de vista sobre a natureza da moral. Ver as notas do Capítulo IX, abaixo, p. 386.

Páginas 13-4. *A teoria do direito escandinava e a ideia de uma norma vinculante.* Os trabalhos mais importantes desta escola acessíveis aos leitores de língua inglesa são Hägerström (1868-1939), *Inquires into the Nature of Law and Morals* (trad. ingl. Broad, 1953), e Olivecrona, *Law as Fact* (1939). A afirmação mais clara de suas opiniões sobre a natureza das normas jurídicas se encontra em Olivecrona, op. cit. Sua crítica da análise preditiva das normas jurídicas, que é preferida por muitos juristas norte-americanos (ver op. cit., pp. 85-8, 213-5), deve ser comparada às críticas similares em Kelsen, *General Theory* (pp. 165 ss., "The Prediction of the Legal Function"). Vale a pena investigar por que esses dois juristas chegam a conclusões tão diferentes com relação à natureza das normas jurídicas, apesar de concordarem em vários aspectos. Para as críticas da Escola Escandinava, ver Hart, resenha de Hägerström, op. cit., em *30 Philosophy* (1955); "Scandinavian Realism", *Cambridge Law Journal* (1959); Marshall, "Law in a Cold Climate", *Juridical Review* (1956).

Página 15. *O ceticismo em relação às normas na teoria norte-americana do direito.* Ver Capítulo VII, ss. 1 e 2, sobre "O formalismo e o ceticismo em relação às normas", onde são examinadas algumas das principais doutrinas que vieram a ser conhecidas como "Realismo Jurídico".

Página 16. *Dúvida a respeito do significado de palavras comuns.* Sobre casos envolvendo o significado de "assinar" ou "assinatura", ver 34 Halsbury, *Laws of England* (2.ª ed.), §§ 165-9, e o caso *In the Estate of Cook* (1960), I AER 689, bem como os casos ali citados.

Página 17. *Definição.* Para uma visão geral moderna das formas e funções da definição, ver Robinson, *Definition* (Oxford, 1952). A impropriedade da definição tradicional *per genus et differentiam* como método de elucidar termos jurídicos é discutida por Bentham, *Fragment on Government* (notas do Capítulo V, s. 6), e Ogden, *Bentham's Theory of Fictions* (pp. 75-104). Ver também Hart, "Definition and Theory in Jurisprudence", 70 LQR (1954), e Cohen e Hart, "Theory and Definition in Jurisprudence", PAS Supl. Vol. xxix (1955).

Sobre a definição do termo "direito", ver Glanville Williams, op. cit.; R. Wollheim, "The Nature of Law", em 2 *Political Studies* (1954); e Kantorowicz, *The Definition of Law* (1958), esp. Capítulo I. Sobre a necessidade geral e a função elucidativa de uma definição de termos, embora não reste dúvida com relação a seu uso no cotidiano em casos específicos, ver Ryle, *Philosophical Arguments* (1945); Austin, "A Plea for Excuses", 57 PAS (1956-7), pp. 15 ss.

Página 19. *Termos gerais e qualidades comuns*. A convicção acrítica de que, se um termo geral (p. ex., "direito", "Estado", "nação", "crime", "bem", "justo") é empregado corretamente, toda a gama de casos aos quais se aplica deve possuir "qualidades em comum" tem dado margem a muita confusão. Muito tempo e criatividade têm sido desperdiçados na teoria do direito na tentativa vã de descobrir, para fins de definição, as qualidades comuns que são, segundo essa interpretação, a *única* razão respeitável para o uso da mesma palavra para significar muitas coisas diferentes (ver Glanville Williams, op. cit. Entretanto, é importante observar que essa visão equivocada da natureza das palavras de sentido geral nem sempre envolve a confusão posterior entre as "questões verbais" e as questões de fato que este autor sugere).

A compreensão das diferentes maneiras pelas quais os vários usos de um termo geral podem estar relacionados é de especial importância no caso dos termos jurídicos, morais e políticos. Para uma analogia, ver Aristóteles, *Ética nicomaqueia*, i, cap. 6 (onde se cogita que os diferentes usos de "bem" podem estar assim relacionados), e Austin, *The Province*, Lecture V, pp. 119-24. Sobre diferentes tipos de relação com um caso central, p. ex., "saudável": ver Aristóteles, *Categorias*, cap. I, e exemplos de "cognatos" em *Tópicos*, I, cap. 15, e II, cap. 9. Sobre a noção de "semelhança de família": ver Wittgenstein, *Philosophical Investigations*, i, § 66-76. Cf. Capítulo VIII, s. 1, sobre a estrutura do termo "justo". O conselho de Wittgenstein (op. cit., § 66) é particularmente pertinente para a análise dos termos jurídicos e políticos. Considerando a definição de "jogo", ele disse: "Não diga que é *imprescindível* haver alguma coisa em comum, ou senão eles não seriam chamados 'jogos', mas *olhe* e *veja* se há algo comum a todos. Pois, se você os observar, não verá nada comum a *todos*, mas apenas semelhanças, relações, aliás toda uma série destas."

Capítulo II

Página 23. Variedades de imperativos. A classificação dos imperativos como "ordens", "súplicas", "comandos" etc., que depende de muitas circunstâncias, como a situação social, as relações entre as partes e suas intenções quanto ao uso da força, é ainda um tema virtualmente não pesquisado. A maioria das discussões filosóficas a respeito dos imperativos se preocupa com: (1) as relações entre a linguagem imperativa e a indicativa, ou descritiva, e as possibilidades de se reduzir a primeira à segunda (ver Bohnert, "The Semiotic Status of Commands", 12 *Philosophy of Science* (1945)); ou (2) a questão de saber quais relações dedutivas, se houver alguma, existem entre os imperativos (ver Hare, "Imperative Sentences", 58 *Mind* (1949), e também *The Language of Morals* (1952); Hofstadter and McKinsey, "The Logic of Imperatives", 6 *Philosophy of Science* (1939); Hall, *What is Value* (1952), cap. 6; e Ross, "Imperatives and Logic", 11 *Philosophy of Science* (1944)). O estudo dessas questões lógicas é importante, mas há também grande necessidade de que se discriminem as variedades de imperativos através da referência a situações sociais contextuais. Perguntar em que tipos de situação-padrão o uso de enunciados no modo gramatical imperativo seria normalmente classificado como "ordens", "súplicas", "pedidos", comandos", "diretivas", "instruções" etc. é um método para descobrir não somente fatos sobre a linguagem, mas também as semelhanças e diferenças, reconhecidas na linguagem, entre várias situações e relações sociais. A avaliação destas últimas tem grande importância para o estudo do direito, da moral e da sociologia.

Página 23. Os imperativos como expressão do desejo de que outros ajam ou se abstenham de agir. Ao caracterizar dessa maneira o uso-padrão do modo imperativo na linguagem, deve-se ter o cuidado de distinguir o caso em que o falante simplesmente revela que deseja que outro aja de certa maneira, dando assim uma informação sobre o seu próprio estado, daquele em que fala com a intenção de que o outro seja realmente induzido a agir daquela maneira. O modo indicativo, ao contrário do imperativo, seria normalmente apropriado no primeiro caso (a respeito dessa distinção, ver Hägerström, *Inquires into the Nature of Law and Morals*, cap. 3, s. 4, pp. 116-26). Mas, apesar de necessário, o fato de que o objetivo do falante é que o outro aja da maneira como o primeiro deseja não é suficiente para caracterizar o uso-padrão do modo imperativo; pois é também necessário que o falante tencione que a pessoa a quem se dirige reconheça que este é o seu objetivo ao falar, e seja então influenciada a agir. Sobre essa complicação (que é negligenciada no texto), ver Grice, "Meaning", 66 *Philosophical Review* (1957), e Hart, "Signs and Words", 11 *Philosophical Quarterly* (1952).

Página 24. A situação do assaltante, ordens e obediência. Uma das dificuldades na análise da noção geral de "imperativo" consiste em que não há uma palavra para designar aquilo que é comum às ordens, comandos, solicitações e muitas outras variedades de enunciado, como, p. ex., a expressão da intenção de que outro execute alguma ação ou deixe de fazê-lo; do mesmo modo, não há uma palavra única para designar o desempenho ou abstenção de tal ação. Todas as expressões naturais (como "ordens", "exigências", "obediência", "aquiescência") estão contaminadas pelas características especiais das situações diferentes em que normalmente são usadas. Mesmo a menos contaminada delas, qual seja, "dizer a alguém que faça algo" (*telling to*), sugere alguma ascendência de uma parte sobre a outra. Para descrever a situação do assaltante, escolhemos as expressões "ordens" e "obediência", já que seria perfeitamente natural dizer que o assaltante *ordenou* ao empregado do banco que lhe desse o dinheiro e que este *obedeceu*. É verdade que os *substantivos* abstratos "ordens" e "obediência" não seriam usados naturalmente para descrever a situação, já que alguma sugestão de autoridade se associa ao primeiro, e a última é geralmente considerada uma virtude. Mas, ao expor e criticar a teoria do direito como ordens coercitivas, usamos os substantivos "ordens" e "obediência", assim como os verbos "ordenar" e "obedecer", sem essas conotações de autoridade ou polidez. Usamo-los por uma questão de conveniência, e não tivemos a pretensão de prejulgar nenhum tema. Tanto Bentham (em *Fragment of Government*, cap. i, nota do § 12) quanto Austin (*The Province*, p. 14) empregam a palavra "obediência" nesse sentido. Bentham estava ciente de todas as dificuldades mencionadas aqui (ver *Of Laws in General*, 298 n.a.).

Página 26. O direito como ordens coercitivas: relação com a doutrina de Austin. O modelo simples do direito como ordens coercitivas, desenvolvido na Seção 2 deste capítulo, difere da doutrina de Austin exposta em *The Province* nos seguintes aspectos:

(*a*) *Terminologia*. As expressões "ordem apoiada em ameaças" e "ordens coercitivas" são usadas em vez de "comando", pelas razões expostas no texto.

(*b*) *Generalidade das leis*. Austin (op. cit., p. 19) faz distinção entre "leis" e "comandos específicos" e afirma que um comando é uma lei

NOTAS 363

ou norma se "obriga geralmente a atos ou abstenções de uma certa classe". Desse ponto de vista, um comando seria uma lei mesmo se fosse "dirigido" pelo soberano a um único indivíduo, desde que exigisse que este último executasse ou se abstivesse de executar uma classe ou tipo de ato, e não simplesmente um único ato ou um conjunto de diferentes atos especificados individualmente. No modelo de sistema jurídico desenvolvido no texto, as ordens são gerais, tanto no sentido de aplicar-se a classes de indivíduos quanto por se referirem a classes de atos.

(c) *Medo e obrigação*. Austin opina aqui e ali que uma pessoa só será vinculada ou obrigada se ela *realmente* temer a sanção (op. cit., pp. 15 e 24, e *The Lectures*, Lecture 22 (5.ª ed.), p. 444, "A parte é *compelida* ou *obrigada* a fazer algo ou a se abster de algo por detestar o mal e por temê-lo"). Sua doutrina principal, entretanto, parece defender que basta que exista a "*menor* chance de sofrer o menor mal", quer a pessoa compelida o tema, quer não (*The Province*, p. 16). No modelo do direito como ordens coercitivas, estipulamos apenas que deve haver a *convicção generalizada* de que o mal ameaçado provavelmente se seguirá à desobediência.

(d) *Poder e obrigação jurídica*. Do mesmo modo, em sua análise do comando e da obrigação, Austin afirma inicialmente que o autor do comando deve realmente ter o poder de ("ser capaz de" e "estar disposto a") infligir o mal eventual; mas Austin reduz depois essa exigência à menor chance do menor mal (op. cit., pp. 14, 16). Sobre essas ambiguidades nas definições de comando e obrigação de Austin, ver Hart, "Legal and Moral Obligation", em Melden, *Essays in Moral Philosophy* (1958), e o Capítulo V, s. 2.

(e) *Exceções*. Austin trata as leis declarativas, as leis permissivas (como, p. ex., as leis que simplesmente revogam leis anteriores) e as leis imperfeitas como exceções a essa definição geral do direito em termos de comandos (op. cit., pp. 25-9). Isso foi ignorado no texto deste capítulo.

(*f*) *O legislativo como poder soberano*. Austin defendia que, em uma democracia, o eleitorado, e não seus representantes no poder legislativo, constitui ou forma parte do órgão soberano, embora no Reino Unido o único uso de sua soberania seja a eleição de seus representantes e a delegação, a estes, de seus poderes soberanos restantes. Apesar de ter declarado que, "falando com precisão", este é o ponto de vista verdadeiro, ele se permitia dizer (como fazem todos os constitucionalistas) que o Parlamento detém a soberania (op. cit., Lecture VI, pp. 228-35). No texto deste capítulo, um órgão legislativo como o

Parlamento é identificado com o soberano; mas ver Capítulo IV, s. 4, para um exame detalhado desse aspecto da doutrina de Austin.

(g) *Sutilezas e restrições da doutrina de Austin.* Em capítulos posteriores deste livro, examinamos detalhadamente determinadas ideias que foram usadas na defesa da teoria de Austin contra seus críticos, apesar de não serem reproduzidas no modelo desenvolvido neste capítulo. Essas ideias foram introduzidas pelo próprio Austin – em alguns casos, somente de forma esboçada ou incipiente –, antecipando doutrinas de autores posteriores como Kelsen. Essas ideias incluem a noção de comando "tácito" (ver Capítulo III, s. 3, acima, p. 60, e Capítulo IV, s. 2, acima, p. 85); a nulidade como sanção (Capítulo III, s. 1); a doutrina de que o "verdadeiro" direito é uma norma dirigida às autoridades que requer que estas imponham sanções (Capítulo III, s. 1); o eleitorado como poder legislativo soberano extraordinário (Capítulo IV, s. 4, p. 100). Em qualquer avaliação de Austin, deve-se prestar atenção a W. L. Morison, "Some Myth about Positivism", *68 Yale Law Journal*, 1958, que corrige incompreensões sérias de autores mais antigos sobre Austin. Ver também A. Agnelli, *John Austin alle origini del positivismo giuridico* (1959), cap. 5.

Capítulo III

Página 35. As modalidades do direito. A busca de uma definição geral do direito obscureceu as diferenças de forma e função entre tipos diferentes de normas jurídicas. A tese deste livro é que as diferenças entre as normas que impõem obrigações ou deveres e aquelas que outorgam poderes são de importância crucial na teoria do direito. Este pode ser mais bem compreendido como uma união desses dois tipos diferentes de normas. Esta é, assim, a principal distinção entre os tipos de norma jurídica destacados neste capítulo, mas muitas outras distinções poderiam, e, para alguns fins, deveriam, ser traçadas (ver Daube, *Forms of Roman Legislation* (1956), sobre outras classificações elucidativas das normas jurídicas, refletindo suas funções sociais diversas, geralmente evidenciadas em sua forma linguística).

Página 36. Os deveres no direito penal e civil. Para focalizar a atenção na distinção entre as normas que impõem deveres e as que outorgam poderes, negligenciamos muitas distinções entre os deveres do direito penal e aqueles relacionados à responsabilidade civil contratual e extracontratual. Alguns teóricos, impressionados com essas diferenças, argumentaram que, no tocante à responsabilidade civil contratual e extracontratual, os direitos "primários" ou "pré-existentes" de desempenhar ou se abster de certos atos (p. ex., desempenhar um ato estipulado por contrato ou se abster da difamação) são ilusórios, e que os únicos deveres "genuínos" são os deveres corretivos ou relacionados à obrigação de pagar indenização ou reparar o erro em certas eventualidades, aí incluída a omissão no cumprimento do chamado dever primário (ver Holmes, *The Common Law*, cap. 8, criticado por Buckland em *Some Reflections on Jurisprudence*, p. 96, e em "The Nature of Contractual Obligation", *8 Cambridge Law Journal* (1944); cf. Jenks, *The New Jurisprudence*, p. 179).

Página 37. Obrigação e dever. No direito anglo-americano, esses termos são agora aproximadamente sinônimos, embora, exceto em discussões abstratas sobre as exigências do direito (p. ex., a análise da obrigação jurídica em contraposição à obrigação moral), não seja comum dizer que o direito penal impõe obrigações. A palavra "obrigação" talvez ainda seja mais comumente empregada pelos juristas para se referirem a contratos ou outros casos, como a obrigação de pagar indenização após a comissão de um ilícito civil, em que determinado indivíduo tem direito contra outro (direito *in personam*). Em outros casos, "dever" é mais comumente usado. No uso jurídico do inglês moderno, isso é tudo o que sobrevive do significado original do *obligatio* romano, como um *vinculum juris* unindo indivíduos determinados (ver Salmond, *Jurisprudence*, 11.ª ed., cap. 10, p. 260, e cap. 21; cf. também Capítulo V, s. 2)*.

Página 37. Normas que outorgam poderes. Na teoria do direito prevalecente na Europa continental, as normas que outorgam poderes jurídicos são às vezes chamadas de "normas de competência" (ver Kelsen, *General Theory*, p. 90, e A. Ross, *On Law and Justice* (1958), pp. 34, 50-9, 203-25). Ross distingue entre a competência privada e a social (e, assim, entre as disposições privadas, como um contrato, e os atos jurídicos públicos). Observa também que as normas de competência não prescrevem deveres. "A norma de competência não é imediatamente, em si mesma, uma diretriz; não prescreve um procedimento como dever... A norma de competência não diz, em si mesma, que a pessoa competente está obrigada a exercer sua competência" (op. cit.,

---

* Por outro lado, no direito brasileiro e nos sistemas de *civil law* em geral, a palavra "obrigação" conserva essencialmente o sentido que tinha no direito romano. (N. do E.)

p. 207). Observe-se, entretanto, que, apesar de fazer essas distinções, Ross adota o ponto de vista criticado neste capítulo (acima, pp. 48-52), de que as normas de competência são redutíveis a "normas de conduta", já que ambos os tipos devem ser "interpretados como diretrizes para os tribunais" (op. cit., p. 33).

Ao considerar a crítica feita no texto às várias tentativas de eliminar a distinção entre esses dois tipos de normas, ou de mostrar que tal distinção é meramente superficial, devem-se recordar as formas de vida social, distintas do direito, nas quais essa distinção é importante. No âmbito da moral, as normas imprecisas que determinam se uma pessoa fez uma promessa vinculante conferem aos indivíduos poderes limitados de legislação moral, e precisam então ser distinguidas das normas que impõem deveres *in invitum* (ver Melden, "On Promising", 65 *Mind* (1956); Austin, "Other Minds", PAS Suppl. Vol. XX (1946), reimpresso em *Logic and Language*, 2nd series; Hart, "Legal and Moral Obligation", em Melden, *Essays on Moral Philosophy*). As regras de qualquer jogo complexo podem também ser estudadas com proveito a partir deste ponto de vista. Algumas delas (análogas às do direito penal) proíbem, sob ameaça de sanção, determinados tipos de comportamento, p. ex., a trapaça ou o desrespeito ao árbitro. Outras regras definem a jurisdição das autoridades do jogo (juiz, "marcador de pontos" ou árbitro); outros ainda definem o que deve ser feito para marcar pontos (p. ex., gols ou *runs*). Satisfazer às condições para marcar um *run* ou um gol assinala uma fase crucial no caminho da vitória no jogo; não fazê-lo implica o fracasso em marcar pontos e, desse ponto de vista, é uma "nulidade". Estes são, à primeira vista, tipos diferentes de regra, com funções diversas no jogo. Entretanto, um teórico poderia afirmar que elas poderiam, e deveriam, ser reduzidas a um só tipo, seja porque a não-marcação de pontos ("nulidade") pode ser tratada como uma "sanção" ou penalidade por comportamento proibido, seja porque todas as regras podem ser interpretadas como diretrizes para que as autoridades executem certos atos (p. ex., marcar um ponto ou expulsar jogadores do campo) em determinadas circunstâncias. Entretanto, tal redução dos dois tipos de regra a um único tipo obscureceria a natureza das regras e subordinaria o que é de importância central no jogo ao que é meramente subsidiário. Vale a pena analisar em que medida as teorias jurídicas reducionistas, criticadas neste capítulo, obscurecem de forma análoga as funções diversas dos diferentes tipos de normas jurídicas no sistema de atividade social de que fazem parte.

Página 39. *As normas que outorgam poderes judiciais e as normas adicionais que impõem deveres ao juiz.* A distinção entre esses dois tipos de normas permanece, apesar de a mesma conduta poder ser entendida *tanto* como uma decisão tomada fora dos limites da competência, acarretando assim a possível declaração de nulidade da decisão judicial, *quanto* como uma contravenção do dever, segundo uma norma especial que proíbe que um juiz julgue uma causa sobre a qual não tem competência. Isso aconteceria se fosse possível obter um mandado para impedir que um juiz julgasse uma causa sobre a qual não tem competência (ou se comportasse de outras maneiras que invalidassem sua decisão), ou se fossem prescritas sanções para tal comportamento. Do mesmo modo, se uma pessoa juridicamente desqualificada participa de procedimentos oficiais, isso pode expô-la a uma sanção, bem como tornar inválidos os procedimentos. (Ver, sobre tal sanção, o Local Government Act 1933 (legislação do Reino Unido), s. 76; *Rands vs. Oldroyd* (1958), 3 ERA 344. Essa lei, entretanto, afirma que os atos de uma autoridade local não serão invalidados por um vício nas qualificações de seus membros (ibid. Schedule III, Part 5 (5).)

Página 44. A nulidade como sanção. Austin adota, mas não desenvolve, essa concepção em *The Lectures*, Lecture 23; mas ver as críticas de Buckland, op. cit., cap. 10.

Página 48. As normas que outorgam poderes como fragmentos de normas que impõem deveres. A versão extrema dessa teoria é elaborada por Kelsen em conjunto com a teoria de que as normas primárias do direito são aquelas que requerem que os tribunais ou autoridades apliquem sanções de acordo com determinadas condições (ver *General Theory*, pp. 58-63 e (com referência ao direito constitucional) ib., pp. 143-4). "As normas da constituição não são, portanto, normas completas independentes; são partes intrínsecas de todas as normas jurídicas que os tribunais e outros órgãos têm que aplicar."Essa doutrina é suavizada por restringir-se a uma apresentação "estática", contraposta aqui a uma apresentação "dinâmica", do direito (ibid., p. 144). A exposição de Kelsen também é complicada pela alegação de que, no caso das normas que outorgam poderes privados, p. ex., para fazer um contrato, a "norma secundária" – ou seja, os deveres criados pelo contrato – "não constitui mero construto auxiliar da teoria jurídica" (op. cit., pp. 90 e 137). Mas a teoria de Kelsen é, essencialmente, aquela criticada neste capítulo.Ver, para uma versão mais simples, a doutrina de Ross de que "As normas de competência são normas de conduta em formulação indireta" (Ross, op. cit., p. 50). Sobre a teoria mais moderada, que reduz todas as normas a normas que criam deveres, ver Bentham, *Of Laws in General*, cap. 16 e Apêndices A-B.

Página 53. Os deveres jurídicos como previsões e as sanções como impostos sobre a conduta. Sobre ambas essas teorias, ver Holmes, "The Path of the Law" (1897), em *Collected Legal Papers*. Holmes pensava ser necessário "lavar a ideia de dever em 'ácido cínico'", por ter ela se confundido com o dever moral. "Preenchemos a palavra com todo o conteúdo que retiramos da moral" (op. cit., 173). Mas a concepção das normas jurídicas como padrões de conduta não exige que sejam identificadas com os padrões morais (ver Capítulo V, s. 2). Sobre uma crítica da identificação do dever por Holmes com a "profecia de que, se ele [o Homem Mau] fizer determinadas coisas, estará exposto a consequências desagradáveis" (loc. cit.), ver A. H. Campbell, resenha de "Courts on Trial" de Frank, 13 MLR (1950); e também o Capítulo V, s. 2, Capítulo VII, ss. 2 e 3.

Os tribunais norte-americanos encontraram dificuldades para distinguir uma multa de um imposto para os fins do Artigo I, s. 8, da Constituição dos EUA, que outorga poderes ao Congresso para lançar impostos. Ver *Charles C. Steward Machine Co. vs. Davis*, 301 US 548 (1937).

Página 55. O indivíduo como detentor de deveres e como legislador privado. Cf. a versão de Kelsen da capacidade jurídica e da autonomia privada (*General Theory*, pp. 90 e 136).

Página 56. Legislação que vincula o legislador. Para uma crítica das teorias imperativas do direito baseadas na ideia de que as ordens e os comandos se aplicam somente a outros, ver Baier, *The Moral Point of View* (1958), pp. 136-9. Alguns filósofos, entretanto, aceitam a ideia de um comando dirigido ao próprio indivíduo que comanda, e até a usam em sua análise dos juízos morais em primeira pessoa (ver Hare, *The Language of Morals*, caps. 11 e 12, sobre o verbo inglês "Ought"). Quanto à analogia sugerida no texto entre a legislação e uma promessa, ver Kelsen, *General Theory*, p. 36.

Página 60. O costume e os comandos tácitos. A doutrina criticada no texto é a de Austin (ver *The Province*, Lecture I, pp. 30-3, e *The Lectures*, Lecture 30). Sobre a noção de comando tácito e seu papel para explicar, de modo compatível com a teoria imperativa, o reconhecimento de várias formas de direito, ver as doutrinas de Bentham sobre "adoção" e "suscepção" em *Of Laws in General*, p. 21; Morison, "Some Myth about Positivism", 68 *Yale Law Journal* (1958); e também o Capítulo IV,

s. 2. Para uma crítica da noção de comando tácito, ver Gray, *The Nature and Sources of the Law*, ss. 193-9.

Página 65. As teorias imperativas e a interpretação da atividade legislativa. A doutrina de que as leis são essencialmente ordens e, assim, constituem expressões do desejo ou da intenção de um legislador é vulnerável a muitas críticas, além daquelas mencionadas neste capítulo. Alguns críticos a responsabilizam por uma concepção errônea da tarefa de interpretação das leis, concebida no caso como uma busca da "intenção" do legislador – o que desconsidera o fato de que, onde o poder legislativo é um corpo artificial complexo, não apenas pode ser difícil encontrar ou apresentar provas de sua intenção como pode inclusive ser impossível atribuir algum significado claro à expressão "a intenção do poder legislativo" (ver Hägerström, *Inquiries into the Nature of Law and Morals*, cap. iii, pp. 74-97, e, sobre a ficção envolvida na ideia de intenção legislativa, ver Payne, "The Intention of the Legislature in the Interpretation of Statute", *Current Legal Problems* (1956); cf. Kelsen, *General Theory*, p. 33, sobre a "vontade" do legislador).

Capítulo IV

Página 67. Austin sobre a soberania. A teoria da soberania examinada neste capítulo é aquela exposta por Austin em *The Province*, Lectures V e VI. Segundo a interpretação aqui apresentada, Austin não ofereceu apenas determinadas definições formais ou um esquema abstrato para o arranjo lógico de um sistema jurídico, mas fez também a afirmação factual de que, em todas as sociedades onde há direito, como a da Inglaterra ou a dos Estados Unidos, existe em algum lugar um soberano com os atributos ali definidos, ainda que tal fato possa ser obscurecido por diferentes formas constitucionais e jurídicas. Alguns teóricos interpretaram Austin de outra forma, como se não tivesse feito tais declarações factuais (ver Stone, *The Province and Function of Law*, caps. 2 e 6, e, especialmente, pp. 60-1, 138 e 155, em que os esforços de Austin para identificar o soberano em várias comunidades são tratados como desvios que nada têm a ver com seu objetivo principal). Para uma crítica desse ponto de vista acerca da doutrina de Austin, ver Morison, "Some Myth about Positivism", loc. cit., pp. 217-22. Cf. Sidgwick, *The Elements of Politics*, Apêndice (A) "On Austin's Theory of Sovereignity".

Página 72. A continuidade da autoridade legislativa em Austin. As breves referências contidas em *The Province* a pessoas que "recebem a soberania através de sucessão" (Lecture V, pp. 152-4) são sugestivas mas obscuras. Austin parece admitir que, para explicar a continuidade da soberania ao longo de uma sucessão de pessoas que a adquirem, não são suficientes as noções de "obediência habitual" e "comandos"; mas ele não chega a identificar claramente o elemento que falta. A esse respeito, ele fala de um "*título*" ou "*direito*" (*title*) e de "*pretensões*" (*claims*) à sucessão, bem como de um título "*legítimo*", apesar de todas essas expressões sugerirem, tal como são usadas normalmente, a existência de uma *norma* que regulamenta a sucessão e não somente de *hábitos* de obediência a soberanos sucessivos. A explicação de Austin para esses termos e para as expressões "título genérico" e "modo genérico" de adquirir a soberania, que ele usa, deve ser deduzida de sua doutrina sobre o caráter "determinado" do soberano (op. cit., Lecture V, pp. 145-55). Nesta ele distingue o caso em que o soberano ou os soberanos são identificados individualmente, p. ex., pelo nome, daquele em que são identificados "por corresponder a uma descrição genérica". Portanto (para citar o exemplo mais simples), em uma monarquia hereditária, a descrição genérica pode ser "o descendente masculino mais velho vivo" de um dado ancestral; em uma democracia parlamentar, seria uma descrição altamente complexa das qualificações exigidas para se tornar membro do poder legislativo.

O ponto de vista de Austin parece ser o de que, quando uma pessoa satisfaz a essa descrição "genérica", ela está "intitulada" à sucessão ou tem o "direito" de suceder. Essa explicação em razão da descrição genérica do soberano, quando apresentada desse modo, é inadequada, a não ser que Austin, quando se refere a uma "descrição" nesse contexto, esteja falando de uma *norma* aceita que regulamenta a sucessão. Pois existe uma distinção clara entre o caso em que cada um dos membros de uma sociedade *de fato* obedece habitualmente a quem quer que, no momento, corresponda a determinada descrição, e o caso em que uma norma aceita estipula que quem se ajuste a essa descrição tem o *direito* de ser obedecido. Isso é análogo à diferença entre o caso de pessoas que movem uma peça de xadrez habitualmente de uma certa maneira e aquelas que, além de fazer isso, aceitam a regra que diz que tal é a maneira *correta* de movê-la. Para que haja um "direito" ou "título" à sucessão, deve haver uma norma que contemple a sucessão. A doutrina das descrições genéricas de Austin não pode substituir tal norma, apesar de revelar claramente a necessidade desta. Para uma crítica semelhante ao fato de Austin não reconhecer a noção de uma norma que qualifica as pessoas para a atividade legislativa, ver Gray, *The Nature and Sources of the Law*, cap. iii, esp. ss. 151-7. A descrição feita por Austin, na Lecture V, da unidade e da capacidade corporativa ou "colegiada" do corpo soberano, padece do mesmo defeito (ver s. 4 deste capítulo).

Página 73. Normas e hábitos. O aspecto interno das normas enfatizado aqui é discutido adicionalmente nos Capítulos V, s. 2, p. 114, e s. 3, p. 127, VI, s. 1, e VII, s. 3. Ver também Hart, "Theory and Definition in Jurisprudence", 29 PAS Suppl. Vol. (1955), pp. 247-50. Para um ponto de vista similar, ver Winch sobre "Rules and Habits", em *The Idea of a Social Science* (1958), cap. ii, pp. 57-65, cap. iii, pp. 84-94; Piddington, "Malinowski's Theory of Needs", em *Man and Culture* (ed. Firth).

Página 60. A aceitação geral das normas constitucionais fundamentais. O complexo de atitudes diferentes em relação às normas do direito por parte de autoridades e cidadãos privados, complexo esse que está envolvido na aceitação de uma constituição e, portanto, na existência de um sistema jurídico, é examinado adicionalmente no Capítulo V, s. 2, pp. 114-8, e Capítulo VI, s. 2, pp. 148-51. Ver também Jennings, *The Law of the Constitution* (3.ª ed.), Apêndice 3: "A Note on the Theory of Law".

Página 84. Hobbes e a teoria dos comandos tácitos. Ver *ante*, Capítulo III, s. 3, e respectivas notas; e também Sidgwick, *Elements of Politics*, Apêndice A. Sobre a teoria "realista" parcialmente semelhante, segundo a qual nem mesmo as leis de um órgão legislativo contemporâneo são leis até que sejam implementadas coercitivamente, ver Gray, *The Nature and Sources of the Law*, cap. 4; J. Frank, *Law and the Modern Mind*, cap. 13.

Página 87. Limitações jurídicas ao poder legislativo. Diferentemente de Austin, Bentham sustentava que o poder supremo poderia ser limitado por "convenção expressa", e que as leis que violassem a convenção seriam nulas. Ver *A Fragment on Government*, cap. 4, § 26 e 34-8. O argumento de Austin contra a possibilidade de uma limitação jurídica sobre o poder do soberano se baseia na suposição de que estar sujeito a tal limitação é estar sujeito a um *dever*. Ver *The Province*, Lecture VI, pp. 254-68. Na realidade, as limitações à autoridade legislativa consistem em *inabilitações (disabilities)*, e não em deveres (ver Hohfeld, *Fundamental Legal Conceptions* (1923), cap. i).

Página 90. Disposições sobre o procedimento e a forma da legislação. A dificuldade em distinguir estas das limitações substantivas sobre o poder legislativo é examinada adicionalmente no Capítulo VII, s. 4, pp. 192-7. Ver Marshall, *Parliamentary Sovereignity and the Commonwealth* (1957), caps. 1-6, para uma discussão exaustiva sobre a distinção entre "definir" e "restringir" as capacidades de um órgão soberano.

Página 94. Salvaguardas constitucionais e controle judicial de constitucionalidade. Sobre as constituições que não preveem de modo algum o controle judicial de constitucionalidade, ver Wheare, *Modern Constitutions*, cap. 7. São elas, entre outras, as da Suíça (com exceção da legislação cantonal) e as da Terceira República Francesa, da Holanda e da Suécia. Quanto à recusa da Suprema Corte dos Estados Unidos em decidir pretensões de inconstitucionalidade que levantam "questões políticas", ver *Luther vs. Borden*, 7 Howard 1 12 L. Ed. 581 (1849); Frankfurter, "The Supreme Court", em *14 Encyclopaedia of the Social Sciences*, pp. 474-6.

Página 97. O eleitorado como um "poder legislativo extraordinário". Sobre o uso que Austin faz dessa noção na tentativa de escapar à objeção de que em vários sistemas o poder legislativo ordinário é sujeito a limitações jurídicas, ver *The Province*, Lecture VI, pp. 222-33 e 245-51.

Página 100. Os legisladores em sua capacidade oficial e enquanto indivíduos particulares. Austin frequentemente distingue entre os membros do corpo soberano "considerados separadamente" e estes "enquanto membros ou em sua capacidade colegiada e soberana" (*The Province*, Lecture VI, pp. 261-6). Mas essa distinção envolve a ideia de uma norma que regulamenta a atividade legislativa do órgão soberano. Austin apenas insinua uma análise da noção de capacidade oficial colegiada, entendendo-a insatisfatoriamente como uma "descrição genérica" (ver nota acima, na p. 72).

Página 102. O âmbito limitado do poder de reforma. Ver a ressalva do Artigo V da Constituição dos Estados Unidos. Os Artigos 1 e 20 da Lei Fundamental da República Federal da Alemanha (1949) são colocados completamente fora do âmbito do poder de reforma ou emenda conferido pelo Artigo 79 (3). Ver também o Artigo 1 e o Artigo 102 da Constituição da Turquia (1945).

Capítulo V

Página 107. A obrigação como a probabilidade do mal ameaçado. Ver exemplos de análises "preditivas" da obrigação em Austin, *The Province*, Lecture I, pp. 15-24, e *The Lectures*, Lecture 22; Bentham, *A Fragment on Government*, cap. 5, esp. § 6, e a respectiva nota; Holmes, *The Path of the Law*. A análise de Austin é criticada por Hart, "Legal and Moral Obligation", em Melden, *Essays in Moral Philosophy*. Sobre a noção geral de obrigação, cf. Nowell-Smith, *Ethics* (1954), cap. 14.

Página 113. A obrigação e a figura de um vínculo ("vinculum juris"). Ver A. H. Campbell, *The Structure of Stairs Institute* (Glasgow, 1954), p. 31. A palavra inglesa *duty* (dever) é derivada, pelo *devoir* francês, do latim *debitum*. Daí a ideia latente de débito, dívida.

Página 114. A obrigação e os sentimentos de compulsão. Ross analisa o conceito de validade em função de dois elementos, a saber, a eficácia da norma e "a maneira em que é percebida como motivante, isto é, socialmente vinculante". Isso envolve uma análise da obrigação em função de uma experiência mental que acompanha os padrões de comportamento experimentados. Ver Ross, *On Law and Justice*, caps. i e ii, e *Kritik der sogenannten praktischen Erkenntniss* (1933), p. 280. Para uma discussão elaborada sobre a ideia de dever em sua relação com o sentimento, ver Hägerström, *Inquires into the Nature of Law and Morals*, pp. 127-200; e, sobre este, ver Broad, "Hägerström's Account of Sense of Duty and Certain Allied Experiences", *26 Philosophy* (1951); Hart, "Scandinavian Realism", em *Cambridge Law Journal* (1959), pp. 236-40.

Página 112. O aspecto interno das normas. O contraste entre o ponto de vista preditivo externo do observador e o ponto de vista interno daqueles que aceitam e usam as normas como fontes de orientação é estabelecido, embora não nesses termos, por Dickinson, "Legal Rules. Their Function in the Process of Decision", *79 University of Pennsylvania Law Review*, p. 833 (1931). Cf. L. J. Cohen, *The Principles of World Citizenship* (1954), cap. 3. Deve-se observar que, do ponto de vista externo, p. ex., aquele de um observador que não aceita as normas da sociedade que observa, muitos tipos diferentes de afirmações podem ser feitos, isto é, (i) o observador pode meramente registrar as regularidades do comportamento daqueles que obedecem às normas como se fossem meros hábitos, sem fazer referência ao fato de que esses padrões são considerados pelos membros da sociedade como padrões de comportamento correto; (ii) pode, além disso, registrar a reação hostil aos desvios em relação ao padrão normal de comportamento como algo habitual, novamente sem referir-se ao fato de que tais desvios são considerados pelos membros daquela sociedade como razões e justificativas para tais reações; (iii) pode registrar não somente tais regularidades observáveis de comportamento e reações, mas também *o fato de que* os membros da sociedade aceitam determinadas normas como padrões de comportamento, e que o comportamento e as reações observáveis são consideradas por *eles* como exigidas ou justificadas pelas normas. É importante distinguir o enunciado factual externo de que os membros da sociedade aceitam determinada norma como norma do enunciado interno da norma feito por alguém que a aceita ele próprio. Ver Wedberg, "Some Problems on the Logical Analysis of Legal Science", 17 *Theoria* (1951); Hart, "Theory and Definition in Jurisprudence", 29 PAS Suppl. Vol. (1955), pp. 247-50. Ver também o Capítulo VI, s. i, pp. 102-5 e 109-10.

Página 118. As *normas consuetudinárias nas comunidades primitivas.* Poucas sociedades existiram que carecessem totalmente tanto de órgãos legislativos como de sanções centralmente organizadas. Para estudos das que mais se aproximaram desse estado, ver Malinowski, *Crime and Custom in Savage Society*; A. S. Diamond, *Primitive Law* (1935), cap. 18; Llewellyn e Hoebel, *The Cheyenne Way* (1941).

Página 121. *O julgamento na ausência de sanções organizadas.* Sobre as sociedades primitivas em que se prevê a solução de conflitos através de formas rudimentares de julgamento, apesar de não haver nenhum sistema de sanções centralmente organizado para implementar as decisões, ver Evans-Pritchard sobre a "anarquia organizada", em *The Nuer* (1940), pp. 117 ss., citado em Gluckman, *The Judicial Process among the Barotse* (1955), p. 262. No direito romano, um sistema elaborado de litígio precedeu de longa data a disponibilidade de uma máquina estatal destinada a implementar as decisões de litígios civis. Até a época do império, se o réu deixasse de pagar o que devia, permitia-se ao querelante que ganhasse a causa apoderar-se dele ou de seus bens. Ver Schulz, *Classical Roman Law*, p. 26.

Página 122. *O passo do mundo pré-jurídico ao mundo jurídico.* Ver Baier sobre "Law and Custom", em *The Moral Point of View*, pp. 127-33.

Página 122. *A norma de reconhecimento.* Para uma discussão mais ampla desse elemento em um sistema jurídico e sua relação com a Norma Fundamental de Kelsen (*Grundnorm*), ver Capítulo VI, s. 1, e Capítulo X, s. 5, e as respectivas notas.

Página 123. Textos oficiais de normas. Em Roma, de acordo com a tradição, as XII Tábuas foram inscritas em chapas de bronze e afixadas no mercado, em resposta às exigências dos plebeus para que se publicasse um texto autorizado do direito. A partir dos escassos dados disponíveis, parece improvável que as XII Tábuas se afastassem muito das normas consuetudinárias tradicionais.

Página 125. Contratos, testamentos etc. como exercícios de poderes legislativos. Quanto a essa comparação, ver Kelsen, *General Theory*, p. 136, que fala sobre a transação jurídica ou negócio jurídico como um "ato de criação do direito".

Capítulo VI

Página 129. A norma de reconhecimento e a "norma fundamental" de Kelsen. Uma das teses centrais deste livro é que o fundamento de um sistema jurídico não é o hábito geral de obediência a um soberano juridicamente ilimitado, mas uma norma última de reconhecimento que fornece critérios oficiais para a identificação das normas válidas do sistema. Essa tese lembra, em alguns aspectos, a concepção de Kelsen de uma norma fundamental; e, mais recentemente, a concepção, insuficientemente elaborada por Salmond, de "princípios jurídicos últimos" (ver Kelsen, *General Theory*, pp. 110-24, 131-4, 369-73, 395-6, e Salmond, *Jurisprudence*, 11.ª ed., p. 137 e Apêndice I). Entretanto, uma terminologia diferente da de Kelsen foi adotada neste livro, já que o ponto de vista aqui exposto difere do daquele autor nos seguintes aspectos principais:

1. A questão de determinar se uma norma de reconhecimento existe e qual é seu conteúdo, p. ex., quais são os critérios de validade em qualquer sistema jurídico, é tratada ao longo deste livro como uma questão empírica, apesar de complexa. Isso é verdadeiro, embora também seja verdadeiro que normalmente, quando um jurista que opera dentro do sistema afirma que alguma norma em particular é válida, ele não *declara explicitamente*, mas *pressupõe tacitamente,* que a norma de reconhecimento (em referência à qual verificou a validade daquela norma específica) existe como a norma aceita de reconhecimento do sistema. Se for posto em questão, o que aqui pressupomos poderia ser provado através do recurso aos fatos, p. ex., à prática real dos tribunais e das autoridades do sistema quando identificam o direito que devem aplicar. A terminologia de Kelsen, que classifica a norma

fundamental como uma "hipótese jurídica" (ibid. XV), "hipotética" (ibid. 396),"uma norma última postulada"(ibid. 113), uma "norma que existe na consciência jurídica"(ibid. 116),"uma suposição"(ibid. 396), obscurece ou mesmo destoa completamente do ponto de vista enfatizado neste livro, qual seja, que o problema de determinar"quais são os critérios de validade jurídica em qualquer sistema jurídico" é uma questão de fato. E é uma questão factual apesar de ser uma questão *sobre* a existência e o conteúdo de uma norma. Cf. Ago,"Positive Law and International Law", em *51 American Journal of International Law* (1957), pp. 703-7.

2. Kelsen fala de "pressupor a *validade*" da norma fundamental. Pelas razões dadas no texto (pp. 139-42), nenhuma indagação pode ser suscitada a respeito da validade ou invalidade da norma de reconhecimento geralmente aceita, se tal indagação for considerada distinta do problema factual da própria existência da norma.

3. A norma fundamental de Kelsen tem, num certo sentido, sempre o mesmo conteúdo; pois ela é, em todos os sistemas jurídicos, simplesmente a norma que estipula que a constituição ou aqueles que "formularam a primeira constituição" têm de ser obedecidos (*General Theory*, pp. 115-6). Essa aparência de uniformidade e simplicidade pode ser enganosa. Se uma constituição que especifica as várias fontes do direito é uma realidade viva, no sentido de que os tribunais e as autoridades do sistema realmente identificam o direito de acordo com os critérios que ela oferece, então a constituição é aceita e realmente existe. Parece desnecessário afirmar que há uma norma ulterior que diz que a constituição ou aqueles que"a formularam" devem ser obedecidos. Isso fica particularmente claro naqueles sistemas, como o do Reino Unido, onde não há constituição escrita: aqui parece não haver lugar para uma norma que estipule que "a constituição deve ser obedecida", mas somente para a norma que diz que certos critérios de validade (p. ex., uma lei elaborada pelo Parlamento por delegação da Coroa) devem ser usados para identificar o direito. Essa é a norma aceita; é confuso acrescentar que existe outra norma segundo a qual aquela norma deve ser obedecida.

4. O ponto de vista de Kelsen (*General Theory*, pp. 373-5, 408-10) é que é logicamente impossível considerar válida determinada norma jurídica e ao mesmo tempo aceitar, como moralmente obrigatória, uma norma moral que proíba o comportamento exigido pela norma jurídica. Nenhuma consequência semelhante decorre da descrição da validade jurídica oferecida neste livro. Um razão para se usar a expressão "norma de reconhecimento", em vez de "norma fundamen-

tal", é evitar qualquer comprometimento com o ponto de vista de Kelsen sobre o conflito entre direito e moral.

Página 30. Fontes do direito. Alguns autores distinguem as fontes do direito "formais" ou "jurídicas" das fontes "materiais" ou "históricas" (Salmond, *Jurisprudence*, 11.ª ed., cap. V). Isso é criticado por Allen, *Law in the Making*, 6.ª ed., p. 260, mas essa distinção, interpretada como uma diferenciação de dois sentidos da palavra "fonte", é importante (ver Kelsen, *General Theory*, pp. 131-2, 152-3). Num dos sentidos (no sentido "material", "histórico", p. ex.), uma fonte consiste simplesmente nas influências causais ou históricas que explicam a existência de determinada norma do direito num determinado tempo e lugar: nesse sentido, a fonte de determinadas normas contemporâneas inglesas do direito podem ser as normas do direito romano ou canônico, ou mesmo as normas da moral popular. Mas, quando se diz que a "legislação" é uma fonte do direito, a palavra "fonte" se refere não a meras influências históricas ou causais, mas a um dos critérios de validade jurídica aceitos no sistema jurídico em questão. A promulgação como lei por um poder legislativo competente é a *razão* por que uma determinada norma jurídica constitui direito válido, e não meramente a *causa* de sua existência. Essa distinção entre a causa histórica e a razão para a validade de determinada norma jurídica só pode ser traçada nos casos em que o sistema contém uma norma de reconhecimento, em virtude da qual certas coisas (atuação do poder legislativo, prática consuetudinária ou precedente) são aceitas como marcas identificadoras do direito válido.

Mas essa distinção clara entre as fontes causais ou históricas e as jurídicas ou formais pode se tornar indistinta na prática efetiva, e foi isso que levou autores como Allen (op. cit.) a criticar a distinção. Nos sistemas onde a lei oriunda do legislativo constitui uma fonte do direito formal ou jurídica, um tribunal, ao decidir uma causa, está obrigado a levar em consideração a lei pertinente, apesar de ter, sem dúvida, considerável liberdade para interpretar o significado da linguagem legal (ver Capítulo VII, s. 1). Mas, às vezes, a liberdade do juiz não se limita à liberdade de interpretação. Se concluir que nenhuma lei ou outra fonte formal do direito determina a causa que tem em mãos, ele pode basear sua decisão em, por exemplo, um texto do Digesto de Justiniano ou nos textos de um jurista francês (ver, p. ex., Allen, op. cit., 260 ss.). O sistema jurídico não *exige* que ele use essas fontes, mas aceita como perfeitamente apropriado que o faça. Tais fontes são, portanto, mais que meras influências históricas ou causais, já que esses textos são reconhecidos como "bons fundamentos" para decisões. Talvez devêssemos classificar essas fontes como fontes jurídicas "eletivas" (*permissive*), para distingui-las tanto das fontes jurídicas ou formais "obrigatórias" (*mandatory*), como a legislação, quanto das fontes históricas ou materiais.

Página 132. A validade e a eficácia jurídicas. Kelsen distingue entre a eficácia de um ordenamento jurídico que é eficaz como um todo e a eficácia de determinada norma (*General Theory*, pp. 41-2, 118-22). Para ele, uma norma é válida se, e somente se, pertencer a um sistema que é eficaz *como um todo*. Ele também expressa esse ponto de vista, talvez de forma mais obscura, ao dizer que a eficácia do sistema como um todo é uma *conditio sine qua non* (condição necessária), apesar de não ser uma *conditio per quam* (condição suficiente: *sed quaere*), para a validade de suas normas. O essencial dessa distinção, expresso na terminologia deste livro, é o seguinte; a eficácia geral do sistema não é um critério de validade fornecido pela norma de reconhecimento de um sistema jurídico, mas é pressuposta, apesar de não declarada explicitamente, sempre que uma norma do sistema é identificada como norma válida por referência a seus critérios de validade; e, a não ser que o sistema seja eficaz de modo geral, nenhuma declaração significativa de validade pode ser feita. O ponto de vista adotado no texto diverge do de Kelsen sob esse aspecto, já que se argumenta aqui que, apesar de a eficácia do sistema ser o *contexto normal* para se fazerem enunciados de validade, em circunstâncias especiais tais declarações podem ser significativas mesmo que o sistema já não seja eficaz (ver *ante*, p. 104).

Kelsen também discute, sob a rubrica *desuetudo,* a possibilidade de um sistema jurídico fazer com que a validade de uma norma dependa da continuidade de sua eficácia. Em tal caso, a eficácia (de determinada norma) seria parte dos critérios de validade do sistema, e não um mero "pressuposto" (op. cit., pp. 119-22).

Página 134. Validade e previsão. Sobre a ideia de que a declaração de que uma lei é válida constitui uma previsão do comportamento futuro dos tribunais e o sentimento especial de motivação destes, ver Ross, *On Law and Justice*, caps. 1 e 2, criticado em Hart, "Scandinavian Realism", em *Cambridge Law Journal* (1959).

Página 136. Constituições com poderes de reforma limitados. Ver os casos da Alemanha Ocidental e da Turquia, nas notas do Capítulo IV, *ante*, p. 372.

Página 143. Categorias convencionais e estruturas constitucionais. Sobre a classificação supostamente exaustiva que se resume às categorias de "direito" e "convenção", ver Dicey, *Law of the Constitution*, 10.ª ed., pp. 23 ss.; Wheare, *Modern Constitutions*, cap. i.

Página 144. A norma de reconhecimento: direito ou fato? Ver os argumentos a favor e contra sua classificação como um fato político em Wade, "The Basis of Legal Sovereignty", *Cambridge Law Journal* (1955), especialmente p. 189, e Marshall, *Parliamentary Sovereignty and the Commonwealth*, pp. 43-6.

Página 144. A existência do sistema jurídico, a obediência habitual e a aceitação da norma de reconhecimento. Sobre os perigos da simplificação do fenômeno social complexo que envolve tanto a obediência do cidadão comum quanto a aceitação de normas constitucionais pelas autoridades, ver Capítulo IV, s. 1, pp. 80-1, e Hughes, "The Existence of a Legal System", *35 New York University* LR (1960), p. 1010, criticando com justiça, sob esse aspecto, a terminologia usada em Hart, "Legal and Moral Obligation", em *Essays in Moral Philosophy* (Melden, org., 1958).

Página 152. Ruptura parcial da ordem jurídica. Somente alguns dos muitos possíveis estados intermediários entre a existência normal completa e a inexistência de um sistema jurídico são assinalados no texto. A revolução é discutida do ponto de vista jurídico em Kelsen, *General Theory*, pp. 117 ss., 219 ss., e por completo por Cattaneo, em *Il Concetto di Revoluzione nella Scienza del Diritto* (1960). A interrupção de um sistema jurídico pela ocupação inimiga pode tomar muitas formas diferentes, algumas das quais foram categorizadas no direito internacional: ver McNair, "Municipal Effects of Belligerent Occupation" 56 LQR (1941), e a discussão teórica de Goodhart em "An Apology for Jurisprudence", em *Interpretations of Modern Legal Philosophies*, pp. 288 ss.

Página 154. A embriologia do sistema jurídico. A evolução de colônia a domínio analisada em Wheare, *The Statute Of Westminster and Dominion Status*, 5.ª ed., é um campo fértil para o estudo da teoria do direito. Ver também Latham, *The Law and the Commonwealth* (1949). Latham foi o primeiro a interpretar o desenvolvimento constitucional da Comunidade Britânica em termos do crescimento de uma nova norma fundamental com "raiz local". Ver também Marshall, op. cit., esp. cap. vii, sobre o Canadá, e Wheare, *The Constitutional Structure of the Commonwealth* (1960), cap. 4, sobre "Autochthony".

Página 156. A renúncia ao poder legislativo. Ver a discussão dos efeitos jurídicos da s. 4 do Estatuto de Westminster em Wheare, *The Statute of Westminster and Dominion Status*, 5.ª ed., pp. 297-8; *British Coal Corporation vs. The King* (1935), AC 500; Dixon, "The Law and the Constitution", 51 LQR (1935); Marshall, op. cit., pp. 146 ss.; ver também o Capítulo VII, s. 4.

Página 156. A independência não reconhecida pelo sistema metropolitano. Ver a discussão sobre o Estado Livre da Irlanda em Wheare, op. cit.; *Moore vs. AG for the Irish Free State* (1935), AC 484; *Ryan vs. Lennon* (1935), IRR 170.

Página 156. Enunciados factuais e enunciados de direito sobre a existência de um sistema jurídico. A descrição que Kelsen faz (op. cit., pp. 373-83) das possíveis relações entre o direito interno e o direito internacional ("primazia do direito interno ou primazia do direito internacional") supõe que a afirmação de que um sistema jurídico existe é *necessariamente* um enunciado de direito, feito do ponto de vista de um sistema jurídico sobre outro, aceitando o outro sistema como "válido" e como algo que forma, junto com o primeiro, um único sistema. A opinião comum de que o direito interno e o direito internacional constituem sistemas jurídicos separados envolve tratar como enunciado factual a afirmação de que um sistema jurídico (nacional ou internacional) existe. Isso, para Kelsen, é um "pluralismo" inaceitável (Kelsen, loc. cit.; Jones, "The 'Pure' Theory of International Law" 16 BYBIL 1935); ver Hart, "Kelsen's Doctrine of the Unity of Law", em *Ethics and Social Justice*, vol. 4 do *Contemporary Philosophical Thought* (Nova York, 1970).

Página 157. África do Sul. Para um exame completo da importante lição jurídica a ser aprendida dos problemas constitucionais da África do Sul, ver Marshall, op. cit., cap. 11.

Capítulo VII

Página 162. A transmissão de normas através de exemplos. Para uma caracterização do uso do precedente nesses termos, ver Levi, "An Introduction to Legal Reasoning", s. 1, em *15 University of Chicago Law Review* (1948). Wittgenstein, em *Philosophical Investigations* (esp. i, ss. 208-38), faz muitas observações importantes a respeito das noções de ensinar e seguir normas. Ver a discussão sobre Wittgenstein em Winch, *The Idea of a Social Science*, pp. 24-33, 91-3.

Página 166. *Textura aberta das normas formuladas verbalmente.* Sobre a ideia de textura aberta, ver Waismann, "Verifiability", em *Essays on Logic and Language,* i (Flew, org.), pp. 117-30. Quanto à pertinência dessa ideia para o raciocínio jurídico, ver Dewey, "Logical Method and Law", *10 Cornell Law Quarterly* (1924); Stone, *The Province and Function of Law,* cap. vi; Hart, "Theory and Definition in Jurisprudence", 29 PAS Suppl. Vol. 1955, pp. 258-64, e "Positivism and the Separation of Law and Morals", 71 HLR (1958), pp. 606-12.

Página 168. *Formalismo e conceptualismo.* Entre os sinônimos próximos dessas expressões, usados em textos jurídicos, podemos citar a teoria do direito "mecânica" ou "automática", "a teoria das concepções", "o uso excessivo da lógica". Ver Pound, "Mechanical Jurisprudence", *8 Columbia Law Review* (1908) e *Interpretations of Legal History,* cap. 6. Nem sempre está claro qual é o vício que é indicado por esses termos. Ver Jensen, *The Nature of Legal Argument,* cap. I, e a resenha crítica de Honoré, 74 LQR (1958), p. 296; Hart, op. cit., 71 HLR, pp. 608-12.

Página 170. *Padrões jurídicos e normas específicas.* A discussão mais elucidativa sobre a natureza e a relação entre essas formas de controle jurídico está em Dickinson, *Administrative Justice and the Supremacy of Law,* pp. 128-40.

Página 170. *Padrões jurídicos implementados pela criação de normas administrativas.* Nos Estados Unidos, os órgãos reguladores federais, como a Comissão de Comércio Interestadual e a Comissão Federal de Comércio, criam normas que implementam padrões amplos de "concorrência justa", "tarifas justas e razoáveis" etc. (ver Schwartz, *An Introduction to American Administrative Law,* pp. 6-18, 33-7.) Na Inglaterra, o poder executivo desempenha função semelhante de criação de normas, embora geralmente não efetue a audiência formal, quase-judicial, das partes interessadas, comum nos Estados Unidos. Cf. os Regulamentos da Previdência Social criados sob a s. 46 da Lei das Fábricas (*Factories Act*) de 1957, e os Regulamentos para a Construção Civil, criados sob a s. 60 da mesma lei. Os poderes do Tribunal do Transporte para estabelecer um "esquema de tarifas", segundo a Lei dos Transportes (*Transport Act*) de 1947, após ouvir os que se opõem ao projeto, se aproxima mais do modelo norte-americano.

Página 171. *Padrões de precaução.* Para uma análise elucidativa dos elementos do dever de precaução, ver o voto do juiz Learned Hand em *US vs. Carroll Towing Co.* (1947), 159 F 2.ª 169, 173. Quanto à conveniência de substituir os padrões gerais por normas específicas, ver

Holmes, *The Common Law*, Lecture, 3, pp. 111-9, criticado em Dickinson, op. cit., p. 146-50.

Página 172. Controle por normas específicas. Sobre as condições que fazem com que as normas rígidas, e não os padrões flexíveis, sejam a forma apropriada de controle, ver Dickinson, op. cit., pp. 128-32, 145-50.

Página 173. Os precedentes e a atividade legislativa dos tribunais. Para uma exposição geral moderna sobre o uso inglês dos precedentes, ver R. Cross, *Precedent in English Law* (1961). Um exemplo bem conhecido do processo delimitador referido no texto é *L. & S. W. Railway Co. vs. Gomm* (1880), 20 Ch. D. 562, delimitando a norma declarada em *Tulk vs. Moxhay* (1848), 2 Ph. 774.

Página 176. Variedades do ceticismo em relação às normas. Os textos norte-americanos sobre o assunto podem ser lidos de forma elucidativa como um debate. Portanto, os argumentos de Frank, em *Law and the Modern Mind* (esp. cap. i e Apêndice 2, "Notes on Rule Fetishism and Realism"), e de Llewellyn, em *The Bramble Bush*, devem ser analisados à luz de Dickinson, "Legal Rules: Their Function in the Process of Decision", *79 University of Pennsylvania Law Review* (1931); "The Law Behind the Law", *29 Columbia Law Review* (1929); "The Problem of the Unprovided Case", em *Recueil d'Ètudes sur les sources de droit en l'honneur de F. Geny*, 11, cap. 5; e Kantorowicz, "Some Rationalism about Realism", em *43 Yale Law Review* (1934).

Página 180. O cético como um absolutista frustrado. Ver Miller, "Rules and Exceptions", *66 International Journal of Ethics* (1956).

Página 182. A aplicação intuitiva das normas. Ver Hutcheson, "The Judgement Intuitive"; "The Function of the 'Hunch' in Judicial Decision", *14 Cornell Law Quarterly* (1928).

Página 183. "A constituição é o que os juízes dizem que é." Esse pensamento é atribuído ao juiz Hughes, presidente da Suprema Corte dos Estados Unidos, em Hendel, *Charles Evan Hughes and the Supreme Court* (1951), pp. 11-2. Mas ver C. E. Hughes, *The Defence Court of the United States* (ed. 1966), pp. 37, 41, sobre o dever dos juízes de interpretar a Constituição independentemente de suas opiniões políticas pessoais.

Página 192. Análises alternativas da soberania do Parlamento. Ver H. W. R. Wade, "The Bases of Legal Sovereignty", *Cambridge Law Journal* (1955), criticado em Marshall, *Parliamentary Sovereignty and the Commonwealth*, caps. 4 e 5.

Página 193. *Soberania do Parlamento e onipotência divina.* Ver Mackie, "Evil and Omnipotence", *Mind*, 1955, p. 211.

Página 194. *Vinculação ou redefinição do Parlamento.* Sobre essa distinção, ver Friedmann, "Trethowan's Case, Paliamentary Sovereignty and the Limits of Legal Change", *24 Australian Law Journal* (1950); Cowen, "Legislature and Judiciary", 15 MLR (1952), e 16 MLR (1953); Dixon, "The Law and the Constitution", 51 LQR (1935); Marshall, op. cit., cap. 4.

Página 196. *Leis Parlamentares de 1911 e 1949*. Sobre a interpretação destas como autorizações para uma forma de legislação delegada, ver H. W. R. Wade, op. cit., e Marshall, op. cit., pp. 44-6.

Página 196. *Estatuto de Westminster*, s. 4. O peso da autoridade sustenta a visão de que a promulgação dessa seção não pode constituir uma terminação irrevogável do poder de decretar legislação para um domínio sem o consentimento deste. Ver *British Coal Corporation vs. The King* (1935), AC 500; Wheare, *The Statute of Westminster and Dominion Status*, 5.ª ed., pp. 297-8; Marshall, op. cit., pp. 146-7. A visão contrária, de que a "liberdade, uma vez concedida, não pode ser revogada", foi expressa pelos tribunais sul-africanos em *Ndlwana vs. Hofmeyr* (1937), AD 229 em 237.

Capítulo VIII

Página 204. *A justiça como um segmento específico da moral.* Aristóteles, em *Ética nicomaqueia*, Livro 5, caps. 1-3, mostra a justiça como algo que trata especificamente de manter ou restaurar um equilíbrio ou proporção (ἀναλογία) entre os indivíduos. As melhores explicações modernas da ideia de justiça se encontram em Sidgwick, *The Method of Ethics*, cap. 6, e Perelman, *De la Justice* (1945), seguido por Ross, *On Law and Justice*, cap. 12. Temas históricos de grande interesse encontram-se em *Justice*, de Del Vecchio, resenhado por Hart em *28 Philosophy* (1953).

Página 208. *A justiça na aplicação da lei.* A tentação de tratar esse aspecto da justiça como se exaurisse a ideia de justiça talvez explique a declaração de Hobbes de que "nenhuma lei pode ser injusta" (*Leviatã*, cap. 30). Austin, em *The Provice*, Lecture VI, p. 260 n., expressa o ponto de vista de que "o justo é um termo de significado relativo", e "é proferido com relação a uma lei determinada que o falante assume como padrão de comparação". Portanto, para ele uma lei pode ser moralmente injusta se "julgada pela" moral positiva ou pela lei de Deus. Na opinião de Austin, Hobbes queria dizer apenas que uma lei não pode ser *juridicamente* injusta.

Página 210. *Justiça e igualdade*. Para discussões instrutivas sobre a ideia de que em princípio os seres humanos devem ser tratados com igualdade, e sobre os vínculos dessa ideia com a noção de justiça, ver Benn e Peters, *Social Principles and the Democratic State*, cap. 5, "Justice and Equality"; J. Rawls, "Justice as Fairness", *Philosophical Review* (1958); Raphael, "Equality and Equity", *21 Philosophy* (1946), e "Justice and Liberty", 51 PAS (1951-2).

Página 211. *Aristóteles sobre a escravidão.* Ver *Política*, I, cap. ii, 3-22. Ele defendia que alguns escravos não eram escravos "por natureza" e que, para eles, a escravidão não era justa nem conveniente.

Página 211. *Justiça e reparação*. A justiça reparativa ou compensatória é claramente distinguida por Aristóteles da justiça na distribuição, op. cit., Livro V, cap. 4, embora ele ponha em evidência, como princípio unificador, o fato de haver em todas as aplicações da noção de justiça uma proporção "justa" ou adequada (ἀναλογία) a ser mantida ou restaurada. Ver H. Jackson, *Book 5 of the Nicomachean Ethics* (Comentário: 1879).

Página 212. *A reparação legal por invasão de privacidade*. Sobre o argumento de que o direito deve reconhecer o direito à privacidade e de que os princípios do *common law* exigem esse reconhecimento, ver Warren e Brandeis, "The Right to Privacy", 4 HLR (1890), e o voto divergente do juiz Gray em *Roberson vs. Richester Folding Box Co.* (1902), 171 NY 538. No direito inglês, a responsabilidade civil extracontratual não resguarda a privacidade como tal, apesar de esta ser agora amplamente protegida nos Estados Unidos. Ver, quanto ao direito inglês, *Tolley vs. J. S. Fry and Sons Ltd.* (1931), AC 333.

Página 215. *Conflito entre a justiça para os indivíduos e a justiça aplicada aos interesses sociais mais amplos*. Ver a discussão sobre a responsabilidade objetiva e a responsabilidade de terceiros no ilícito civil em Prosser, *Torts*, caps. 10 e 11, e Friedman, *Law in a Changing Society*, cap. 5. Sobre a justificativa da responsabilidade objetiva no direito penal, ver Glanville Williams, *The Criminal Law*, cap. 7; Friedmann, op. cit., cap. 6.

Página 216. *A justiça e o "bem comum"*. Ver Benn e Peters, *Social Principles and the Democratic State*, cap. 13, onde a busca pelo bem comum

NOTAS 385

é identificada com uma atitude justa ou a defesa dos interesses de todos os membros de uma sociedade num espírito de imparcialidade. Essa identificação do "bem comum" com a justiça não é universalmente aceita. Ver Sidgwick, *The Method of Ethics*, cap. 3.

Página 217. *A obrigação moral.* Sobre a necessidade de distinguir a obrigação e os deveres da moral social tanto dos ideais morais quanto da moral pessoal, ver Urmson, "Saints and Heroes", em *Essays on Moral Philosophy* (Melden, org.); Whiteley, "On Defining 'Morality'", em *20 Analysis* (1960); Strawson, "Social Morality and Individual Ideal", em *Philosophy* (1961); Bradley, *Ethical Studies*, caps. 5 e 6.

Página 219. *A moral de um grupo social.* Austin, em *The Province*, usa a expressão "moral positiva" para distinguir a moral efetivamente observada em uma sociedade da "lei de Deus", que constitui para ele o padrão máximo pelo qual tanto a moral positiva como o direito positivo devem ser avaliados. Isso assinala a distinção, muito importante, entre uma moral social e aqueles princípios morais que a transcendem e são usados para criticá-la. A "moral positiva" de Austin, entretanto, inclui todas as normas sociais que não sejam o direito positivado; abrange as regras de etiqueta, de jogos, os estatutos de clubes e o direito internacional, assim como o que é comumente chamado de moral. Esse uso abrangente do termo "moral" obscurece demasiadas distinções importantes de forma e função social. Ver Capítulo X, s. 4.

Página 222. *Normas essenciais.* Ver o Capítulo IX, s. 2, para o desenvolvimento da ideia de que as normas que restringem o uso da violência e exigem o respeito pela propriedade e pelas promessas constituem um "conteúdo mínimo" do direito natural subjacente ao direito positivo e à moral social.

Páginas 223. *Direito e comportamento externo.* O ponto de vista criticado no texto, de que, enquanto o direito exige um comportamento externo, a moral não o faz, foi adotado pelos juristas a partir da distinção feita por Kant entre as leis jurídicas e as éticas. Ver a Introdução Geral à Metafísica da Moral em Hastie, *Kant's Philosophy of Law* (1887), pp. 14 e 20-4. Uma reafirmação moderna dessa doutrina pode ser encontrada em Kantorowicz, *The Definition of Law*, pp. 43-51, resenhado por Hughes em "The Existence of a Legal System", *35 New York University LR* (1960).

Página 230. *Dolo e padrões objetivos.* Ver Holmes, *The Common Law*, Lecture 11; Hall, *Principles of Criminal Law*, caps. 5 e 6; Hart, "Legal Responsibility and Excuses", em *Determinism and Freedom* (Hook, org.).

Página 231. *Justificativas e desculpas.* Sobre essa distinção em se tratando de homicídio, ver Kenny, *Outlines of Criminal Law* (24.ª ed.), pp. 109-16. Sobre sua importância moral geral, ver Austin, "A Plea for Excuses", 57 PAS (1956-7); Hart, "Prolegomenon to the Principles of Punishment", 60 PAS (1959-60), p. 12. Sobre uma distinção similar, ver Bentham, *Of Laws in General,* pp. 121-2, sobre a "isenção" e a "justificação".

Página 234. *Moral, necessidades humanas e interesses humanos.* Sobre o ponto de vista de que o critério para chamar uma norma de norma moral é que ela seja o produto da apreciação racional e imparcial dos interesses dos indivíduos afetados, ver Benn e Peters, *Social Principles of the Democratic State,* cap. 2. Comparar com Devlin, *The Enforcement of Morals* (1959).

Capítulo IX

Página 239. *O Direito Natural.* A existência de uma vasta literatura de comentários sobre as concepções clássicas, escolásticas e modernas do Direito Natural e as ambiguidades da expressão "positivismo" (ver abaixo) geralmente fazem com que seja difícil distinguir precisamente qual o problema em discussão quando se contrapõe o Direito Natural ao Positivismo Jurídico. No texto, esforçamo-nos para identificar um desses problemas. Mas há muito pouco a ganhar com uma discussão deste assunto se forem consultadas apenas as fontes secundárias. É indispensável a familiaridade e o contato direto com o vocabulário e os pressupostos filosóficos das fontes primárias. As seguintes fontes representam um mínimo facilmente acessível: Aristóteles, *Física,* ii, cap. 8 (trad. ingl. Ross, Oxford); São Tomás de Aquino, *Suma Teológica,* Questiones 90-7 (disponível em inglês com tradução de D'Entrèves, *Aquinas: Selected Political Writings,* Oxford, 1948); Grócio, *On the Law of War and Peace; Prolegomena* (trad. ingl. em The Classics of International Law, vol. 3, Oxford, 1925); Blackstone, *Commentaries,* Introduction, s. 2.

Página 241. *Positivismo Jurídico.* A expressão "positivismo" é usada na literatura anglo-americana contemporânea para designar uma ou mais das seguintes afirmações teóricas: (1) que as leis são comandos proferidos pelos seres humanos; (2) que não há vínculo necessário entre o direito e a moral, ou entre o direito como ele é e o direito como deveria ser; (3) que a análise ou o estudo dos significados dos conceitos jurídicos é um estudo importante, que deve ser distinguido (apesar de não ser contrário a elas) das pesquisas históricas e sociológicas e da avaliação crítica do direito em termos de moral, objetivos e funções sociais etc.; (4) que um sistema jurídico é um "sistema lógico fechado", no qual decisões corretas podem ser deduzidas por meios exclusivamente lógicos a partir de normas jurídicas predeterminadas; (5) que os juízos morais não podem ser demonstrados, como podem os enunciados factuais, por meio de argumentação racional, evidência ou prova ("não-cognitivismo na ética"). Bentham e Austin defendiam as opiniões expressas em (1), (2) e (3), mas não aquelas em (4) e (5); Kelsen defende aquelas expressas em (2), (3) e (5), mas não as apresentadas em (1) e (4). A afirmação (4) é geralmente atribuída aos "juristas analíticos", aparentemente sem boas razões.

Na literatura da Europa continental, a palavra "positivismo" é comumente usada para designar a rejeição global da afirmação de que alguns dos princípios e normas da conduta humana podem ser descobertos apenas pela razão. Ver a discussão das ambiguidades do "positivismo" feita por Ago, op. cit., em *51 American Journal of International Law* (1957).

Página 241. Mill sobre o direito natural. Ver seu Ensaio sobre a Natureza em *Nature, the Utility of Religion and Theism.*

Página 242. Blackstone e Bentham sobre o direito natural. Blackstone, loc. cit., e Bentham, *Comment on the Commentaries,* ss. 1-6.

Página 250. O conteúdo mínimo do direito natural. Essa versão empírica do direito natural é baseada em Hobbes, *Leviatã,* caps. 14 e 15, e Hume, *Tratado sobre a natureza humana,* Livro III, parte 2; esp. ss. 2 e 4-7.

Página 259. Huckleberry Finn. O romance de Mark Twain é um estudo profundo do dilema moral suscitado pela existência de uma moral social que contraria as simpatias do indivíduo e o humanitarismo. É uma correção valiosa da identificação de toda a moral com este último.

Página 259. Escravidão. Para Aristóteles, um escravo era "um instrumento vivo". (*Política,* I, caps. 2-4.)

Página 262. A influência da moral sobre o direito. Entre os melhores estudos de como a evolução do direito foi influenciada pela moral podemos citar Ames, "Law and Morals", 22 HLR (1908); Pound, *Law and Morals* (1926); Goodhart, *English Law and the Moral Law* (1953). Austin reconhecia plenamente esse vínculo factual ou causal. Ver *The Province,* Lecture V, p. 162.

Página 264. Interpretação. Sobre o lugar das considerações morais na interpretação do direito, ver Lamont, *The Value Judgment,* pp. 296-31; Wechsler, "Towards Neutral Principles of Constitutional Law", 73 HLR i, p. 960; Hart, op. cit., em 71 HLR, pp. 606-15, e a crítica de Fuller, ib. 661 *ad fin.* Sobre o reconhecimento, por parte de Austin, da área deixada aberta à opção judicial entre "analogias concorrentes", e sua crítica aos juízes por não adequarem suas decisões ao padrão de utilidade, ver *The Lectures,* Lectures 37 e 38.

Página 265. A crítica do direito e o direito de todos os homens à igual consideração. Ver Benn e Peters, *Social Principles and the Democratic State,* caps. 2 e 5, e Baier, *The Moral Point of View,* cap. 8, sobre o ponto de vista de que o reconhecimento de tal direito não é meramente uma entre muitas morais possíveis, mas uma característica que define a moral verdadeira.

Página 266. Princípios de legalidade e justiça. Ver Hall, *Principles of Criminal Law,* cap. i; e, sobre a "moral interna do direito", ver Fuller, op. cit., 71 HLR (1958), pp. 644-8.

Página 269. O renascimento das doutrinas do direito natural na Alemanha do pós-guerra. Para uma discussão das opiniões recentes de G. Radbruch, ver Hart e a resposta de Fuller em op. cit. em 71 HLR (1958). A discussão ali da decisão da Oberlandsgericht Bamberg de julho de 1949, na qual uma esposa que havia denunciado seu marido pela transgressão de uma lei nazista de 1934 foi condenada por privá-lo ilicitamente de sua liberdade, fundamentou-se na presunção de que o relato do caso em 64 HLR (1951), p. 1005, estava correto, e que o tribunal alemão havia considerado inválida a lei de 1934. A precisão desse relato foi recentemente contestada por Pappe, "On the Validity of Judicial Decisions in the Nazi Era", 23 MLR (1960). A crítica do dr. Pappe é bem fundada, e o caso, tal como discutido por Hart, deveria ser, a rigor, considerado hipotético. Como demonstra o dr. Pappe (op. cit., p. 263), no caso real o tribunal (Tribunal Recursal de Província), após aceitar a possibilidade teórica de que leis devidamente promulgadas poderiam ser ilícitas caso transgredissem o direito natural, considerou que a lei nazista em questão não o violava; a acusada foi considerada culpada de privação ilícita da liberdade porque, não tendo o dever de informar a autoridade pública, o fizera por razões puramente pessoais e deveria ter percebido que fazê-lo era, nas circunstâncias, "contrário à sã consciência e ao senso comum de justiça de todos os seres humanos decentes". Deve-se estudar a

NOTAS

análise cuidadosa feita pelo dr. Pappe de uma decisão do Supremo Tribunal da Alemanha em um caso similar (ibid., p. 268 *ad fin*).

Capítulo X

Página 276. *"Acaso o direito internacional é realmente uma forma de direito?"* Sobre o ponto de vista de que esta é apenas uma pergunta retórica, confundida com uma questão de fato, ver Glanville Williams, op. cit., em 22 BYBIL (1945).

Página 277. *Fontes de dúvida*. Para um estudo geral construtivo, ver A. H. Campbell,"International Law and the Student of Jurisprudence"em 35 *Grotius Society Proceedings* (1950); Gihl, "The Legal Character and Sources of International Law", em *Scandinavian Studies in Law* (1957).

Página 279. *"Como pode o direito internacional ser vinculante?"* Essa questão (à qual às vezes se alude chamando-a de"o problema da força vinculante" do direito internacional) é suscitada por Fischer Williams, *Chapters on Current International Law*, pp. 11-27; Brierly, *The Law of Nations*, 5.ª ed. (1955), cap. 2; *The Basis of Obligation in International Law* (1958), cap. 1. Ver também Fitzmaurice,"The Foundations of the Authority of International Law and the Problem of Enforcement", em 19 MLR (1956). Esses autores não discutem explicitamente o significado da afirmação de que um sistema de normas é (ou não é) vinculante.

Página 280. *As sanções no direito internacional*. Sobre os termos do Art. 16 da Convenção da Liga das Nações, ver Fischer Williams, "Sanctions under the Covenant", em 17 BYBIL (1936). Sobre as sanções de acordo com o Capítulo VII da Carta das Nações Unidas, ver Kelsen, "Sanctions in International Law under the Charter of UN", *31 Iowa LR* (1946), e Tucker,"The Interpretation of War under present International Law", 4 *The International Law Quarterly* (1951). Sobre a Guerra da Coréia, ver Stone, *Legal Controls of International Conflict* (1954), cap. ix, Discurso 14. Evidentemente, é plausível que a Resolução "União pela Paz" tenha demonstrado que as Nações Unidas não estavam"paralisadas".

Página 284. *O direito internacional entendido e mencionado como vinculante*. Ver Jessup, *A Modern Law of Nations*, cap. 1, e"The Reality of International Law", *118 Foreign Affairs* (1940).

Página 284. *A soberania dos Estados*. Para uma exposição clara do ponto de vista de que"a soberania é apenas o nome que se dá ao campo deixado em aberto pelo direito, na esfera internacional, à ação individual dos Estados", ver Fischer Williams, op. cit., pp. 10-1, 285-99, e *Aspects of Modern International Law*, pp. 24-6, e Van Kleffens, "Sovereignty and International Law", *Recueil des Cours* (1953), i, pp. 82-3.

Página 285. O Estado. Sobre a noção de "Estado" e os tipos de Estados dependentes, ver Brierly, *The Law of Nations*, cap. 4.

Página 289. Teoria voluntarista e teoria da "autolimitação". Os principais autores são Jellinek, *Die Rechtliche Natur der Staatsverträge*; Triepel, "Les Rapports entre le droit interne et le droit internationale", *Recueil des Cours* (1923). O ponto de vista extremo é o de Zorn, *Grundzüge des Völkerrechts*. Ver a discussão crítica dessa forma de "positivismo" em Gihl, op. cit., em *Scandinavian Studies in Law* (1957); Starke, *An Introduction to International Law*, cap. 1; Fischer Williams, *Chapters on Current International Law*, pp. 11-6.

Página 289. A obrigação e o consentimento. O ponto de vista de que nenhuma norma do direito internacional é vinculante para um Estado sem seu prévio consentimento, expresso ou tácito, foi expresso pelos tribunais ingleses (ver *R. vs. Keyn* 1876, 2 Ex. Div. 63, "The Franconia") e também pela Corte Permanente de Justiça Internacional. Ver o caso *Lotus*, PCIJ Série A, N? 10.

Página 292. Os novos Estados e os Estados que adquirem territórios marítimos. Ver Kelsen, *Principles of International Law*, pp. 312-3.

Página 292. O efeito dos tratados gerais internacionais sobre as não-partes. Ver Kelsen, op. cit., 345 ss.; Starke, op. cit., cap. 1; Brierly, op. cit., cap. vii, pp. 251-2.

Página 293. O uso abrangente do termo "moral". Ver Austin, sobre a "moral positiva", em *The Province*, Lecture V, pp. 125-9, 141-2.

Página 295. A obrigação moral de obedecer ao direito internacional. Para o ponto de vista de que este é "o alicerce" do direito internacional, ver Lauterpacht, introdução a *The Base of Obligation in International Law*, de Brierly, xviii; e o próprio Brierly, ibid., cap. 1.

Página 299. O tratado imposto pela força como forma de legislação. Ver Scott, "The Legal Nature of International Law", em *American Journal of International Law* (1907), pp. 837, 862-4. Para a crítica da descrição comum dos tratados gerais como "legislação internacional", ver Jennings, "The Progressive Development of International Law and its Codification", 24 BYBIL (1947), p. 303.

NOTAS 391

Página 300. *Sanções descentralizadas.* Ver Kelsen, op. cit., p. 20, e Tucker, op. cit., 4 *International Law Quarterly* (1951).

Página 300. *A norma fundamental do direito internacional.* Sobre sua formulação como *pacta sunt servanda*, ver Anzilotti, *Corso di diritto internazionale* (1923), p. 40. Sobre a formulação "Os Estados devem se comportar como têm se comportado costumeiramente", ver Kelsen, *General Theory*, p. 369, e *Principles of International Law*, p. 418. Ver a importante discussão crítica feita por Gihl, *International Legislation* (1937) e op. cit., em *Scandinavian Studies in Law* (1957), pp. 62 ss. Para um desenvolvimento mais completo da interpretação do direito internacional como desprovido de norma fundamental, ver Ago, "Positive Law and International Law", em 51 *American Journal of International Law* (1957), e *Scienza giuridica e diritto internazionale* (1958). Gihl conclui que, apesar do que diz o Artigo 38 do Regimento da Corte Internacional, o direito internacional não dispõe de fontes formais de direito. Para uma tentativa de formular uma "hipótese inicial" para o direito internacional que parece suscetível de críticas semelhantes àquelas enfatizadas no texto, ver Lauterpacht, *The Future of Law in the International Community*, pp. 420-3.

Página 305. *A analogia de conteúdo entre o direito internacional e o direito interno.* Ver Campbell, op. cit., em 35 *Grotius Society Proceedings* (1950), p. 121 *ad fin.*, e a discussão dos tratados e das normas que governam a aquisição de territórios, prescrições, arrendamentos, administração por mandato, servidões internacionais etc., em Lauchterpacht, *Private Law Sources and Analogies of International Law* (1927).

Página 351. [Inclui-se aqui, por não ter sido descartado, um início alternativo para esta seção.]

> Ao longo da extensa série de seus escritos sobre a decisão judicial, Dworkin manteve-se inabalável em negar que os tribunais tenham discricionariedade, no sentido de um poder de criar o direito, para decidir causas que o direito existente não regulamenta de forma completa. Com efeito, ele sustentou que, com algumas exceções triviais, tais causas simplesmente não existem, tendo dito, numa frase famosa, que há sempre uma única "resposta correta" para qualquer questão significativa a respeito do que é o direito, em qualquer problema de direito que possa surgir em qualquer caso.[1]

---

1. [Ver seu "No Right Answer?" em P. M. S. Hacker e J. Raz (org.), *Law, Morality and Society* (1977), pp. 58-84; reimpresso em versão revista como "Is There Really No Right Answer in Hard Cases?", AMP, cap. 5.

Mas, não obstante essa aparência de doutrina imutável, a introdução posterior por Dworkin de ideias interpretativas em sua teoria do direito, e sua declaração de que todas as proposições de direito são "interpretativas", no sentido especial que ele deu a essa expressão, tornaram (como Raz foi o primeiro a esclarecer)[2] a substância dessa concepção teórica muito próxima da minha ao reconhecer que os tribunais têm de fato exercido uma discricionariedade na criação do direito, e o fazem frequentemente. Pode-se argumentar que, antes da introdução das ideias interpretativas em sua teoria, parecia haver grande distância entre nossos respectivos pontos de vista sobre a decisão judicial; pois a negação anterior por Dworkin da discricionariedade judicial, no sentido forte da expressão, e sua insistência em que há sempre uma única resposta correta, eram associados à ideia de que o papel do juiz na decisão dos casos era *discernir* e *implementar o direito existente*. Mas essa concepção anterior, que obviamente conflita muito com minha tese de que os tribunais, ao decidir suas causas, geralmente exercem certa discricionariedade na criação do direito, não figura de maneira nenhuma em

[O texto do início alternativo da Seção 6 termina neste ponto.]

---

2. [Ver J. Raz. "Dworkin: A New Link in the Chain", 74 *California Law Review*, 1103 (1986), pp. 1110, 1115-6.]

ÍNDICE REMISSIVO

África do Sul, problemas constitucionais na, 94-6, 157-8, 198, 259, 380, 383.
Agnelli, A., 364.
Ago, 376, 387, 391.
Agostinho, Santo, 10n., 18, 202.
Alemanha:
  nazista, 259, 269.
  renascimento dos argumentos do direito natural no pós-guerra, 269-78, 388-9.
Allen, C. K., 377.
Ames, J. B., 387.
Analogia, 20, 104, 354, 360, 391.
Anzilotti, D., 391.
Aquino, São Tomás de, 10n., 248, 386.
Aristóteles, 210-1, 247, 360, 383, 384, 386-7.
Atividade legislativa, 28, 41-2, 127, 363-4, 368-9.
  autoimpositiva que vincula a si mesma, 56-9, 368-9.
  autoridade da, 72-3, 78-86, 288-9.
  e moralidade, 227-9, 296-7.
  e o direito internacional, 296-301, 389.
  limites jurídicos da, 87-93.
  sua dependência em relação à linguagem da, 161-7.
  tipo, procedimento e forma da, 89-90, 94, 194-6, 372.
Atkin, Lord, 340.
Austin, J. L., 19, 360, 386.
Austin, John, 2, 8, 10, 19-20, 23, 25-6, 28n., 30, 33, 79, 84, 97, 106, 192, 268, 272, 316-7, 357-8, 360, 362-4, 367-73, 382-8. 390.
Autoridade, 24-6, 127; legislativa, 78-86, 92. Distinção entre autoridade e poder, 84, 260, 261-3.
Autoridades e funcionários públicos, 26-7, 52-3, 80-1, 117-26, 146-51.

Baier, K., 368, 374, 388.
Benn, S. I., e Peters, R. S., 384, 386, 388.
Bentham, Jeremy, 21, 84, 242, 272, 305, 316, 351, 359, 362, 368, 371, 373, 386-7.
Blackstone, 242, 386-7.
Bohnert, H. G., .361.
Bradley, F. H., 385.
Brierly, J. L., 389-90.
Broad, C. D., 373.
Buckland, W. W., 365, 367.

Campbell, A. H., 368, 373, 389.
Cardozo, B., 354.
Carta das Nações Unidas, 280, 300, 389.
Cattaneo, M., 379.
Certeza do direito, *ver* Incerteza.
Cohen, L. J., 359, 373.
Cohen, M., 312.
Coleman, J., 324, 342.
Comando ou ordem tácitos, 61-2, 84-6, 102, 104, 291-2, 368, 371.
Comandos, 21, 25-6; *ver também* Imperativos; Ordens; Comando ou ordem tácitos.
Competência jurisdicional, 39-40, 49, 126-7; *ver também* Tribunais.
Comunidade Britânica, surgimento de sistemas jurídicos independentes na, 154-6, 379; *ver também* Direito constitucional; Westminster, Estatuto de.
Conceiptualismo, 159, 168, 381; *ver também* Formalismo.
Contratos, 11, 37-8, 51, 55, 125; *ver também* Promessas.
Convenções da Constituição Britânica, 143, 379.
Costume, *status* jurídico do, 60-5, 85, 89, 118, 368, 374, 374; *ver também* Normas, primárias; Comando ou ordem tácitos.
Cowen, D. V., 383.
Cross, R., 382.

Daube, D., 384.
Decisão judicial, teoria da, 335, 355; *ver também* Julgamento; Tribunais; Juízes.
Definição, 17-22: de direito, 7-8, 268-73, 275-8, 309-11, 359.
Del Vecchio, G., 383.
Democracia:
os juízes em uma, 355.

os legisladores em uma, 80.
o soberano na, 67, 96-100.
Deveres, 9, 36-7, 55-6, 221-2, 346-7, 351.
distinção entre dever e inabilitação jurídica, 91-2.
e obrigações, 365.
e prognósticos, 366.
natureza das normas que impõem, 113-4, 331.
Ver também Obrigação; Normas.
Devlin, L. J., 386.
Dewey, J., 381.
Diamond, A. S., 374.
Dicey, A. V., 143, 196, 379.
Dickinson, J., 373, 381-2.
Direito Constitucional:
como "moralidade positiva", 2.
emenda à constituição, 95-6, 102, 372.
restringindo o poder legislativo, 90-2, 94-102, 371.
Ver também Poder legislativo; Limitações, jurídicas; Parlamento; Reconhecimento, norma de; África do Sul; Estados Unidos.
Direito internacional, 4-5, 90, 103, 153, 156-7, 202, 229, 253, 257, 275-306, 389.
Direito Natural, 10, 203, 234, 239-58, 386-7.
conceito de natureza no, 243-7.
conteúdo mínimo do, 250-8.
renascimento na Alemanha do pós-guerra, 269-79, 388-9.
versão empírica do, 248-50.
Direito penal, 8-9, 12, 31, 36-7, 43-5, 50, 55-6, 103, 114.
Direito primitivo, 4-5, 103, 118-9, 202, 374.

ÍNDICE REMISSIVO

Direitos, 9, 73, 77-8, 114, 346-7, 351.
Discricionariedade:
do marcador de pontos num jogo, 184-7.
dos órgãos normativos, 171.
dos tribunais, 183-41, 326, 328, 335, 352, 355-6.
Dixon, Sir O., 380, 383.
Dworkin, R. M., 308-356, 391-2.

Eficácia do direito, 133-4, 378.
Eleitorado como soberano, o, 64, 94-102, 372.
Estado, 68, 71, 127, 253, 284-92, 391.
Estados Unidos da América, Constituição dos, 16, 49, 94-7, 102, 137, 188, 323-4, 357, 341, 372.
Estatuto de Westminster, 196, 383.
Evans-Prichard, E. E., 374.
Existência:
de uma norma, 140-1.
de um sistema jurídico, 80-1, 144-51, 379.

Ficção envolvida nas normas, 15.
Fitzmaurice, G. G., 389.
Fontes do direito, 123, 126, 130, 136, 340-5, 347, 377-8; *ver também* Reconhecimento, norma de; Legislação como meras fontes do direito; Validade.
Formalismo, 161-199, 381; *ver também* Conceitualismo.
Frank, Jerome, 358, 368, 371, 382.
Frankfurter, F., 372.
Friedmann, W., 383-4.
Fuller, L. L., 269n., 308, 388.

Gavison, R., 308, 310.
Gihl, T., 389-91.
Gluckman, M., 374.

Goodhart, A. L., 379, 387.
Gray, J. C., 2, 183, 268, 358, 369, 371, 384.
Grice, P., 362.
Grócio, 386.

Hábitos e normas, 11-5, 73-80, 371; *ver também* Obediência; Normas.
Hägerström, A., 359, 361, 369, 373.
Hall, J., 385, 388.
Hand, Learned, 381.
Hare, R. M., 361, 368.
Hart, H. L. A., 269n., 359, 362-3, 371, 373-4, 378-81, 383-8. [*Ver também* 304 ss.]
Hoadly, bispo, 183, 188.
Hobbes, T., 84, 248, 371, 383-4, 387.
Hofstadter, A., e McKinvey, J. C. C., 361.
Hohfeld, W. N., 371.
Holmes, O. W., 2, 10, 354, 358, 365, 368, 373, 382, 385.
Honoré, A. M., 381.
Huckleberry Finn, 259, 387.
Hughes, C. E., C. J., 382.
Hughes, G., 379, 385.
Hume, D., 248, 387.
Hutcheson, J. C., 382.

Imperativos, tipos de, 23-6, 361-2; *ver também* Comandos; Ordens; Comando ou ordem tácitos.
Incerteza:
das normas jurídicas, 16, 161-72, 191-9, 324-5, 351-2.
dos precedentes, 163, 174-5.
Ver também Textura aberta.
Independência:
de um Estado, 285-92.
de um sistema jurídico, 31-2, 154-6, 379.

Interpretação, 264-5, 340-6.
Iraque, 292.
Israel, 292.

Jackson, H., 384.
Jellinek., G., 390.
Jenks, E., 365.
Jennings, R., 390.
Jennings, W. Ivor, 371.
Jensen, O. C., 381.
Jessup, P. C., 389.
Jogos:
    aspecto interno das regras nos, 75-6.
    definição de jogo, 360.
    discricionariedade do marcador de pontos nos jogos e a teoria de que o direito é obra dos que fazem os tribunais, 183-7.
    movimento no (jogo de) xadrez e observância das regras nos, 181-2.
    persistência do direito ilustrada pela decisão do juiz nos, 84.
    regra de marcação de pontos nos, 46, 79, 132.
    teoria de que todas as regras são endereçadas às autoridades a que se recorre, 55, 367.
    variedade das regras nos, 11, 41.
Jones, J. W., 380.
Juízes:
    deveres dos, 39.
    fenomenologia da tomada de decisões pelos, 352-3.
    poderes dos, 39, 55-6, 125-6.
    Ver também Tribunais.
Julgamento, normas de, 125-8; ver também Decisão judicial; Tribunais; Juízes.
Justiça natural, 208, 267.

Justiça, 9-10, 201-7, 318, 383-4.
    na distribuição, 205-8, 217.
    na indenização, 211-6.
    natural, 208, 266-7.

Kant, I., 385.
Kantorowicz, H., 360, 382, 385.
Kelsen, H., 2, 23, 48, 268, 301, 358-9, 364-5, 367-9, 374-80, 387, 389-91; ver também Reconhecimento, norma de.

Lamont, W. D., 388.
Latham, R. T., 379.
Lauterpacht, H., 390-1.
Legislação como meras fontes do direito, 2, 84-7, 177-8.
Liga das Nações, 280.
Limitações, jurídicas ao poder legislativo, 87-93, 96-7, 101, 136.
Linguagem normativa, 76, 112, 151; ver também Obrigação; Normas.
Lyons, D., 342.

Macmillan, Lorde, 354.
Marshall, G., 359, 372, 379-80, 382-3.
Melden, A., 363, 373, 379, 385.
Mill, J. S., 241-2, 387.
Miller, 382.
Modificação, norma da, 124-8; ver também Atividade legislativa.
Montesquieu, 241.
Moore, M., 312.
Moralidade:
    caracterização da, 201-38, 292-8, 386.
    "caráter interno" da, 223-4, 232-3.
    e a ação voluntária, 230-1.
    e a crítica do direito, 201-7, 237, 265-6.
    e a validade jurídica, 258-73, 327.

ÍNDICE REMISSIVO 397

    e o desenvolvimento do direito, 263-4, 387.
    e o direito internacional, 292-9.
    e o direito, 9-10, 21, 112, 239-73, 346-51.
    e os interesses humanos, 233-6.
    formas pessoais de, 237-8.
    ideais da, 235-6.
    importância da, 224-7.
    imunidade a modificações deliberadas, 227-9.
    obrigações da, 219-35.
    pressões sociais em apoio à, 232-3.
    Ver também Direito Natural.
Morison, W. L., 364, 368-9.

Negligência, 171-2.
Norma fundamental, *ver* Kelsen, H., e Reconhecimento, norma de.
Normas:
    aceitação das, 73-81, 146-51, 329-30, 332.
    aspecto interno das, 75-6, 115-7, 128, 132-4, 139, 149, 151-2, 260, 313, 329, 371, 373.
    caráter "normativo" das, 331-2.
    ceticismo quanto à existência das, 15-6, 161-99.
    contrastadas com os hábitos, 10-5, 73-80, 371.
    distintas dos padrões variáveis, 170-4, 339, 381-2.
    diversas funções sociais das, 52-6, 365-6.
    e a diferença entre "convenção" e "convicção", 330, 343-4.
    e obrigações, 110-8.
    e previsões, 178-91.
    e princípios, 334-40.
    o direito como união de primárias e secundárias, 103-28, 151, 275, 322-3.
    primárias, regime de, 118-21.
    que outorgam poderes distintas das normas que impõem obrigações ou deveres, 35-66, 105-6, 364-8.
    "teoria da prática das", 329-54.
    tipos de, 10-3, 36-44, 221-3.
    vínculo com a justiça, 208-9-1, 266-7.
    Ver também Reconhecimento, norma de; Linguagem normativa.
Nowell Smith, P., 373.
Nuer, The, 374.
Nulidade, 38, 40-2, 44-8, 65-6, 366-7.

Obediência, 25, 41-3.
    e a continuidade da autoridade legislativa, 68-81.
    e a existência de um sistema jurídico, 144-51.
    e a persistência das leis, 81-7.
    hábito da, 30, 67-87, 98-101.
    Ver também Hábitos e normas.
Obrigação, 8-9, 37, 58-9, 106-18, 365.
    análise da obrigação em termos de normas, 106-18, 373.
    distinção entre ter uma obrigação e ser obrigado, 107-8, 117, 363.
    e a previsão da sanção, 13-4, 109-11, 114-8, 179-80.
    e o dever, 365.
    e o sentimentos de compulsão, 114, 179, 373.
    moral e legal, 217-22.
    no direito internacional, 279-92.
Olivecrona, K., 359.

Ordens:
apoiadas por ameaças ou coercitivas, 8, 21, 25-33.
e a legislação, 56-7.
e as normas que conferem poderes, 38-43.
insuficiência das ordens para a análise do direito, 65-6, 103-4.
Ver também Imperativos; Comando ou ordem tácitos; Normas.

Pappe, H., 388-9.
Parlamento, 32, 138.
e a Comunidade Britânica, 154-5, 379.
soberania do, 88, 97-101, 138, 142-3, 193-5, 363-4, 382.
Parliament Acts (Atas do Parlamento) Leis Parlamentares de 1911 e 1949, 196-7.
Payne, D. J., 369.
Pena (punição), 8, 13-4, 36, 46, 48-50, 53, 115, 224, 232-3; *ver também* Sanção; Direito Penal.
Perelman, Ch., 383.
Piddington, R., 371.
Platão, 211, 240.
Poder legislativo, 6, 64, 355, 363-4; *ver também* Atividade legislativa; Soberano(a).
Poderes, *ver* Normas, que outorgam poderes.
Pontos de vista interno e externo, 115-8, 313-4, 329; *ver também* Normas, aspecto interno das.
Positivismo, Jurídico, 10, 239-40, 268, 273, 311-2, 316-23, 335, 342, 346, 348, 350, 352, 386-7.
Pound, R., 381, 387.
Precedente, 161-5, 174-5, 199, 380, 382.
Promessas, 46, 58-9, 255, 290-2.
Prosser, W. L., 384.

Radbruch, G., 388.
Radcliffe, Lorde, 354.
Raphael, D., 384.
Rawls, J., 318, 384.
Raz, J., 328, 338.
Realismo, jurídico, 86, 176-91, 371, 382; *ver também* Tribunais, Normas.
Reconhecimento, norma de, 122-42, 318-9, 323-5, 330, 333-4, 340-3, 346, 375-6.
e os tribunais, 148-51, 345.
incerteza da, 156-8, 191-9, 324-5.
no direito internacional, 301-6, 391.
Ver também Kelsen; Validade.
Reid, Lorde, 354.
Responsabilidade civil, 37, 384.
Responsabilidade objetiva, 215, 224, 230-1.
Revolução, 153-5, 379.
Robinson, R., 359.
Ross, A., 361, 365, 367, 373, 378, 383.
Ryle, G., 360.

Salmond, J., 365, 375, 377.
Sanção, 36, 44-5, 48-52, 65, 126-7, 256-8-260, 279-84, 374, 389, 391; *ver também* Nulidade; Ordens.
Sankey, Lorde, 196.
Schulz, F., 374.
Scott, J. B., 390.
Sidgwick, H., 369, 371, 383, 385.
Sistema jurídico:
como distinto de um conjunto de normas separadas, 119-20, 302-6, 321.
existência do, 80-1, 144-51, 379.
interrupção do, 153.
ruptura parcial do, 157-8.
surgimento de um novo, 154-6.
Ver também Revolução.

ÍNDICE REMISSIVO

Soberania dos Estados, 284-92, 389-90.
Soberano(a), 33, 67-102, 193-5, 287-92, 369-71.
Soper, E., 324, 342.
Starke, J. G., 390.
Stone, J., 369, 381, 389.
Strawson, P. F., 385.
Suíça, Constituição da, 95, 372.

Teoria do direito escandinava, 13, 358; *ver também* Hägerström; Olivecrona; Ross.
Teoria Jurídica do direito, IX-XI, 1-2, 20-2.
  avaliativa e interpretativa, 310-5, 321-2, 347, 349.
  descritiva, v, 310, 312-4.
  geral, 309-11, 314-5.
  imperativa, X, 316, *ver também* Ordens.
  semântica, 316-20.
  Ver também Direito Natural; Positivismo, Jurídico; Realismo, Jurídico.
Testamentos, 11, 16, 37-8, 40, 45, 49-51, 55, 125.
Textura aberta do direito, 158, 167-76, 187, 190, 264, 326, 352, 358, 381.
Tribunais, 2, 6, 39-40, 54, 126, 176-8.
  caráter definitivo das decisões e infalibilidade dos, 183-91.
  e a norma de reconhecimento, 86-7, 146-51, 192, 197-9.
  função criativa dos, 169-76, 183-91, 351, 352-56.
  Ver também Julgamento; Decisão judicial; Juízes; Precedente; Realismo jurídico.
Tributação, em comparação com a imposição de pena (punição), 53.
Triepel, H., 400.
Tucker, R. W., 389, 391.
Twain, Mark, 387.

Urmson, J. O., 385.

Validade, jurídica, 90, 127-42, 258, 320, 323-4, 327-8, 378.
  das normas moralmente iníquas, 267-73, 347.
  Ver também Reconhecimento, norma de.
Van Kleffens, E. N., 390.

Wade, H. W. R., 379, 382-3.
Waismann, F., 381.
Waluchow, W. J., 338.
Warren, S. D., e Brandeis, L. D., 384.
Wechsler, H., 388.
Wedberg, A., 374.
Wheare, K. C., 372, 379, 380, 383.
Williams, Glanville L., 358, 360, 384, 389.
Williams, J. F., 389-90.
Winch, P., 371, 380.
Wisdom, J., 358, 358.
Wittgenstein, L., 360, 380.
Wollheim, R., 360.

Zorn, P., 390.

Este livro foi composto na fonte Palatino e impresso
pela gráfica Paym, em papel Lux Cream 60 g/m², para a
Editora WMF Martins Fontes, em dezembro de 2024.